仕事と人間

THE STORY OF WORK
A New History of Humankind

70万年の
グローバル労働史

上

ヤン・ルカセン
Jan Lucassen
塩原通緒／桃井緑美子＝訳

NHK出版

仕事と人間

70万年のグローバル労働史

［上］

装幀：福田和雄（FUKUDA DESIGN）

［目　次］

第5部 労働関係のグローバル化——一五〇〇年から一八〇〇年まで 347

［下巻目次］

・本文中の〔　　〕は訳注を表す。★の番号は巻末の原注を参照。
・本文中の書名のうち、邦訳版がないものは初出に原題とその逐語訳を併記した。
・本文中の書籍等からの引用は、出典の記載がないものは本書訳者による翻訳である。

はじめに

本書の構想が生まれたのは一九九〇年代のこと、ベルリンの壁が倒されたあとの楽観的な時代である。国家社会主義が崩壊し、それとともに、搾取される労働者は完全に「階級のない」社会でのみ解放されるという考えも破綻したようだった。かわってあらわれたのが新しいユートピアの夢である。生まれたのは欧米だが、コカ・コーラが世界中で歓迎されたように、このユートピアの夢も世界中で熱烈に迎え入れられた。これからは独立した起業家として自分のクリエイティブな才能を活かし、最高値をつけてくれた人にそれを売って稼げそうだ。働くのは一日に数時間、いや一週間に数時間でもよいだろう。成功すれば時間ができる。無限とも思える甘美な自由時間が手に入るのだ。これからは生産ではなく、消費が生活の主役になる。

ここで重要なのは、このユートピアでは他人のために働くのは敗者だけであって、新しい真の勝者は独立自営の人びとと起業家であり、誰もが「ポートフォリオ」キャリア〔自己の能力と経験をプロモーションしながら複数の仕事を組み合わせる働き方〕をなんとしても手に入れたがっているという考え方である。二〇〇八年の金融危機、最近の新型コロナウイルス感染症のパンデミックとウクライナでの戦争のせいで、その熱はいくらか冷めつつあるが、このユートピアはいまも立派に生きている。起業家は英雄、普通の労働者は奴隷なのだ。

このような誤った考えが広まっているのは「自由」市場の支持者のあいだだけではない。左派のユートピア思想もその影響を受けている。もちろん独立独歩の起業家精神に喝采しているのではなく、共同体のために働いて収入を得る賃金労働を称揚しているのだが、その労働で十分に稼いで自由時間を手に入れようというのは右派と同じなのである。

他者のために働く人びとを搾取の犠牲者だとか、創造力も発想力もない退屈な人間だと見なすことに、私はしだいに腹立たしさを覚えるようになった。起業家精神がいけないというのではない。だが、私の思う仕事というものが、無限に広がるユートピアの視界からこぼれ落ちている賃金労働や小さい商売のことだとして、それは死にゆく職業なのだろうか。遠い過去から普通の男女がしてきた仕事は、もはや重要ではないのだろうか。また、女性が解放されて、労働市場における機会均等（家事労働の正当な評価はいうにおよばず）が求められているというのに、余暇と起業が賛美されるのはどういうことなのか。

私が苦々しいものを感じるのは、私自身が知的な賃金労働に強い喜びを感じていること、そして戦後の労働観のなかで育ってきたことからきているに違いない。私は人びとが自由と解放を求めて闘った激動の一九六八年の精神に思っていたほど心を打たれていなかったようだ。とくに一九九〇年代半ばからインドで研究活動をし、仕事とその歴史についての考えを培った経験から、仕事こそがすべての大陸のほぼすべての人間の生活の中心なのだという確信がむしろより強まったのである。

右派と左派がともに唱えるユートピアの夢とは裏腹に、世界の人口の大部分にとって、日々の現実は依然として週に五日か六日の仕事であり、それも通常は家事と賃金労働が中心である。私はそれがすぐに変わるとは思っていない。仕事は誰にとっても必要なものであるだけでなく、多くは満足感をあたえてくれるものでもある。家庭でも家庭の外でも、仲間を求めるという基本的な欲求を満たしてくれる。仕事は旧約聖書の呪いでもなければ、避けられない必要悪でもない。仕事は私たちの人生や社会とのつながりをよい意味でも悪い意味でも決定する。労働のない楽園はこれまでもこれからも存在しない。

また、仕事によってなぜこれほどまでに報酬が違うのかが私は理解できずにいる。たとえば（私の父のような）学校教師の給料が（私のような）大学教授の給料の半分かそれ以下なのはなぜなのだろうか。なぜ（私の母のような）看護師は隣に立っている医師よりも給料が少ないのだろう？　若者を教え、患者を助け、一所懸命に忙しく働いているのはみな同じではないか。私たちはこのアンバランスを解消するために、家庭では貯蓄をし、社会全体では所得平準化税制を導入している。しかし、それではそもそもの疑問の答えにはならないし、抜きがたい不公平、つまり同じ努力と献身への報酬の格差が解消されるわけでもない。

憤懣《ふんまん》は問題を提起するよいスタート地点になるが、本一冊を書く理由としてはとうてい足りない。また、これまでの多くの研究書に見られるような最近の西洋史だけでなく、世界の各地域、各時代の人びとがどんなふうに仕事に携わってきたのかという私個人の関心でも十分ではない。では、なぜいまこの本が必要なのだろうか。

過去から現在にいたるまで、文化、民族、社会の背景に関係なく、できるだけ多くの働く人の経験を正当に評価する必要があるというのが私の考えである。なぜなら、そのようなアプローチのみが私たちの気持ちを一つにすることができるからだ。狭くなっていくこの世界で、将来にわたって労働者の生活を守り、向上させるための変化を起こすには、仕事がもたらすすべてのよいこと悪いことをきちんと認識するのが非常に重要である。少なくとも世界の人びとがもてる時間の三分の一を費やすものである以上、できるかぎり広い範囲に光をあてて理解し、評価しなければならない。それがなされれば、多くの人が九時から五時まで働くことに抱いているある種の敗北感、つまりユートピアを実現できていない、これからも実現できないという気持ちを払拭《ふっしょく》することができるかもしれない。人間の経験で最も重要な仕事というものについて、そしてさまざまな社会環境（家庭、部族、地域社会、都市、国家）における仕事のあり方について、世界を概観したこの書を読者に届けられれば、私は心から満足するだろう。ただし、これらすべての人間の経験について真の考察はようやくそこからはじまるのだということも、もちろん心得ている。

本書は学問としては労働史の分野のものだが、最近までこの分野が手がけていた範囲をはるかに超えるものである。これまでの労働史が取り上げてきたのは、世界の最も発展した地域の男性工場労働者の歴史だった。だがこの二五年で、研究者たちは時代についても場所についても、それよりずっと踏み込んだ問いを立てるようになった。オランダのアムステルダムにある社会史国際研究所（ＩＩＳＨ）は、その役割を少なからず担っており、私はそのような環境で考えを練ることができたのをうれしく思っている。

本書のような本は、さまざまな方面からインスピレーションを受けて書かれるのがつねだ。私の場合、自覚していた以上に両親から影響を受けていた労働倫理、自分自身の仕事上の経験、また親しい人たちの経験などからヒントを得た。またこの数十年は、とくにＩＩＳＨの仲間から刺激を受けたことが考えをまとめる助けになった（ほんの数名を挙げるなら、マーセル・ファン・デル・リンデン、レックス・ヒールマ・ファン・フォス、ヘイス・ケスラー、カリン・ホフミースター）。そのほかここに挙げられなかった方々には、研究成果について言及したことでお許しいただきたい。

さらにヴィル・ルブルクス（ライデン大学、とくに第1部）とベルト・ファン・デル・スペック（アムステルダム自由大学、とくに第3部と第4部）をはじめとして、多くの研究者仲間が原稿の早い段階で専門家の見地から実のある助言をしてくれた。そして最後になってしまったが、ＩＩＳＨのヤープ・クローステルマン、レオ・ルカセン、マティアス・ファン・ローセム、長年の友であるリヌス・ペニンクス、またお名前を存じあげない多くの方々にも、作成中の原稿全体を厳しい目で読んでいただいた。さらに、プリタ・トレハンには貴重なコメントを、フランシス・スパフォードには励ましをいただき、感謝にたえない。もちろん、以上の方々に助力や示唆をもらったからといって、本書の最終的な責任が私にあることはいうまでもない。イェール大学出版局のジュリアン・ルースとその同僚のみなさん（レイチェル・ロンスデール、ケイティ・ウークハート、レイチェル・ブリッジウォーター）の信頼と熱意あるサポートにお礼を申し上げる。アナ・イエーデル＝ムーアは創造的ですばらしい翻訳と編集に腕をふるってくれた。マリエン・ファン・デル・ハイデン（IISH）は研究所のコレクションの図版に関してアドバイスをくれた。マリー＝ヨセ・スプレウェンベルフ（IISH）とアート・ブロク（IISH）は制作の最終段階で熱心に支援してくれた。最後の最後に、この作品の構想と成長を最初から最後まで見守ってくれた私のパートナーのリースケ・フォーストに感謝する。

この著作をIISHのみなさんと次の世代の若者に捧げる。マリア、マティース、ヒールチェとそのパートナーはみな、働く人として真剣に仕事に取り組んでいる。ヨアキンは、ピザ配達でベテランの領域に達した。そしてセシリア、ヨリス、ロッテが仕事の生活をスタートさせるのはこれからだ。

ハウダ（ゴーダ）にて　二〇二〇年十二月十五日

労働史の系譜と研究成果、そして本書のスタンスについて

仕事の歴史は現在にいたるまで、ただまっすぐに進展してきたわけではないかもしれない。そうだとすれば、それは一つの体系に収まらない多様さに満ちたものではないか。それとも物語に（複雑なものではあろうが）内在する論理があるのだろうか。社会科学の泰斗《たいと》はそう考えていた。アダム・スミス、カール・マルクス、マックス・ヴェーバーは、燃料とシリンダー容量、なかでもその経済性についての考え方はそれぞれ違っていても、みな労働関係の変化を推進する一種のエンジンがあるものと想定していた。

これらの思想家に共通しているのは、近代初期の西ヨーロッパ、なかでもオランダの市場が爆発的に大きくなった瞬間から、市場がその決定的な推進力になったと考えたことである。[★1] スミスにとって、市場の効果はやがて実りをもたらすものだったが、マルクスにとっては破壊的なものだった。ヴェーバーは「資本主義の精神」、すなわち利潤の追求に集中するものの考え方が市場経済成功のための必要条件だと説いた。この考え方は、たとえば古代ギリシャ・ローマの土地を所有する支配層には欠けていただろう。そのため、ヴェーバーと彼につづく経済学者のカール・ポランニーおよび歴史学者のモーゼス・フィンリーは、これらの古代社会を一五〇〇年以降にヨーロッパで徐々に形成された社会とは根本的に異なるものと考えた。[★2]

前述の社会思想家とその支持者（ヴェーバーの影響を受けたマルクス主義者のカール・ヴィットフォーゲルなど）[★3]によれば、商品、資本、労働の市場が発達する以前には「より原始的」な社会があった。彼らはこれを封建制、奴隷制、東洋的専制と呼び、そうすることでギリシャ・ローマ時代にさかのぼる偏見にくみしていた。ヘロドトスのような著者によれば、ギリシャ人は生来自由を求めるが、不《ふ》倶《ぐ》戴天《たいてん》の敵であるペルシャ人は非自由労働を特徴とする階層社会でやっていくしかない。当然のこととして、ここから西洋は「封建制」を経て「資本主義」にいたり、一部は必然的に「社会主義」へと舵を切った。世界の他地域も、ずっと遅れて同じ道を加速度的にたどることになった。[★4]

世界史の長期的展開に関するこのような理解は長いあいだ主流だった。それはある意味で、自由主義者とマルクス主義者の両方の思想家に共有されてきたためである。二十世紀前半に、ロシアの農業経済学者アレクサンドル・チャヤーノフとカール・ポランニーは、それぞれ理論的には興味深いが、結局のところ実証的には説得力のない別の理論を構築しようとした。[★5]なぜ説得力に欠けていたかといえば、二人とも熱心なあまり、新石器革命以降の世界人口の自給自足と反市場志向の行動の重要性を著しく誇張する傾向にあったからだ。チャヤーノフは、一八八〇年ごろから一九二〇年ごろまでのロシアの農民に関する広範な統計にもとづいて考察したため、またポランニーとその一派は、チャヤーノフよりも集めた事例は多いが——メソポタミアから西アフリカのダホメまで——掘り下げがかなり足りなかったためである。[★6]

この二つの影響力のある解釈については、本書でものちに詳しく取り上げることにする。いまのところ読者には私がどちらも選ばなかったこと、また壮大な代案を考え出すつもりもないことを知っていただきたい。世界の仕事の歴史を研究して、私は何よりもまず、これらの歴史発展に関する旧来の図式がありとあらゆる大波をなんとかくぐり抜けているのだと知った。また、この物語の内在する論理を明確化するのは時期尚早であるとも考えている。

なぜそんなに難しいのだろうか。踏みならされた道を通ればよいではないか。[★7] 近年の歴史学のグローバリゼーションに鑑みれば、これらの解釈の図式に共通するのは、実証的根拠が乏しく、それゆえに偏りがあることだ。つまり、ギリシャ・ローマ時代以来、地中海周辺で起こった発展を出発点とし、おもに、あるいはもっぱら西ヨーロッパのそれを追究し、致命的なことには、この説明に世界の歴史のほかの部分を押し込めようとしているのである。その結果、北大西洋諸国の支配する現在の世界が「近代」ないし「資本主義」と見なされることになった。

フランスの歴史学者フェルナン・ブローデルほど、世界史におけるこのヨーロッパ中心主義に立ち向かった人物はいない。ブローデルは、資本主義が産業革命の何世紀も前にヨーロッパだけでなくアジアでもはじまっていたことを認めさせた。ブローデルにつづいて、オランダの歴史学者バス・ファン・バヴェルは最近、さらにさかのぼってその境界線を中世のイラクにまで押し広げた。ファン・バヴェルは、メソポタミアだけでなくルネサンス期の北イタリア、オランダ、さらにのちのイギリスとアメリカでも数世紀にわたってくり返されたサイクルを見出した。社会反乱－市場支配のサイクルと、成長－格差－衰退のサイクルである。そして現在の資本主義は「衰退」の段階にあるとして、次のように述べている。「資本主義は、土地、労働、資本の交換と配分における市場の優位性で定義されうる。これは第一の要素であり、そのなかで賃金労働の増加は各サイクルの初めに見られる顕著なものである[★8]」

このような考え方から、しだいに「資本主義」という言葉は市場の成長および盛況と同一のものとされるようになり、現在一部の研究者はややためらいつつも資本主義と市場経済とを多かれ少なかれ同一視しようとしている。[★9]また最近はこの議論に関連して資本主義の起源を解き明かそうとする研究者もいて、彼らはさまざまな説を提唱している。中世初期（ファン・バヴェルと同じ）、一四〇〇年から一八〇〇年のあいだ、一五〇〇年ごろか一六〇〇年ごろ、一六〇〇年から一八〇〇年のあいだ、一八五〇年から一九二〇年の工業化時代などだ。[★10]そしてこの資本主義という概念はほぼ普遍的に用いられるようになっているが、今日、その内容については総意の形成にいたっていない、したがってその時期についても定まっていないと私は判断している。同様に、「近代」の境界も過去に押し戻されつつあり、一五〇〇年から一八一五年のオランダ経済が「最初の近代経済」であると評されることもある。[★11]

要するに、資本主義と近代の中心的な概念がいまや流動的になり、世界史に時代区分の明確な線を引くという本来の分析機能が失われているのである。[★12]そのことが本書のような長期の歴史を書くうえでの悩みになっている。[★13]これで思い出されるのが一九一六年のアルバート・アインシュタインの言葉だ。「物事を秩序づけるのに有益であると証明された概念は、私たちに対する権威を非常にやすやすと獲得し、私たちはそれが地上で生まれたものだということを忘れ、天からあたえられた不変のものとして受け入れてしまう」[★14]。この理由から、私は本書で「資本主義」(とそれにともなう「階級」および「階級闘争」)、そして「近代」(対「伝統」)という用語を中心に位置づけるのを控えている。それは私がマルクス[★15]とヴェーバーに、あるいはその信奉者にイデオロギー上の理由で反対しているからではなく、これらの用語が過去一世紀から一世紀半の議論のなかで手垢にまみれ、世界の労働史の分析力をほとんど失ってしまったと考えるからだ。ただしその背後にある用語、とくに「(内部および外部)労働市場」「労働関係」「社会的不平等」「集団行動」、そして道徳的なニュアンスを帯びた「搾取」「収奪」は駆使している。

こうした態度で臨んだからといって、分析をゼロから出発しなければならないわけではない。十九世紀半ば以降、多くの研究者が労働史に関する大著を執筆した。たとえそのほとんどがずいぶん時代遅れになってしまったとしても、私を大いに触発してくれた。それらの研究はほぼ例外なくヨーロッパ中心か大西洋中心で、その大半がこの数世紀よりも前を扱うことはない(ごくまれにギリシャ・ローマ時代までさかのぼることがある)[★16]。マルクスとヴェーバーについて述べたとおり、これは非難ではなく、たんに歴史科学(考古学、またそれ以上に、学際的な先史学を含む)の発展がそうだったからにすぎないのである。これにより、マルクスおよびヴェーバーと同じくドイツの偉大な思想家であるカール・ビュッヒャーの功績がよりいっそう光る。一世紀以上前から、ビュッヒャーの知性の幅広さ（経済学者であると同時に、ジャーナリズムを新聞学という学術分野として確立した）は有益だった。そのほか私に影響をあたえた多くの先行研究者のなかに、仕事というテーマについて深く考えた、影響力のあるソースティン・ヴェブレンとハンナ・アーレントがいる。[18]

ここ数十年のあいだに質の高い研究が新たになされ、時間と空間がもっと広げられたことで、新しい道を切り開けるようになった。[19] 思うにこれらの研究が、労働関係の発展に関する本書の見解における四つの重要な発見として結実している。[20] 第一に、さまざまな労働関係が世界の各地であらわれては消え、消えてはあらわれた。その背景には、そもそも市場経済が世界の各地に何度も出現し、多くはまた消滅したという事情がある。たとえば、市場関係にかかわる二つの重要な労働関係として、互酬関係と貢納－再分配がある。互酬関係はもともと狩猟採集民の特徴であったけれども、現在でも世界中の家庭のなかに生きている。そして同じことが貢納－再分配社会についてもいえる。第二に、これと同じように、大規模な賃金労働と奴隷労働と自営労働も、歴史にたびたびあらわれては衰退、あるいは消滅した。第三に、賃金労働の報酬水準はかならずしも強制された最低賃金と一致せず、大きな変動が見られる。そして最後に、このような賃金の変動は、権力者の気まぐれや無目的な市場の力の結果というだけではなく、賃金労働者自身の個人的、集団的な行動によってもたらされるものでもある。労働に対する公正な報酬と、それに照応する社会的（不）平等についての働く人びとの意見表明が重要な役割を果たすのである。

本書のように時代も地理も広範囲にわたる研究は、おのずと比較研究になる。働く存在としての人間は時間と空間を超えて十分な類似性を示すので――また機会も同じようにかぎられているので――世界中の人間を存在の当初から追うことができると前提して比較法の長所を採り入れなくてはならない。

▼

▼

▼

理論的には人類学という別の学問分野の説明に私は同意する。私の考えでは、それは本書での歴史の概観にもあてはまる。文化生態学の研究で知られるロバート・マック・ネッティングは、自身の研究分野を次のように定義している。

実践理性による実証的社会科学であり、人間の行動と制度には、地理、人口、技術、歴史の特定の状況下にある人間の生物学的、心理学的ニーズを満たすものとしての規則性があるとする啓蒙主義的信念にもとづいている。このような共通性（規則性）は、空間と時間の隔たった集団、文化的価値観や宗教、親族制度、政治構造などの異なる多様な集団に横断的に見出すことができるのである。★21

「実証的」とは、仕事がどのようなものかを正確に把握することでもあり、人間の日々の活

動を可能なかぎり彼ら自身の言葉で、あるいは具体的な例を通して記述することである。[★22]

同様に、もっと綿密な理論的議論や歴史学的論議がほしいと思う読者もいるかもしれない。私は歴史科学や社会科学におけるモデル化に反対しているわけではなく、むしろこの本はモデル化なしには書けなかったが、それよりも過去二世紀に文献のなかで提起されたいくつかの提案を私なりに比較考量した結果を示したいと考えている。私の最終的な選択についてもっと知りたい方は、私のこれまでの著作、またとくに本書の原注を参照していただきたい。[★23]

ここで強くいっておきたいのは、世界《グローバル》の労働史が、実証的、方法論的、理論的な進歩の充溢《じゅういつ》する非常にダイナミックな分野であり、この進歩なくして本書は成立しえなかったことである。進歩は今後もつづくに違いない。参考文献のリストを充実させ、できるかぎり文献を読み込んで要約しようと努めたが、それでもまったく力およばなかったことはいやというほど承知している。多くの専門家が手抜かりを指摘することだろう。最近の二次文献は膨大だが、そのことはこのテーマがいかに活発なものであるかの証《あかし》である。

序　章

家の前に浴槽を出して子供たちのからだを洗ってやるナ・ファン・アッセンデルフト・ファン・ヴァイク=マイエル夫人（1951年、アムステルダム、リンデンストラート）。

今日、地球に暮らすほとんどの人が起きている時間の半分以上を費やして仕事をし、職場と自宅を往復し、眠っているあいだに仕事の疲れを癒《い》やしている。このように考えると、仕事の歴史は人間の歴史でもある。それにしても、そもそも仕事とはいったいなんなのだろうか。

仕事と労働の定義は無数にあるが、最大の問題はその一面性にある。ある種の仕事を取り上げるとその話ばかりで、ほかの仕事が無視される。たとえば女性の仕事は男性の仕事よりも、工場の壁の中の仕事は壁の外の仕事よりも、肉体労働は頭脳労働よりも軽視されがちだ。同じように、家庭内の仕事（仕事と認識されていれば）は家庭外の仕事よりも軽んじられる（「再生産－生産」の矛盾とも呼ばれる）。

本書のような世界の全史を扱おうという大胆な試みに取り組むにあたって、仕事をどう定義するかは簡単にすませられる問題ではない。それにはアメリカの社会学者のチャールズ・ティリーとクリス・ティリー（父と息子）による広義の定義が出発点になる。★1

仕事とは、財とサービスに使用価値を付加する人間の働きすべてをいう。仕事をする人がその労苦をどれだけ楽しもうと嫌おうと、その成果を消費する人が得る満足の度合いを高めるかぎりにおいて、会話であれ歌であれ、あるいは装飾、ポルノ、テーブルセッティング、庭づくり、家の掃除、壊れた玩具の修理など、すべてが仕事にかかわることだ。二十世紀になる以前に、世界の労働者の大多数が山ほどの仕事をこなしていた状況は、今日われわれの知る俸給つきの職というものとはまったく違っていた。今日でも世界全体を見てみれば、ほとんどの仕事は正規の仕事ではないところでなされている。家庭の外で金銭的対価を得るために精力をそそぐ活動を「本当の仕事」と決めつけ、そうでない活動を娯楽だ、犯罪だ、ただの家事だと格下げしているのは、ひとえに西洋資本主義とその産業労働市場が生みだした偏見なのである。[★2]

この定義のよいところは、仕事を市場に関連する活動に限定していないことだ。ティリーらが家事を本当の仕事として取り上げている点は、もう一度くり返す価値がある。「テイクアウトやファストフードや外食が増えたとはいえ、無報酬の食事の準備は、有償無償を問わず今日のアメリカ人がしているあらゆる種類の仕事のなかで、おそらく最大の時間が費やされている」。ビッグマックとケンタッキーフライドチキンの発祥の地がそうであるなら、この指摘は世界の他地域と人間の全歴史にあてはめてさしつかえないだろう。[★3]

このような普遍的な定義の問題点は、人間のどんな行為が労働として定義されえないのかが完全には明らかにならないことである。ティリーらは「純粋な破壊行為、純粋な表現行為、純粋な消費行為」の三種の活動を明確に定義から外している。[★4] 純粋な破壊活動は使用価値を付加せず、むしろ財の価値を奪うので仕事とは見なせないということだ。だとすると、たとえば軍事活動はまぎれもなく破壊という側面があるから、その多くもしくは全部が仕事から除外されるように思えるが、兵舎での日々の生活は破壊とは無縁だし、意図的な破壊もすべてではないにしろ、ほかの財とサービスに価値を付加するので、軍人の技能の発揮は仕事なのである。[★5]また、ティリーらは純粋な表現行為と純粋な消費行為を除くことで、原則として行為者本人以外には使用価値のない活動を排除している。彼らの理由づけは筋が通っている。使用価値というものを最大限に広くとらえたとしても、「個人の満足のためだけに一人でするウェイトリフティング」は仕事に含まれない。これは「スポーツファンを楽しませるためのウェイトリフティング」とはまったく別のものである。この社会的基準を加えれば、ティリーらの定義から外れる活動はほんの一握りだ。食べる、飲む、寝る（まとめて「活力回復活動」）がそれにあたる。これらはすべての人、したがってすべての行為者が自分の心身の機構を維持するためにすることとである。私は、余暇を除いて、人間の従事することすべてを仕事と見なすことにしている。

ここで余暇について少し考えてみよう。[★6]二十世紀半ばの一連の研究によると、仕事もしくは仕事に直接関係する活動に人が費やす時間は、男性で全時間の二五〜三〇パーセント（賃金労働と通勤）、主婦で四〇パーセント、有給の仕事をもつ母親は五〇パーセントで、全員共通で睡眠が三分の一、食事と身のまわりのことが一〇分の一であることがわかった。すると残った時間は、賃金労働者（おもに男性）で約三〇パーセント、主婦で約一五パーセント、有給職の母親で五パーセント強とばらつきがあった。[★7]しかもこの時間さえもかならずしも自由ではなかった。男女ともに自由時間の大部分を社会的義務に使っていることがわかったのである。所属するクラブでの活動、ボランティア活動、親族や友人知人への訪問など、楽しいことではあるが、義務と見なされる活動だ。興味深いことに、エクアドルの先住民を対象とした調査では、義務と余暇に関してヨーロッパ人と考えが違うことが明らかになった。「彼らは必要なときにはこつこつと働くが、西洋とはテンポが違う……仕事ではないにしても『社会制度に組み込まれた活動』というべきものに仕事以外の時間のすべてを使う。だが、その時間には……大いに酒を飲んで陽気に騒いで過ごすのだ。彼らインディオは、結婚式、洗礼式、誕生日、祝祭日が生きているおもな理由であるかのように、そのために働いて蓄える……西洋人なら義務と考えるこのような活動を、彼らは心からの楽しみととらえているのだ[★8]」

アメリカの社会学者ネルス・アンダーソンは、工業化された先進社会においてさえ「仕事以外の義務」は余暇とは別のものだと考えている。「そのような義務を果たすことで、よき配偶者、よき親、よき隣人、よき市民、よき友人などの地位を得る。これらの役割はみな地位を得るべきものであって、そのための活動は非常にやりがいがあるだろう。余暇活動と同じくらい満足感を得られるかもしれない[★9]」。ティリーらはこのような社会的義務を仕事に位置づけるかもしれないが、私はそこまではしたくない。

確かにここで問題にしているのは人が自由に埋められる時間のことではない。自由な時間を満たすものといえば、大多数の人にとってはちょっとした遊びや気晴らし、幸福な少数の人びとなら、行楽としての旅行（いわゆる海外周遊の旅《グランドツアー》）や休暇、趣味など、要するに純粋に楽しむために身銭を切ってすることだろう。[★10]しかし、西洋の普通の男女がこうしたことをするようになったのは二十世紀に入ってからなのだ。世界には今日もなお、この種の活動を選ぶ余地などほとんどない人、まったくない人が大勢いるのである。

仕事が生活のなかで果たす役割について、私たちは明確な考えをもってきた。自営業と勤め人のどちらがよいか、何が男性の仕事で何が女性の仕事か、自分の仕事の報酬はどれくらいが妥当か。こうしたことへの考え方は、人間が働いてきた経験をもとに長い時間をかけでき上がった。極端にいえば、人間が人間として存在しはじめたときからのものだ。

仕事というものをとらえるときには、労苦――おかげで背中は痛いわ、額は汗でびっしょりだわ、精神的にもクタクタだわ――だけでなく、誰といっしょに働くか、誰のために働くか、誰のためであろうと働かなくてはならないかといったことからも判断される。人は無人島で孤独に生きているわけではない。ロビンソン・クルーソーでさえ、フライデーを見つけた(そしてすぐに従僕として働かせた)のだ。人間関係は仕事の中心であり、本書でも重視する。世界の長い仕事の歴史を見ていくと、いかにして親しいつきあいに仕事の行動原理が入り込んでいるか、他者の労働の成果をどのように手に入れ、どのように使うか、人間にとって働くことが何を意味したのか、意味しているのかという話がくり返しあらわれる。他人のために働かされているのか、それともとりうる道が別にあるのか。労働の報酬はどれくらいで、誰がそれを決めるのか。賃金格差を我慢できるのか。世帯内で働くのか、外で他人と働くのか。働けないとき、働けなくなったとき、誰が面倒をみてくれるのか。仕事はさまざまな面から社会におけるその人の姿を決定する。したがって、正当な報酬を(個人的、集団的戦略で）得ようとすることは、仕事の社会的な特性から切り離せないものなのである。

先史時代から今日まで、仕事を進めるために多くの解決策が考え出されてきた。農耕が「発明」された一万二〇〇〇年余り前まで――そこまでホモ・サピエンスの歴史の九八パーセントに相当する――仕事はわずか数世帯からなる小さい共同体のなかで分担して進められていた。共同体の成員は緊密に協力しながら食料を集め、互酬にもとづいて労働の成果を分かちあった。狩猟採集民の小規模集団《バンド》が協力して働いたこのような互酬的労働関係[★11]を内部労働関係、のちにあらわれた世帯外または数世帯のバンド外のものを外部労働関係と呼ぶことができる。

農耕社会で食料の余剰が出たことで大規模な分業ができるようになり、それから数千年後には都市が生まれて職業別の分業がはじめられ、ついに五〇〇〇年前に最初の国家が誕生した。数百、数千の世帯からなる複雑な社会では、互酬的労働関係と並行して別の外部労働関係が出現した。これらは「自営労働」と「貢納的労働」に分けられ、のちに市場が出現してからは「自由賃金労働」と「奴隷労働」「雇用」で補完される。そのときから人間の歴史は、このわずか数種の労働関係が入れ替わり混ざりあって併存する歴史と見なすことができる。

この労働関係の混合状態がより鮮明になっているのは、ソビエト連邦が崩壊してからである。同時に東ヨーロッパの国家社会主義、つまり管理統制共産主義が自らの破綻を宣言し、またその必然としてグローバリゼーションが勢いを増した。中国とアフリカと先コロンブス期のアメリカには、それぞれ独自の興味深い仕事の歴史がある。これらの歴史全体を見渡せば、ここにいたるまでの道程が狩猟採集民から古代の奴隷、中世の農奴、工場労働をするようになった農民と職人、共産主義のまわり道を経て（あるいは経ずに）、一億人以上の強制収容所の労働者へとつづいた苦役の一本道などでは決してなかったことを示している。

時間と空間を超えて歴史を見ることで、複雑な仕事の歴史をたどることができる（仕事と労働関係のさまざまな歴史とこの分野の理論研究に関する概説については前述の「労働史の系譜と研究成果、そして本書のスタンスについて」を参照）。現在ではあたりまえに思われている市場経済とは別に、互酬関係にもとづく取り決め（祖先の狩猟採集民がはじめたものだが、今日の家庭でもまだおなじみのものだ）と貢納－再分配社会が明らかにされている。歴史はくり返す――大規模な賃金労働、奴隷労働、自営労働、さらに市場経済そのものまでもが世界のあちこちに出現し、（ときには）また消えていった。そしてその過程で人と仕事のさまざまな関係が生じ、仕事への報酬が大きく変動してもいる。これはかならずしも市場や権力者の一方的な決定によるばかりでなく、仕事への公正な報酬を求める賃金労働者が個人的、集団的な行動で社会的不平等に立ち向かった――そしてときには悪化させてしまった――結果でもあった。

▼　▼　▼

仕事の歴史においてこのような根本的な構造変化を促した要素は、働く人びとの経験と行動である。人は普通一人で働くことはないし、自分のためだけに働くこともない。そもそも個人はみな家族、つまり世帯のなかで働いたり、彼らのために働いたりして人生の大部分を過ごす。世帯とは、ここでは簡単に、収入を共有し、原則的に寝食をともにする血縁者の集団と定義しよう。そこに属する全員の活動を一つのまとまりとしてとらえることができる。[★12] 世帯の成員は協力しあって活動し、そのための戦略、つまり「世帯生活戦略」を話しあう。[★13] この家庭内の取り決めには、技能、性別、年齢による仕事の分担や、結婚戦略が含まれる。個人を核とすれば、世帯はその個人のまわりの第一の殻《から》ということになる。

さらに複数の世帯の成員が集まっていっしょに働き、大きい社会的集団をなす。すなわち一種の政治組織であり、これが第二の殻だ。これは長いあいだ狩猟採集民のバンドのような小規模なものだったが、このバンドはバンドの集まりからなるさらに大きい集団のなかで活動した。たとえば遺伝的多様性に必要な結婚相手の交換などがそのなかで行われた。その後、新石器革命を経て（都市）国家が成立するようになった。財とサービスの交換はこうした複雑な政体、たとえば古代エジプトやインカ帝国の内部で中央の貢納－再分配を通じてなされたが、しだいに市場を経由して行われるようにもなった。[★14] 市場ができた政体はそのルールを定めるが、市場で重要な役割を果たす者が政体に影響をあたえることもある。[★15] そして、あるときは政治に、あるときは市場に傾くという不安定な力関係が起こりうる。

人は他者とともに働き、他者のために働く。それはつまり、世帯の内外に水平な労働関係と垂直な労働関係があるということだ。水平な労働関係は、同僚など対等な関係にある者どうしがいっしょに働くことから生まれ、垂直な労働関係は、自分がどんなルールのもとで誰のために働くか、誰を自分のために働かせるかということである。このルール（暗黙的な、または文書ないし口頭による明示的なルール）は、仕事の種類、報酬の種類と量、労働時間、心身の負担の程度、自由と自律の程度を決定する。★16

個人、世帯、政体、市場を区別することで、とくに垂直な労働関係が明確に描ける。つまり、どの仕事をどんな規則と条件のもとでするかを誰が決めるのかということだ。これらは現代の私たちもふだん労働関係について話すときに考える事柄であるし、したがってある社会の構成員はみな、次のような簡単な質問に答えることで分類できる。まだ働きはじめていないか、あるいはもう働けないか。お金が十分にあるので働く必要がまったくないか。おもに世帯かバンド程度の小さい単位のなかで働いているか。あるいは全員が神と神殿のために労力をそそぐ伝統的な再分配社会で働いているのか、それともおもに市場を通じてか。もし市場ならば、小さい独立事業か、それとも起業家か、賃金労働者か、あるいは奴隷か。

このすべての労働関係のまとまりがその社会の特徴になり、それによって狩猟採集型、貢納－再分配型、市場・政体型などということができる。

これまでの労働史学の限界の一つは、扱う労働関係をおもに市場社会での垂直な対立関係に限定していることである――被雇用者と雇用主、奴隷と主人、市民と国家という具合だ。これはまちがいなく重要なことなので、本書も労働組合やストライキや（文書および口頭の）雇用契約、またインセンティブを扱う。雇用主が労働者に、また奴隷にさえ、よりよい成果を挙げさせるための動機付けがインセンティブである。ティリーらが的確に指摘しているとおり、これはお金にかぎったものではない。労働者をやる気にさせるものは賃金ばかりではないのだ。そこで雇用主は特別手当という報酬のほかに、帰属意識の利用と強要圧力という手段を加え、これらを組み合わせて使う[★17]（第6部で詳述）。この三つは、程度はさまざまだが、仕事を遂行する誰に対しても用いることができる。しかし、雇用主と被雇用者（自由労働か非自由労働かを問わず）の力関係は現実的で重要ではあるが、働く人の行動はこの種の従属関係だけでは説明できない。これまで知られているすべての社会では、原則として人は他者（同じ世帯の成員、賃金労働者仲間、奴隷仲間、強制労働の仲間）といっしょに働き、その相互の水平な関係は労働史の本質的な部分なのである。

なんらかのかたちの「契約」しだいで多種多様な相互協力と対立がありうる。基礎になるのは、世帯の成員間の普通は暗黙の契約で、彼らは無報酬の家族の世話や自家農地での作業などをどのように分担するかを取り決めている。読者の大半は個々に契約を結んで働いているだろうが、大なり小なり、日々同僚とうまくつきあわなければならないだろう。事情は過去もそう変わらなかったが、本書では協同請負で雇われて出来高賃金をもらう労働者にもしばしば遭遇する[★18]。同じように下請けでも、まったく協同の要素のない「苦汗《くかん》」産業は、このような労働関係がいかに虐待的であるかを示しつづけているが、奴隷も奴隷仲間といっしょに働いたし、自由労働者と非自由労働者が同じ仕事で協力することもありえた。このような水平な労働関係はみな、労働者の生活を楽にしたり困難にしたりした。雇用主や上司ばかりが生活に影響するわけではなかったのである。

つまり、水平な協力と垂直な従属の両方が包括的な労働史の重要な要素であり、本書の主要なテーマになる。[★19] 垂直的労働関係、たとえば主人と奉公人、プランテーション所有者と奴隷の関係における権力資源は、究極的には政治を通して行使することができるのでより大きくなる。しかし、だからといって日々の現実において、垂直な労働関係だけが仕事の喜びを左右するわけではない。

労働と報酬の関係も、個人の労働経験と社会の構造変化とを結びつける重要な要因である。狩猟採集民の場合、集団はいっしょに働き、成果は原則として集団の成員に平等に分配される。これは初期の農民も（アフリカでは一〇〇〇年前まで）大差がなかっただろう。農業が大きな余剰を生みだすようになると、集団の一部の成員が農業以外の手工業に従事できるようになり、また他者よりも余剰の大きな割合をせしめる少数の者もあらわれた。さらに集団が大きくなると、この「勢力拡大者」が集団の指導者の役割を帯びるようになった。

余剰産物の分配は、新興の都市や都市の連合において特別なかたちをとるようになる。このような複雑な社会では、たとえば神殿を中心にした公式の再分配制度が生まれた。理論上、余剰はすべて神々と神々に仕える者、つまりエリートに帰属するものとされ、神官が余剰の総量を分けあった。もちろんこの再分配のしかたは、その政体でどの世帯が重要とされるかによって違ってくる。神権社会では、農民よりも神官が重要だった。こうして共同体収入の不均等な再分配が制度化された。

都市連合から生まれた国家――つまり政体――では、エリートが内外でますます権力をふるようになった。国内では、彼らは国家のためにすべての貢納物ばかりでなく生産手段をも要求し、土地をもたない市民に報酬をあたえるかわりに仕事をさせた（たとえば職業軍人という仕事はそうして生まれた）。一方で、市民は自分のために働くことができ、さらに商人などの特定の仕事に専従する者が生産資源を所有して、やがて賃金労働者を雇用することもできるようになった。外国では戦争捕虜を獲得し、奴隷にして働かせた。生産資源になったことで、奴隷とその子孫は個人も所有して働かせられるものになった。これにより土地と物品の市場に加えて、奴隷市場と労働市場も形成された。

国家の誕生以来、労働と報酬の不一致、つまり社会的不平等があちこちで生じているとすれば、その犠牲になった者（ときには同情する部外者）がどのように応じたかを問うのが重要である。結局のところ、人類共通の遺産は狩猟採集民のはるかに平等主義的な労働関係にはじまっていて、何度くり返しても足りないが、そのような時代が人類の歴史の九八パーセント以上を占めているのだ。第1部で詳しく説明するように、互酬の原則が人間の労働関係の基盤である。ここから逸脱した多くの政体では、それが貢納－再分配社会でも市場社会でも、働く人びとを不平等という新しい状況になじませるために、イデオロギーによる手法を必要とした。あるいは、少なくともそうしようとした。そうでなければ政体が盤石ではいられなくなるからである。[★20]本書では、この問題に個人または集団がどのように対処しようとしたかを見ていきたい。

働く人びとが労働条件の改善のために（または条件悪化を防ぐために）個人でできることは、

上司およびその取り巻きとのあいだの関係を良好に保つことである。自営業者と顧客の関係にも同様の行動が見られる。それがうまくいかなかったときは、その地域で、あるいは別の地域に移って、新しい上司（または顧客）を探そうとする。[★21] だが、解決策はほかにもある。現実には、いきなり戦略を変えるのではなく、時間をかけていくつかの労働関係を組み合わせるというやり方がとられる。たとえば家内工業のことを考えてみよう。小農は畑仕事をするかたわら布を織る仕事をした。いわゆるプロレタリア化で完全に工場労働者になるまでは、農民はそのような副業のかけもちを何世代も、場合によっては一〇世代もつづけたのである。ローマ帝国や十九世紀のブラジルの奴隷でさえ、稼ぎを貯めて自由を買おうとした。そうすれば自分も子孫も自由を手に入れ、小農や職人としてやっていけるかもしれない。ロシアの農奴は地主のために強制的に働かされるだけでなく、多くの者が都市で賃金労働もして収入を増やした。

他方、集団のパワーは、ストライキ、共済組合、労働組合などを通じて発揮される。個人が仕事と報酬の改善をめざす（あるいは悪化を防ぐ）ための多方面からの手段は、集団戦略でも応用される。賃金労働者はストライキに参加することもしないこともできるし、中立を保っても、スト破りをしてもよい。奴隷は逃亡しても現状を最大限に利用してもよいし、あるいは反乱を起こすことも、それを引き止める側にまわることもできる。

これまで知られているすべての労働関係は、このような戦略の逆転やさまざまな組み合わせから生まれた。まず奴隷制が拡大し、次に賃金労働へと移行したのは、明らかに国家の力によるものである。国家はたとえば奴隷制を敷くことができるが、それを廃止することもできる。法と規制のもとで自由な賃金労働と雇用と起業を許可することができるが、共産主義革命がしたようにそれを消滅させることもできるのである。

国家がはじめた移行と労働者がはじめた移行を区別するのは、仕事の歴史をおおまかに分けるには有用で、労働者に重要な行為主体の役割をあたえもする。だが、その反面、国家と市民のつながりを見えにくくもする。政体は報いを受けずにルールを変えることはできないし、労働者は制裁なしに政体に逆らうことはできない。この拘束力は仕事と労働関係に関するルールや考え方の有力なシステムであり、社会における拘束力としての仕事イデオロギーの役割とでも呼ぶべきものだ。

▽　▽　▽

本書は年代とテーマ別に構成され、各時代に多かれ少なかれくり返される共通のテーマを取り上げている。年代は六つの時代に区分した。第一期（本書第1部）は、時間としては圧倒的に長いホモ・サピエンスの出現（遺伝子分析によれば、七〇万年前にネアンデルタール人と分岐した）から新石器革命または農業革命までである。人間と動物で生き方に差がないころを出発点にしなければならないが、人間が言語を発達させて新しいコミュニケーションのかたちが生じたことで、協働という新しい生き方が生まれた。人は世帯で生活し、世帯はバンドを形成し、バンドは人と人を交換した。すべての仕事がこの単位で行われた。

一万二〇〇〇年前からの新石器革命がもしなければ、互酬関係は通則としてずっとつづいていただろう。ところが、新石器革命によって食料の入手や貯蔵の機会が増えたことから分業化が進み、これにより一部の世帯がほかよりも豊かになって、ひいては世帯間の格差が生まれたようだ。ここに不平等の種がまかれた。協力と並んで、従属も生みだされたのである。ただし、この第二期（本書第2部）ではその差はまだ小さく、農業革命と社会的不平等のあいだに因果関係がないことはアフリカが例証している。

七〇〇〇年余り前にまずメソポタミアで、やや遅れて中国とインドで都市が出現し――ホモ・サピエンスの進化の歴史においてはごくごく最近のこと――都市と農村部のあいだ、また都市住民のあいだで分業が進んだ。紀元前三〇〇〇年ごろから都市と都市が連合し、国家が出現したことで、この傾向がいっそう強まった。この第三期（本書第3部）に、現在知られているすべての労働関係が生まれている。個人および世帯と並んで、制度を備えた政体が不可欠になり、政体（都市、神殿、国家）は神などのために余剰生産物を集め、それを再分配するということからスタートした（古代エジプトや先コロンブス期のアメリカのような、貢納－再分配労働）。最初期の国家では、四タイプの労働関係主体が新しく出現した。自由賃金労働者、奴隷、自営労働者（借地人を含む）、雇用主である。この時点から、人間の歴史は協力と従属のあいだで変動する労働関係間の競争と見なすことができる。これが第四、五、六期の時代にあたる。

紀元前五〇〇年ごろ、世界の三つの場所で取引の方法が刷新され、既存の労働関係に広範な影響をおよぼすことになった。通貨の誕生である。この「発明」、とくに日常で使用できる小銭の発明（本格的な貨幣制）は、市場取引の拡大を促した。賃金の支払いに使われ、またその賃金が自営労働者からの日々の食料品や手工業品の購入にあてられるようになったのである。今日、このような仕事のかたちが自明ではないにせよ非常に重要なものになっていることから、大規模な賃金労働と貨幣による賃金支払いが発達した地域について別の部を割いた。実際、安定化が少なくとも拡大や侵略と同程度に重要だった（都市化した）長期国家においては、この労働形態が大いに発達したのである。こうした例は、紀元前五〇〇年から紀元後一五〇〇年にかけてのユーラシア大陸のさまざまな地域に見出される。これが第四期（本書第4部）である。なかでも大陸西部のペルシャ－ギリシャ－ローマ帝国－ビザンツ帝国－アラブ帝国の時代、南アジアのマウリヤ朝とその後継諸国家、中国の漢代と宋代は、アフリカおよびアメリカ大陸の賃金労働のない国家形成と比較して、第四期を代表するものだ。

第五期（本書第5部）はおよそ一五〇〇年から一八〇〇年にかけて経済的に繁栄した国家が世界に進出した時代である。これは現在と同じ意味での「グローバリゼーション」の時代だった。[★22] この数世紀に、国家間の競争によって世界のさまざまな地域で労働のあり方が大きく変わりはじめた。最も顕著な例を挙げれば、西ヨーロッパでは新しいかたちの協働による自由労働が拡大し、逆に東ヨーロッパでは農奴制、アフリカとアメリカ、さらに南アジアと東南アジアでは奴隷制という新しいかたちの従属が生まれた。それと同時に、東アジアと西ヨーロッパの両方で一見したところ別々に、女性の労働力の増加をともなう小農世帯の労働集約化、いわゆる「勤勉革命」が起こっている。

最後の第六期（テーマ別に第6部と第7部に分割した）は、「産業革命」にはじまる。仕事と技能の分化から無数の新しい職業が生まれ、多くの職業が消滅した。現在はロボット化の時代である。これにより断続的にではあるが、労働関係も大きく変わることになった。家庭内労働と自営労働はゆっくりだが確実に減り、非自由労働はそれよりやや速く消えていった。これはハイチの奴隷制と大西洋奴隷貿易と東欧の農奴制の廃止にはじまり、国際労働機関（ILO）の設立と世界人権宣言で頂点に達する。

本書で概説した労働関係の移り変わり（図1参照）、そして過去二世紀における労働関係の世界的な収斂《しゅうれん》、つまり類似化は自然に起こった現象ではなく、主として働く人びとの個人的、集団的な戦略と行動の結果であると見なすべきである。こうして協力と従属はある程度のバランスを取り戻した。ここが古典的な労働史の中核をなす労働運動と労働者政党と福祉国家の歴史である。そしてさらに、世界の労働関係ばかりでなく、男性の労働関係と女性の労働関係も大きく収斂した。

ただしそれは、西ヨーロッパとロシアと中国の最近の歴史が、また現在の世界経済危機が教えているとおり、単純な一直線の発展ではない。とくに第二次世界大戦後、世界がいっそう繁栄すると同時に、労働者間の不平等が拡大した。本書は締めくくりに今後の展望を考察する。移民、ロボット化、社会的平等といった喫緊の問題への心配の根底にある歴史の長期

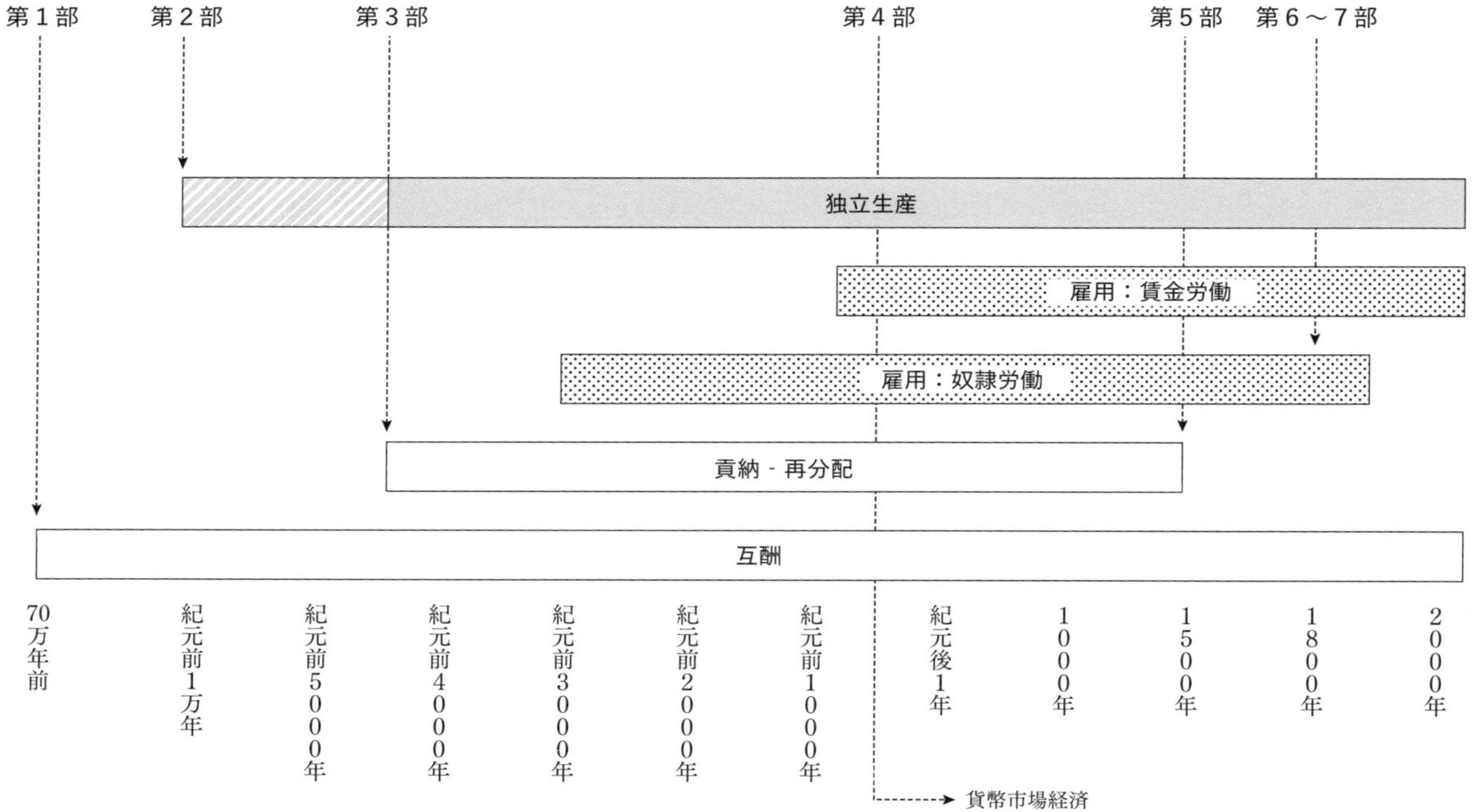

［図1］本書で概説する労働関係の移り変わり

的なパターンは、仕事がどこへ向かっているかを教えてくれるだろうか。急速に変わっていく世界で、働く必要性はどのようなかたちであらわれてくるだろうか。私たちは次にどのような仕事生活を送るかを選ぶことができるのだろうか。

本書はこれらの疑問への答えがあることを示唆している。われわれ人間のこれまでの長い経験は、仕事が生きていくために必要なものであることだけを示しているわけではなく、それは現在のロボット化の時代においても変わらない。仕事がもたらす充実感は、自尊心と仲間からの評価を高めるために必要不可欠なものだ。人間の歴史は、一つの根本的な葛藤にもう一つの根本的な葛藤が重なっていく歴史ととらえることができるだろう。つまり、人類として進化し、狩猟採集民として生きてきた数千年前までは、働きに対する正当な報酬を求めるという基本的な努力をつづけ、社会がもっと複雑になると、今度は分業によって容易に不平等が生じたのである。仕事の歴史は、不平等を擁護する強力なイデオロギーが永らえるかもしれないことを明らかにするが、グローバル化はもう一つの方向を指し示している。この数世紀の絶望的なまでの不当な報酬にもかかわらず、公正であることへの世界共通の訴えはいま優勢になりつつあるようだ。ユートピアの誘惑に屈することなく、それを実現させていくことがこれからの難しい課題である。

第 1 部

人間と仕事

70万年前から1万2000年前まで

食用の塊茎を掘り出すハッザ族の女性。ハッザはいまもなお野生の資源で生計を立てている、世界でも数少ない社会の一つである。

およそ七〇万年前に、現生人類はネアンデルタール人と別々の道を行きはじめた〔巻末「原注」第1章の2を参照〕。本書はここを出発点として、人間と仕事のかかわりを追っていく。

われわれ人間の歴史の大部分——九八パーセント以上にも相当する期間——において、仕事とは狩猟採集のことだった。だが、ついに四万五〇〇〇年前に仕事の分化が生じ、狩猟採集以外の特定の仕事を得意とする者がその仕事を引き受けるようになったのをきっかけに、性別や年齢に応じた多種多様な社会関係が生まれることになった。

ともあれ、それらを具体的に見る前に、まずは人間と人間以外の生き物とを比較して、仕事に関して何が同じで、何が違っているのかを確認することからはじめよう。

第1章 動物と人間それぞれにとっての仕事

時間・動作研究〔作業の効率化を、作業者の動作とその所要時間の面から研究する分野〕の先駆者であるアメリカのフランク・バンカー・ギルブレスは一九一一年に、挑発的ともいえるこんな意見を残した。「人間や使役動物は一種の動力装置であり、そうであるからには、動力装置の動作や限界を定めるほぼすべての法則にしたがう[★1]」。仕事というものをもっと正確に定義するためには、働いている（つまり「仕事」をしている）人間と動物と機械とのあいだにどんな違いがあるのかを厳密に問うことからはじめなくてはならない。

新しく買った装置や修理したばかりの装置に満足したとき、われわれは迷わずこういうだろう――「ちゃんと働いている」。見たところ機械は働いているようであり、もちろん実際にも働いているのだが、それは人間が機械を働かせているからであり、機械はスイッチを入れられて初めて働く。SFでもないかぎり、機械が人間の介入なしにひとりでに働くことはない。これは比較的答えの出しやすい問いだったかもしれないが、では、次の問いはどうだろう。「動物は働くのか？」――こちらはそれほど単純ではない。

まずは、この質問を適切なかたちに直さなくてはならない。ここで問うべきは、現生人類が働いているのと、われわれの最も近い親戚である霊長類の動物が働いているのとでは、どこにどんな違いがあるのかということである。[★2]「動物は働くのか」と聞かれれば、機械と同様、動物も人間なくしては働けないと答えるのが普通だろう。クマは自分から踊りだしたりしないし、ロバが自発的に荷車を引いたり、リピッツァナー馬が勝手に馬場演技をはじめたりすることもない。いずれも人間が訓練を課したり、命令を発したりしなければならないのだ。

しかし、いくつかの理由から、やはり動物の活動――とりわけボノボとチンパンジーの活動――は、機械の働きよりは人間の働きに似ているといえる。ゆえに、これから仕事の歴史を語るにあたっての妥当な第一歩として、これらの霊長類の働きの基本を押さえておくのが肝要だろう。それがひいては、われわれ人間について多くを学ぶことにつながるからだ。第一に、一万二〇〇〇年前ごろに新石器革命が起こるまで、人間がしていた活動といえば、狩猟採集によって毎日の食料を調達すること――これだけだった。そして、それはほとんどの動物にとっても同じだった。したがって、人間のする狩猟採集が仕事であるのなら、当然、動物もまた――人間が手を出す出さないにかかわりなく――仕事をしているのだと認めなくてはならない。第二に、人間は奴隷に対して働きの見返りに食物や住居や医療を提供するが、役畜《えきちく》に対しても同じような扱いをする。奴隷も馬も、似たような条件のもとで仕事をしているということだ。そう考えれば、動物の活動と人間の活動とのあいだにある共通点をあっさり無視できないことがわかるだろう。そこでここからは、人間の仕事の起源と特殊性を探ることを念頭に、動物の生活、とくに霊長類のボノボとチンパンジーの生活をもう少し詳しく見ていこう。

分業

食料の調達は、何よりも必要な仕事であると同時に、それぞれの個体が独り立ちした時点からかならず行わなくてはならない何よりも基本的な仕事であるが、霊長類の場合、これはかならずしもそれぞれの個体に任される活動ではなく、むしろ分業を当然としている。もちろん動物の分業で最も有名なのはミツバチの例だ。ミツバチは一匹の女王バチと少数のオスバチと多数の働きバチからなるコロニーに暮らし、それぞれで役割を分担している。[★3] ハチと人間との進化上の類縁関係のとてつもない遠さを考えれば、これ以上この例を突きつめても意味がない。しかしながら、大型類人猿、とくにボノボとチンパンジーの社会的行動を研究する動物行動学と社会生物学の成果なら、人類の最初期の段階を探るときの参考にすることができる。この二つの種は、七〇〇万年前から一〇〇〇万年前にはわれわれと共通の祖先をもっていたからだ。[★4]

では現在、分業については何がわかっているだろう。とくに霊長類の大人のオスとメスのあいだでは、どんな仕事分担がなされているのか。まず第一に、霊長類のほとんどの種においてオスの担う仕事とメスの担う仕事には違いがあり、子育てに責任を負うのはもっぱらメスのほうである。授乳はメスにしかできないことなので、それ自体はわかるとしても、ここで決定的に重要なのは、オスが生物学的にできないわけではない世話の仕事まで母親から引き取ろうとはしないことである。[★5] いいかえれば、大半の霊長類においては子育ての仕事をメスが専任で受けもっていても、だからといって群れの仲間が別の仕事、とりわけ食料の採集を母親にかわって受けもってくれるといった互酬関係には発展しないのである。

ただし霊長類のいくつかの種においては、ことはもう少し複雑で、互酬的な分業もなされている。とくに顕著なのが狩りのときだ。基本的に、植物性食料の供給はわりあいに単純な行為だ。これはこれですべての個体にとっての毎日の関心事だが、狩りはたいそう手間のかかる活動で、しかも結果を予測できない。[★6] 通例、狩りに従事するのは大人のオスで（とくに類人猿の場合、総じてオスはメスよりずっと体が大きく、たくましいので）、そのうち最も技能の高い、最も強健なものたちが最前線に立つ。これらの個体がうまく協力したうえで、運にも恵まれれば、ときどき貴重な肉の確保に成功できる。この食物は、当然ながらひとかたまりで、腐敗しやすく、しかも狩りをした当事者だけでは食べきれないほどの量なので、ひとたびこれを手中にしたチンパンジーやオマキザルは、見たところ自発的に、互酬関係にもとづいて群れの仲間に分けあたえる。誰が何をもらえるかは、前回の分配のときに気前よく分けてやったか、あるいは以前に性的な誘いに乗ってやったか、親愛の情を示してやったかなどに応じて決まるのかもしれない（サルの毛づくろいと同じように）。分け前にあずかれる幸せ者は、なにも近親者だけとはかぎらない（これに対して、たとえば鳥類などは、繁殖期にオスとメスのあいだで餌《えさ》をやりあうだけである）。[★7]

オランダの霊長類学者フランス・ドゥ・ヴァールは、類人猿の社会的行動から人間の社会的行動へと話を広げ、狩りをする人間以外の雑食性霊長類と、パラグアイ、南部アフリカ、ブラジルの狩猟民族との類似点を挙げている。人間の事例において、ドゥ・ヴァールが引用しているのが、アメリカの人類学者・霊長類学者のキャサリン・ミルトンによる次のような見解だ。

われわれの経済体制のもとでは、手に入れられる資源のできるだけ多くの割合を各人が確保し、支配しようとするのが普通であるが、狩猟採集民の経済体制はそれとは違って、協力と共有に関する一連の暗黙の了解を基盤としている。……たとえば狩猟で運よく大型獣をしとめられたようなときに、その食物をすべて自分のもの、もしくは自分の近親者だけのものと見なすような者は一人もいない。[★8]

狩りで得られた肉は集団内の仲間全員と分けあわねばならず、本人と家族だけのものにするのはまかりならんという原則は、狩猟採集民に関する多くの研究論文で例証されている。[★9]

人類学者のサラ・ブラファー・ハーディーは、人間と人間以外の霊長類それぞれにおけるメスの行動の進化的基盤に関して新たな理解をもたらした先駆的な研究『母親と母親以外(*Mothers and Others*)』（二〇〇九年）において、霊長類が進化の段階を経るうちに人類のあいだに出現した、また別のかたちの協力を取り上げている。現生人類よりもずっと古い歴史をもつそれは、成長に時間のかかる大事な子供の世話を、母親が母親以外の他人、いわゆるアロペアレント（父親も含めた「代理親」）に託せるようになったことである。ハーディーによれば、これは早くも一八〇万年前から一五〇万年前には起こっていただろうという。[★10]おそらくこれに関しては、人間が大型類人猿よりも出産率が高く、繁殖寿命が長いことが決め手になっていた。しかも人間の場合は離乳までの期間もずっと短い。結果として、人間の子供はいっしょに育つきょうだいの数が多く、それがまた人間の子供の社会的能力と認知能力を高めることにつながっている。さらに人間は火を使用して食材を加熱調理することで、体内で消化する前の実質的な体外消化を実現させ、栄養摂取と健康の向上に役立たせている。[★11]

加えて、人間には閉経という独自の特徴があることから、いわゆる「おばあさん仮説」も成り立った。「自分の母や夫の母、つまり祖母の手助けを得られることで、女性がより速いペースで子を産めるようになった」という考えである。[★12]実際、このようなパターンはアフリカの一部の狩猟採集民にも見られる。たとえば現代のタンザニアに住むハッザ族だ。ハッザ族の子供は、生後四年のあいだに母親以外の人間と触れあう時間が合計接触時間の三一パーセントにのぼる。大型類人猿では、このようなことが起こりうるとは考えにくい。自分の兄弟も含めて仲間が子育てを手伝ってくれるとはまず期待できないから、大型類人猿のメスは出産間隔が四年から八年と長くなるのだ。[★13]この重要な進化的発展は、人間が初めて言葉を発するようになったのとちょうど時を同じくしていたのかもしれない。そして発話とともに、最初の石器使用に革命的な進展が起こった。それというのも、最も初歩的な言語（「そう」

「そうじゃない」「ここ」「そこ」）によって必要な技術的要領を伝えられるようになったからだろう。[★14]

協力の効用

古人類学者のレスリー・アイエロは、約二〇〇万年前のホモ属（ヒト属）の出現が、女性の繁殖コストに懐胎の面でも授乳の面でも多大な影響をあたえたことを明らかにしている。[★15] ホモ属の特徴は、それまでの人類よりも大きな脳と大きな体を備えていたことで、とくに女性の体格がはっきりと大きくなっていた。アイエロによれば、「したがって生まれる子一人あたりに割かれるエネルギー量は必然的に多くなるが、出産間隔を短くすることで、結果的にそのコストは大幅に削減できた」。これは明らかに、ホモ属の進化の初期段階において有利な点だった。当時のホモ属は、危険の多い開けた環境に進出してきていたから、当然ながら不慮の死に見舞われることも増えていた。しかし女性の出産間隔が短くなったため、母親は離乳したばかりの幼児の世話をしつつ、その一方で次の子供を身ごもったり、授乳したりするようになった。これが社会的に意味するところとはなんだろう。アイエロはいくつかの可能性を検討したうえで、次のようなシナリオが女性の繁殖コストの高まりという問題を解決したと見ている。

男性による狩猟が成功するのは時たまだが、成功すれば見返りは大きいという場合に、この集団にとっての望ましい集団規模は、かぎられた資源のまずまず恒常的な供給が保証される規模であろう。このような状況では、男性の調達した食料がどのような理由でどのように分配されるかは、その食料が集団内で分配され、かつ、その集団規模が一定条件に収まっているかぎりは問題にならない。すなわち、女性の繁殖にかかるエネルギーの必要量を満たせる程度まで、女性の調達する資源を男性の調達する資源で確実に補える規模である。★16

あわせて、もう一つの重要な要素も忘れてはならない。それは食料（エネルギー）と知識の三世代伝達という要素だ。★17 人間の狩猟採集民は──人間以外の霊長類とくらべて──栄養たっぷりで獲得の難しい高品質な食物を摂取して、特徴的な大きな体と大きな脳を維持しているうえに、何より寿命が長いため、生涯パターンもそれに応じた独特のものになっている。十四歳までは生産するエネルギーが消費するエネルギーより少ないだけでなく、そのマイナスが大きくなる一方だ。エネルギー生産量の正味がようやくプラスに転じるのは二十歳を過ぎてからである。三十歳から四十五歳までのあいだに「超過生産」の段階に達し、ピーク時の四十五歳ぐらいには一日あたり約一七五〇キロカロリーの正味生産量を挙げられるようになる。そして六十歳から六十五歳までのあいだに、ふたたびマイナスに落ちていく。

ここから二つのことが示唆される。まず、人間はエネルギーをできるだけ効率的に生産するようになるのに長い時間がかかるということ。そして、見習い期間のあいだは集団内の年長の成員――さまざまな年齢層の男女――に頼らなければ生きていかれないということだ。この期間に若者は年長者から、神話や儀式にまとめあげられた知識（いわば部族内百科事典）を習得する。[★18] 個体が成熟に達する年齢がチンパンジーでは十二歳なのに対し、ホモ・エレクトスでは十四歳、ネアンデルタール人では十五歳から十六歳、ホモ・サピエンスでは十八歳から十九歳前後だ。[★19] したがってアイエロらの論証は、人間は協力するものであるというドゥ・ヴァールの仮定と、アロペアレンティング（代理親による子育て）というハーディーの示した概念をともに裏づけていることになる。[★20]

実際、このアプローチにおいては、三つの異なる集団の社会的行動が比較されている。現存する動物、とくに霊長類（そのなかでも主としてボノボとチンパンジー）の集団と、現存する、もしくは近い過去に存在していた狩猟採集民の集団と、新石器革命以前の人間の集団である。こうして比較の観点から論を立てているように、ドゥ・ヴァールとハーディーは、進化についてのある種の捉え方は時代錯誤であるという歴史論争上の立場をとっている。[★21] とくにドゥ・ヴァールははっきりと、十九世紀の哲学者ハーバート・スペンサーや、「ダーウィンの番犬《ブルドッグ》」と呼ばれたトマス・ヘンリー・ハクスリーや、彼らに連なる無数の人びとによる、「適者生存」の概念を社会の唯一の基盤として当然視する見方に反対を表明している。[★22]

もちろん、ほかの霊長類と同様に、人間もまた競争的で攻撃的な行動ができるのはいうまでもない。しかし、それはものごとの半面にすぎない。[★23] 人間の場合、種として進化的に成功するにあたって同じぐらい重要だったのが、協力する能力である。この能力は、人間を含めた霊長類が捕食者にねらわれやすかったことの直接的な結果だ。ドゥ・ヴァールの言葉を借りれば、「安全確保こそ、社会生活が発達した何よりの理由である。……人間は生存のために著しくたがいに依存している。人間社会を論じるにあたっては、この現実をまず出発点に据えなくてはならない。われわれの祖先を鳥のように自由な、社会的義務をいっさい負わないものとして描いてきた、過去数百年の幻想を出発点にしてはならないのだ[★24]」。

人間の仕事の発展をたどるにあたってつねに留意しておきたいのは、互酬という基本原則と、その原則にもとづく子育て業務の分担が、おそらく最初から人間の資質の一部だったということだ。この見方は、前に述べた定義問題とも一致する。ホモ・サピエンスが存在する以前から、食料供給――純粋に「仕事」と定義されること――のみならず、心情的な面や性的な面での相互扶助までもが人間の行動にもともと備わっている要素なのだとすれば、純粋な「仕事」と社会的義務との境界はあいまいになる。したがって、クリス・ティリーとチャールズ・ティリーによる広い「仕事」の捉え方（序章参照）は、世界の全史を見ていくうえでの出発点としてふさわしい。個体、およびその子孫の生存適性は、長きにわたって食べていかれるかどうかにもとづいているだけでなく、知識の獲得にもとづいている。広い意味での長期的な知識伝達が、狩猟採集民の生存の見込みを左右するのである[★25]。

人間は競争という側面からだけでなく、むしろ協力という側面からこそ理解できる種である。しかも人間の場合は、母親が自分だけで子供の世話をする必要がない。自分以外の誰か、とりわけ祖母に、その役割を担ってもらえる。狩猟採集民の仕事の歴史を考えるにあたっては、そしておそらくそれ以降の人間の営為を考えるにあたっても、これが重要な出発点となる。従属関係だけでなく、協力関係からものを見るのが必須だということだ。[★26] 要するに、人間のする仕事は、少なくとも現生人類の出現以降の九八パーセントの期間においては、一種の「互恵（互酬）的利他行動」だったのである。[★27]

第2章 狩猟採集民の仕事

新石器時代以前、人間の仕事はどのように発展したのだろうか。この問いに答えるには、初めに人類の数百万年の歴史をふり返らなくてはならない。[★1] およそ七〇〇万から一〇〇〇万年前にチンパンジーと人類が分岐して以来、人類は二つの大きな進化的発展を遂げた。それはどちらもアフリカで起こったことだ。まず二〇〇万から二五〇万年前に、ホモ属（ヒト属）があらわれた。そのうち比較的最近まで二〇〇万年にわたって存続していた代表的な種がホモ・エレクトスだ。それからホモ属のうちで最もよく知られる二つの種、三万九〇〇〇年前まで生存していたホモ・ネアンデルターレンシス（ネアンデルタール人）と、別の枝にあたるホモ・サピエンス（現生人類）があらわれた。この二つの種の分岐が起こったのが、七〇万年前ごろである。いまの人間はみなホモ・サピエンスに属しているが、かつてわずかながら、アフリカから離れた地で現生人類とネアンデルタール人、もしくはデニソワ人（四〇万年前にネアンデルタール人から分岐した人類）との交雑も生じた。[★2]

このように人類の種をずらずらと並べられても退屈なばかりかもしれないが、じつのところ、この人類の進化過程には非常に興味深い変化があらわれている。それは、脳の大きさが三倍になったことであり、男女の身長差が減少したことであり（もともとは女性のほうがずっと小柄だった）、結腸の容量が大幅に縮小して小腸が長くなったことであり、それに関連して、食べるものが多様化して高品質になり、寿命が長くなったことである。これらの進展すべての最終産物がホモ・サピエンスであり、この人類の最新の種は——仕事というテーマにとっては最も重要なことに——かつてなく多彩な食事を摂《と》るようになっていた。★3

それまでの人類と同様に、現生人類もアフリカからほかの大陸に移住した。★4 ゆっくりと、しかし着実に、現生人類は旧世界のいたるところで先行人類に取ってかわっていった。ただし、これは数が増えたということではない。むしろ七万年前には、われわれの系統は絶滅の危機にも瀕した。その後、四万年前から一万年前——狩猟採集民による農業実験がいよいよ成功しはじめたとき——まで、世界人口は八〇〇万人前後だったと見られる。★5

現生人類のアフリカ大陸からユーラシア大陸への決定的な進出は、およそ五万年前に起こった（これに先立って、約一六万年前から地中海東岸のレバント地方への進入はくり返し起こっていたが）。これ以降、現生人類は急速にユーラシア大陸全体に分散し、さらにオーストラリア大陸にまで到達した。★6 東南アジアには南アジア沿岸を経由して到達しているが、これはもっとずっとあとの時代になる。この地域が形成されたのは一万四〇〇〇年前で、海面が大幅に上昇したことにより、大きな陸塊（「スンダ」）がニューギニアとオーストラリア（両方あわせて「サフル」）から切り離されて、そのあいだに海峡に囲まれた島嶼域《とうしょ》（フィリピン諸島とスラウェシ島と小スンダ列島からなる「ワラセア」）が挟まったのである。現生人類は四万七〇〇〇年前には確実にオーストラリアに達していたが、その先の太平洋の島々にまで移住することは、それを可能にしてくれる乗り物がまだなかったためにできなかった。その後まもなく、ユーラシア大陸の温帯地方全域への分散がはじまり、北と北西に向かってヨーロッパへ、南アジアから東に向かって中国への移住が起こった。そして約一万九〇〇〇年前、現生人類は北東アジアからベーリング地峡を経由してアメリカ大陸に渡り、太平洋沿岸の似たような生物生息空間《ビオトープ》の範囲内を移動して、比較的急速にチリの南部まで達した。こうしてわれわれの種は、オセアニアの大部分の島を除く世界全土に広まるにいたった。これが現在の考古学と遺伝学の知見にもとづく大筋だが、その内容は毎日のように修正され、再定義されている。

祖先の霊長類と同じように、現生人類は世界中で――そして出現以降の歴史のほとんどのあいだ――ひたすら食料集めにいそしんだ。果実を摘み、根茎《こんけい》や塊茎《かいけい》を掘り出し、貝を採り、漁をし、狩りをした。ただし、七〇万年前ごろにアフリカにいた初期の現生人類は（ついでにいえば、ユーラシアにいたネアンデルタール人も）、すでにほかの霊長類にくらべてテクノロジーの面でかなりの進化を遂げていた。[★7]

大型類人猿、とくにチンパンジーにとっての食料集めは、おもな常食としている植物性食料を採集するほかに、ときどき集団で組織的な狩りをして、小型のサルや子供のサル、その他の動物をしとめることで成り立っている。狩りにはたいていオスもメスも加わるが、実際に獲物を殺すのは頑強なオスである。二五〇万年前にホモ属が出現すると、根茎や塊茎の採

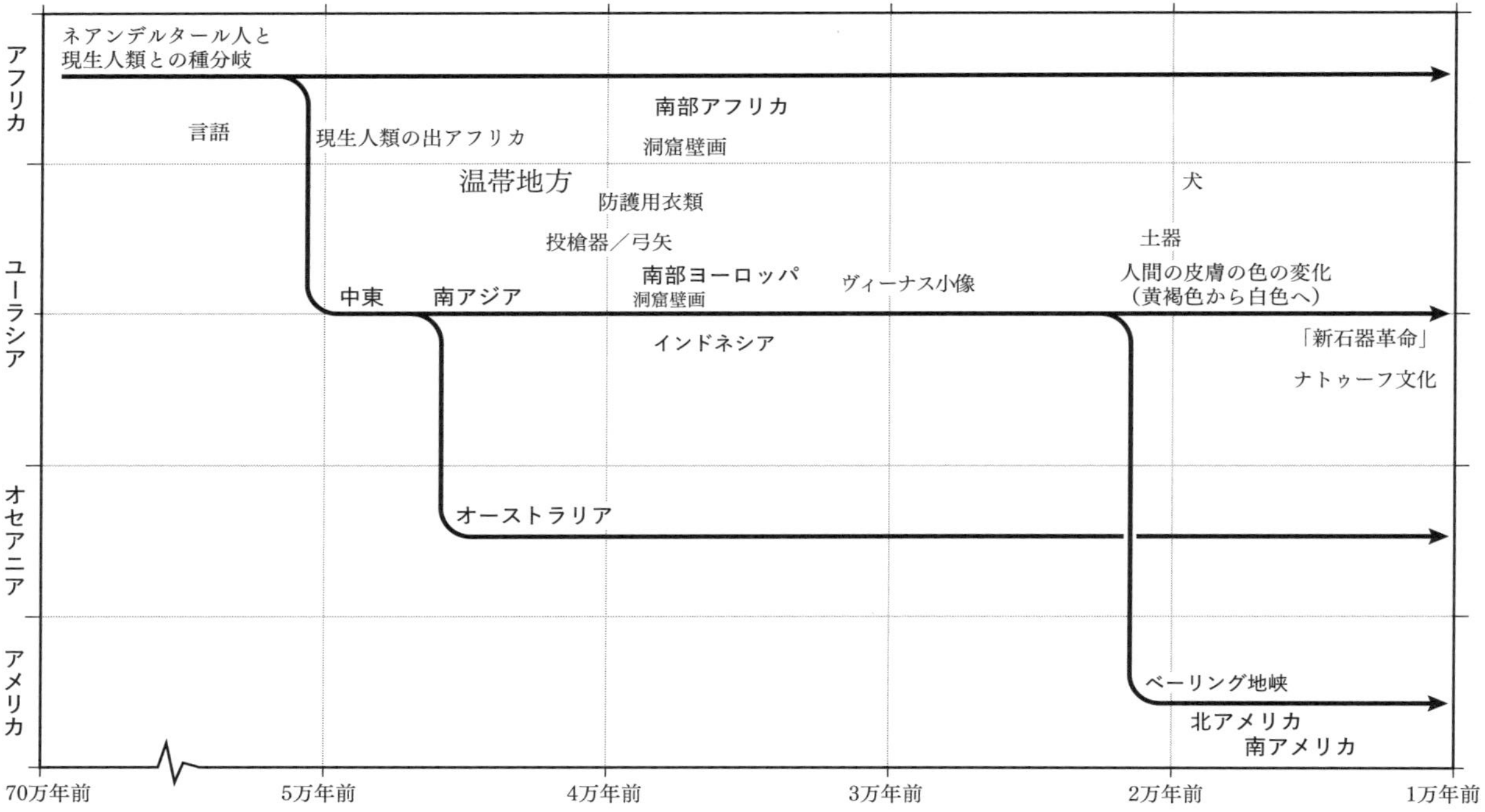

［図2］狩猟採集生活をしていた１万年前までの現生人類

集に掘り出し道具が使われるようになり、さらに大型捕食動物がしとめた獲物の残り物の腐肉をあさるのに、脚の骨や頭蓋骨を叩き割って髄《ずい》や脳みそを取り出すための石器が使われるようになった。すでに二〇〇万年前から、ホモ・エレクトスはハンドアックスやクリーバー〔ともに握斧（あくふ）の一種〕を製作できていた。[★8] そして五〇万年前、人類は自分たちよりも体の大きい生きた動物を狩る技能を発達させた。これは動物の行動についての正しい知識があったからこそできたことだ。狩猟の進歩にとって必須とはいわずとも有益だったと思われるのが、およそ三〇万年前に生まれた木製の突き槍《やり》や投げ槍と、罠《わな》による捕獲の技術だ。追って第2部で触れるように、この第1部の期間の終盤、つまり新石器革命に先立つ数千年のあいだに、狩猟は劇的に変化した。だが、それを見る前に押さえておかなければならないことがある。生活手段としての狩猟とは、厳密にどういうことを意味するのだろうか。

実際の狩猟と採集

今日の大半の人にとって、具体的にどのような仕事が狩猟と食料採集に必要になるのかは、なかなか想像がつかない。その仕事にはどれだけの時間がかかるのか。誰がそれをやるのか。そしてその仕事はどのように組織されているのか。これらの疑問に単一の答えはない。人間は海岸から高山まで、砂漠から熱帯雨林まで、じつに多種多様な気候帯のもとで生き延びてきたから、あらゆる狩猟採集民にあてはめられるような答えは存在しないのである。[★9] このように人間が世界各地に分散し、生態学的に異なる多様な気候帯のもとでさまざまな種類の仕

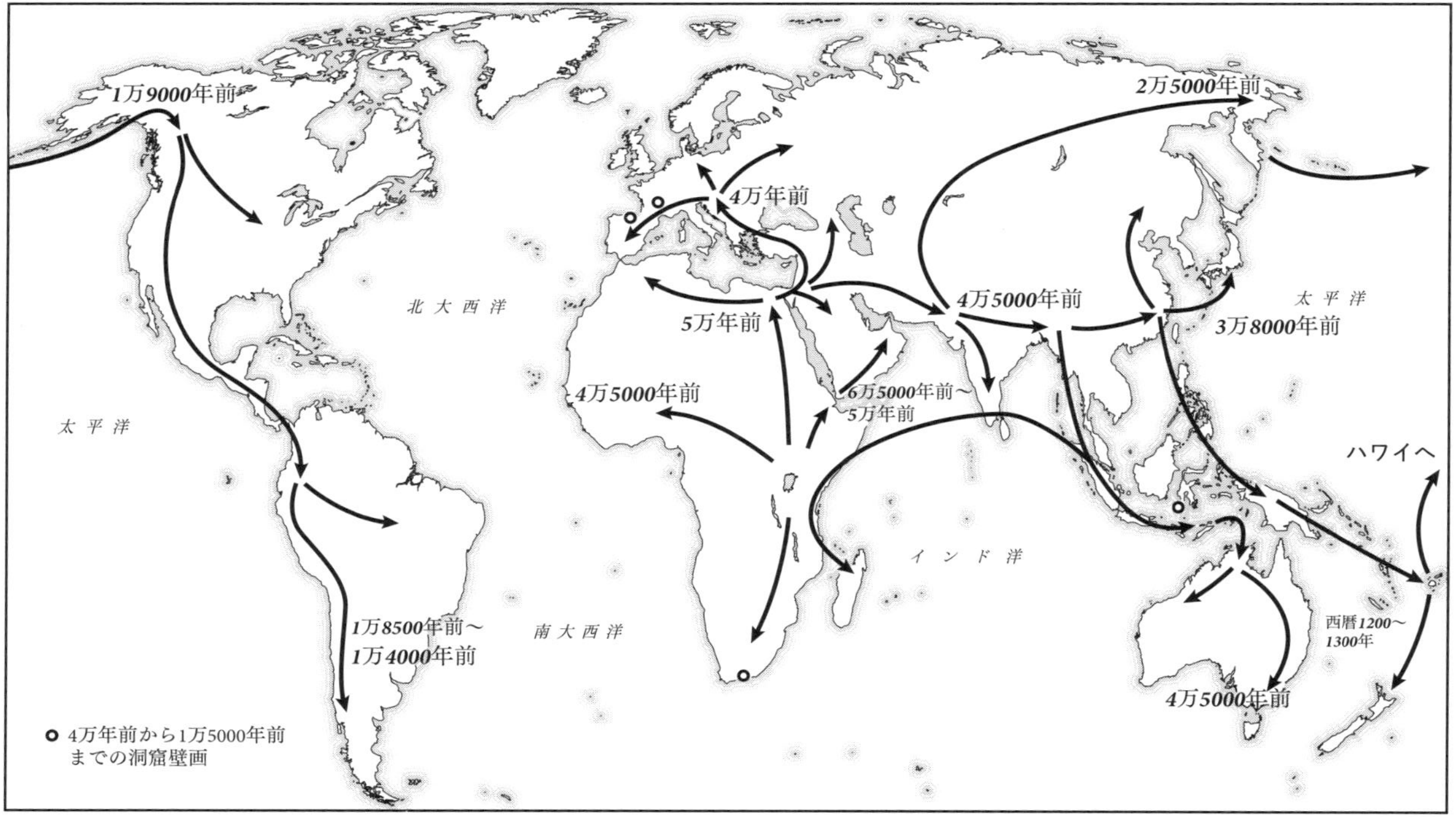

［地図1］狩猟採集民だった現生人類の７万年前以降の拡散

事を発達させてきたことが、動物にはおよそありえない多様性を生みだしている。動物なら、大きな遺伝的変化や新しい種の出現がないかぎり、このような多様性は生じえない。しかし人間の場合は、脳の発達と言語とコミュニケーションの作用によって、それが可能になった。ホモ・サピエンス以降、人類に新しい種は生まれていない。つまり進化の歴史の観点でいうと、人間は一部が北方の気候帯に移住した影響で皮膚の色と体形が多様化したぐらいで、そのほかはもう進化していないのである。

初期の現生人類の狩猟採集民としての労働生活がどんなものであったのか、描きだすのも理解するのも容易でない理由の一つは、考古学からの証拠が——さいわい確実性は高まっているとはいえ——部分的にしか得られないからである。この疑問については、動物からの類推は役に立たない。したがって、ここ数百年のあいだに存在していた、もしくは現在も存在している狩猟採集民についての記述に大幅に頼らなければならないのが現状だ。この手法の問題点は、どの狩猟採集民の集団であれ、それを「純粋」な状態、すなわち「より高度」な生活手段にいっさい触れていない状態で調査研究するのが不可能なことである。★10

一万二〇〇〇年前（紀元前一万年）まで、すべての人間は狩猟採集生活を送っていたが、およそ五〇〇〇年前にコロンブスがアメリカ大陸を目にしたころには、この生活様式はすでにオーストラリア大陸と、北アメリカ大陸の大部分、北アジア東部、南アメリカ大陸とアフリカ大陸の広い領域のみに押しやられていた。二十一世紀初頭の遊牧民、トナカイ牧畜民、漁民、焼き畑園芸民〔園芸民とは、囲われた土地での小規模作物栽培をおもな生活手段とする人びと〕などの総人口は、多めに見積もっても二億五〇〇〇万人ほどだ。これは二〇〇〇年の世界人口（約六一億人）の四パーセントであり、その中核をなすのが「狩猟採集生活から一、二世代隔たった数十万人の子孫」である。この中核のごく一部、およそ数万人が、古代の狩猟採集民からのほぼ直系の伝統をいまもなお引き継いでおり、それ以外は、さまざまな事情から狩猟採集に転じた農耕民や牧畜民の子孫である。たとえばかつて南アメリカでは、スペイン人の侵略から逃れるためにそうせざるをえない人びとがいた。★11

『ケンブリッジ狩猟採集民百科事典（*Cambridge Encyclopedia of Hunters and Gatherers*）』（二〇〇四年）には、わずか八例ながら、最近の狩猟採集民の集団についてのとくに詳しい記述がある。史学的、とくに考古学的な根拠から、これらの集団は祖先の代からずっとこの生活様式を守ってきたものと推測される。★12 この堂々たる百科事典には、ほかにも現在または最近の狩猟採集民の集団が多数記載されており、それらについては確かなところはわからないものの、ある程度の証拠から、かつては農耕や牧畜で暮らしを立てていたことがうかがえる。たとえばマダガスカルのミケア族や、南アジアと東南アジアに現在住んでいる狩猟採集民の大半がその例だ。★13

しかし、狩猟採集民として何千年と世代を重ねて生きてきた前述の八つの「本物」の集団に関しても、そう単純に話を進めることはできない。これらの集団にしろ、やはり歴史的にさまざまな変遷《へんせん》を経ているのは確実で、とくに近隣の農耕社会との接触や、もっと最近では、石油掘削企業などを通じた工業国との接触により、それに影響された変化を経験しているのである。[14] ともあれ、そうした問題はわかったうえで、これらの集団からの類推によって先史時代の狩猟採集民の仕事と、それに関連した狩猟採集民の社会関係を再構成してみよう。

『ケンブリッジ狩猟採集民百科事典』の編纂《へんさん》者は、狩猟採集民の定義にこのような表現を用いている――「狩猟採集とは、野生の動物を狩ること、野生の植物性食物を集めること、魚を獲《と》ることを基盤とし、植物の栽培化や犬以外の動物の家畜化は行わずに暮らしを立てることである」。[15] そして最も重要な社会的要素として、次の一文を加えている――「大半の（全部ではないが）狩猟採集民の社会的組織の基本単位は、バンドと呼ばれる血縁で結びついた一五名から五〇名ほどの小規模遊動集団である」。集団の成員は、次のような特徴を共有する。多かれ少なかれ平等主義であること。流動性が高く、一年のうちの時期によって、大人数にまとまったり、少人数に分かれたりと、一定のパターンで集団規模を変えること。そして土地保有システムが、互酬を原則とした血縁ベースの共同体での共有財産制にもとづいていること。

平等主義、互酬、共有、寛容は、無差別に発揮されるのではなく、おもにバンドの内部だけで発揮される。実際、集団は境界線を維持するためのさまざまな手段をとることにやぶさかでない。これは、初期のホモ・サピエンスも含めた人類全体にあてはまることだと見ていいのかもしれない。ほかの霊長類や現存する狩猟採集民にしても同様で、やはり土地と資源の利用をさまざまな方法で管理しようとするのだ。「共有はある進化段階や生活様式の産物ではなく、意思決定プロセスの結果である。資源を共有することには費用と便益があり、狩猟採集民が食料を分けあうかどうか、部外者を自らのテリトリーに入れるかどうかを決めるのに、費用と便益のバランスを考えつつ意思決定しているのは明らかである」[★16]

こうした狩猟採集民の生活の特徴を押さえたところで、ここからは狩猟と採集の実際の仕事がどのようなものかを見ていこう。そのあと第3章で、ほかの活動でも男女の分業を含めた仕事の分化がありえるのか、仕事と自由時間の関係はどうなっているのか、さらに、集団内での社会関係（世帯や「バンド」における内部労働関係）や、異なるバンド間での財やサービスや人（結婚相手）の交換を介した社会関係がどのようになっているかも探っていく。

生態学的に異なるさまざまな気候帯ごとに、狩猟採集民にもさまざまな違いがあるが、はっきりと認められる一定のパターンも存在する。おそらく最も顕著なのは、大型の獲物を狩るのに協力が必要とされることだろう。[★17] 人間が猟犬を使うことを覚えるまでは、とにかく走る能力がすべてだった。人間は臀筋《でんきん》と発汗能力のおかげで生まれつき優れた長距離ランナーであり、それが狩猟にも役立っている。南アフリカの人類学者ルイス・リーベンバーグはボツワナのサン人の狩猟隊に参加したときに、それを身をもって知ることになった。彼が同行を許された狩猟隊のメンバーは、もう若くもなく、およそ四十歳前後だったが、それでもまだレイヨウを追って日中の炎天下（摂氏四二度）を二三キロから四〇キロも走りつづけ、レイヨウがついに根負けして捕獲されるまで追走することができていた。彼らの平均速度は時速四キロから六・五キロのあいだだったが、記録には三五キロを時速一〇キロで走ったという事例もある。[★18] この狩猟隊は何人もの男性で構成されており、前述したように、このメンバー間の協力こそが決定的に重要なのである。

北アメリカの遊動バンドによるバイソン狩りにしても同様である。[★19] 少なくとも二〇〇〇年のあいだ、彼らは「追い込み」という手法を採用してきた。ブラックフット族、もしくはニーツィタピと呼ばれるアメリカ先住民を観察すると、これが具体的にどのような仕事から成り立っているかがよくわかる。少なくとも十四世紀から、ブラックフット族は八〇人から一六〇人を基本単位としてグレートプレーンズ〔ロッキー山脈の東方、カナダからアメリカにおよぶ大平原〕の北部に住んでいた。住居はティピと呼ばれる円錐形のテント小屋で、これをバンドごとに一〇から二〇建て、だいたい一つのティピに壮健な男性が二人、女性が二人、子供や老人四人が入って暮らした。春になると、この狩猟採集民の集団はバイソンの群れを捕獲するための囲い柵を建てる。一人の若者がバイソンの子供の鳴き声をまねて群れをおびきだし、その囲いのほうへと向かわせる。囲いのすぐそばでは、直線状に連なった岩や藪《やぶ》の陰に狩猟の本隊が身を隠している。バイソンの群れがこの罠にはまると、すぐさま全員が飛び出してきて、着ていたローブをふり回しながら大声をあげる。驚いた野獣がどっと囲いのなかに逃げ込めば、あとは待ちかまえていた男たちが棍棒と弓矢でバイソンを二〇頭だろうが二〇〇頭だろうが皆殺しにするだけだ。そのあと死骸一つにつき、壮健な大人が六人一組で解体の仕事にかかる。胃の中身と臓器は生のまま食べるが、肉の大部分は細長く裂いて乾燥させる。この干し肉と溶かした脂肪を乾燥ベリー類と混ぜ合わせたものが、ペミカンと呼ばれる食物だ。これを皮袋に詰めて保存しておけば、次の春の大々的な狩猟まで、バンドの大切な食料にできた。しかしそれだけでなく、記録によれば、ペミカンは外部との取引にも使われていたようである。

数世紀前に馬が使われるようになるまでは、こうしたバイソン狩猟民の行動半径はどうしても小さかった。大々的な狩りを終えると、夏の初めに各バンドは一か所に結集して数千人の集団となり、秋になるとまた分散して、小川の流れる谷間にそれぞれの宿をかまえた。ブラックフット族には、狩猟とはまた別の仕事もあった。ペミカンの材料にするベリー類の調達である。植物性食物の採取は女性が受けもち、ベリーを摘むほかに、自ら栽培したヒナユリの球根やオランダビユの根も収穫した。女性はそのほかにもティピを設営し、調理をし、衣類を縫い、全員に安全な宿を用意した。そして重要なことに、儀式を執り行うのも女性の仕事だった。

しかし徹底的な協力が必要だったのは狩猟にかぎらず、漁撈《ぎょろう》もまた同様だった。カムチャツカ半島のイテリメン族は、遅くとも三〇〇〇年前にはここに住みついていた半定住の漁撈・狩猟採集民だったが、とくに一定の季節に行う漁を主要な生業とした。[★20] 毎年五月から十月のサケがのぼってくる時季になると、集団（その規模は数十人から二〇〇人まで多岐にわたる）の壮健なメンバー全員が河口域まで移動して、徹底的にサケを捕獲した。血縁の男性どうしが組になって簗《やな》を仕掛け、そこでさまざまな種類の網や銛《もり》を使って魚を獲る。獲った魚を加工して保存するのは女性の仕事で、老人や子供の手を借りながら、魚を吊るして乾燥させたり、発酵させたりする。常食にするのは干物だったが、祝宴のときには発酵させたサケがご馳走となった。魚の皮は履き物の材料に使われた。こうした共同での漁撈に加え、女性は軟体動物やベリー類（キイチゴ、スグリ、イヌバラ）、木の実、草、根の採集もした。さらに衣服や履き物をつくり、かごや網を編み、子育ても担った。一方、男性は狩りでクロテンやキツネなどの毛皮獣や、アザラシを獲った。また、燃料を用意し、そりやカヌーをつくり、人間と犬のための食料を調達した。女性が尊重されていたことは、新婦奉仕の慣習（新郎は結婚に先立って一定期間、新婦の両親のもとで暮らす）やシャーマニズムなどにあらわれている。シャーマンを務められるのは女性か、もしくは女性の服を着て女性の仕事をする異性装の男性だけであり、テングタケから調合した幻覚剤と太鼓を用いてその役目を果たした。

この二つの例をはじめ、世界中の狩猟採集民にあてはまることだが、とにかくキーワードは「協力」であり、とくに狩猟においては必須である。だが、どうすれば一人前の狩猟採集民になれるのか。まずは狩猟採集を習得しなければならないが、見習い期間は長きにわたる。[★21]狩猟採集民が身につけなければならない技術とはどういうものかを大まかにつかむため、中部オーストラリアでよく見られるカンガルー狩猟の技術を例にとってみよう。この狩猟は真っ昼間、カンガルーが「日除け」の茂みや低木の陰に隠れているときに行われる。

狩人はカンガルーがどちらを向いているかを観察したうえで、日陰で涼んでいるカンガルーの真向かいに自分が来るように位置を決める。それからおもむろに直立し、服を着ていては風ではためいてしまうので真っ裸の状態で、両腕を体にぴったりとつけたまま、カンガルーに向かって進みはじめる。カンガルーから見た自分のかたちが変わらないようにしながら、一歩ずつ足をすべらせていく。カンガルーは異変を察すると、斜めからものを見ようとして左右どちらかに軽くジャンプする。経験豊富な狩人はこのちょっとした癖を知っているので、カンガルーがジャンプするのを待ちかまえ、それにあわせて自分も動いて、ふたたびカンガルーの視線の真向かいに位置すると同時に、それまでよりずっとカンガルーに近づいている。この死の舞踏をくり返して、十分にカンガルーに接近したところで、狩人はすばやく投槍器《とうそうき》を用いて獲物に槍を突き刺す。

この記述は、二十世紀の最も影響力のあった考古学者といっていいルイス・ビンフォードの論文から拝借した。ビンフォードは、深い詳細な知識こそが狩猟の成功に必須だったと強調し、「AK－47〔カラシニコフ自動小銃〕があればここまでの知識は必要ないだろうに！」と付け加えている。[★22]

人類学文献の比較から、[★23]おおむね狩猟採集民の子供の「訓練」に関しては、道具作製と狩猟の現場を見させること、つまり子供自身が体験して質問することのほうが、大人がやってみせて説明することよりずっと重要であるという理解がまとまっている。子供は幼いころからおもちゃとして小さな狩猟用の武器をあたえられる。五歳から七歳になると大人に同行して狩猟遠征に出るようになり、十二歳から十三歳になれば子供どうしでも狩猟の旅に出はじめ、もっとさまざまな狩猟戦略を覚えていく。そして青年期の後半には、大型の獲物を捕獲する戦略も習得する。

ただし、ここまでの説明から一万二〇〇〇年前の新石器革命に先立つ長大な人類の歴史を誤解して、そのあいだは技術的な進歩がほとんどなかったと思ってしまうのは非常に危険である。もちろん、そんなことはない。ずっと停滞していた人間の活動が、新石器時代になっていきなり超活発になったわけではないのだ。それ以前にも、技術面や組織面での飛躍的な進歩は起こっていた。近年の研究によれば、人間は少なくとも三〇万年前から四〇万年前にはヨーロッパでも中東でも住みかの外で火をおこしており、その結果として、周辺環境や人間の生活手段に変化と多様化が生じたという。きわめて興味深いことに、人類の化石記録から実証される相対的な脳の大きさが最も著しく増大しているのが、ちょうどこれと同時期にあたる。[★24]ネアンデルタール人にしても、病人や老人の世話をしていたことがわかっている。また、彼らがある程度の「高い認知機能」を備え、象徴的表現を理解していたことも、一八万年前にフランスの洞窟《どうくつ》内に築かれたストーンサークル（環状列石）や、一三万年前のものと見られるワシの鉤爪《かぎづめ》でできた装身具などから証明されている。[★25]

とくに重要なのは、東アフリカで起こった三つの進展である。まずは世帯が生まれたこと（約三〇万年前）、次いで発話が生じたこと（約七万年前）、そして三つめに、その結果として以後の長いあいだに多くの発展があり、とくに前述したアフリカからの移住や、文化的イノベーションの加速を経て、「大躍進」とも呼べるものを生んだことである。[★26]配偶関係を結んだ成人男女とその子供が同居する世帯は、人間の典型的な家族構造であり、前述したアロペアレンティングのような仕事分担が生まれる前提条件でもある。構文化された言語は従来よりもはるかに高度なコミュニケーションを可能にし、そのコミュニケーションは世代を超えて再現されるため、緊密な協力のもとで共通の長期的な目標を達成することもできるようになった。技術的には石器の仕様が規格化されたのみならず、ダチョウの卵の殻を材料にした装身具など、まるで鑑賞用の芸術品と見なせそうなものまでつくられはじめた。史上初の針、錐《きり》、彫刻刀、銛、縄も、この時期に生まれた。フランス、スペイン、インドネシア、南部アフリカで発見された洞窟壁画や塑像《そぞう》や楽器も同様である。★27 また、熱帯と温帯の古代世界全体に人が住むようになったのもこの時期で、最初に住みついたホモ・サピエンスがほどなくして、最後まで残った唯一の人類の種になった。一方で、考古学にもこの数十年まで動きがなかったわけではなく、いまの考古学者は一回の大躍進というよりも、複数回の躍進という観点から語ることが多くなっている。★28

飛び道具の発明、とくに、槍を突き刺したり手で投げたりする昔ながらの手法から、投槍器や弓矢の使用への発展は、大型獣の狩猟を成功させるのに役立った。細石器《さいせっき》を使って尖《とが》らせた矢と弓（もしくは投矢器と矢）の発明は、ホモ・サピエンスがヨーロッパの先へと分散するうえでも一定の役割を果たしたかもしれないと考えられている。

新石器時代以前の重要な「発明」のまた別の好例は、南部アフリカでの毒矢の使用と、おおよそ二万年前から一万二〇〇〇年前のあいだにはじまったと見られる、アジアでの狩猟犬の調教である。しかし、これらほど目立ちはしなくても、注目に値するイノベーションはほかにもある。とりわけ重要なのが、食料の長期保存技術の発達だ。平等主義的な狩猟採集社会についての世界的な理論研究者であるジェームズ・ウッドバーンは、「即時利得型」社会に属する狩猟採集民と、「遅延利得型」社会に属する狩猟採集民との差異を提唱してきた。前者がおおむね各自の労働に応じて即時の利益を獲得する社会であるのに対し、後者はもっと長期的な基盤で社会の経済を維持する。この区別は、ルイス・ビンフォードが提唱した渉《しょう》猟型《りょうがた》（フォレジャー）と集積型（コレクター）という狩猟採集民の区別に似ていなくもない[★29]。渉猟型の狩猟採集民は周辺環境の変化に応じて絶えずベースキャンプを移動させるが、集積型の狩猟採集民はある程度ベースキャンプを固定して（おそらく夏と冬とで差はあるが）、そこから周辺を広範囲に徘徊《はいかい》する（後述するように、ずっとあとの時代の牧畜集団に似ている）。遅延利得型の社会と集積型の狩猟採集民に関しては、たとえば極域や亜極域に見られる食材の風乾や燻煙《くんえん》のさまざまな技法を考えてみればいい。日本の縄文文化（紀元前一万四五〇〇～前五〇〇年ごろ）などもよい例で、この文化では早くから狩猟採集民が土器をつくり（これが食料保存に大いに役立ち、定住型の労働形態を増やすことができた）、漆器《しっき》をつくり、石斧《せきふ》の刃を研ぎ、燻製食品を食べ、身のまわりを装飾していた。要するに、これは初期の定住生活であり、農業こそはじまっていなかったが、重要な技術的進歩があり、かつ社会的平等も維持されていた[★30]。

土器が初めてつくられたのはもっと前で、その起源は日本ではない。粘土の小立像は、有名な中央ヨーロッパのヴィーナス小像など、およそ二万五〇〇〇年前のものが出土しており、最初の焼成容器は二万年前の中国のものだ。つまり、狩猟採集民はすでにこうしたものをつくっていたということで、その後まもなくシカの角を使った道具もつくるようになる。これらの容器は「晩氷期の比較的厳しい条件下での調理に使われた。この手法は、火にかざした獣皮で調理するという古い技法を凌駕《りょうが》する決定的な進歩だった」。四〇〇〇年後、この新たな発明が日本に伝わり、その後まもなくシベリアにも伝わることになる。★31

また、ほかのところで新石器革命が起こったあとも依然として狩猟採集を主要な生活手段とした人びとのあいだで、技術的進歩が停滞したということもない。オーストラリアでは四〇〇〇年から三〇〇〇年前に既存の技術の改良版として、柄のついた道具をつくったり、種子をすりつぶしたりする技法が出現した。★32 南アメリカで植物採集の技法に独自の発展があったこともわかっている。★33 そしてこのようなイノベーションは、当然ながら、農耕民との接触からももたらされている。たとえばシベリアでは実際に、自律的な発展に加え、狩猟採集民と農耕民や牧畜民との接触を通じた変化が起こっている。★34

男性と女性と子供の仕事分担

最古の人類が出現したときから、すでに彼らはコストの高い繁殖システムの負担を男女間で分担しなければならなかったという説が事実なら、次は、そのころの男性と女性と子供のあいだで仕事分担がどのようになされていたかを調べてみなくてはならない。現存する、もしくは最近まで存在していた狩猟採集民についての人類学的な記述だけに頼っていたのでは、答えはいつまでもあいまいなままだろう。いくら魅力的な材料でも、それをそのまま過去に投影するのは難しいからだ。[★35] とはいえ現在のところ、活動に関連した骨格形態についての研究はほとんどない。したがって無理を承知で、あらゆる労働関係の基盤たる、男女間の分業を再構成することに挑んでみよう。

人類学者のカレン・エンディコットは、現代の狩猟採集民に関するあらゆるエビデンスを総括してこうまとめている。「女性と男性が完全に平等な状態で暮らしているといえるところはどこにもない」。実際、妻への暴力やレイプの事例は狩猟採集民のあいだでも記録されているという。しかし同時に、狩猟採集社会での女性の地位は、現代世界のほとんどの社会での女性の地位より高いともいう。エンディコットはこの総体的な結論をいくつかの注目すべき観察結果で裏づけており、実際の狩猟採集活動についてこう述べている。「男性が狩猟を担い、女性が採集を担うという固定概念は、多くの狩猟採集民が日常の労働責任をどう分担しているかの説明でしかない。実際には、狩猟採集民の男性の多くも植物性食料の採集をし、女性の多くも動物性食料の調達をしている。ただし、後者はかならずしも狩猟と呼ばれるものではない」[★36]

大型獣が乱獲によってたびたび不足していれば、小型獣の狩猟や別種の食料の獲得がより重要になるために、この傾向はいっそう強まっただろう。ネアンデルタール人と比較して、現生人類のあいだでは繁殖のためのエネルギー源をますます採集から得るようになった。それはすなわち、ある意味では食料集めのリスクが小さくなったということであり、また別の意味では、分担が可能になってバンドの全員に仕事を担わせられるようになったということでもある。種子、木の実、塊茎の採集には、石臼《いしうす》を使っての加工の仕事がともなうことも、分担をさらに促進することにつながった。★37

一方、食料調達以外の仕事に関しては、分担のしかたはさまざまである。男性も女性も食料調達業務に付随する仕事はたいてい果たすが、建設のようなほかの仕事については社会によってそれぞれ異なる。また、女性は概して乳幼児の世話の第一の担い手となるが、父親がそれをどれだけ手伝うかには幅がある。

十九世紀と二十世紀の多くの旅行記と民族誌的研究から、おそらく最も詳細が明らかにされているのが、オーストラリアで比較的最近まで狩猟採集をしてきたアボリジニについてである。アボリジニのあいだでは、たいてい性別による明確な分業があり、男性は大型で貴重な獲物の狩猟を担い、女性は採集（および小動物の捕獲）と食材加工と子育てを担う。こうした分業は不平等につながりやすく、実際、オーストラリアの人類学者たちはそれをくどいぐらいに強調する。★38とはいえ、これには多くの例外があることも指摘されている。たとえば西オーストラリア州キンバリー地方のフィッツロイ川流域に住んでいたアボリジニのあいだでは、性別による分業は「相補的」なものだったという。

女性は一般的には採集（野生のサツマイモ、エシャロット、蜂蜜などの採取）に従事していたが、同時に小型獣（オオトカゲなど）の狩猟もしていた。一方、男性は一般的には狩猟に従事していたが、同時に採集（蜂蜜の採取）もしていた。食材の加工と調理は分担されることもあったが、総じてこれらの仕事は年配の女性が引き受けていた。……女性（とくに二十歳から六十歳まで）はたいてい年端のいかない子や孫を引き連れて、野生の食料の採取にかなりの時間を費やした。★39

南東オーストラリアのンガリンジェリ族のあいだでは、オーストラリアのほかの地域のアボリジニにくらべ、食料の調達と加工に関しての性別による分業がさほど顕著ではなく、より公平だったとの説がある。★40 男性は狩猟と捕獲によってさまざまな種類の食料（とくに鳥類、有袋類《ゆうたい》、その他の哺乳類、爬虫類《はちゅう》、魚類）をたくさん手に入れ、女性よりもずっと多くの時間と精力を食料集めに費やしたが、女性も採集（種子、ベリー類、葉菜、根菜、甲殻類など）を主として受けもった。また、男女が協力して食料調達にあたることも多かった。「通例」に対する同様の「例外」は、クイーンズランド州北部のヨーク岬に住んでいたアボリジニに関しても報告されている。そこでは比較的、男女間の関係がまずまず平等に保たれていたという。★41

狩猟の際に男女が緊密に協力する例は、ボツワナとナミビアの一帯に暮らすサン人の一集団、ジュホアン族においても記録されている。★42 彼らの常食の三分の二は植物で、とくに女性が採集するモンゴンゴ（マンケッティともいう）の果肉と種子で成り立っていた。肉は副次的な食料で、もちろん切望されてはいたものの、これを手に入れるには男女双方の多大な技能と体力と知識が必要だった。男性が狩猟に出るあいだ、その妻たちはしばしば追跡を補佐し、獲物が得られたあとは、当然その解体と加工も手伝った。この男女間の協力は、一五人から五〇人ほどで構成される各集団の中核が、たいてい男女双方を含めた数人のきょうだいと、その夫や妻で占められていたことに関係しているのかもしれない。結婚と同時に配偶者の血縁集団に加わるのは女性側ばかりでなく、男性側であることも少なくなかった。この男女間の分業は、女性の経済力と意思決定力からも裏づけられる。

　同様の男女間の協力は、最近まで、コンゴ北東部のイトゥリの森に住むムブティ族の狩猟時にも見られた。★43 彼らの主要な生活手段は、網を使った共同狩猟だった。高さ一メートル、幅三〇メートルから五〇メートルの網を一〇枚ほどつなぎあわせて、大きな半円をつくる。女性が茂みを叩いて、出てきた獲物を網のほうに追い込み、男性がその網を操って獲物をからめとり、しとめる。それから女性がその獲物をキャンプまで運搬する。

　男女が緊密に協力しての狩猟は、十九世紀以降も、南アメリカ大陸の南端に位置する諸島、ティエラ・デル・フエゴのヤマナ族（英語ではヤーガン族）のあいだで見られた（および生活様式がヤマナ族と同様の人びとのあいだでも）。彼らは六二〇〇年前からビーグル水道の周辺に住みついていた人びとである。★44 一般にヤマナ族は海洋狩猟民で、とくに冬のあいだに活動した。小舟でアザラシやネズミイルカに近づき、銛でしとめる。各地の集団はたいてい一五隻《せき》から二〇隻のカヌーで構成されていた。海洋狩猟のような生活手段には、男女の密接な協力が必要だった。カヌーを操って夫に最大限の成果を挙げさせるのが女性の役割だったからである。カヌーに関連する活動は、建造以外はすべて女性の担当だった。乗組員への指示も女性がした。寡婦《かふ》や寡夫の再婚は、生死にもかかわる「カヌー世帯」のバランスの維持と大いに関係

していた。[★45]

一方、フィリピンのルソン島東部に住むアグタ族（アエタ族とも呼ばれる）のように、女性だけで狩猟に出る例もあるが、これは近年の人類学の知見においてもとりわけ異端である。アグタ族の一部の集団では、フィリピン原産の野生のヒゲイノシシやシカやサルなど、小型獣の狩猟を女性がやっている。河川や太平洋沿岸で手銛と水中眼鏡を使って行われる漁撈には、男性も女性も従事する。男女が一日に二回か三回捕獲する魚は、大量のタンパク質の供給源だ。子供は「遊び」として四歳から漁をはじめることもあり、十歳ごろになると親や年長のきょうだいに連れられて狩猟をはじめる。近年では、新たに明らかになった考古学的、歴史学的な証拠から、近代初期にアフリカのベナンに存在していたダホメ王国に女性だけのゾウ狩り技能集団があったことや、八〇〇〇年前以前のアンデス高地をはじめ、南北アメリカ各地の先住民のあいだに大型獣を狩る女性がいたことなどもわかっている。[★46]

このように、ここ数世紀の狩猟採集民についてのあらゆる観察結果から、男性と女性はともに食料獲得に重要な役割を果たしていたと結論できる。女性はどちらかというと食事を用意する仕事に重要な役割を負っていたようであり、もちろん、乳幼児の世話に多大な時間を費やしていたのはいうまでもない。少なくとも子供が四歳ぐらいになるまでは、母親による世話が欠かせなかっただろう。加えて、「アロペアレント」の役割も過小評価してはならない。ここでも男性より女性のほうがその役割を引き受けているようであり、少なくとも祖父より祖母のほうが貢献している。

しかし大きな問題は、当然ながら、これらの観察結果をすべて一万二〇〇〇年以上前の狩猟採集民に単純にあてはめてしまってよいのかということだ。性別による仕事の区別についての考古学的な証拠を得るのは容易ではない[★47]。ペルー中部の沿岸部に位置するラ・パロマで発掘された八〇〇〇年から五〇〇〇年前の狩猟採集民の集落遺跡は、男性と女性がともに同種の重労働をこなしていたことを示唆している。「網を引いていたからか、男性も女性も上半身の筋肉をたくましく発達させていた。そしてどちらも重い荷物を運んでいたことによる腰の関節炎を患っていた[★48]」。こうした発見は、男性が狩猟、女性が採集という昔ながらの単純すぎる対比を覆しているようにも思われる。とはいえ、狩猟採集民の古い骨格資料から、男性が女性よりも肘《ひじ》の腱《けん》にずっとひどい損傷を負っていたことも明らかにされている。つまり、これは狩猟時に男性が主として投擲《とうてき》をやっていて、そのために「野球肘」になりやすかったことを示しているともいえるのだ[★49]。

第3章 狩猟採集以外の活動

かつて狩猟と採集は必須の活動であり、それゆえに、われわれの祖先にとって最も重要な活動だったが、だからといって農業を導入する前の人間が狩猟採集以外のことを何もしていなかったわけではない。ほかの活動も当然ながら存在し、自由時間の余地さえあった。そこで今度は、そうした狩猟採集以外の活動における社会関係を掘り下げてみよう。それは狩猟採集民の仕事をもっとよく理解するのに直接かかわる重要な問題であるからだ。

仕事の分化

現生人類の世界各地への広まりは、大々的にはじまった。次々と新天地に住みつき、異なる気候帯へと散らばっていった人間は、それにともなって、食料を調達することと天敵から身を守ること以外の仕事もするようになった。四万五〇〇〇年前に寒冷な北半球に移りはじめてからは、そこで生き残っていくために、火、衣服[★1]（動物はもたない）、住居[★2]（一部の動物はもつが、普通は天然の隠れがとなる洞穴のほかにはもたない）が必要になった。

前にも述べたように、火の使用は人間にとって住みかで暖をとり、食事の支度をするうえで、また、住みかの外の環境を変化させ、周辺環境の生産性を高めるうえで重要だったが、加えて社会的な影響ももたらすことになった。[★3]火は「心地よい」もので、人間どうしの社交を促進する。また、一日の活動時間を長くするので、物語や神話や儀式を語り伝える機会を生む。そうした語りは、どうしても実際的な方向に傾く日中の会話とは対照的なものだ。

わかっているかぎりでは、仕事の分化に関して、火の使用は何も影響をあたえていないが、衣服の製作と住居のしつらえは、おそらく影響をあたえている。獣皮を縫いあわせるのに使われたと見られる最古の穴つきの針は三万七〇〇〇年前のもので、糸状のものを使った織物の起源は二万六〇〇〇年前にさかのぼる。刮目《かつもく》すべきは、同時期のヴィーナス小像が明らかに織物の帽子をかぶり、織維の装身具をつけていることだ。ここから察するに、織物を発明して製作しはじめたのは女性だったと考えられる。[★4]

ただし、おそらくこれはフルタイムの職業ということではない。それでもこうした仕事を受けもっているあいだは自分の食べる分を自分で調達していられなかっただろうから、食料は再分配を通じて難なく得られていたということだろう。[★5]アメリカの有名な人類学者マーシャル・D・サーリンズの見解にならうなら、最初期の狩猟採集民のあいだに専業化の生じる余地がほとんどなかったのには、ほかにいろいろと理由がある。とくに重要なのは、この生活様式をとっているかぎり狩猟採集民はつねに食料を求めて駆けずりまわらなければならなかったから、所有物が負担にしかならなかったことだ。サーリンズの有名な一言を借りれば、「機動性と財産は相反する」のである。[★6]

しかしサーリンズは、現代の民族誌学がまた別の、意外と思いあたらない特殊分野を見過ごしていることも考慮に入れている。それは、芸術的技能である。[★7] 視覚芸術は、もっと早くから生まれていたとはいえ、およそ三万五〇〇〇年から四万年前には技術的にほぼ完璧なレベルにまで達していたようだ。これは当時の洞窟壁画にあらわれている特殊技能を見れば明らかである。そうした壁画は有名なフランスのショーヴェ洞窟やラスコー洞窟、スペインのアルタミラ洞窟だけでなく、いまではインドネシアでも、さらには南アフリカでも発見されている。だが、おそらくもっと驚くべきは、それらの技能が何百世代ものちまで連綿と維持されてきたことだ。このような高度な芸術的技能がつづいてきた根幹には、「そうさせるだけの教育」があったに違いない。[★8] また、数世代にわたる人びとがある程度の大人数で同時に暮らしていたことが決定的に重要だったという説もある。[★9] 歴史学者のパトリック・マニングは、この文化的進化の「基本フォーマット」のことを「ワークショップ」の出現と呼んでいる。[★10]

ところによっては集団間での貴重品の交換も行われていた。現代の基準に照らせば、その流通量はとるに足らないようなものだったかもしれない。しかし、この時期に関して重要なのは、集団が移動していた結果として外来物の輸送が生じたことであり、これを現代の感覚での交易としてとらえるべきではない。その意味での交易がはじまるのは新石器時代に入ってからだ。[★11] ここでふたたびオーストラリア南東部のンガリンジェリ族と、彼らが高度に発達させた物質文化が、この種の「交換」の実例として参考になる。[★12] ンガリンジェリ族のあいだでは、オーストラリア大陸のほかのどの集団にもまして、季節ごとの野菜や魚や肉の保存に関連して、また、入手できる資源の地域差にも関連して、経済活動が分化されており、場合によっては、そうした特定の仕事が特定の氏族と結びついていた。また、フルタイムの専業にこそなっていなかったが、歌をつくる者、魔術を行う者、祈禱《きとう》治療を行う者、毛皮とマントをこしらえる者、かごを編む者なども、それを自らの主要な役割とした。取引ルートも確立されて、代赭石《たいしゃせき》〔赤鉄鉱と粘土が混合した自然の赤土で、顔料などに利用される〕や野生のタバコなどが遠方からもちこまれた。当然ながら、ンガリンジェリ族のテリトリーの内外では、マント、敷物、網、ひも、動物や魚の油などを主要な品目とした活発な交換システムが稼働した。これにともなって、取引のための遠征や物々交換が発達しただけでなく、もっと様式化された、永続的で、文化的に重要な、個人どうしや家族ぐるみでの儀式的な交換パートナー関係が確立していった。

　地域間交換が先史時代にはじまっていたことは、火打ち石としても使われる燧石《すいせき》（フリント）製の石器が天然の産出地以外で見つかっているところから察せられる。もともとそれらの石は、社会ネットワークを「順繰り《ダウンザライン》の交換」で伝わってそこに到達したのだろう。とはいえ、これをもって集団ごとのある種の分業が確立されていたとまではいいきれない。これがその集団の全体的な活動パターンにどの程度まで深く影響していたかは不明であり、ましてや、これが別の社会関係につながったかどうかもわからない。それらの集団や、たとえば今日のパキスタン南部のシンド州に位置するローリー丘陵の工房遺跡に住んでいた人びとのあいだでは、分業があったには違いないとしても、それについてわかっていることは少ない。

こうした遺跡から察せられるのは、高品質な燧石の調達が一つの仕事になっていて、紀元前一〇〇〇年を過ぎるまでえんえんとつづいていたということだ。★13

狩猟採集民のコミュニティ間での物々交換についても実例を見ておこう。インド東部のアンダマン諸島では、森林に住んで雨季にイノシシを狩る二〇人から五〇人のバンドと、沿岸に住んで網や銛でウミガメを狩るバンドとのあいだで島内交換が行われていた。「イノシシ狩猟者」は、粘土塗料、土器用粘土、蜂蜜、弓矢用木材、カヌー用丸太、ビンロウの実などを譲り、それと引き換えに「ウミガメ狩猟者」は、金属（沿岸で収集したもの）、装飾用貝殻、縄、ひも、野生の食用ライムなどを譲った。二つのバンドは交代で交換の儀式を主催した。さらに結婚も、ウミガメ狩猟者とイノシシ狩猟者のあいだで長老たちによって取り決められた（キャンプ内の主要な意思決定にはしばしば既婚女性全体の意見が影響をあたえた）。そして狩猟を別にすれば、子育てから食料と原材料の大半の採集や調理にいたるまで、あらゆる日常業務を男女双方がこなした。★14

仕事と余暇――「始原のあふれる社会」は本当か

このころの仕事と余暇の関係についての一般的な見方は、当時の生活様式を今日も維持している数少ない代表例についての一九二〇年代から一九七〇年代ごろの人類学的観察結果にほぼ全面的にもとづいている。サーリンズもそれにしたがって、狩猟採集民の生活様式には非常に厳しい局面もあるとはいえ、成人による一週間に二日か三日の労働で集団全体の食料をまかなえたことから、基本的には余暇がたっぷりあるものと考えた。一九六八年に発表されて論議を呼んだ論文で、サーリンズはそのような狩猟採集民社会を「始原のあふれる社会」と呼び、その歴史を、市場経済が出てくる前の「豊かさにいたる禅の道」と表現した。つまり、狩猟採集民の生活手段は「いっこうに変わらないが全体としては十分」であり、人びとの物質的な欲求も有限で少なかったために容易に満たされていたというのである。もちろん、のちの時代にくらべれば生活水準は低かった。この対極にあるのが市場経済で、サーリンズによれば、行き着くところ「人びとの欲求が――無限とは言わないまでも――非常に大きい一方で、手段はかぎられている。しかしその手段は改善できるので、少なくとも『生活必需品』があふれるくらいになるまで工業生産性を高めれば、手段と目標のギャップを縮小できる」[★15]。この後者の道は、サーリンズ論文の一〇年前に発表されていた、経済学者のジョン・ケネス・ガルブレイスによる戦後アメリカ社会についての有名な著作『ゆたかな社会』を念頭においたものである。

新石器革命以前の長い人間の歴史のなかで起こった無数の技術的、社会的な変化――もっといえば、新石器革命のロジックそのもの――は、改善可能なのにずっと変わらない技術的手段というサーリンズの見方を否認しているように思われる。さらにいえばサーリンズは、リスクを分散させる必要があったことから分かちあいという支配的な規範が形成され、父系と母系の両方を含めた広範なネットワークが維持されていたことも失念しているように思われる[★16]。アメリカの人類学者ロバート・L・ケリーは、有限の欲求と乏しい欲望を狩猟採集民の「たっぷりの余暇」とイコールで結びつけようとするサーリンズの基本的な考えに、根本的な批判を浴びせている。サーリンズらの提唱で広まった「一般化された狩猟採集モデル」にひきくらべ、実際の狩猟採集民経済はきわめて多様性に富んでおり、それにともなって、狩猟採集に費やす総時間にも環境に応じて多大なばらつきがあるというのである。要するに、「禅経済には生態学的な禅師が存在する」というわけだ。★17

余暇にどれだけの時間がどんなふうに費やされていたかを再構成するときの問題点の一つは、仕事をどう定義するかである。たとえばケリーが指摘するように、基本的に家から離れて行うことであるといった仕事の定義には、西洋の事情がほぼ無意識のうちに反映されていた。狩猟採集民の研究においても、仕事と見なされたのは「森林での食料の探索と調達に費やされる時間だけであり、キャンプで食料資源を加工するのに必要な労働は除外されていた」。★18

おそらくサーリンズの考えは、子供と若者に対してならあてはまっただろう。問題なのは「大人」に関してだ。人類学の文献はほぼ一貫して、狩猟採集民も結婚前なら多大なる自由を享受していたこと、一人前のバンドの成員としての協力はまだ期待されていなかったことを報告している。したがって、若者が人生の次の段階に踏み出すことにはある程度の抵抗があっただろうと推測される。★19 女子の場合、これは初潮を迎える年齢がかなり遅く、十六歳前後だったこととも関係しているかもしれない。そのため女子の結婚年齢は、十五歳から二十歳のあいだだった。男子の結婚年齢はさらに五年ほど遅かった。これが比較的短い労働時間とあいまって、カラハリ砂漠のクン族のあいだに健康で活発な十代の若者がたいそう多く見られていたことの理由になるのかもしれない。キャンプからキャンプへと移動する生活でも、彼らの食べるものは年長の親類が用意してくれるのだ。子供が担う役割といえば、おもに子守りだった。[★20]

それにくらべて、祖母をはじめとした働き者の年長者たちはどうだっただろう。結局のところ、平均寿命が三〇年だったとはいえ、十五歳まで生きていられれば六〇パーセントの確率で四十五歳まで生き延びられ、人口の八パーセントは六十歳を越していた。なかには七十二歳という高齢者もおり、現生人類の体はその年齢まで「もちこたえられるよう設計されていた」のだ。[★21]

では実際、大人の狩猟採集民はどれだけの労力と時間をかけて食料をかき集めていたのだろうか。一九六〇年代の計算では、ボツワナとナミビアのクン族やジュホアン族の女性は採集の仕事をこなすにあたり、平均して年間二四〇〇キロメートルを歩いていた。換算すれば、一日あたり六・六キロメートルである。[★22]このときに、彼女たちは身一つではなく用具類も運んでおり、さらに帰路には七キロから一〇キロの植物性食料が加わったうえ、たいていは子供も抱えていた。典型的な母親は、子供が四歳になるまで合計七八〇〇キロメートル、一日あたり五・四キロメートル、子連れで移動した。同様のパターンは、パラグアイ東部のアチェ族についての記述からもうかがえる。アチェ族の男性が一日七時間の苛酷な狩猟に出ているあいだ、女性は一日平均二時間を採集に費やし、さらに一日あたり二時間かけて、重い荷物を抱えながらキャンプを移動する。そうして残った女性の時間は、手厚い子育てで使い果たされる。[★23]もちろんこれは、まだ生きている子供の世話をするという意味だ。というのも乳幼児の死亡率は非常に高かったからで、こうした苛酷な生活に耐えられそうにない赤ん坊は早々に殺されていたこともその一因だった。[★24]

　ボツワナ中央部に二〇〇〇年ほど前から住んでいたと思われるサン人の一集団、グイ族とガナ族においても労働時間は似たようなものだった。一九七九年に定住生活をはじめる前、これらの狩猟採集民は、おそらく平均三〇〇平方キロメートルほどの範囲内で、約五〇キロメートルにわたる移動生活をしていた。男性は一週間に三日から五日、五時間から一二時間を狩猟に費やした。この活動で総食物摂取量の二〇パーセントを調達し、残りは女性が採集する植物性食物でまかなった。女性はほぼ毎日、一時間から五時間をかけて、塊茎、木の実、ベリー、メロン、トリュフ、ユリ根などを集めた。[★25]

　一方、これらよりもはるかにサーリンズの考えの裏づけになりそうなのは、コロンビアとベネズエラの国境にまたがる地域で活動していたクイバ族の労働事情を再構成したものだ。彼らは週に一五時間から二〇時間を超えて働くことはなく、大多数は一日一五時間から一六時間をハンモックで過ごす。[★26]しかし現代の狩猟採集民と現代の北米人の体力を同年齢で比較してみると、体力テストと同様の最大酸素摂取量の測定結果は、前者のほうが後者より平均してゆうに三分の一ほど高い。[★27]この結果が狩猟採集民全般にあてはまるなら、ハンモック暮らしの狩猟採集民はまちがいなく少数派だったただろう。

狩猟採集民が毎日の仕事に費やす時間に関しては、これまでにも多くの人類学者が統計を割り出そうとしてきた。★28 より包括的な定義にしたがえば、大人は男女ともに一日あたり六時間から八時間を「仕事」に費やしていた。ハーディーによれば、あらゆる霊長類は「社会的日和見《ひよりみ》主義者」で、霊長類の世話行動はきわめて状況に左右されるというが、実際にはこの勘定に、男性なら「アロペアレント」による子育ての分として一時間を加えるべきではないだろうか。★29 むろん女性なら、狩猟採集と食材加工と食事の支度に加え、子育てにも時間を費やしている。★30 回復のために必要な睡眠の時間は、昼間に二時間の仮眠がとれるようだったら、夜は七時間、長くても九時間あればよかったかもしれない。★31

残った時間――男性なら九時間、女性ならもう少し短い――を社会的義務と余暇に切り分けるのは難しい。だが、それらの時間がどう使われていたかについての記述から、訪問や訪問客のもてなし、ダンス、博打《ばくち》などをバンドの一員としてやらないわけにいかない活動、やって当然の活動と見なすなら、残り時間はやはり余暇というよりも、社会的義務に費やされていたと考えていいだろう。★32 ともかくも、そうした社会的ネットワークは一種の保険として機能した。本質的に狩猟採集活動には――および、ある程度までは子育てにも――協力が必要であることを考えると、その選択にはさらに納得がいく。社会的義務に費やす時間に男女差があるというのも、ある意味では錯覚で、たとえば母親とほかの女性たちによる手厚い子育ても、場合によっては社会的義務と密接に関連している。子供の世話を母親以外がしていたとしても、そのそばにはつねに母親がいた。コンゴ民主共和国のエフェ族のあいだでは、赤ん坊は六割の時間を母親以外の女性と過ごしており、計算上では一時間に八回は世話役を替えていた。それでも赤ん坊を抱いている時間が最も長いのは母親であり、数年にわたって授乳するのも母親である。ただ、かならずしも母親だけがこうした世話をするわけではないということだ。[★33]乳幼児はこのように世話を受ける一方で、自分の育ったバンド全体に絶えず喜びをもたらしてもいる。

人間のこのような時間の使い分けは、人間以外の大半の霊長類のそれとは大幅に異なる。ほとんどの霊長類は一日の時間の五〇から六〇パーセントを食料探しと食事に費やし、三〇から四〇パーセントを休息に、残りの五から一五パーセント程度を社交に費やす。[★34]つまり時間で考えると、人間は狩猟採集行動においてはるかに効率的になったと同時に、社交や社会的義務により依存するようになったともいえる。人間にとっては後者もまた生存のための手段だったのだ。[★35]

また、多くの人類学者は、狩猟採集民が仕事を負担とは感じておらず、むしろ、ひと仕事の合間や終了後に長い休息が待っている楽しい務めととらえているものと考えている。この見方があまりにも主観的に感じられるなら、たとえばクイーンズランド州（オーストラリア）北部のイル・ヨロント族の言葉に、仕事と遊びを意味する別々の単語がないという事実を考えてみてほしい。彼らには、「labour」という単語できつい労働と出産の両方を意味する英語とはまったく別の視点があることがうかがえる。[★36]

社会関係

　この時期のきわめて低い人口密度――つねに移動しつつ、どこかに落ち着くときも少人数のバンド単位であるという狩猟採集社会ならではの特徴の結果――からは、ある特定の社会のかたちが浮かびあがる。専門家の誰もが認めるように、こうした狩猟採集民のバンドは農民集団よりもはるかに社会的に平等だ。[★37] これはしばしば、移動生活に由来する最小限の物質的財産、小規模の生活集団、互酬的な食料確保、貯蔵への無関心、移動による紛争解決などの帰結として説明される。[★38]

　イギリスの人類学者で進化心理学者のロビン・ダンバーが進化論的な観点から論じているところによると、「社会脳仮説」にもとづけば、人間は進化とともに脳の大きさが増したおかげで大型類人猿社会に特徴的な「分散（もしくは離合集散）社会システム」から、強固な集団結束への移行を果たせたのだという。[★39] 脳が大きくなった（より正確にいえば、新皮質が大きくなった）ことこそが、人類、とくにホモ・サピエンスが拡大コミュニティで暮らせるようになった要因なのである。ダンバーの定義によれば、（地域的な）集団やコミュニティとは、ある一定の生活空間を共有し、たがいの関係が明白に知られている個人の集合であり、これはときに「認識集団規模」と呼ばれる。[★40] 性比を安定させ、十分に多様な遺伝子プール（と、そのための近親相姦禁忌《インセストタブー》）を形成して、十分に健康な子孫を残すためには、こうした集団に平均して最低五〇〇名、すなわち二五名のメンバーからなる二〇のバンドが含まれていなければならない。[★41] しかし生物学的な最小限とはまた別に、社会的な最大限というものもあるのだが、驚くことに、この二つはそれほど大きくは違わない。

集団規模が大きくなることには、メリットもデメリットもある。相互支援や分業や教育・学習の幅が広がることや、生態学的に危険度の高い住環境でも広範な交換ネットワークをもてることはメリットだ。一方、絆を形成することや、社会的結束をずっと損なわずに集団規模を維持していくことには、軽視できないコストがかかる。ダンバーが雄弁に説明しているように、

集団で生きること（社会性）は必然的に緊張とフラストレーションを生む。それはひとえに、たがいの妨げにならずにはいられないような比較的かぎられた空間に多くの個体が集合させられるためだ。しかも集団規模が拡大するにしたがって、各個体は一日の必要栄養量を満たすためにさらに遠くまで狩猟採集に出なくてはならなくなり、移動時間ではかられる生態学的な実質費用がかさむうえ、移動が増えている分だけ余計にそのエネルギー源としての食物摂取が必要になる。また、集団規模が大きくなれば、仲間うちでハラスメントや攻撃にあう機会も増えるだろうから、それがさらなる遠心力を生むことにもなる。

要するに、社会的技能は「仲間との結束を固めることにも、仲間を食いものにすることにも利用されうる」[★42]。集団内の仲間を食いものにする行為は「フリーライディング（ただ乗り）」

と呼ばれる。短期的な費用をいっさい払わずに社会性の長期的な便益を得ようとするこの行為は、暗黙の社会契約を脅かすものであり、ひいては社会集団の存続までも脅かしかねない。フリーライダーを抑制するためには、彼らが新しいカモを見つけられないようにしなくてはならない。このフリーライディングの問題が、広く拡散したコミュニティではより深刻になる。だからホモ・サピエンスは「社会の一体性を保つのにきわめて有効な（したがってフリーライダーへの対抗策ともなる）接着剤」として宗教に頼るのである。★43

すでに見てきたように、現実には、狩猟採集民のバンドはたいていそれ自体で一つの労働単位を形成し、同じ集団に属する別のバンドの成員とは接触しない。まれに接触する場合、それは結婚相手や貴重な品物をやりとりするのが目的だ。実際、このバンド間での新郎新婦のやりとりは、本書の主題である「仕事」にとって重要なことである。これは一つの労働集団が健常なメンバーを一人喪失し、別の労働集団が一人獲得するということだからだ。とくに興味深いのは、新参のメンバーがどのような過程で夫婦の片割れとして、またバンドの一員として適応するかである。婚姻パターン、結婚後の居住、および家系と相続の通例を人類学者が丹念に記述し、分析してきた結果、少なくとも一九三〇年代以降、専門家のあいだでは父系／父方居住が先史時代においても通則だったと考えられている。つまり息子はずっと親のもとにおり、結婚とともに新婦が自分の親の家系とバンドを離れ、新郎の家系とバンドに参入しなければならないということだ。★44　これは労働力が移転するということのみならず、労働関係が移転するということでもある。なぜなら以後は、新郎の両親、ひいては新郎本人が、新参者にやるべきことを指示できるからである。これは男性優位が「自然」とされていることの結果であり、父方居住であれば男性が自分の勝手知ったるところにいられるため、資源のありかを地理的にすっかり把握しているその土地で、狩猟を確実に成功させることができたのだろう。

一方、上記のような狩猟時の役割の男女差も踏まえながら、比較的最近になって出てきた狩猟採集民社会に現存する婚姻パターンの詳細な統計も考慮に入れた、別の学説も提唱されている。たとえばハーディーの論に代表されるように、従来の学説を根本的に引っくり返しかねないような意見もあるが、そもそもハーディーの統計的基盤は、それよりもずっと広範囲で綿密なロバート・L・ケリーのデータに整合するものではない。★45 さいわい、人類学的研究しか頼れる先がないわけではない。前述したように、アロペアレンティングは明らかに、人類進化のずっと初期の段階で発達していたと考えられる。その当時、母系社会も普通に存在していた可能性を排除する理由はない。★46

したがってハーディーが示しているような、最初は母方居住が父親の世話行動を促進していたという考えも、やはり検討に値する。ハーディーによれば、男性はおしなべて世話行動への適性を有しているが、その適性が本当に発達するには、新生児との実際の接触を通じた直接的な生物学的経過が不可欠であるという。母親が自分の生まれ育った環境にいられる母方居住なら、なじみのない環境で実質的に義母の権威のもとに身を置く父方居住にくらべ、母親はずっと早いうちから安心して父親を赤ん坊に近づけさせるだろう。出産を機に母方居住から父方居住に転じる混合システム（たとえば新郎が結婚後しばらくは婚資〔男性側親族から女性側に贈られる財や労働〕として妻の両親のもとで働くが、いずれ生まれた子と妻をともなって自分の親元に戻るような場合）でも、前に世話をしていた経験がものをいい、妻の母親や妻方の親戚がいなくなったあとでも男性は世話をつづけやすくなるだろう。★47

世界に狩猟採集民しかいなかった時代（すなわち一万二〇〇〇年前以前）の仕事の配分と編成に影響をおよぼす社会関係を現在の視点から再構成してみても、当然ながら、以後のすべての狩猟採集民がずっとそれに応じて生きてきたわけではない。のちに、天然資源にとくに恵まれていたなどの好条件や、園芸民や農耕民との財やサービスの交換を利用して富を蓄積できるようになったところでは、まったく異なる社会が生みだされた。たとえば一部の狩猟採集民は、魚が豊富に獲れた（サケやマスの回遊が定期的な食料源をもたらした）おかげで一年の大半のあいだ、多かれ少なかれ定住生活ができるようになり、結果として階層社会を発達させることにもなった。アメリカ北西海岸の先住民がいい例だ。アラスカのアレウト（アリュート）族、フロリダのカルーサ族、あるいはアジアで同様の環境に生きていたシベリアユピック族などは、いずれも豊かな海洋経済を発展させた。

これらの狩猟採集民と、その先史時代の祖先は（ここでは何百年にもわたって住みついていた人びとのことを指す）、紀元前五〇〇〇年ごろから大きな半定住集落に住み、小規模ながらも首長と一般人と奴隷からなる社会を構成したが、それでもまだ野生の食物に完全に依存していた。杉板でできた大きな家をもつような複雑な社会的、物質的な文化のなかで、一部の首長は一夫多妻を実践した。場合によっては、地位の誇示や子育てのために物々交換で奴隷をもつ余裕もあった。饗応《きょうおう》の借りを返せなかった家族だけが地位を失った。★48

さらに大事なことをいえば、労働関係が家族内においても平等ではなかった可能性を忘れるべきではない。それは単純に年齢差による不平等だったかもしれないし、何か個別の特性による不平等だったかもしれない。ドグリブ族（カリブー狩猟と漁撈を主とするカナダの狩猟採集民）のある男性が半世紀前に人類学者に語ったところでは、「父親といっしょだと、あらゆる仕事をこっちがやらされて死にそうになる。兄といっしょでも、父といっしょに行くのと変わらない。年長のきょうだいはろくに働かず、ほとんどの仕事をあたりまえのようにこっちにやらせる。だから自分のきょうだいを［仕事の相棒として］連れていくことはめったにない。たいていは、義理のきょうだいを連れていく」のだという。★49

▼　▼　▼

現生人類が出現した数十万年前から一万二〇〇〇年前までのほとんどのあいだ、人間はもっぱら狩猟と採集による食料調達で生き延びてきた。現在でもなお、その子孫にあたるひと握りの人びとは、同様の生活を送っている。考古学、霊長類学、人類学、古遺伝学の最新の知見を組み合わせれば、人間の仕事と労働関係の起源について、ある一定の考えが構築できる。

いずれにしても察せられるのは、現生人類の登場以降、子が父母や祖父母の世代から多くを学ぶ時間がたっぷりとれる長い若年期を特徴とした、知識集約的な生活様式が徐々に発達してきたということだ。このプロセスを経て、もっと多様で高品質な食料の獲得、住みかの内外での火の使用、周辺環境の整備ができるようになった。そして出産間隔の短縮により、子供は多数のきょうだいや同年代の仲間のあいだで成長できるようになった。

昨今の研究において強調されるのは、仕事における相互依存度の高さと、その結果としての協力である。日常業務のもう一つの重要な要素である、かよわい赤ん坊や子供の世話は、第一には母親の肩にかかっていたが、バンドのメンバーも重要な子育て要員としての責任を担った。仕事を広く、本書での主張のように定義すると（すなわち、家族や子供の世話まで含めて考えると）、成人男性は一日に八時間、成人女性は一日に一〇時間、仕事に従事した。これはかなりの時間投資だったが、その後に発達した生活様式とくらべれば、おそらく労働時間としては短い。社会階層はほとんど発達せず、誰かが誰かに従属することは、子供と大人の関係を別にすればめったになく、ましてや奴隷にされるのは非常に稀有《けう》なことだった。世帯内や、複数の世帯からなるバンド内での内部労働関係は、むしろ互酬と協力を特徴としていた。それでも生きていくのはたいへんで、捕食者や疾病《しっぺい》ばかりか、侵略によっても大きな打撃がもたらされたので、このころを黄金時代と呼ぶわけにはいかない。しかし、人間がみな狩猟採集民だったこの長い期間は、やはり人間の仕事の歴史において唯一無二の場所を占めている。狩猟採集民の仕事に特徴的なこれらの要素の多くは、のちの時代、とくに紀元前五〇〇〇年以降に、農業がいっそう発達するとともに変わっていく。しかし同時に、この長い期間のあいだに獲得された多くの基本的な要素は、その後も一定の役割を保ったと推測される。なかでもとくに重要なのが、人が仕事に見出す満足や誇りや喜びと、協力して仕事にあたり、働きに対する報酬の平等を果たそうとする傾向だ。これについては第2部以降で詳しく見ていく。

第 **2** 部

農業と分業

紀元前1万年から前5000年まで

祭司もしくは神とおぼしき男性が羊の群れに餌をやっているところを描いたウルク期の大理石の円筒印章と、これを押印した粘土板。

狩猟採集民にとっての仕事は、そのほとんどが、生きるための糧を広範囲に探索することで占められていた。食べられるものが乏しくなると、食料を得るためにさらに遠くへと移動した。この探索の起点はアフリカだったが、しだいにホモ・サピエンスは旧世界の全域に、北方の大氷床の南端に突きあたるまで広まった。しかし同時に、移動した先々で絶えず異なる環境――気候、植物相、動物相――に適応しなくてはならず、火の力を借りて周辺環境を整えていく必要もあった。結果として、南東のタスマニアと北西のアイルランド、南西の南部アフリカと北東の日本とでは、常食がとてつもなく違うものになった。要するに、約二万年前に人間が世界のいろいろな場所に住みついたことによって、食事の内容がきわめて多様になったのである。

およそ一万二〇〇〇年前、すなわち紀元前一万年ごろに、徐々に進んでいた人間の食料供給の変化がはっきり見てとれるようになった。このあいだに人間は――狩猟採集だけで食べていた祖先よりもはるかに――植物相と動物相に大きな変化をあたえ、ひいてはエネルギー摂取のあり方も大きく変容させた。★1 具体的にいえば、人間の食べるものが野生植物から栽培植物に、野生動物から家畜と畜産物に移行し、その結果として野生動物の摂取量が（魚を除いて）大幅に減少した。

この第2部では、第1部よりも分析単位が小さくなる。これまでは狩猟採集民のバンドの枠内で労働関係を見てきたが、これから見ていくのは自給自足の小農世帯の労働関係だ。その関係が互酬的であるのは変わらないが、性別による分業はもっと顕著になる。その次

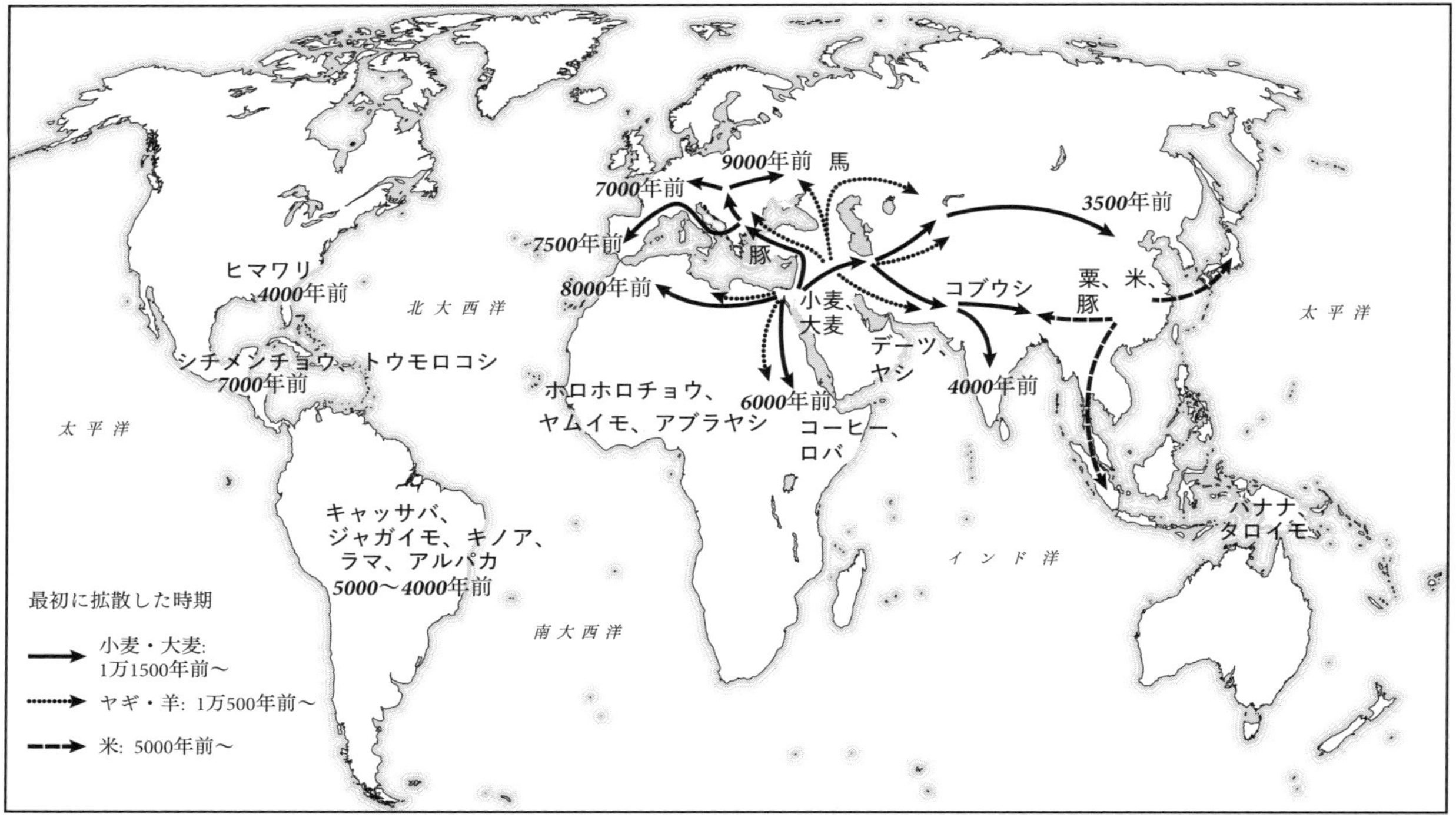

[地図2] 栽培化・家畜化の起源と農作物・家畜の拡散

の問題は、そうした小農世帯が数百、数千単位で「部族《トライブ》」にまとまったときに、それらの世帯間で労働関係がどう発展したかである。小農世帯と新たに出てきた専門職――鍛冶屋、土器職人、織物職人など――とのあいだの労働関係は、インドのジャジマーニー制（第12章「市場経済における職業の世襲」の節を参照）と同様の、市場を介さない限定的な範囲での財やサービスの互酬的交換として見ることができるかもしれない。一方、農業でそれなりに、あるいは必要以上に食料を得られるようになった世帯のあいだでの労働関係に関しては、二つの型が見られる。一つはアフリカ（もしくはバントゥー）型で、おそらく人口密度が低くて移動機会も豊富だったからだろうが、アフリカでは何千年ものあいだ不平等が問題にならなかった。もう一つの「勢力拡大型」については、ユーラシア大陸のあちこちに、おもに埋葬習慣における明らかな身分差のかたちで証拠が見られる。

この第2部では、「新石器革命」を専門家がどうとらえているかについての概要（第4章）をさらったあとに、農業にともなう仕事を具体的に見ていく（第5章）。そのうえで、食料生産に関する男女間の分業（第6章）と、新石器革命がなにゆえにその過程で労働に対する報酬の世帯間不平等を生みだすのか（第7章）を検討する。部族という、より広い範囲内での分業は、食料生産世帯とそれ以外の世帯との関係において生じるが、別の面では、部族内の指導者的な世帯と、暗に見返りを求められるその他大勢との不均衡な関係においても生じる。

第4章

新石器革命

農耕民と牧畜民は何千年にもわたって狩猟採集民と併存したあと、ようやく主流となったが、その周辺事情は長らく考古学者を悩ませてきた問題で、いまだ完全には解明されていない。[★1]とはいえ、この緩慢な移行に関して、とくに力説されている鍵は二つある。気候変動と乱獲だ。一万二〇〇〇年前ごろに起こった気候変動で、地球の気温は徐々にではあるが、明らかに上昇した。[★2]この気温の変化が、まずは人口成長を促進し、世界全域への人口移動を助長したあと、急速に人間の仕事を集約化させていった。寒冷で乾燥した気候から温暖で湿潤な気候に変わったことで、動植物が豊かに成長できる環境が生まれ、ひいては狩猟採集をしていたわれわれの祖先にもいっそうの繁栄がもたらされた。南東ヨーロッパとシベリアのステップ（草原地帯）で植物性食料が大幅に増えたことによる人口成長は、接触機会の増大を生み、それが人工産物の均一化を促した。たとえば中東の初期ナトゥーフ集落（一万二三〇〇年前〜一万八〇〇〇年前）の細石器は、いずれも似たような形状をしている。

だが、この気候変動が起こる前から、すでに見たように狩猟の手法にも抜本的な変化が起こっていた。[★3]有名な洞窟壁画にさまざまな体勢の動物が描かれていることからもわかるとおり、先史時代の狩猟民は大型有蹄《ゆうてい》哺乳類の肉が大好きだった。この嗜好《しこう》は大きな気候変動がつづいているさなかでも変わらなかったが、三万年前から、人間の食事にこれらの肉が供される割合は劇的に減っていった。これはユーラシア西部のいくつかの場所での証拠から確認されている。当時の気候は比較的安定しており、食の好みに文化的要因による変化が生じた気配もないことからして、この激減の原因として最も考えられそうなのは、大型動物種の乱獲である。第1部で見たように、大型動物が獲れなくなった狩猟民はそれぞれが小動物を探しまわるようになり、食料調達における採集の重要性も増した。追って詳しく見ていくが、この食生活の変化が植物の栽培化と動物の家畜化を促すことになる。

「新石器革命」とは、広範囲を移動して食料をとってくる（「大地を糧にする」）経済から、集約的に食料を生産する経済へと、人間の生活手段が根本的に変化したことを指している。この新しい経済のもとでは、人間が動植物の家畜化・栽培化を通じて自分たちの食べるものを自分たちの責任で再生産していく。これは古典的な意味での革命（短期間での抜本的変化）でもなければ発明でもなく、もちろん食料調達源としての狩猟採集を消滅させたわけでもなかったが、長期的に見れば人間の歴史にとって、そしてまぎれもなく仕事の歴史にとっても、この変化が意味するところは非常に大きい。したがって本書では、とくに何か新しい知見もない以上、おなじみの比喩《ひゆ》として新石器革命という用語を使っていく。

仕事の歴史にとって非常に重要な意味をもつこのプロセスを、短く要約するのは容易ではない。それにはいくつかの理由があるが、なんといっても、これはとてつもなく複雑なプロセスなのである。とはいえ、優れた現代的研究がないことが理由なのではもちろんない。それどころか本書で扱っているテーマのうちでも、ここ数十年で新石器革命ほど厳密に見直されてきたものはないといって過言ではない。しかも、その見直しは現在もつづいている。一般の歴史学者にとっては追いつくのにも苦労するほどだ。

農業の起源についての調査研究は、もはや近東ばかりに偏ってはおらず、いまや先史時代全般の研究が世界中で活発に進められている。しかも近年ではにわかに学際的な研究テーマになっており、たとえば二〇〇九年三月にメキシコで開かれたシンポジウムには、考古学、植物考古学、動物考古学、遺伝学、自然人類学などの各分野から研究者が参集した。[★4] 出席した専門家たちの知見によって作物の栽培化と動物の家畜化についての理解は大いに深まったが、その専門家たちのあいだでも、狩猟採集民がなぜそれまでの安定した生活様式を捨て、不安定な要素の多い農業を生業にしたかについての一致した見解にはいたらなかった。小麦や米の栽培、羊や牛の飼養といった多くの新しい「発明」が地球上の遠く離れたところで同時多発的に起こったからには、何か共通の原因を探すべきだという意見もある一方で、その見方に懐疑的な専門家もいれば、それよりもまずは特定のかぎられた領域にあてはまる原因を見つけるほうが先だと考える専門家もいる。

原因を探すとなると、気候の温暖化（および、それにつづく人口増加）と乱獲は真っ先に挙げられる要因だが、その後の人間の行動もやはり決定的な要因である。農業によって得られた定期的な余剰は、狩猟採集で得ていたものと同様に、仲間うちで分配しなければならなかった。新石器革命がはじまってからの数千年間、またアフリカではさらに長いあいだ、土地や家畜が私的に所有されていた形跡はいっさいないので、問題は、生じた余剰がどう分配されたのか、農民が思わぬ「儲《もう》けもの」をどう扱っていたのかということである。追って見るように、アフリカでは何千年ものあいだ、たとえば集団で大型獣をしとめられた場合、その獲物は再分配というかたちで集団全員に共有された。しかしユーラシアでは、新しい現象が登場した。それは「勢力拡大者」という存在で、収穫物を平等に分けあわず、自分と自分の世帯の取り分をより多くせしめる人間のことである。

狩猟採集民が農民になった理由はいまだ論争中の議題かもしれないが、その最も重要な帰結はすでに確定されている。この生活手段の変化は、最初は人間にとって大成功と見えた。いくつかの研究によれば、新石器時代のはじまりに八〇〇万人だった世界人口は、紀元前五〇〇〇年には約一〇倍の八五〇〇万人に増えていた。[★5] 同時に定住化が徐々に進み、それにともなって財の蓄積もはじまった。最初は食料が、のちには家財が、やがては貴重品までが蓄えられるようになった。絶えず食料を探しにいかなくてもいいぐらい天然資源に恵まれたところに半定住の拠点を構えていた狩猟採集民は、いち早くそのような生活に移れたが、人間の大半は、農業が発展して初めてこの変化に乗ることができた。

これもまた、非常に長い時間をかけた変化だった。世界中の多くのところでは、焼き畑式を採用した農民が依然として移動をつづけていた。毎年、ないしは数年おきに森林の一角を焼き払い、灰を肥料にして作物を植えつける。この方式だと、農民は絶えず土地を転々としなくてはならない。農民が牧畜に特化した場合でも、やはり頻繁な移動がついてまわった。そして定住を果たした農民も、どんな理由からであれ移動しようと思えば移動できた――コロンブスの新大陸到達後、旧世界から新世界への移住が起こったのがその証左である。[★6]とはいえ、やはり基本的には新石器時代以降、人間はかつてなく土地に縛られるようになった。そしてそれが、仕事のあり方にも多大なる影響をおよぼした。この変化に長い時間がかかった最たる理由は、これがまったくもって単純なプロセスではなかったからだ。場合によっては、農民がふたたび狩猟民に戻ることさえあった。[★7]とくに狩猟で手に入れたものを近隣の農民に提供できる状況なら、そうしたことはよく起こった。たとえば一二五〇年前にバイソン猟に転じた北米大陸のアサバスカ族や、のちの時代に北極圏全域にあらわれた「罠猟民《トラッパー》」は、狩猟を専業として農民と生産物を交換するようになった人びとである。[★8]

家畜化・栽培化のはじまり

新石器革命は世界各地で、それぞれ独立して起こった。しかし、その過程はどこにおいても試行錯誤の連続で、非常に長い時間がかかった。作物と家畜を基盤とした農業経済が近東で出現するのに先立って、およそ四〇〇〇年のあいだは、野放しの資源、人の手が多少加わった資源、完全に手なずけられた資源の組み合わせによる安定した持続可能な自給自足的経済がつづいていたのだ。[★9]実際、ある特定の共同体で農耕や牧畜が優勢になり、そこの（その時点まで狩猟採集の産物と関連していた）食生活を決定的に変えたといえるには、三つの過程

を踏んでいなくてはならなかった。[★10]

その第一の段階は、植物と動物の「操作」である。つまり野生の植物種や動物種を巧妙に扱い、ある程度までは支配するが、育成するまでにはいたらず、それらの種に大きな形態的変化を加えることもない。植物の場合でいえば、野生の植物から最も大きくて最も美味な種子や果実ばかりを集めて摂取し、その後、自分の住居のすぐそばでそれらの優秀な種子を口から吐き出すか、あるいは便とともに排出することにより、その植物の繁殖を（無意識に）促進するのである。

この次の段階が「育成」だった。植物を植えるための土壌が意図的に準備され、そこで最初は野生の植物が、やがては栽培化された植物が育てられた。もともとは、収穫量の多い植物がもっと増えるようにと、その近くに生えていた競争相手をわざと抜き取ったのがはじまりだった。これはいいかえれば「野生の庭」での「植物育成」であり、アマゾン川流域ではそのようにして広範囲にキャッサバやカカオやコカやパイナップルなどが育てられた。[★11]この二つの段階は、ともに、植物の最も有益な変異体が広まることを助長した。

これらを経て、ようやく本格的な「栽培化・家畜化」の段階にいたる。つまり植物の場合なら、その最も有益な変異体を積極的に選んで種をまいたり苗を植えつけたりするのである。そうすると植物は、すぐに形態の変化にはっきりとあらわれる遺伝的変化を示す。

動植物の最良の変種を人為的に育成することが「栽培化・家畜化」だが、植物の栽培化にくらべると、動物の家畜化はずっと難しい。家畜化には三通りの経路がある。[★12]一つ目の道として、犬や猫、テンジクネズミ（モルモット）、家禽《かきん》、さらに豚も含めてもいいかもしれないが、これらの「共生動物」が人間のニッチになじむように家畜化された。二つ目の道では、ヤギや羊や牛が飼いならされた。共生動物が人間の住環境にある生ごみを餌とすることから人獣関係をはじめたのに対し、これらの動物はもともと人間に食肉目的で狩られていた獲物だった。それがやがて、もっと安定した永続的な供給のために家畜化されたのである。そして第三の道が、いうなれば野生動物の「囲い込み」で、自由に歩きまわっていた動物（ロバ、馬、ラクダなど）が家畜化され、それらがもたらす乳や乳製品、毛、牽引力、運搬力など、なんらかの資源や「副産物」を得るのに利用された。★13 以来、家畜化は今日までつづいている。「人間と人間が家畜化した動物は、相利共生《そうりきょうせい》の関係にある。どちらの種も繁殖成功の面で相手から利益を得ているのだ。……この関係は、人間と植物と動物が相互作用するなかで特定の表現型や行動が選択されることを通じて、世代を重ねながらつづいていく」★14

これらすべての段階――植物を育て、動物を飼うことで食料を得ようとしたあらゆる試み――を経て、初めて農業は発達できた。今日では、世界中に少なくとも一二か所、農業が独自に発展したところが確認されている。★15

それらの魅惑的な発明をすべてここで説明するのは、たとえ簡略にであっても、はなから無理だ。しかし、中東での最初の事例はざっと論じるに値する。理由の一つは、「肥沃《ひよく》な三日月《みかづき》地帯」の全域で動植物の操作と育成が、そしてのちには栽培化と家畜化が、多かれ少なかれ連動して起こったことがわかっているからである。★16 そこでは植物の操作が、すでに栽培化に一万年も先立ってはじまっていた。そしていよいよ栽培化が、まず穀物（一粒小麦とライ麦、追って大麦とエンマー小麦とオーツ麦）、次いで豆類（レンズ豆、ヒヨコ豆、ソラ豆）とイチジクからはじまった。これが少なくとも一万一五〇〇年前のことである。地域によっては、これらに加えてアーモンドとピスタチオも早くから栽培されていた。

ほぼ同じころ、肥沃な三日月地帯のやや北方では、羊、ヤギ、牛、豚の家畜化が起こっている。これに先立って、すでに狩猟民は数百年前から動物の操作戦略を実践していた。若いオスの獣をあえて主要な標的にして、子を産めるメスは殺さないようにしていたのである。一方、現在のトルコに位置するユーフラテス川の上流では、すでに一万五〇〇〇年前の段階で、ヤギが狩られる対象から飼われる対象に移行しつつあった。最初に野生のヤギが生け捕りにされ、檻《おり》で飼われるようになった。次いで、将来的に繁殖用の家畜を育てる目的のもと、比較的おとなしい、手なずけやすい個体が選別された。やがて、イランとイラクの国境をなすザグロス山脈で同じ手法が羊にも、追って牛にも適用された。豚も同じようにして家畜化された動物だが、豚の家畜化はどちらかといえば（犬の場合と同様に）、人間の住環境に散在する食料をあさる共生動物を餌付けした（そして最終的には利用するのに成功した）のがはじまりだったと見るべきだろう。豚の場合、イノシシの若いオスをねらって狩るのが最初の操作のかたちだった。しかし、すべての動物がこの方式で家畜化できるわけではない。チーターやハヤブサやゾウを捕獲して、長い時間をかけて選別し、繁殖させたところで、これらの動物を家畜化することはできず、野生の個体を個別に飼いならして調教したうえで、求める仕事をこなしてくれるように仕向けるしかない。[17]

世界のあらゆる地域で、遅かれ早かれこれらの段階を通じて多種多様な栽培作物や家畜が生まれたが、ユーラシア大陸はその点で、いまだ南北アメリカや熱帯アフリカやオセアニアより有利であるといっていい。[18] これはユーラシア大陸の地理的な特徴、つまり赤道に平行に広がっていることと大いに関係がある。南北ではなく東西に伸びているのであれば、特定の気候に依存する動植物の家畜化・栽培化手法が遠く離れたところまで急速に広まる。ひいてはそれが、文化の交流が起こる機会や新しい発明が生まれる機会を広げることになる。

農業の発展

いずれにしても、栽培化と家畜化にはつねに三つの局面が認められる。[19] まず、ある動植物の栽培化・家畜化が、一〇〇年単位ではなく一〇〇〇年単位の時間をかけて、どこかの地域で成功する。第二の局面では、この発明が同じ気候帯の別の場所でうまく再現され、最終的に、新しい場所で新しい種の栽培化・家畜化が実現する。そして第三の局面では、すでに栽培化・家畜化の原理がわかっているので、もうそれほど長い時間を必要としなくなる。

栽培化と家畜化の第一の局面は、ユーラシア大陸の西部からはじまった。その発端を生んだ肥沃な三日月地帯のうち、現在のイスラエル、レバノン、シリアにあたる一帯に住んでいた狩猟採集民が、ナトゥーフ人である。彼らは固定された集落に住み、地域の野生植物を何世代にもわたって積極的に操作するうち、ついに本格的な農業を発達させた。[20] やがて同じようなことが東方の中国の大河流域でも起こり、さらに時代がくだると、ニューギニア、南北アメリカ、アフリカと、世界の各地で同じことが見られた。たとえばアンデス山脈とアマゾン川流域では、人間が初めてキャッサバを育て（紀元前五〇〇〇～前四〇〇〇年）、のちにジャガイモ、サツマイモ、アンデスカタバミ、キノア、ライ豆、インゲン豆、落花生、および繊維作物としてバルバデンセ種の綿《わた》を栽培化し、テンジクネズミ、ラマ、アルパカを家畜化した。また、その後アマゾン川流域のサバンナの住民は、川の毎年の氾濫《はんらん》を利用できるように、生《い》け簀《す》、水路、土塁《どるい》、土手道などを巧妙に組み合わせた設備を構築し、それによって漁獲量を最大限に伸ばした。★21

新しい作物がどういう順番で開発されたか、その開発が厳密にどこで起こったかという問題は、さして重要ではない。これは競争ではないのだ。それよりはるかに重大なのは、動植物の栽培化・家畜化が同時多発的に起こっており、各地の人間が同じ植物や動物をそれぞれ独自に栽培化、家畜化したということである。動物考古学を専門とするアメリカの考古学者ダイアン・ギフォード＝ゴンザレスは、これに関してアフリカを念頭に見解を述べている。

どのような動植物が選ばれるかは、効率の観点に強く影響される……が、これは決定論的なプロセスモデリングの文脈で使われるような抽象的な効率ではなく、新しい種や品種や系統がもたらす時間的、栄養的な差益を家計管理者が日常的にどう評価するかということである。農耕や牧畜における毎日の作業負荷は、生殖可能年齢の女性に最も重くのしかかるが、確認されているほぼすべての事例において、この年代の女性は世帯の食料資源管理も担っており、きわめて父権的な文化においても例外ではない。[22]

第二の局面として、肥沃な三日月地帯から栽培作物や家畜が世界各地に広まったが、これを唯一の中心地からの単純な一方通行と見るべきではない。アフリカや中国やインドなどでもやはり新しい作物が開発され、新しい動物種が飼養されるようになっていたからだ。[23] 肥沃な三日月地帯を始点として、穀物栽培は三方向に広まった。九〇〇〇年前から時を同じくしてアフリカへ、イラン経由で南アジアへ、アナトリア経由でヨーロッパへと伝わったのである。[24] 東に向かった最初の農民はインダス川流域に到達すると、そこで狩猟採集民と交雑して小麦と大麦を導入し、冬の降雨に強いのが特徴だったそれらの作物を、夏に雨が降るインド亜大陸のモンスーン気候にあわせて改良した。同じころ、中国北部では粟《あわ》が、長江の付近では米が栽培されていた。どちらも夏のモンスーン降雨に強い作物だが、その栽培はそれぞれ独自に発展した。これら中国発祥の新しい作物は五〇〇〇年前ごろに東南アジアと南アジアへ伝わり、さらにずっとあとになって朝鮮と日本へも伝わった。こうしてインドの農業で、遠く離れた二つの地域で生まれた作物どうしが幸運な出合いを果たすことになった。

数百年後、インダス川流域では、コブウシに象徴されるハラッパーの都市文化（紀元前二六〇〇～前一九〇〇年）が栄えた。その名のとおり背中にこぶをもったコブウシは、この地で家畜化されたのち、西アジアとアフリカに広まった。これは栽培化・家畜化の第三局面の一例で、よそから新しい種が到来すると、その地でも栽培化・家畜化が急速に進むのである。[★25]だが、肥沃な三日月地帯での発展はさらにつづいた。のちにオリーブやアーモンドやブドウやナツメヤシも栽培化され、やがてそれらの作物が近隣の地域に広まった。

今日、こうした分布パターンはあらゆるところに確認されており、もちろん現在でも——産業ベースの体系的な広まり方にはなったにせよ——つづいている。たとえばサツマイモが三つの波に乗って南アメリカから世界中に広まった経緯はなんとも印象的である。[★26]まず紀元後一〇〇〇年から一一〇〇年にかけて、サツマイモはペルーとエクアドルの一帯から西方のポリネシアに広まり、そこから北方のハワイと南方のニュージーランドに広まった。つづいて一五〇〇年ごろに、今度はスペイン人によって、この新しい農作物がカリブ海から大西洋とインド洋を経由して南アジアへと輸出され、そこから最終的にニューギニアまで到達した。そして一世代後、サツマイモは最後の波に乗ってメキシコから太平洋を渡り、フィリピンに達したのち、中国、日本へと伝わり、さらに再度ニューギニアにも伝わった。

このように外来の動植物を家畜化・栽培化して定着させていくパターンは、世界のいたるところで見られた。[★27]残念ながら、この短い概略ではほんの一部の例しか紹介できない。もっと壮大な事例でいうならば、ユーラシア西部のインド=ヨーロッパ語族、サブサハラ・アフリカ〔サハラ砂漠以南のアフリカ〕のニジェール=コンゴ語族、太平洋地域のオーストロネシア語族など、主要な語族ごとに、それぞれに結びついた一定の農業システムが生まれている。ただし例外なのが南米低地地域で、ここには強固で大規模な社会政治構造がない。ゆえに過去五〇〇〇年間、アマゾン川流域では、作付け体系がずっと多様なままだった。[28]
これら数々の「農業にかかわる発明」が本書にとって意味するところは多岐にわたる。まず一つには、新石器革命が一万二〇〇〇年前以降、地球の最北部と最南部を除く全地域で起こった世界規模の現象だったということだ。しかも、それはいうなれば果てしないプロセスで、うっかりはじまったが最後、もとには戻れないプロセスでもある。本書には、この先もさまざまな小農世帯、農業労働者、プランテーション奴隷などが出てくるが、さしあたり重要なのは、農民の役割がいかに大きな変化をもたらしてきたか、そして農民の仕事が時間とともにどう変わってきたかを理解しておくことである。[29]人口規模、農業従事者の割合、耕作地や牧草地の一人あたり面積、世界の陸地面積に対する牧草地の割合のどれをとってみても、これらすべての指標は、農業の生産性が時間とともにどれほど高まったかを実証している。さらにこれらの指標は、ここ何百年かで農業人口の割合が減っているにもかかわらず、土地の景観はますます農業が左右するようになってきたことも示している。要するに、この第2部の主役である農民は、第3部以降しだいに目立たなくなるけれども、彼らの仕事は依然として世界人口を養うのに不可欠なだけでなく、とてつもない影響力を秘めてもいるのである。
加えて新石器革命は、前にも触れたように初めから狩猟採集民を消滅させたわけではないにしろ、人間の労働のあり方にあらゆるところで大きな違いをもたらした。だが、そうした社会的な意味合いを検証する前に、まずは人間の歴史における最も重要な種類の仕事、すなわち農耕牧畜民の仕事がいかなるものかを、もっと細かく見ておかなくてはならない。

第5章 農民の仕事

じつのところ、農民は何をしているのだろう。まずは農耕について想像を働かせ、第1部でも狩猟採集民に関してやったように、考古学に頼れない部分は類推を用いて考えてみよう。第1部では、比較的最近の民族学的記述に大きく依存したが、さいわいにも農業に関しては、いまや何千年も昔の記述を参照することもできるようになっている。ここではその両方を参考にして、最古の農耕民の姿を思い起こしてみる。

農耕民の仕事

農耕では前もって、少なくとも一年間の見通しが立てられる。もちろん、建物、設備、井戸、土地改良、灌漑《かんがい》などへの投資には長期的な視点が必要になるが、作物に関しては、毎年めぐってくる季節に応じて順番にやることが決まっている。一日が何時間あっても足りないような繁忙期が何週間かつづいたあとは、作物のゆくえがどうなるかを見守っているしかないような時期が何か月かつづくのだ。図式的には、以下の一連の活動はすべての作物にあてはまる。土を耕したりならしたりして土地を整備し、それと同時かそのあとに肥料をすき込む。それから種をまき、除草をし、水を引く。作物が成長したら収穫し、多くの場合は脱穀もする。そして最後に、収穫物を食べられるようにするのに必要な、製粉などの加工をほどこす。[★1]

広めの土地を耕すときは、人が手足で押し込むスコップ状の鋤《すき》に代えて、引っぱって土を掻く原始的なかたちの犂《すき》が用いられ、のちに発展した本格的な犂を役畜（最初は牛、追って馬やロバやラクダ）に引かせるようになると、さらに深い耕起も可能になった。動物だけでなく人間も犂を引っぱることがあり、中国の一部では二十世紀の初めまでそれがつづいていた。[★2]役畜のおかげで、紀元前五〇〇〇年ごろから耕作と畜産はうまい具合に統合されていった。[★3]ある中世の著述家が、その点で必要となる技能に注目している。「役畜を使う人間の技能は、組になった牛をおだやかに進ませる要領を知っているかどうかにある。このときに牛を叩いたり棒で突いたりと、虐待めいたことをしては失格である。陰気なたちでも激しやすいたちでもこの役目には向かず、つねに陽気に、楽しく歌でも歌いながら、その節回しで多少なりとも牛を元気づけてやれることが望ましい」[★4]

また、厩肥《きゅうひ》はいうにおよばず、泥肥《どろごえ》（川や池の底にたまった土でつくる）や下肥《しもごえ》（人間の糞《ふん》尿《にょう》でつくる）も含めた肥料を調達して運搬する面でも、耕作と畜産は相性がよかった。動物に引かせる荷車が発明されるまで、大量の堆肥《たいひ》を遠くまで運ぶことは不可能だったのだ。[★5]

種まきや植えつけの季節のあとには、いくぶん暇な期間もあったが、作物には水が必要で、しかも、雨は少なすぎたり多すぎたりすることがしょっちゅうだったため、とくに米などの水田作物を育てている場合には、水の管理が重大事項だった。あいにく作物が生えてくるのと同じころには雑草も生えてくるため、除草も欠かせない仕事になった。また、亜麻《あま》のようにばらまき方式で種がまかれる作物には、間引き作業も必要だった。

灌漑がいかに労働集約的な事業であるかは、一八八一年にイギリス人の植民地官僚J・R・リードがアーザムガル県（インド、バーラーナシーの北）の農耕について記した次の文章に明らかである。[★6] 当時、そこではおもに穀物、とくに大麦が栽培されていた。近くの河川から水を田畑に直接引いてこられないところでは、溜《た》め池に水が集められ、そこから直接、もしくは高さの異なる用水路を次々に経由して、手作業で高台の田畑に揚《あ》げられた。

> 揚水《ようすい》には、小枝や竹を密に編んだダウリーと呼ばれる円形のざるが使われる。ざるには四本のひもがついており、チャウンラー、またはパウンラーと呼ばれるちょっとしたくぼみを利用した揚水所［小さな溜め池］の両端に向かいあって立った二人の労働者が、それぞれ両手に一本ずつひもをもつ。二人のあいだでざるを大きく揺らし、水の上で高く振り上げてから勢いよく水中に突っ込む。それからぐいとひもを引いてざるを揚げ、入った水を、この揚水設備（ティーター、またはチャウンラーと呼ばれる）の上まで放る。ざるの一振りでたっぷり二ガロン〔約九リットル〕の水が汲《く》みだされ、水を揚げなくてはならない高さに応じて一分間に二〇回から二五回、これがくり返される。揚水設備の高さは二フィート〔約〇・六メートル〕から五フィート〔約一・五メートル〕までさまざまで、何回こうした揚水を重ね

るかは、灌漑の必要な畑が川や湖からどれだけの高さにあるかによる。[★7]

だが、これはまだ手はじめにすぎない。今度は水を植物に届けなくてはならないのだ。

溜め池や井戸の水を乾燥した畑にまくための特別な手法が二つある。一つはキアーリーと呼ばれる方法で、ファルヒーという熊手のような道具で小さな土手をつくって畑を小さな長方形の区画（キアーリー）に分け、水がひとりでにそれらの区画に流れるようにして、各区画を順々に満たしていく。ケシなどの園芸作物にはこの方法で水をやり、サトウキビやインディゴ染料の原料となるコマツナギの水やりにも、しばしばこの方法が使われる。もう一つの手法は、ハーターというものを使う。畑全体に一時的な水路として適当な数の溝を掘り、これに沿って小さな丸いくぼみを点々とつくり、溜め池とする。この水路と溜め池に水を流して、それぞれの溜め池の周辺の土に、人間がハーターと呼ばれる長い木製のシャベルで水をやる。この手法だと、区画灌漑の手法よりも使われる水が少なくてすみ、しかもシャベルでの水やりは、水をひとりでに流れさせる場合と違って量が先細りすることもなく、畑全体に均等に水が行き渡る。……大麦や豆類など、米以外の作物にはシャベルで水をやる。米の場合は、水田を囲む小高い土手越しに溜め池の水を引いてくる。[★8]

長々と引用を連ねて申し訳ないが、これらの記述は、十分な給水のような単純なことにどれだけ多大な仕事がともなうかを例証しており、同時に、一つひとつの活動に独自の技法と、設備と、特殊な用語があることの立派な例証になっている。しかも、ここで言及されていることは、小麦やその他の作物の栽培にともなう多数の副次的作業の一つに関してにすぎない。こうしたことを詳しく知っている必要はないけれども、決して単純な作業でないのはわかるだろう。

その後の作物の刈り取りや落ち穂拾いや加工処理は、ほかのどの作業よりも心に訴えるものがある。それまでのあらゆる苦労が報われるときであるからだ。世界最古の詩の一つから、ここに挙げるにふさわしい一節を引用しよう。ホメロスの『イリアス』（紀元前七五〇年ごろ）には、広大な穀物農場のありさまがどのようなものだったかが描かれている。

次には王領の荘園を写して見せた。ここでは傭《やと》いの人足たちが、鋭い鎌《かま》を手に麦を刈っている。刈られた麦の穂の束が、刈り跡に一列になって地面に落ちてゆくところもあれば、束ね役の者がそれを縄でくくっているところもある。束ね役は三人その場にいるが、その後ろには子供たちが落ちた穂を拾い集め、腕に抱えてはせっせと束ね役に渡している。人足たちに混じって王笏《おうしゃく》を手にした王が、満足げな面持で黙然として畦《あぜ》の端に立っている。離れた樫《かし》の木蔭では、触れ役たちが宴《うたげ》の用意をし、生贄《いけにえ》に屠《ほふ》った大きな牛の料理にかかっている。こちらでは女たちが、人足どもに食わすべく、多量の白い

大麦粉をかきまぜている。★9

（『イリアス（下）』松平千秋訳（岩波文庫）より。〈ルビは編集部〉）

この詩節には鎌が出てくるが、穀物や草の刈り取りには大鎌も使われる。★10 ほかの活動にしても、作物に応じて、土壌に応じて、気候に応じて、そしてもちろん時季に応じて、多くの異なる手段があり、多くの異なる道具がある。★11 たとえば脱穀をするには、人間が殻竿《からざお》で叩いてもいいし、役畜に脱穀用のローラーやボードを引かせてもいい。

牧畜民の仕事

牧畜においても一年は先の見通しが立てられる。家畜のメスに種付けをしてから、不要と判断された若いオスを食肉処理にまわすまでの期間である。同時に、牧畜民は何年も先のこと、もっといえば自分が死んだあとのことまで見越しておかなくてはならない。乳汁や獣毛や牽引力をもたらしてくれる家畜を、最終的に処分されるまで――つまり繁殖力のピークが過ぎるまで――何年にもわたって育てつつ、利益を生む特徴が育まれるように品種改良を何世代にもわたって重ねていかなくてはならないからだ。★12 もちろん日常的には、餌をやり、水をやり、放牧し、搾乳する（加えて乳をバターやチーズに加工する）仕事がある。健康管理や、ブラッシングやひづめの手入れといった定期的な衛生上の世話も欠かせない。繁殖に関しては、一年に一回、交尾の管理をするが、冬になるとどうしても食料が乏しくなる温帯気候の地域では、基本的に年末が、繁殖やその他（牽引用や乗用として）の役に立たなくなったオスをすべて処分する時期となる。

農耕民の活動が比較的一様なのに対し、牧畜民の仕事には多かれ少なかれ違いがある。これは農耕民が総じて牧畜民ほどは移動しないためだと考えられる。たとえばロシアの人類学・歴史学者のアナトーリー・ミハイロヴィチ・ハザーノフは、牧畜という生業を実態ごとに細かく分類し、それぞれを「伝統社会」と称した類型に整理している。[★13] そして、それらの伝統社会ごとの食料生産経済における農耕と牧畜の一般的なバランスを仮定したうえで、どちらの比重が大きくなるかは共同体の定住性の度合いに相関すると述べている。この前提のもと、牧畜は共同体にとっての重要度に応じて、ひいてはそれに関連する移動の多寡《たか》にしたがって、五つの型に区分されている。仕事の観点からいえば、これは牧夫がどれだけの距離を歩かなければならないかに直結している。

第一に、定住して畜産に従事する「世帯による舎飼い畜産」がある。気候に応じて、一年のある時期には一家の住まいや集落に隣接した牧草地で家畜に草を食《は》ませ、基本的に毎日家畜を連れ帰る。一年の別の時期には、家畜を畜舎や囲いから出さずに、備蓄飼料をあたえる。第二に、ハザーノフは同じ定住型の畜産でも、畜舎と備蓄飼料をもたない「定住世帯による放牧での畜産、ないしは家畜飼養」を別の分類にしている。このタイプの畜産は、おそらく牧畜の最古のかたちで、牧夫に多大な負荷がかかる。[★14]

第三に、「牧夫畜産、ないしは遠隔牧草地畜産」に従事する共同体がある。このタイプの牧畜は、牧夫になおいっそうの労力が求められる。これを採用している共同体は、相互に依存した二つの部門に分かれる。大多数が定住して農耕を営む一方で、残りの少数派が専従の牧夫となって家畜を放牧に連れだす。ときには集落から遠く離れた牧草地まで移動することもある。ただし一年のうち、ある時期は家畜を囲いや畜舎や小屋に入れたままにして、飼料をあたえる。これに類するよく知られた特殊な形態が、季節によって放牧地を移動する移牧や「ヤイラーク」と呼ばれる牧畜（移牧の一種。ヤイラークとはトルコ語で「夏季」を意味する）である。この方法により、農地が最も稼働する季節には、別のところ、たとえば山地などを家畜の放牧地として使うことができる。季節が変わって山から下りた家畜は、今度は牧夫の村の近辺で過ごすことになる。

第四に、前述のような状況から発展して、「半遊牧的牧畜」が広まることもある。農耕（ないしは狩猟、漁撈）が二次的で補助的な生業でしかなく、共同体の住民のほとんどの時間が牧畜に費やされていた場合には、そうした流れが生じやすい。

そして第五に、純粋な「遊牧」がある。このタイプは共同体がまるごと移動するので、「牧夫」という言葉もまったく異なる社会的意味を獲得する。この場合、牧夫とともに家族や氏族も移動しているため、牧夫が身内のすぐそばで暮らしているのが普通ということになるからだ。このように牧畜が専門化するのは最終的な発展で、この第2部で扱う期間よりもあとになって初めて出てくる（半遊牧的牧畜についても同様かもしれない。第3部を参照）。

農業全般に話を戻すと、最古の農業共同体はまだまだ脆弱《ぜいじゃく》で、とくに農業に関連した疫《えき》病《びょう》にやられやすかった。また、農業は時間の新しい意味を生んだ。もはや人びとは食料を追いかけなくなり、むしろ一年の決まった季節になると、仕事のほうから転がり込んでくるようになったからである。そして仕事は来たかと思えば、また去っていった。要するに、北半球の農民は夏のあいだにとんでもなく長期間働き、冬のあいだにたっぷり暇をとることになった。こうして主食の季節性に命じられるまま、年間のリズムが生まれた。そのあらわれとして、中世ヨーロッパでは収穫を祝う祭日をもって農作業はしまい支度に入り、そのあとはクリスマスからマルディグラまで、さらにイースターからペンテコステまで、一連の祭りがつづく〔もともとクリスマス（十二月）は冬至の祭りで、謝肉祭の最終日にあたるマルディグラ（二～三月）は春を待ち望む祭り、復活祭のイースター（三～四月）は春分の祭りで、聖霊降臨祭のペンテコステ（六月）は夏の実りを祈る祭りである〕。夏至祭や、八月のイングランドのウェイクス週間のような真夏の祝祭日は、ちょうど農作業が一休みになる時期にあたり、働き手を見つける年に一度の雇用市もこの機会に催された。[★15] いうまでもなく、これらの伝統行事の歴史はキリスト教よりもずっと古い。

第6章 男女間の分業

新石器革命は抜本的な変革だったが、浸透するまでには非常に長い時間がかかった。メソポタミアでは、余剰生産物が多くなった結果として最初の都市が出現するまで、いいかえれば、自分の食べるものを自分で育てない人間の大きな集まりができるまでに、五〇〇〇年もの時間を要した。農業がはじまってから都市が生まれるまでのこの長い期間は、農民世帯も近隣の仲間とともに依然として狩猟をつづけていた。この二つの生活様式は長きにわたり、たがいを補完するかたちで併存した。とはいえ、仕事の分化はゆっくりとながら着実に進み、とくに最初は男女間でそれがあらわれた。

もともと男性と女性とでは多くの活動に違いがあったが、すでに見たように、狩猟採集民においてはまだ最小限の違いしかなかった。ところが農業がはじまってみると、違いは目に見えて大きくなり、今日の社会的議論の的となっているジェンダー差の基盤が築かれた。

食料供給の向上、とくに穀物供給が増えたことの結果の一つが「ベビーフード」(たとえば粥《かゆ》)の導入で、これにより離乳が大幅に早められた。要するに、農民が栄養豊富でやわらかい炭水化物の離乳食を手に入れた結果、母親の授乳期間が短くなったのである。★1 そのため次に妊娠できるまでの期間も短くなって、出産間隔が格段に狭まった。栄養状態がよくなった母親は、それだけ多く子供を産んだ。[★2]狩猟採集民の共同体では母親が一度に一人しか子供を世話できない。食料探しのあいだずっとその子供を連れていなければならないからで、いくら「アロペアレント」による世話があっても、それに任せきりではいられない。子供が自分で歩けるようになるまでは、弟や妹を産む余裕はない。そのため実際問題として、狩猟採集民の出産間隔はだいたい四年である。しかし農民の場合、住まいのすぐそばに自分の畑や果樹園があるため、出産間隔が平均二年に短縮される。[★3]

さらにいえば、狩猟採集民の女性は現代から見ると初潮が遅く（およそ十六歳）、初潮から初産までの間隔が平均およそ三年である（ちなみに現代の欧米人なら、この間隔は平均一〇年で、二〇年以上になることも少なくない）。生涯出産回数は約六回（現在なら二回）だが、授乳期間がだいたい三年と長きにわたり（現在なら三か月）、授乳頻度も高い。そのうえ月経が止まるのもたいてい早く、四十歳代の半ばから末あたりで閉経を迎える（現在なら五十歳代の初め）――したがって女性特有のがんが発生するリスクは小さかったといえよう。[★4]このように、狩猟採集民の女性が産める子供の数にはおのずと限界があった。だが新石器革命の到来で、妊娠、出産、子育てに関するかぎり、女性の仕事は増えることになった。

しかし依然として、乳幼児死亡率はおそろしく高かった（最高五〇パーセント）。理由の一つは、離乳が早まった結果として、衛生的で消化しやすく栄養に富んだ母乳が「それらのどの要件も満たしていないかもしれない代替品」に取ってかわられてしまったことだ。[★5]結局のところ、早期の離乳は母子にとってありがたくもあれば、不都合でもあったのだ。それでも正味で見れば、生き残れる子供の数は多くなり、人口は成長をつづけられた。[6]

とはいえ平均寿命は短く、現代人の半分でしかなかった。狩猟採集民の場合、緯度の違いによる差や季節ごとの差はあれ、食生活は総じて健康的で、とくに現代のアメリカ人にくらべれば、摂取する脂肪の総量ははるかに少なく、飽和脂肪の量も塩分の量も少なかった。運動量も十分すぎるほどで、肥満、糖尿病、高血圧、冠状動脈性心臓病、がんといった致命的な疾患や障害を抱えることもなかった。だが、それでも狩猟採集民は早死にした。これは、危険で有害な動物を相手に仕事をしていたためでもあったが、なんといっても、病気に対する予防や治療の手段をもたないことが大きかった。そして新石器革命が起こってからは、安定した食料生産ができるようになった一方で、[7]多くの新しいリスクがもたらされた。家畜と密接に暮らすようになって、感染症にかかる危険が高まったのも、その一つだ。また、塩分と脂肪分の摂取量が増えたこと（家畜のおかげで乳製品から摂れるようになった）、酒と煙草の摂取がはじまったこと、生殖面の特徴が変化したこともリスク要因となった。[8]

農業社会での女性の役割

農民、とくに農耕民の暮らしの安定性が必然的に高まると、農民は農地の改良に余力を費やしたり、耐久性の高い家を建てたりするようになり、それにともなって備蓄も不可能ではなくなってきた。多くの研究者の見るところでは、これが所有という概念の萌芽《ほうが》であり、女性を一種の価値を表現するものととらえる考えや、さらに進んで、女性を夫が所有できるものであると見なす考えも、ここから生まれてきた。その結果、性規範がより厳しくなり、結婚前の処女性が重んじられるようになった。[★9] 追って見るように、実際に新石器革命と社会的不平等の拡大には相関関係があることが確認されている。ただし、この見方には注意も必要で、アフリカに例証されているように、この二つのあいだに避けがたい因果関係があるわけではない。

だいたいにおいて、農業がこの期間に必然的に社会的不平等を拡大させたという説を実証するのは不可能ではないまでも、困難ではある。社会的不平等を拡大させたと確実にわかっている唯一の例は、五〇〇〇年前にヨーロッパと北インドに広まった牧畜民（インド＝ヨーロッパ語族の祖語を話していたとされる人びと）が属していた、明らかに男性優位のヤームナヤ文化（もしくはヤムナ文化）である（第8章「牧畜の分化」の節を参照）。世界の多くの地域で起こったとされている母系制から父系制へ、母方居住から父方居住への転換は、単純にいえば、女性が結婚とともに夫のもとで、ひいては義理の両親のもとで暮らすようになったということだ。[★10] 離乳が早まったことで重要性がいっそう増したアロペアレンティングも、これにともなって事実上、父方の祖母の役目となった。[★11] ひときわ成功した農民（「勢力拡大者」、第7章「世帯間の社会関係」の節を参照）は、息子の妻にする女性を値踏みして、労働力を失うことになる新婦の父親に婚資を払うというかたちでその価値を提示した。[★12] もっと極端なケースだと、これが高じて一夫多妻に発展した。妻を一人「買う」ことができるなら、もっと買ったところで何が悪い、というわけだ。[13]

サラ・ブラファー・ハーディーはこうした過程を一言で、「斜めの大躍進」と表現している。[14] そのいわんとするところはさまざまだ。妊娠の頻度が高まって、いまや女性の負担が断然大きくなっただけではない。家庭内では、妻となった女性がかつてなく男性に従属させられ、男性側の家族、つまり義理の母親が、ますます結婚した女性の人生を左右するようになった。農作業では、狩猟採集生活ではありえなかったほどの時間をとられるようになり、往々にして男女の役目の違いがいっそう顕著になっていった。そして狩猟がもっぱら男性の仕事になったぶん、女性には子育ての負担がいっそうのしかかった。

この斜めの大躍進の結果の一つは、作物についての知識の伝達にあらわれている。多くの社会で例証されているように、父系社会と母系社会とでは、この伝わり方に違いがある。その好例が、現代のガボンで行われているキャッサバ栽培だ（もともとキャッサバはポルトガル人がブラジルから運んできた主食作物である）。概してアフリカでは、食料供給をとりしきるのが女性の役目なので、食用作物についての知識は女性から女性へと伝わるが、その伝わり方には二通りある。[15] オゴウエ川の南側の母系制共同体では、娘が結婚して新郎の村に移るときに、母親がキャッサバの茎を何本か切って娘に渡す。娘は嫁いだ先で、隣家の庭にめずらしい変種を見つけると、その茎を譲ってもらって試しに植えてみる。結果として、オゴウエ川の南側では北側よりもずっと多様な品種が育っている。一方、北側のファン語圏の父系制社会では、新婦が手ぶらで嫁いできて、義理の母親から最初のキャッサバの茎を譲り受ける。

これで新婦はこの氏族に仲間入りしたことになり、以後はその氏族の土地を耕し、産んだ子供ともども氏族の一員として生きる。北側でも隣家から新しい茎をもらって試しに栽培してみることはあるが、当然ながら、選択の幅はずっとかぎられている。結果として、北側でのキャッサバの遺伝的多様性は明らかに小さい。

いくつかの理由から、農民世帯の女性はかつてとは違う位置を占めるようになったものと考えられている。だが、それが具体的な役目にどうあらわれているかを確認するのはなかなか難しい。価値のある「財産」として、これまでより注意深く監視され、働くところを農場とその近辺だけにかぎられるようになったのだろうか。いずれにしても多人数での狩猟はもはや過去のものになっていたから、それにともなってバンドそのものも数少なくなっていた。世帯がそれだけで基本単位になったのだ。しかし、これもまた非常にゆっくりとした変化で、多くの地域差があり、前の第1部の時代から見られることというよりは次の第3部の時代の現象と見なさなければならない。農業社会はかならずしも別々の農場から成り立っているわけでなく、農民がまとまって大きな家に住んでいることもある。人類学者のクロード・レヴィ＝ストロースは「イエ（家）社会」と呼ぶものに魅惑されていたが、実際、共同体をまるごと収容できそうな新石器時代の「大きな家」がこれまでにいくつも発掘されている。★16

もちろん女性は出産と子育て以外にも、農場で多くの仕事を受けもっていた。これについての最古の「固い」証拠の年代は、南西アジアでの穀物栽培の開始時期にさかのぼる。骨の断片から判断して、紀元前一万年ごろのシリア最古のライ麦栽培民のあいだでは、女性が粉ひきを担当していたと考えられるのだ。この初期段階では、まだ固い種子を徹底的にすりつぶして粉にする必要があった。そうして初めて食べやすく、したがって離乳を早められる粥がつくれる。この重労働の形跡が、とくに女性の背骨、足指の骨、膝《ひざ》の骨にあらわれている。ここから「新石器時代には男女間の明らかな分業」があったと推測できる。「少なくとも女性は食料を加工し、ますます数の増える子供の面倒を見ていた。女性にとって新石器革命とは、仕事の面でも出産育児の面でも、労働量が着実に増えることにほかならなかった」[★17]

農業が主として女性の仕事だったことは、北アメリカでの同様の研究からも裏づけられる。まずは、よく歩きまわる人間が大腿骨《だいたいこつ》に沿って縦に長い隆起（大腿骨稜《りょう》）を発達させることに着目したい。[★18] 反対に、農業革命の影響で人間が定住するようになると、この隆起は目立たなくなっていく。興味深いことに、この変化はかならずしも男女同時に起こってはいない。それをまさしく示していたのが、現在のアリゾナ州南東部に興《おこ》ったコチセ文化である。この文化は三五〇〇年前に農耕に転じたが、一般に農耕は女性の仕事だったようだ。大腿骨稜の隆起をはっきりと保っていたのが男性だけだったからである。察するに、コチセ文化の男性は一〇〇〇年以上、ずっと狩猟をつづけていたのだろう。スペイン人が到来したころのアメリカ先住民のあいだでも、農作業をやっていたのは依然として女性だった（プエブロ族は例外だったが）。したがってアメリカの各地では、男性が狩猟をし、女性が農耕をするという分業が長きにわたって——三〇〇〇年ものあいだ——維持されていたものと推測される。

いずれにしても農作業をするということは、世帯全員の労働が増えるということだった。[★19]

生活時間調査の結果を見ると、農耕民も牧畜民も一日あたりの仕事時間が狩猟採集民より少ないどころか、ことによると多くなっている。狩猟採集民が農民と併存しながらも、かならずしもあっさりと農業に転じなかったのは、これが理由の一つだろう。農民のあいだでは仕事が増えたぶん、それだけ切実に子供が求められるようになった。成長後の子供に手伝いを期待できたからである。

第7章

世帯間の分業とそこから生じうる影響

ここで強調しておきたいが、この第2部の全期間を通じて、各章に出てくるのはすべて原則として村落程度の集団だ。なぜならこの時代、本当に大きな密集地帯といえるところは世界のどこにもなかったからである。肥沃な三日月地帯の代表的な集落であるエリコも紀元前九六〇〇年の時点で人口五〇〇人ほどで、数百年後でも住居数七〇、住民数一〇〇〇人に達していたかどうかだった。三〇〇〇年後だと、近くのアイン・ガザルに一時期その三倍から四倍の住民がいた。しかし全体として、この時期の肥沃な三日月地帯の都市人口は数百人程度にすぎず、一〇〇〇人を超えることはめったになかった。ずっと後代に出現した中国最古の都市にしても、まちがいなく五十歩百歩の規模だっただろう。端的にいえば、この時代の世界最大の密集地帯は（エリコも含めて）、今日なら村と呼ばれる程度のところだったのである。[★1]

新石器革命が男女間の分業にそれほど影響をあたえたのなら、世帯を超えての社会的な人間関係にはどんな影響をあたえたのだろうか。[★2] バンド――さまざまな世帯のメンバーが協力して食料を追い求める集合単位――は衰退しつつあったが、では、それにかわって何が出てきたのだろう。農業の労働単位は確実に狩猟採集民のバンドより小さかったが、そうした小農世帯は完全に自律的に農業を営んではいなかったと推測していいのかもしれない。ここで注目に値するのが、仕事の歴史にとって大きな意味をもつ二つの社会的発展だ。すなわち世帯間での仕事の分化と、労働報酬にも影響してくる世帯間の社会関係である。

世帯間の分業

農業が大成功して農民が自分の必要とする量よりも多くの食べものを生産しているところ、そして、そのような農民の数が大いに増えて人口集中が可能になってきたところでは、原則として、共同体のうちのある一定の人びとの手が空いて、別の仕事ができるようになる。これが一種の専門化で、「少数の人が自分の使わないものを生産して大勢の人に供する」ということである。[★3] この初期の段階では、そうやって専門化したのが土器製作や、家の建設とその関連作業や、織物製作だった。すでに新石器革命以前の話で見てきたように、これらの技術はどれも世界のあちこちに存在していたが、まだ広く普及してはいなかった。発見されている最古の繊維は三万六〇〇〇年前のもので、最古の土器は二万二〇〇〇年前、最古の家の間取りの痕跡や住居跡はこの二つよりもさらに古い。もちろん、石材や木製備品も見つかっている（大規模な金属加工が出てくるのはもう少しあとだ[★4]）。

しかし疑問なのは、これらの専門技術がすでに誰かの本業にできるぐらいに十分に発達していたのか、それともこれらは農民や狩猟採集民の副次的な活動だったのかだ。いいかえれば、農民と狩猟採集民だけが当時の（たいてい男女別に仕事の決まった）専門技術者だったのか、それとも、すでにほかにもいたのだろうか。

考古学的データから推察されるのは、土器職人と織物職人を別にすれば、全般に新石器革命から最初の数千年のあいだは明らかな専門職の分化は起こっておらず、この期間の最後になってようやく中国に例外的な分化がぽつぽつ生じていたらしいということだ。この一般則の理由は単純だろう。専門職にそこまでの需要がなかったからだ。それは農業の生産性が低かったせいでもあり、農業が発達した気候帯の特徴のせいでもある。詳しくは次の第3部で見ていくが、農業は新石器革命がはじまってから七〇〇〇年経って、ようやく西アジアとギリシャ中東部のテッサリーアから少しずつ北方に伝わりはじめ、ヨーロッパなどの森林に覆われた地域へと広まっていった。そこでは森林を切り開く必要があったことから、石斧などの需要が高まった結果、次の数千年間で開拓と道具生産の中心地が発達した。[★5] もちろん肥沃な三日月地帯にも森林はあったが、やはり最初に農業が発達したところは、一般にステップと呼ばれるような広大な草原地帯だった。[★6]

イスラエルの考古学者ギデオン・シェラフ＝ラヴィによると、中国北東部の最古の農民は、驚くことに家と集落の建設を入念に事前計画していたようだという。「母屋その他の住宅構造がたがいに調和している。私的空間と、公的空間、仕事場、儀式の場（墓所も含めて）などに明らかな区別も設けられていたようだ[★7]」。しかし、おそらくこれは、最古のプロジェクト開発者や建設請負業者の存在をほのめかすものではないだろう。むしろ、集団で暮らしていた農民たちによるジョイントベンチャーをうかがわせるものではないかと思われる。一方、時代がくだって紀元前五〇〇〇年近くには、長江の下流域に、ほぞとほぞ穴で木材をつなぎあわせた杭上《こうじょう》住居の複合構造ができていた証拠がある。これらを建てたのはまさしく大工だったと見なせるだろう。★8

　中国の狩猟採集民のあいだには長きにわたる土器製作の歴史があり、やがてそこから発展して、最初の真の土器職人と呼べる人びとが出現した。これは脚つきの杯のような、より洗練された土器が出土していることから明らかだが、とりわけ紀元前四〇〇〇年代の彩陶（彩文土器）がみごとだった。鉄鉱物を酸化させて彩色するのだが、それには窯《かま》の内部の空気を調整する高度な技能が必要だった。その後の土器の普及からも、土器職人が本業としてやっていけたことが示唆される。★9 土器とは別に、この数千年前からイラン南東部のバルーチスターンでは、すでに最古の煉瓦《れんが》――まだ焼成煉瓦ではなく、成型もされていない泥煉瓦――が初めて使用されていた。ただし、その単純な技法から察するに、これは当地の穀物栽培農民の副次的な活動だったと見るべきだろう。★10

　糸紡ぎ、梳綿《そめん》〔繊維のもつれをほどいて不純物を除去し、繊維を一定方向にそろえる作業〕、撚糸《ねんし》、手編み、繕《つくろ》い、手織りなど、繊維に関連するさまざまな技法は、もともと家事の一環として発展したもので、最初は各世帯が自分たちのためにやっていた。衣類の起源は、旧石器時代の壁画に描かれているように、加工した動物の皮にあったのだろう。それとともに亜麻や大麻の茎（当時はまだ野生の植物だった）を編む技法が発達し、漁網などに使用する撚《よ》りひもをつくる技法も磨かれた。★11 どちらの技法も布を生みだすわけではなかったが、その後のためには必要だった一段階で、そこから紡績と製織が分化して、連動しながら発展していった。

新石器時代になって本格的な農業がはじまると、獣毛がはるかにたやすく、定期的に手に入るようになった。それまでは、生え替わりの時期が終わったあとに自然界から狩猟採集で集めた獣毛をフェルト化して使っていたのである。また、亜麻や大麻などの工芸作物も栽培されるようになった。そして紡績と製織にいたる前の決定的な段階が、おそらく初めて近東であらわれた。ヨルダン渓谷についての資料に最古の綿織物の存在が記録されているほか、中央アナトリアでは最古の毛織物、クルディスターン〔中東北部のクルド人居住地域〕では紡績用の石、エジプトでは亜麻糸、熱帯アフリカではラフィアの織布と樹皮布が見つかっている。こうした発見物とその年代は新たな発掘によって日々更新されているが、いずれにしても肥沃な三日月地帯は農業だけの最前線ではなかったようだ。次の大躍進として、新石器革命から数世紀のうちにはインドで手紡ぎ用の紡錘車《ぼうすいしゃ》が発明されている。しかし全体的には、この程度の専門化では農民世帯と専門職人とのあいだで大々的な交換がなされる余地はほとんどなかったと思われる。この時期の交易の流れはまだまだ希薄で、おもに半貴石などの貴重品にかぎられていただろう。

とはいえ、農民や狩猟民の一部に（さらに農民のなかでも農耕民と牧畜民それぞれで）職業の分化が起こり、そのあいだで生産物が交換されていた可能性もないではない。★12 もっと広い意味での交換、たとえば結婚相手をやりとりするときに、あわせて生産物のやりとりがなされていたとしてもおかしくはない。現代の古遺伝学研究からは、その裏づけとなりそうな例が次々と出ているが、別の研究分野のデータからもそうしたシナリオが浮かびあがっている。その一つの分野が言語学だ。[★13] たとえば紀元後一〇〇〇年までのケニアでは、農耕民のルヒヤ族の女性が牧畜民の（原）カレンジン族に嫁いでいた。アメリカのアフリカ古代史研究者クリストファー・エーレットは、これを次のようなことから推論した。「ルヒヤ語にはカレンジン語からの借用語がさまざまあるのに対し、カレンジン祖語に借用されたルヒヤ語は、一つの例外を除き、かつてルヒヤ社会で女性の仕事とされていた活動のみに関連している。それらの借用語は、おもに耕作用語と調理用語なのである[★14]」

農民と狩猟民のあいだでの交換は、そうたやすくは実現しなかった。理由の一つは、総じて狩猟採集民が非常に用心深かったからである。交易が自分たちの平等主義的な生き方を損なうのではないかと危惧《きぐ》された場合には、この生活様式を維持していた南アメリカでの最後の事例のように、「沈黙交易」という別の手段をとる習慣があることが広く報告されている。友好関係にない集団どうしが面と向かって会わずに生産物を交換するのである。たとえば二十世紀の初め、タイ北部の山中に人目を避けて暮らすムラブリ族は、蜂蜜と蜜蠟《みつろう》を通り道に残し、その交換品として衣類や金属製品や塩をもち帰っていた。近隣のモン族との直接の交易が少しずつはじまったのは、一九三〇年代に入ってからのことだった。[★15]

最も極端な選択肢は、交易をいっさい断つことである。エクアドル東部のワオラニ族をはじめとするアマゾン川流域の狩猟採集民は、あえて近隣の定住園芸民とは一線を画し、交易も拒んでいる。どんなに使用価値があっても持ち運びできないようなものは要らないのである。これらの集団は交易をしないだけでなく、贈り物も受けとろうとしない。寄贈はあたえる側からはじめる行為なので、高圧的な施しになりかねないからだ。「責任と資格（寄贈者の分配する義務、受領者の分配される権利）を強調したうえでの分かちあいの取り決めが、個人の自主性と平等主義の基盤となっている」。この事例が教えているように、狩猟採集民の社会を欠乏の観点だけから説明することで、彼らから行為主体性と歴史を奪ってしまうような解釈はすべきではない。★16

世帯間の社会関係――不平等の種

狩猟採集民社会ならではの性質は、社会関係の発展に向けての出発点である。この社会の全般的な特徴は、第1部で見たとおり、「平等主義的《エガリタリアン》」であることだ。これに関して、平等主義という言葉の使われ方が広すぎるという指摘がある。この言葉をあてはめるのにふさわしいのは単純な狩猟／採集民社会のような即時利得型の社会、すなわち、目立った私有がなく、経済力による競争もなく、富の格差もないに等しく、威信を象徴するものもほとんどない社会」なのである。これよりも不平等さの増している過渡的な社会には「トランスエガリタリアン」という表現が使われる。つまり「資源の所有、経済力による競争、富の格差がかなりの程度で生じているが、階級差として制度化されてはいない場合、そうした社会を『トランスエガリタリアン（階層化過程にある）』社会と呼ぶ」。これ以上に不平等な社会であれば、それは従来「首長制組織《チーフダム》」と呼ばれている。[★17] しかし当面は、「所有」の概念を生産手段（土地、家畜）の所有と見なすのではなく、収穫物の余剰に対する支配権と解することにしたい。不公平な財産分配の兆候が見えてくるのは、まだ先のことだからだ。[★18] さしあたりの問題は、この線に沿って狩猟採集から農業への漸進《ぜんしん》的な移行をとらえたときに、どのような特徴が見られるかである。

手はじめに、新石器革命が多量の——狩猟採集民が望める程度をはるかに超えた量の——食料貯蔵の可能性を開いたという重要な事実に着目したい。それは個人とその個人の属する世帯を裕福にする可能性、そしてまた、その結果として社会的格差を生じさせる可能性を開いたということでもあった。この点で、もう一つ見過ごしてはならないのが、いまや一か所に定住し、それぞれ家をもちながら共同で暮らしていた集団の規模が、農業の労働生産性が急激に上がったことにより、みるみる拡大できるようになったことである。狩猟採集民は、家族と拡大家族とバンドが多かれ少なかれ寄り集まって数十人の集団で暮らしていたが、新石器時代の農業集落の人数は、すでに数百人から数千人に達しつつあった。[★19]

生産性の高まりは人口成長の機会を生んだだけでなく、ひときわ多くの収穫を得られる高技能の農民世帯が余剰を蓄積できるなど、ある特定の状況においては富裕化の機会も生じさせた。そこからやがて、富裕化への願望のみならず、必要まで生まれるようになった。結局のところ農業を営む人間はある意味で、すでに見たように狩猟採集民よりも弱いのだ。作物が収穫できなかったり家畜が感染症にやられたりすれば、飢饉《ききん》につながるおそれがある。農民自身が病気にかかる危険も大いに高まる。

だが、新石器革命による食料生産量の増大には経済的な意味だけでなく、社会的な意味でも代償があった。いざというときに備えて蓄えるのが人間の第二の天性になり、そのために別の誰かがもっと働かなければならなくなるとしても、それはそれでよしとされたのだ。おそらくこれが、人間間の競争（よくいわれるところの「適者生存」）の真のはじまりである。あるいは霊長類学者のフランス・ドゥ・ヴァールの見方のように、これを人間以前の時代から俯瞰して、競争の「復活」のはじまりとることもできようか。「われわれの祖先が小規模な社会で生きていたころは、社会的階層制は時代遅れのものになっていたかもしれないが、農業集落が生まれ、富の蓄積がはじまるとともに、まぎれもなく復活を果たした。だが、このような縦の序列を転覆させようとする性向を人間が失ったことは一度もない。われわれは生まれながらにして革命家なのだ[★20]」

人類学者のロバート・ケリーは、狩猟採集民と農民との違いについて、こうまとめている。

進化生態学で縄張り意識の発生が予測される場合とは、資源の既得集団が防衛コストを払うに値するぐらい、確実にあてにできる資源が密集していて、かつ、周辺の人口密度が高すぎるため、その資源をあえて狙うしかない外部集団が争奪コストを払ってでも潜在的利益をとろうとする場合である。だが、狩猟採集民が生きていくのに必要な土地はたいてい大きく広がっており、かつ、人口密度も非常に低いため、物理的な境界線防

衛はまず起こりえない。それでも突発的によそ者が侵入してくれば、そのときのコストは非常に高くなりうる。[★21]

新石器革命によって、食料余剰の生じる機会が増大すると（作物の不作や家畜の病気など、さまざまなリスクもあるにはあったが）、社会的不平等が生じる下地もできあがった。ただし、世界各地の初期農業社会を比較した結果から明らかになっているように、不平等が実際にどう生じたかにはきわめて多様な経緯がある。[★22]

最も印象的な事例を提供しているのは熱帯アフリカである。とくに、紀元前三五〇〇年から紀元後五〇〇年にかけてアフリカ中部、東部、南部に広まったバントゥー語を話す諸族は、農業を営み、これだけ拡大しながらも、不平等を出現させることがなかった。この何千年もの期間を通じて、バントゥー社会は母系を（場合によっては母方居住も）維持し、政治的な集中を生まないような生活様式をつづけ、個人による資源の蓄積ではなく資源の再分配を志向した。不平等の増大をともなった父系と父系氏族の社会への移行がサブサハラ・アフリカで急速に、しかしばらばらに進みはじめたのは、紀元後一〇〇〇年近くになってからのことである。これは世界史にとって貴重な事例だ。このアフリカの実例は、狩猟採集を放棄した時点で人間は道を誤ったといういまだに根強い考えを退ける。農業と平等主義は両立可能なのだ。[★23]

肥沃な三日月地帯のようなところでも不平等は生まれたが、その発達には非常に長い時間がかかった。レバントのナトゥーフ人（紀元前一万二五〇〇～前九七〇〇／九五〇〇年）のあいだでは、比較的好条件の気候が繁栄につながり、その繁栄の象徴として、一部の死者の埋葬時に海洋生物の殻や骨、動物の歯でできたペンダントなどの装飾がほどこされた。これはすでに身分差があったことを示すものだ。同時に、大きな家の建設や漆喰《しっくい》の製造、もっと古い時代のすりつぶし用石皿の製作など、労働集約的な仕事がなされていたこともうかがえる。これらは公的なもてなしに役立っていたと見られるが、大規模な食料貯蔵の形跡はまだこの時代には見られていない。

寒冷期が過ぎ去ると、動植物の家畜化・栽培化の時代がやってきた（紀元前九六〇〇～前八五〇〇年）。集落はナトゥーフ人の集落規模の一〇倍になって、何百人もの住民を抱えられた。これは穀物が離乳食にとりわけ適していたおかげでもある。この時代になると食料貯蔵についても外来物の交換についても実証できているが、まだ社会階層をともなう関係については証拠が出ていない。人の移動が急激に減って、永続的な所有も出現したらしい明らかな形跡はあるが、これらの村落の存続期間がたかだか数百年だったことを忘れるべきではない。

不平等の具体的な指標がようやく明確になるのは、新石器時代前期の最後の二〇〇〇年間（紀元前六三〇〇年まで）である。これはトルコのギョベクリ・テペのような祭祀《さいし》遺跡からの出土品に実証されている。組織された労働力がこの「神殿」の建設に従事した。埋葬には（外来物も散見される副葬品を含めて）極端な身分差があらわれており、貧しい家と豊かな家の差も明らかで、豊かな家ほど祭祀場の近くに建っている。大人でも子供でも頭骨に漆喰を塗られている遺骨が明らかに一部だけあり、これが社会的エリートを示しているのかとも思われる。ただし、アメリカの考古学者プライスとイスラエルの人類学者バー＝ヨセフによる見解は、なお慎重だ。「近東からのさまざまな証拠があるとはいえ、完全な説得力をもって新石器時代の社会的不平等を主張するのはやはり難しい。初めて出現した社会的分化を認定するにあたっての大きな難点の一つは、だいたいにおいて、それが出現したばかりで認識しづらいという単純な事実にある」[★24]。前述したサブサハラ・アフリカからの強力な証拠がこの警告を後押しする。

　何が社会的に正当なのかという感覚、ひいては、何が公正な労働報酬なのかという感覚は、人の心に深く根を下ろしており、したがってそうたやすくは変わらない。だからこそ、なぜ第1部で見たような平等主義的な社会で生きてきた人びとが、ますます増大する不平等に甘んじることになったのかについては、真剣に問いなおす必要がある。アメリカの人類学者・考古学者のマーク・アルデンダーファーの言葉を借りれば、「いったいどうやって一部の個人が他人に自らの労働の成果を放棄させるのか」[★25]。アルデンダーファーによれば、ここで無視してはならないのが宗教だという。

　もちろん、いわゆる「勢力拡大者」、すなわち富の余剰をより多く得られるよう立ち回っている人が、社会的債務を――たいていはもてなしを提供することによって――生みだしていると見ることもできる。この借りを同じやり方で返せない多くの人が、労働を提供しなければならなくなるわけだ。しかし、「どうして個人や集団が自らの負債のことを『自然な』

状態として受け入れるにいたるのか」。この場合、宗教が文化的変容の強力な「助長因子」として、それを実現しようとする「勢力拡大者」にとっても、変化に脅かされる人にとっても都合よく働くのだと見ることができる。この数千年の期間に（アフリカと違って）ユーラシアでは、社会的分化が飛躍的に進むまでにはいたらずとも、その機会がくり返しあたえられていたのかもしれない。しかしそうだとしても、なぜそれが受け入れられることになったのか。ある人の仕事の見返りが別の人より少なくなっていること、ある人が別の人に特定の仕事を強制できさえすることを、どうして人びとは受け入れられたのか。これが実現するには、新しい規範と価値観の体系が必要になる――それまでずっとあたりまえだった平等主義的な原則から逸脱《いつだつ》する体系が。

この問題に、新石器革命の時代の考古学遺跡にもとづいて答えを出すのは難しい。そこでアルデンダーファーは、ここ数世紀のあいだに南北アメリカとニューギニアで生じた同様のプロセスを記述している民族誌的資料に頼った。参考になったのはニューギニア高地に暮らすエンガ族と、この地域の東部の「勢力拡大者」がサツマイモ栽培と豚飼養の拡大を通じてもたらした宗教的変容の実例である。現在も残るケペレという宗教的儀式は、もともと単純な男子の成人式だったが、神話的な富の象徴を直接的に感じさせるものとして拡大した。アルデンダーファーはこう説明する。

重要なのは、この富の大半が、宴会や踊りや各種の出し物の後援というかたちで、ある意味で再投資されたことである。この儀式は、大物たちが新しい社会的役割を担うことになるようなヒエラルキー拡大にはつながらなかったかもしれないが、その大物たちによる平等主義的な気風の継続的な侵害を正当化する役割は果たしていた。最終的に、これを足掛かりにして彼らはますます地域の交易ネットワークに入り込み、ほかのさまざまな主要儀式、とくに戦争と戦争賠償に関連する儀式に出資するようになった。★26

だが、宗教を新しい社会関係にもっと沿った方向にもっていこうとしたのは大物たちばかりではなかった。同じ手段をもっていれば、彼らの逆を試すこともできたのだ。同じ地域に出現したアインという信仰集団の儀式は、大物が後援する新しい儀式慣例に公然と反発するものだった。たとえば「この儀式の預言者の一人は、信仰者にこう勧告した。『太陽のために豚を次々に殺して、すべてなくなるまで肉を食い尽くしなさい。そのあと天上人がかわりを用意してくれる』。連携、勤労、資源利用に頼らずとも、信仰さえあれば富が生みだされると説いたのだ★27」。

▼　▼　▼

この第2部では、仕事の歴史における最初の大きな変化を見てきた。狩猟採集から農耕牧畜へと徐々に転換することにより、食料、健康、人口規模が変化しただけでなく、人間にもまた変化が起こった。定住するようになり、男女間の分業が明確になり、最初のささやかな専門職が生まれ、そしてユーラシアの一部では、社会的不平等の種がまかれた。その種はすでに男女間の分業が顕著になった時点で農民世帯の内部にまかれていたかもしれないが、いくつかの地域においては世帯間においても明白だった。この現象は、第2部の期間が終盤に近づくにつれ、多数が少数のためにする仕事の不公平な報酬の結果として出てきたものだ。農業と牧畜が出現する以前は、報酬が払った労力に直結していたのに対し、以後は報酬と労力がことによると乖離《かいり》していった（そうなるのに多少の時間はかかったが）。いわゆる「勢力拡大者」は、新たに存在するようになった余剰の分け前をできるだけ多く得ようとしながら、かつ、自分が最も基本的な社会規範の一つである互酬の原則を侵害しているのを気前よさで隠さなければならなかった。十六世紀のフランスの裁判官で、近代政治哲学の始祖であるエティエンヌ・ド・ラ・ボエシの言葉を借りれば、[★28]「劇場、遊戯、芝居、見世物、目を見張るような獣、勲章、絵画など、こうした麻薬は昔の人間にとって、農奴を魅惑する餌であり、自分たちの自由の代価であり、独裁の手段であった」。

とはいえ、農業の導入から数千年にわたって社会的平等はなお生きつづけ、とくにアフリカでは確実に存続していたといっていい。第1部で狩猟採集民に関し、とくに人類学的類推にもとづいて論じたあと二つのテーマは、第2部の期間においてはさほど明らかに例証されていない。悲しみだけでなく、農業の仕事それ自体に喜びがともなっていたのかどうかと、畑仕事や家畜仕事が毎日の生活の大半を占めていたのかどうかである。しかしながら、農業のみならず最古の手工業においても起こった無数のイノベーションから察するに、それは大いにありえたことだろうと考えたい。

　さて、これで狩猟採集民の仕事と農民の仕事の両方に加え、農業以外のいくつかの専門職（大工、土器職人、さらにいえば聖職者）についてまで詳しくなったのだから、もう話は終わりにしていいのだろうか。イギリスの考古学者スティーヴン・ミズンによれば、「紀元前五〇〇〇年にもなれば、もう以後の歴史がなすべきことはほとんど残っていなかった。近代世界の地ならしはすべて完了していたのである。あとは歴史が勝手に現在に達するまで展開していけばよかった[★29]」。地ならしということならそうだろう。しかし、仕事の歴史という魅惑的なものが見つかるのは、まさにその展開中のあいだなのだ。ラ・ボエシもそういっており、その後もカール・マルクス（『ヘーゲル法哲学批判序説』）やアントニオ・グラムシやオルダス・ハクスリー（『すばらしい新世界』）が、しつこいぐらいにそう伝えている。つまり人間は、手元の仕事のあり方を果てしなく多様にできるようなのである。

第 3 部

新しい労働関係の出現

紀元前5000年から前500年まで

アッカドのサルゴンの戦勝碑にあらわされた兵士に連行される捕虜。
捕虜の髪型はシュメール人の特徴である。

第2部で見てきたとおり、農業革命によって食料生産に余剰が生まれ、そこから全体として分業が進み、ときには不平等な労働関係が生じる下地ができ上がった。とはいえ現実には、狩猟採集とくらべて労働単位が小さくなったこと、男女間の分業がはっきりしてきたことのほかには変わったことはほとんどない。社会構造が変転する機会はまだかぎられており、その現状が覆るのは農業生産性の向上がさらに進んでからだった。

それまでの世界は、狩猟採集民がそこでなんとか暮らしを維持しようとしている一つの大きな自然景観のようなものだった。まず肥沃な三日月地帯と中国北部で、また北インドと中南米でも徐々に定住がはじまったことで、農民が自然を相手に格闘する「島」が生まれた。こうした農業定住地はせいぜい村落と呼べる程度の規模だっただろう。この段階ではまだ町というものはなく、分業もあまり進んでいなかった。しだいに多様化し、また労働集約的になっていった農業は、人の住む場所のほとんどに広がった。ついでにいえば、この広大無辺な農業地帯で行われていたのは農業だけではない。採鉱がはじまり、それとともに貴重な鉱石と金属の加工もなされるようになっていた。

ただし、労働の分化が爆発的に進んだのは、都市が出現し、つづいて国家が形成されてからである。それが起こったのがこの第3部で扱う紀元前五〇〇〇年から前五〇〇年で、まず肥沃な三日月地帯とエジプトに、そののちインダス川と黄河と長江の各流域があとを追いかけた。

さまざまな分業がだんだんとかたちをあらわしていった。まず男女間の分業が生じた。

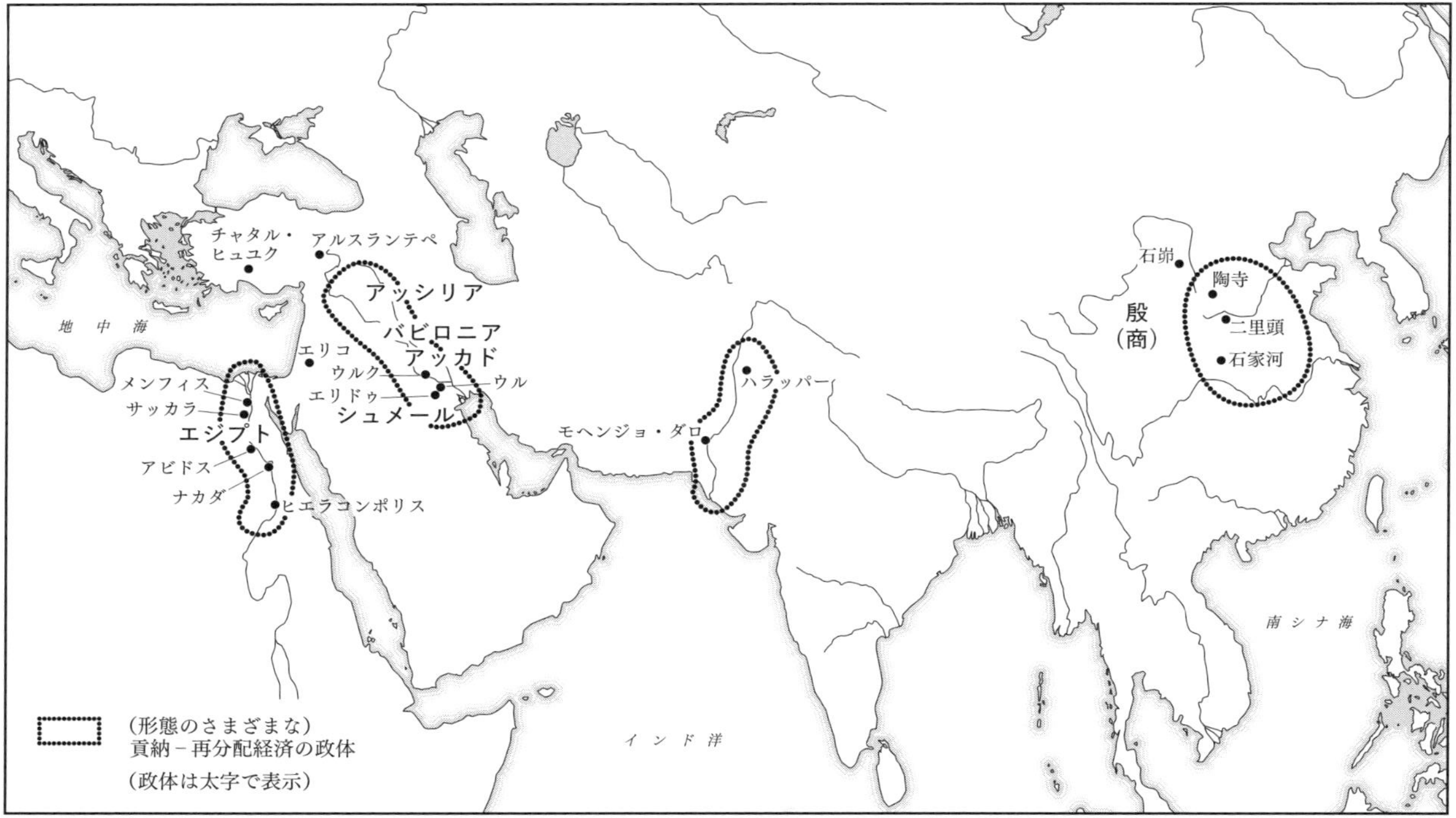

[地図3] 古代の都市（人口集中地）と政体

これは畜産への依存が深まったことに関係している。男性が家畜の世話をし、女性が畜産物を加工したのが人間の歴史で最初の明らかな職務分割だったことは、考古学のエビデンスが示している。[★1] 次に、しだいに減っていった狩猟採集民（そのなかでは漁民が最も大きい下位集団だろう）と農民のあいだの分業があった。さらに農民にも耕作をする者と牧畜をする者がいた。そして都市居住者と田園居住者とのあいだの分業が生じる。「複合社会」[★2]はこのようにして生まれたが、それはまだ都市のないころから、家畜を飼いつつ農耕をする者がいたり、あるいは畜産のみをする農家があったりというかたちではじまっていた。それからところにより人口の集中が進み、「都市」もどきと呼べるものがあらわれた。これが起こったのはいまから五〇〇〇年前のメソポタミア、のちに中国とインドである（このあと見ていくが、エジプトでは都市の重要性がはるかに小さかった）。

都市と農業地帯とのあいだで交易が行われ、職人は食べものを、農民は農具を手に入れることができた。さらに、家畜飼養の文化が成熟し、そこから金属加工も分化していった。少数派になった狩猟採集民も最後にはこのパターンに組み込まれていき、全体的に見れば自給自足で暮らす者はいなくなった。[★3] ユーラシア大陸の各地における都市の出現と紀元前三〇〇〇年以降の国家の出現は、意図的にしろそうでないにしろ、この趨勢《すうせい》を後押しした。

都市の出現による仕事の分化への影響よりもはるかに革新的だったのは、労働関係への影響である。労働関係は、紀元前五〇〇〇年から前二〇〇〇年の三〇〇〇年間で根本から変わった。まず、平等と互酬を原則とした狩猟採集の場合を考えてみよう。狩猟採集民はまだ世界のほとんどの地域にいたんが、世界人口における割合はすでにぐんと小さくなっていた。次に、農耕民はどうだったか。第2部では、彼らの大半がどのように相互援助の原則を維持したかをふり返ったが、「勢力拡大者」がそれまで互酬関係を基盤としていた社会にどのように初めて格差をもち込んだかも概説した。ユーラシアでは余剰生産物の取り分を他者よりも多くせしめようとする世帯があらわれ、その結果として富の格差が生じた。問題は生産手段よりも収益の分割が不平等だったことにあったのだ。

紀元前五〇〇〇年よりも前に私的所有がさかんになっていたことを示す十分な証拠はない。この現象が主として起こったのも、たとえばユーラシアのステップで家畜を飼養していた社会である。羽振りのよい人びとの墓所から出土する品々は富の格差が顕著だったことを示している。この地域の社会では、馬を飼いならし、騎乗し、ついには戦車に使用する技術が生まれ、金属加工の技術もかなり高度だった。「農業地帯」で労働関係がしだいに不公平なものになったこと、とくに牧畜社会において互酬関係のゆがみが拡大していったことはこのあと取り上げよう（第8章）。

新しい労働関係が発展したのはおもに都市の人口集中地域においてだった。再分配（これを見せかけの大規模な互酬関係と呼ぼう）――中央の管理する再分配を通じた分業と報酬――はメソポタミアの都市の、またそこまで目立つものではなかったが他地域の最初期の都市であらわれた新方式だったのだ（第9章）。再分配よりも貢納がはるかに重視されたことに注目したい。

紀元前三〇〇〇年ごろ、「国家」と呼ぶに足りる最初の政体がついに出現した（第10章）。初めは貢納－再分配の原則がまだ守られていた。実際のところ、エジプトは数千年にわたってこの体制をつづけたのである。ただし、ほかのやり方も加えられた。なんといっても、これらの新しい政体は規模が大きくなっていたからだ。そのため戦時の男性捕虜をまとめて殺すことをせず、彼ら（とおそらくはその妻と子供）を奴隷にした――つまり原則としてその国家に属するものとして労働に従事させたのである。攻め入ったり攻め入られたりして敵対しあったこれらの国家は、人民を特定の業務に就かせ、かわりに生活物資をあたえはじめた。とくに軍人である。最初の賃金労働はこうして生じたのだろう――ただし労働市場を介してはいない。これと並行して、生産手段が私的に所有されたことの最初のエビデンスが見られる。とくに重要だったのは土地と畜牛の所有だったが、都市では職人の道具も私的所有物だった。自らの生産物を市場で商う自営業者はこうして誕生したわけである。そして、この自営業者に雇われて働く者の賃金労働をより大きい規模で可能にしたのも市場だった――生産手段（おもに土地）をもたず、他者のために働き、その他者から報酬を得る、すなわち市場を介した賃金労働である。ここで疑問が浮かんでくる。この報酬の種類と水準はどのように決められたのだろうか。

ここで概要を簡単に示した古代ユーラシア各地の国家における労働関係は、実際には多くの混合型があり、今日われわれの知るすべての労働関係の要素を併せもっていた。再分配モデルにしたがった平等な関係は、いまや奴隷労働、賃金労働、（奴隷および解放自由

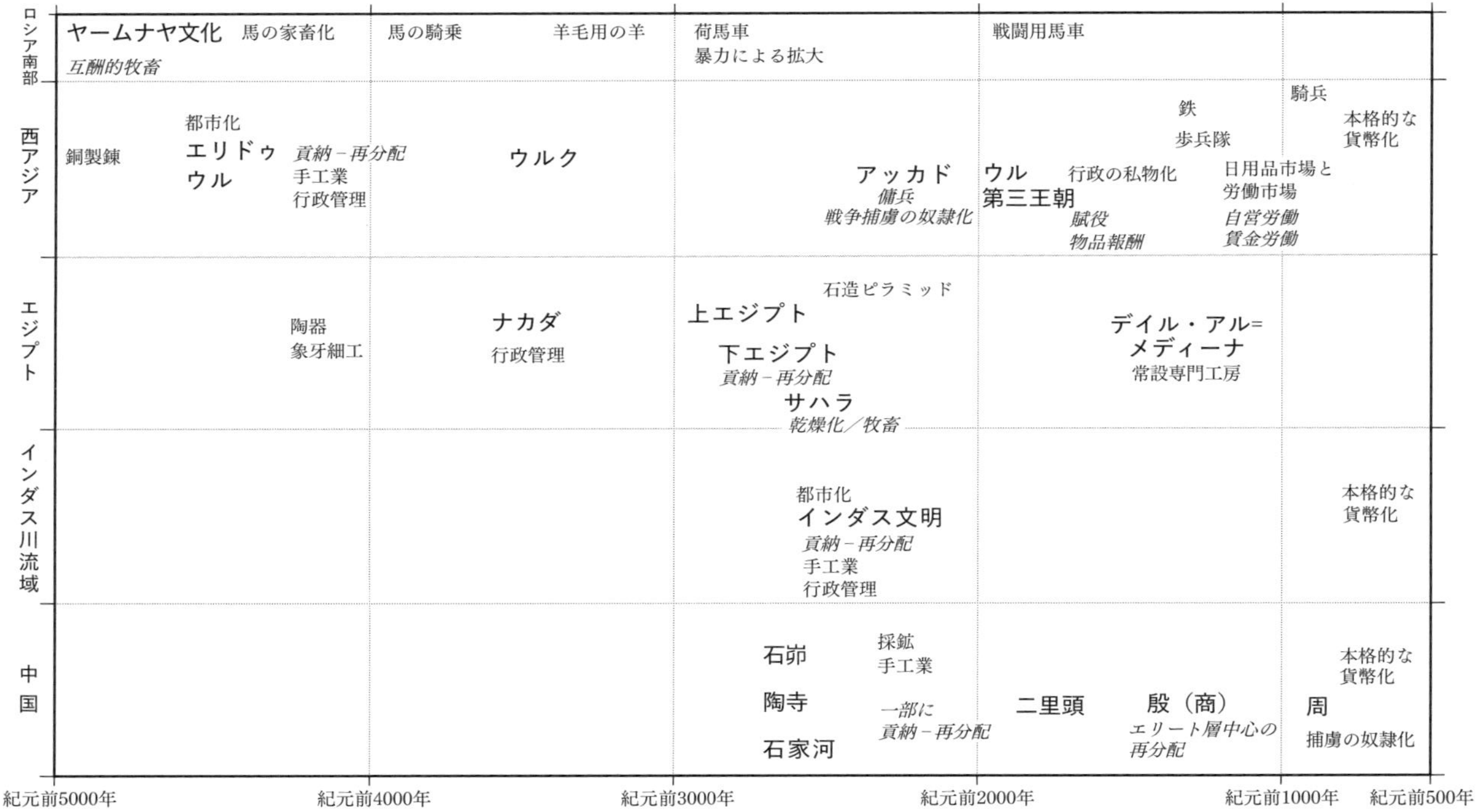
ロシア南部
西アジア
エジプト
インダス川流域
中国
ヤームナヤ文化
互酬的牧畜
馬の家畜化
馬の騎乗
羊毛用の羊
荷馬車
暴力による拡大
戦闘用馬車
騎兵
銅製錬
都市化
エリドゥ
ウル
貢納－再分配
手工業
行政管理
ウルク
アッカド
傭兵
戦争捕虜の奴隷化
ウル
第三王朝
行政の私物化
賦役
物品報酬
鉄
歩兵隊
日用品市場と
労働市場
自営労働
賃金労働
本格的な
貨幣化
陶器
象牙細工
ナカダ
行政管理
石造ピラミッド
上エジプト
下エジプト
貢納－再分配
サハラ
乾燥化／牧畜
デイル・アル＝
メディーナ
常設専門工房
都市化
インダス文明
貢納－再分配
手工業
行政管理
本格的な
貨幣化
石峁
陶寺
石家河
採鉱
手工業
一部に
貢納－再分配
二里頭
殷（商）
エリート層中心の
再分配
周
捕虜の奴隷化
本格的な
貨幣化
紀元前5000年
紀元前4000年
紀元前3000年
紀元前2000年
紀元前1000年
紀元前500年

［図3］労働関係の発達（紀元前5000〜前500年）

民の）雇用、自営労働と併存していた。[★4] しかもこの混合型は、国家によってバリエーションの幅が大きく違った。たとえば貢納-再分配型のエジプトは、メソポタミアよりもはるかにバリエーションが少ない。性別による影響も場所と時期によって大きく異なっていた。こうした労働関係の組み合わせは、最初の都市社会と国家社会から実質的に旧世界全体に広がった。ただしサブサハラ・アフリカと新世界における労働関係の差異化が生じたのはずっとのちのことであり、これについては第7章で論じたほか、第14章でも取り上げる。

これ以降、人類の歴史は協力と抑圧の混ざり具合が異なる多様な労働関係の型どうしの競争であると理解してよい。これによってこの七〇〇〇年間の人間の歴史を四つの時期に分けることができる。この第3部では、そのうち紀元前五〇〇〇年から前五〇〇年までを論じていく。

第8章

「複合」農業社会における労働——不平等の拡大

農耕民

新石器革命の最初の約五〇〇〇年がそうだったように（第2部で論じた）、農耕の発達も初めは非常にゆっくりだった。集約的というよりもむしろ粗放的で、狩猟採集も長いあいだ同時に行われていた。この最初の数千年間に重要だったのは、おもには食物を得るためのみに作物を栽培し、家畜を育てる、いわゆる「一次農業」である。そこからいまや「二次生産物」（加工品）がつくられ、亜麻、畜乳、乳製品のほか、毛もとるようになった。[★1]

紀元前九〇〇〇年から前三〇〇〇年のあいだに、多雨の肥沃な三日月地帯から農業技術が東、北西、南へ広まった（ただし肥沃な三日月地帯で灌漑がはじまるのはずっとのちのことである）。小麦、大麦、羊、牛がはるかインドの北西部とヨーロッパで、紀元前五〇〇〇年以降は北アフリカと東アフリカでも羊と牛とヤギが見られるようになった——だが、伝播《でんぱ》はそこまでだった。この「肥沃な三日月地帯の複合食料生産」の拡大は、南ではモンスーン気候に、北では寒帯気候に阻まれた。これらの気候は小麦と大麦のような主要な冬作物の栽培に適さなかったからだ。[★2]

職業の分化で興味深いのは、作物と家畜（豚、牛、羊、ヤギ）の輸送に舟が使われたことで、犬と猫（穀倉のネズミを獲らせるため）も紀元前八四〇〇年という早い時期からキプロス島へ運ばれている。[★3] イタリアからスペインにかけての沿岸に農業技術が伝わったのも、舟による輸送で説明できる。[★4]

次の目覚ましい段階は南太平洋への植民である。これは紀元前三〇〇〇年から前一〇〇〇年に台湾（大坌坑《だいふんこう》文化）の農民が渡ったものと考えてよいだろう。彼らはまず（古くから人の居住していた）フィリピンとインドネシアへ、そこからさらに南西と南東へ向かった。牛の群れを連れてフィリピンからカリマンタン島〔インドネシア〕へ、さらに東アフリカをめざし、ついに西暦紀元のはじまるころに無人のマダガスカル島に到達した。[★5] 別の集団は、紀元前一三〇〇年からラピタ文化が発達したインドネシアとニューギニア島を経由してビスマルク諸島とソロモン諸島へ向かった。だが、隣の島が見渡せるこれらニアオセアニア〔オセアニアのうち、アジア大陸に近い地域。遠い地域をリモートオセアニアと呼ぶのに対する〕の無人の島々が終着点ではなかった。この人びとは舟を操り、まだ人のいなかったリモートオセアニアへ何度かにわたって移住したのである。現在のバヌアツからフィジーの島々へ八〇〇キロメートルもの距離を航海したのは紀元前一〇五〇年から前九五〇年のあいだのことで、それから一世紀後にはサモアとトンガに到達している。

次の島発見は二〇〇〇年余りのちになるが、その間にアウトリガー（舷外浮材）つきの単純な帆走カヌーが完成し、それが大洋を渡る大型の航海用ダブルカヌーになった。この航海技術の発達が紀元後一二〇〇年ごろのニュージーランド、ハワイ、イースター島への定住につながるのである。それよりずっと前の紀元前二〇〇〇年代の前半には、レバノンのビブロス〔現ジュベイル〕とエジプトのあいだで商船での交易がさかんになっていた（おもにレバノンスギの交易）[★6]。したがって、狩猟採集漁撈民と耕作民と牧畜民（およびそれらの兼業）に、初期のわずかな職業の一つとして航海民を加えてよいだろう。

すでに見たとおり、新石器時代の第二の重要な文明中心地である中国の黄河流域と長江流域の農民は、短粒米と黍《きび》の栽培を得意としていたが、粟、大豆、鶏、牛、蚕《かいこ》も育てながら、西方、南方、東方へと広がっていった――これも数千年を要した過程である。これと似た初期の分布パターンは、独自に農業の発達した他地域にもあったことがわかっている。ただし距離はもっと短く、その帰結もこれほど目覚ましくはない[★7]。

農業はこうして初期の文明中心地を起点として広く伝播したが、作物の余剰はまだ比較的少なく、何より不安定でもあった。一方、労働者間の社会的関係性は大きい変動のないままだった。農民間の格差はごくわずかで、多少なりとも羽振りのよいわずかな数の世帯は祝祭の食事をふるまったり贈り物をしたりして、存在する格差を埋めあわせようとした。

これらの初期の農業共同体には相反する二つの傾向が見出される[★8]。まず、新しい土地への移住は、土地を継ぐ重要な資格から外れる長子以外の子や農民、生活に困窮した人びとなどが、住んでいた土地を離れたことで説明できる――それまでの明らかな社会的抑圧への対応だろう。一方、考古学者らがやや驚きつつ認めていることだが、たとえば紀元前七四〇〇年から前六〇〇〇年の中央アナトリアがそうだったように、新しく所有が主張された土地では身分の差がほとんど見られない。

しかし、この土地を継ぐ「資格」は正確にはどんなことだったのだろうか。これがわれわれの思うような意味での財産権でないことはほぼまちがいない。それを示すものはないのだ（後述するインダス文明の事例も参照）。私が思うに、共同体の産物の一部を請求する権利とか、働き方を自分の裁量で決める権利だろう。また、次男以下の男性が長兄のいうなりにならなくなったということも考えられる。それでも当時の農民のあいだに平等の傾向が根づいていたことを示すものはそれ以上にある。共同体が穀倉をもっていたことはその一つだ。[★9] それに多くの農業共同体では女神崇拝が守られていた。そのことから女性の地位が比較的高かったと推測してよいなら（確実だというには程遠いとしても）、それも男女の仕事の重みづけがさほど違わなかったことを示しているだろう。

農業社会は「勢力拡大者」から首長制を経たことで平等主義的《エガリタリアン》だった社会がトランスエガリタリアン社会へ変貌していったが、数千年をかけたこの漸進的な移行は、さらなる物質的繁栄につながる革新的な技術に特徴づけられる。最初期の例は貴石を追い求めたこと、ことに（磨製）石器の製作者がさらに専門化したことだろう。いまやこの仕事は副次的な仕事にとどまらないものになっていたようだ。[★10] もう一つの例はバルカンの農民が純銅を発見し、加工したことである。

銅は長いあいだ経済的価値よりも装飾的価値を買われていた。色も輝きもほかの既知の素材より美しく、しかも硬く耐久性があったため、他者に差をつけるものとして理想的だった。[11] 金属を叩いて成形するのが長らく装身具を製作する唯一の工程で、最初の例は紀元前八〇〇〇年ごろのアナトリアで見つかっている。硫化銅や酸化銅を含んだ岩石の製錬方法は、三〇〇〇年後のイランとセルビアで発明された。これには摂氏一〇八〇度以上の温度が必要で、これだけの高温を出すには木材ではなく炭を燃料とし、ふいごの助けがなければできない。ふいごの先端はセラミック素材でできていなくてはならず（羽口《はぐち》と呼ばれる土製の管をふいごに取りつける）、溶かした金属を集める「るつぼ」も同様だった。

まもなく銀と金にも同じ原理が適用された（銅の融点は摂氏一〇八五度、金は一〇六四度、銀は九六二度）。ところが鉄はそうはいかなかった。ヒッタイト帝国（紀元前一四〇〇〜前一二〇〇年）のエリートが鉄を広く使うようになるまでに、それから三〇〇〇年を要したのである。技術の秘訣として、融点はさほどの役割をもたない。酸化鉄から鉄を取り出すのに必要な温度は銅の場合よりも高くないが、酸素分圧を非常に低くする必要があるのだ。[12] 船乗りに——おそらくは船大工にも——やや遅れて（銅の）金属加工職人が職業のリストに並んだ。ただし社会における地位は前者二つよりもずっと高かった。事実、農業社会のさまざまな文化から、彼らが崇められていたことがわかる。たとえば金属加工職人は仕事道具といっしょに埋葬されることがあったし、一つの社会階級を形成し（同職者の集団内で婚姻した）、製作したものは品物としての価値のみならず象徴的な価値も付与された。神々の世界でも金属加工職人は高い地位にあった。ギリシャ神話のヘーパイストス、ローマ神話のウルカーヌスは炎と鍛冶の神である。アフリカの民族誌的文献は鍛冶屋の話に事欠かず、鉄の製錬の技術は懐胎と誕生に結びつけられている。

炉は女、炉のなかで育つ錬鉄は胎児、つき添う男は夫であり、助産師でもあった。この同一視があからさまにあらわされ、炉は女性の体を、ふいごは男性器を象《かたど》ってつくられることもあった。もっと通俗的な面では、鉄職人のふるまいに性的な意味があらわれていた。職人は製錬の仕事をしている期間中の性交を禁じられ、禁欲を守るために製錬小屋に隔離されることがよくあったのだ。[★13]

農業社会が資格の有無によってしだいに差異化し、結果として妬《ねた》みが生まれたこと、そして通常は動物を殺すためのものとして武器を手に入れたことが、今日われわれが戦争と呼ぶような規模で暴力が広がるきっかけになったのだろう。農業が出現する少し前、男たちがたがいに弓矢を放って殺しあい、傷つけあう様子を描いた岩面線刻《ペトログリフ》がすでにあった。[★14]これを社会の不平等という観点で解釈するには、当時の分業と労働関係の差異化ははっきりしていたとはとてもいえず、確固たる根拠を得るには紀元前三〇〇〇年ごろまで待たなくてはならない。この時代になると、あるかたちの牧畜、すなわち遊牧の発達とともに労働者間の体系的な不平等にはずみがつくのが見られるのである。そのような結果を招いたのはどんな仕事だったのだろうか。

牧畜の分化

家畜はほとんどの作物よりも寿命が長く（樹木は例外）、移送も分配も容易であり、それゆえに家畜飼養は農耕よりも社会の不平等を促した。その家畜飼養の様式が大きい群れを連れた遊牧だったことに疑いはない。このタイプの牧畜が最初に発達したのは、ロシア南部のステップに栄えた、いわゆるヤームナヤ文化においてである。紀元前五〇〇〇年以降、ドニエプル川とボルガ川の流域で狩猟採集民が馬を飼いならすのに成功し、冬季に望ましい肉が手に入るようになった。ここより南方の人びとがヤギ、羊、牛、豚を家畜化した数千年あとのことだ。

この寒冷な地域で馬が有利だったのは、大きい蹄《ひづめ》で牧草の雪をはらうことができたからである。ほかの家畜ならとっくに死んでしまうような苛酷な環境でも、そのおかげで馬は生きられる。[★15] この地域の人びとは、肉と乳、馬やほかの家畜（冬季にはよく世話をする必要がある）のほか、とくにドニエプル川の急流で容易に獲れる魚類をたっぷり蓄え、アカザなどの野生の植物も採集して暮らした。そんなわけで、彼らは穀物をほそぼそと栽培するようになる前にも変化に富んだ豊かな食物を常食していた。[★16] また、不足なく自給できていたばかりでなく、ややしてからは南方との交易で初めは馬や家畜や乳製品を、のちには金属などの産品を輸出した。

五〇〇〇年から一〇〇〇年後、家畜化された馬は馬銜《はみ》をくわえさせて乗れるようになった。馬に乗った羊飼いは生産性をぐんと上げた。こうした遊牧民の歴史研究をライフワークにしている人類学者のデイヴィッド・W・アンソニーによれば、「馬のない人間は優秀な牧羊犬を一匹使って約二〇〇匹の羊を放牧できる。馬に乗れば、同じ犬一匹を使って五〇〇匹を放牧できる」[17]。紀元前三〇〇〇年ごろから四輪の荷車（おそらくアナトリアの農地用そりから発達した）が使用されはじめ、これによって全所有物を載せてどこへでも行かれるようになり、移牧による牧畜もはるかに効率が上がった。馬だけでなく、羊も牛も、これまでより大きい群れで飼えるようになったのだ。とくに牛は馬の二倍、ヤギの五倍の乳がとれるので、これは重要な一歩だった[18]。羊についても、肉と乳のほかに毛も利用できる種を飼養したことで（紀元前三四〇〇年ごろの近東が最初）利用価値が倍増した。

　これらの遊牧民が別の富の源泉を手に入れたのは、地理による偶然だった。ポントス・カスピ海ステップ（黒海北岸からカスピ海北岸にかけて広がる草原地帯）の東にあたるウラル南部のカルガルなどに大きな銅鉱床があったからだ[19]。彼らはバルカンとイランで発達していた技術を用いて銅鉱石を加工した。アラル海の北のシンタシュタでは、はるか南のバクトリアの錫《すず》を銅に混ぜて青銅がつくられた。ここではまた、紀元前二〇〇〇年ごろにステップの馬飼いの牧畜民が決定的な発明をしたことで東方との交易が増加した。その発明とは、馬に引かせるスポーク車輪の戦車である。そのスピードと操縦性によって、戦車は数千年来の円板車輪の一頭立て二輪戦車や複数頭立て四輪戦車にかわるものになった。牛に引かせる荷車も発明され、肥料の散布ができるようにもなった。これについてアンソニーは、共同体の協力を促したのではなく、家族での農業を楽にしたのだという。こうして家族単位で農場が運営できるようになり、各農場が共同体を支えた。

紀元前一〇〇〇年ごろから馬は戦争に欠かせないものになり、騎馬隊が編制された。ユーラシアの遊牧民は、戦争をしている周辺諸国へ牽引動物と乗用動物を供給すること（乗り手もつけて送ることもあった）に力を入れるようになっていった（第10章「メソポタミアの国家、軍人、奴隷」の節を参照）[★20]。これはステップにかぎったことではない。定住して農業を営み、植物性食物の余剰を確実に手に入れられるようになり、さらに動物を家畜化する技術を獲得したことで、特定の状況下では農業のなかでも牧畜がとくに広く行われるようになったのは先述したとおりだ。乾燥地域への移住が起こったあとは、ことにこの傾向が強まった。当初の世帯畜産が牧夫畜産に変わり、それが半遊牧的牧畜に、さらに遊牧的牧畜になったのである。そしてこの過程は五つの地域に見られた。古い順に挙げていくと、(1)ユーラシアのステップ、半砂漠と砂漠、(2)近東（メソポタミア、アラビア、シリア、パレスチナ）、(3)中東（小アジア、イラン、アフガニスタン）、(4)アフリカ、(5)ずっと遅れてユーラシア北部である[★21]。

最初期の例――ユーラシアのステップ、半砂漠、砂漠での遊牧――のうち、紀元前一〇〇〇年ごろからヨーロッパとカザフのステップで少数だけが騎乗遊牧に特化した。いうまでもないが、この温暖で広大な地域では遊牧生活にも多くのバリエーションがあった。それでもその大多数に共通する特徴がある。おもに羊と馬を飼って冬季に北から南へ移動し、夏に戻ってくるという季節的なパターンがあったことだ。羊と馬は非常に重要だった。雪のなかでも放牧できたし、乳と肉がとれるうえに、頻度はぐんと低いとはいえ血も利用できたからである。それらは植物性の食事を補ってくれ、しかも交換したり売ったりすることができた。ヤギも飼ったが重要度は低く、のちに南部のテュルク系民族はフタコブラクダを、ときにはヒトコブラクダを飼った。山地に生息する羊とヤクを飼育するパミール高原とチベットの遊牧民はユーラシアの集団の亜型と考えてよいだろう。

ユーラシアのステップと同様、近東の遊牧が分化するまでのペースも非常にゆっくりだった。紀元前二〇〇〇年代から前一〇〇〇年代には牧夫畜産と半遊牧的牧畜が行われていた。羊とヤギを飼い、ロバを使ってものを運ぶ牧畜民が農業地域から離れたところに住み、牧畜のかたわら農耕もしていた。紀元前二五〇〇年ごろに「サハロ-アラビア・ベルト」〔サハラからアラビア半島にかけての地域〕の乾燥化がはじまると、遊牧民に転じる者があらわれ、おおよそ紀元前一五〇〇年にラクダが家畜化された。ラクダ（搾乳用ラクダも含む）は聖書にも記述があり、アブラハムからイサク、ヤコブと連なる族長の家畜のなかにもいたとされている。近東の遊牧民には、ユーラシアステップの遊牧民にとっての馬に匹敵する、生活に不可欠な動物になった。[★22]

羊と馬がいっしょに飼われていたユーラシアのステップとは違って、近東では動物を種別に放牧した。羊とヤギは三日か四日ごとに水を飲ませなくてはならないため、水飲み場から一五ないし二〇キロメートル以上離れるわけにはいかないが、ラクダはそうではないからだ——ポーランドの詩人の金言を思い出してほしい。「ラクダは水なしで一週間働けるが、人間は働かずに一週間飲みつづけられる[★23]」。この分離飼養によって、集団ごと、部族ごとの家畜飼養の分化が進んだ。近東の遊牧民は乳を主食とし、それを肉とときどきの血で補う。さらに植物食をたっぷりとり、ナツメヤシの実のほか、農民から手に入れた穀類も食べた。農民は収穫後の刈り株の畑に家畜が入るのを許すかわりに、糞を利用した。

牧畜は紀元前五〇〇〇年から前四〇〇〇年のあいだにレバントからエジプトに達し、そこからさらに北アフリカと東アフリカへ広がった。★24 サハラで遊牧が発達したのは、前二五〇〇年から前二〇〇〇年のあいだに乾燥化が進んだ直接の結果である。★25 ロバを飼っていた牧畜民、そしてすでに存在していたであろう半遊牧民は、砂漠気候という新しい環境に適応せざるをえなくなったのだ。エジプト経由で騎乗が伝わったこと、とくにアラビア半島からラクダがもちこまれたことにより、アフリカの角《つの》〔アラビア半島の対岸にあたるアフリカ中東部の半島〕からアフリカ西部にかけての地域で本格的な遊牧が行われるようになった。

ユーラシアのステップの遊牧とアラビアの砂漠の遊牧とのあいだには、中東の小アジアとイランとアフガニスタンに中間型が見られたかもしれない。★26 遅くとも紀元前二〇〇〇年代には記録されているこの中間型は、半遊牧的牧畜のヤイラーク牧畜にもとづくもので、イランとアルメニア高原では山地で少数の家畜を飼い、農業でそれを補った。だが、ユーラシアステップの本格的な遊牧がこれらの地域にもあらわれたのは、(ここで時間が一足飛びに進んで)おもに中世のことである。これは二つの型に分けられる。ステップ(とくにイラン)で羊と馬を飼養するタイプと山地で少数の家畜を飼うタイプで、後者はロル族、バフティヤーリー族、カシュガイ族、クルド族のやり方だった。アラビア半島から小規模な移住があったが、ベドウィンのラクダはアナトリア高原の寒さに耐えられなかったため、彼らはイラン南西部のファールス地域とフーゼスターン地域にとどまり、そこで牧畜とナツメヤシ栽培を組み合わせて営んだ。一部はさらに西のバルーチスターンのマクランまで行った。

農耕民と牧畜民の比較

私有財産の概念は農耕よりも牧畜のなかから生まれた。これは非定住部族のもつ（ややもすれば理想主義的な）共同所有の概念とはまったく異なるものである。つまり、少なくとも動物は個人ないし世帯が所有しており、放牧地と水飲み場が、属している共同体の共同財産であるという考え方だ。よく考えてみれば、これは合理的でもある。（遊牧的）牧畜では、群れの世話をし、個々の動物をよく知っている牧夫の手腕がものをいう。要するに、「規模の大きい牧畜のほうが農耕よりも人手のむだが全体として少ない」といえるのだ。[★27]

遊牧民社会の大多数では、核家族と二世代からなることがある分離世帯〔同居しながら、核家族で独立性を保つ形態〕が多い。ユーラシアステップ、またステップにかぎらずアジアおよびアフリカ全般で、遊牧民は父方居住の直系家族制が普通である。この場合、妻帯した息子の一人、通常は末子が両親といっしょに住み、兄たちが独立したのちに家畜と財産を相続する。[★28]このような比較的小さい世帯での必要労働量は季節によって異なり、それはすなわち共同体内での共同労働などの相互扶助に依存するということだ。この型の経済においては、賃金労働はもとより従属労働は発達しにくかった。[★29]

協力と敵対

牧畜社会が他の社会から独立性を保って営まれたこと、そして国家形成の先駆的な道を開いたことは、長いあいだ——不当に——歴史の禁忌《きんき》とされてきた。ユーラシアのステップから広がった牧畜民の経済は、東の中国から南のインド、さらにインドを越えた西のヨーロッパにいたるまでの近隣農耕社会との関係に依存しているというのがこれまでのもっぱらの見方だったのだ。一方、人類学者で歴史家のアナトーリー・ハザーノフは、凄《すさ》まじい略奪があったことに加えて、二つの社会がつねに相補的な状態にあったことを示している。農耕民は牧畜民の産品を必要としたし、その逆もしかりだったのだ。このような補いあう状態はすでに古代メソポタミアに見られる。たいていは平和な関係だったが、ときおり恐ろしいことが起こり、いうまでもなく後者のほうがはるかに強く記憶に焼きついた。[★30] 一世紀の中国の歴史家、班固《はんこ》の言葉では、作物の略奪はステップでの習わしのようなものだった。「夷狄《いてき》は強欲に利を貪《むさぼ》った……彼らは食べるものも飲むものもわれわれと違う……動物の群れを追って草原を駆けまわり、狩りをして暮らしている」[★31]

農業社会ではなはだしい不平等と暴力を最初に見せつけたのは、ヨーロッパの青銅器時代および鉄器時代のいわゆる戦士社会である。[★32] この社会はおよそ紀元前三〇〇〇年から前二〇〇〇年のあいだに、最古のかたちのインド゠ヨーロッパ語族の話者がヤームナヤ文化のポントス・カスピ海ステップから西のヨーロッパと南のインドの二方向へ拡散するのにともなって生まれた。[★33] 初めは古くから農耕民が森を開墾して住みついていた地域の隙間を占有した。これらの初期のインド＝ヨーロッパ語を話す牧夫は家畜と近接して暮らしていたため、動物由来の感染性の病気に対して抵抗力があった一方で、農耕民のあいだに肺ペストが広まる原因をつくったのだろう。[★34] この二つの理由から、初めこそ集団間の混交がほとんどなかったところ、ついに新参の牧畜民が先住集団の大きな部分に置き換わった。しかもそのときに常ならぬことも起こったのである。

遺伝学者のデイヴィッド・ライクによると、ヤームナヤ文化は「前例がないほど性別による格差があり、階層的だった。彼らは大きい墳墓を残しているが、その八〇パーセントは中央に男性の遺骨が安置されている。遺骨には暴力の跡を示す傷が残っていることが多く、まわりには見るも恐ろしい金属の短剣や斧が副葬されている」。彼らのヨーロッパと南アジアへの拡大によって、初期の農耕社会は消滅させられた。それまでの農耕社会では「暴力のエビデンスはほとんどなく、また、女性が中心的な役割を担っていた」が、それに取ってかわった社会が「男性中心であったことは、インド＝ヨーロッパ語族集団の文化に関する考古学においてのみならず、男性中心のギリシャ、スカンディナビア、ヒンドゥーの神話学においても明らかである」。ライクは遺伝学の最新の結果にもとづいてこう結論づけている。「このヤームナヤ文化の拡大も文句なく友好的だったはずはない……ステップからきた男系優位が定着したことからすれば、政治的ないし社会的な権力をもつヤームナヤ文化の男性子孫が先住集団の男性よりもそこでの配偶競争でより成功したということになる」。[★35] それが現実にどういうことだったかは、さほど想像力を働かせなくてもわかる。

アメリカの地理学者で歴史研究者のジャレド・ダイアモンドは、組織化された大規模集団による攻撃（なんなら戦争と呼んでよい）が生まれた経緯について、必要とされる確固とした例を挙げている。それは農業集団が長く維持されうるだけの大きさになって初めて生じえた。

誰もが親戚関係にあるバンドでは、もめごとがあったときに当事者の双方を知る者が仲裁に入る。部族社会もやはり多くの者が親戚関係にあって、全員の名前くらいは知っているから、共通の親類や友人が争いの取りなしをする。ところが「数百人」の集団になると、みながみなを知っていられる限界を超えてしまい、知らない他人どうしが増える。知らない相手と争いが起こると……周囲の者はたいてい争いの当事者の片方しか知らず、その味方をするから、二者間のもめごとだったものがみなを巻き込んだ大げんかになる。大規模な人間社会で諍《いさか》いの解決を社会の構成員に任せれば、手のつけられない事態にまでなるのは必然なのだ。この事実だけでも、数千人からなる社会が存続するには、権限を独占し、争いを解決する中央権力がなくてはならないことがわかる。[★36]

人間全般について指摘しているのは、ダイアモンドの同胞である考古学者のローレンス・キーリーの鋭い観察だ。「戦争をこれほどまでに凄惨《せいさん》なものにする一つの特徴は、攻撃性という人間の悪徳ではなく、剛胆《ごうたん》さという美徳である。人間が臆病だったら戦争はなかっただろう。人間は暴力に訴えることを恐れただろう。暴力は自分に跳《は》ね返ってくるからだ。そして攻撃されたら逃げるか、従属するだろう。だがそうではなく……人間は反撃するのだ[37]」農耕も集団暴力が増加する下地をつくったかもしれないが、現在明らかになっているかぎり、それだけでは足りない。それよりも農耕民が点々と住んでいる地域に強力な家父長制文化の牧畜民が移住してきたことだけで、それから一世代か二世代のあいだに起こったことが説明できる。征服した男たちをまとめて殺してしまうのも従属させるのも、彼らの勝手になった。あるいは被征服民を奴隷にすることもできた。現代の遊牧民はわれわれが従属－貢納関係といいあらわすものを「奴隷状態」と見なす傾向がある。さらにいうなら、「本物の」奴隷制（今日の歴史研究者のほとんどが認めている定義にしたがった奴隷制）は、農耕民を支配したり、ときには別種の動物を飼う他の遊牧民を服従させたりした遊牧民の共同体において生じえたのである。最も極端な例は――ここで扱っている時代よりものちのことではあるが――サハラのトゥアレグ族の社会成層だろう。支配層はラクダを飼う高貴な部族で、彼らは隊商との交易と奴隷貿易にもかかわっていた。その下に家畜の小さい群れを飼う従属部族がおり、さらにその下に半農奴、最下層に牧夫として使われる奴隷がいた[38]。

いずれにしても、ここで考えたい何千年もの長きにわたる疑問は、組織的な暴力が牧畜民の集団移住に関係していたかどうかではなく――その点はまちがえようなく明らかなので――農耕もしくは家畜飼養を専門としていたかどうかによらず、それまでまずまず独立していた農業世帯の圧倒的多数の労働関係がそのときまでに大きく変わっていたかどうかである。牧畜民の社会が拡大するのにともなって勢力拡大者の数がほぼ確実に増えたにもかかわらず、労働関係の変容を示唆するものはあまりないのだ。[★39] それでも最初の都市社会とその後の国家の誕生を示すものはある。

第9章 最初期の都市の労働——職業の分化と再分配

都市と都市社会の出現は、食料の生産性が向上して食べものを自給に頼らずにすむようになり、それによって自分の住む土地を離れることのできる人間の数が増えて初めて可能になった。こうして職人や僧侶などの非農民の居住集中地、すなわち都市が誕生した。また、数えるほどだった専業の職業が、一〇〇を超えるとはいわないまでも数十ほどに一挙に増えたのもこのときだった。

世界最古の都市——メソポタミア

これについては肥沃な三日月地帯から話をはじめよう。世界でも新石器革命が完璧なまでの成功を見た地域である。そのおもな要因は、同じくらい古い農業地域、たとえばニューギニアや北アメリカ東部とは対照的に、植物性と動物性とで栄養源のバランスがとれていたことにあった。ジャレド・ダイアモンドの言葉では、こういうことだ。

肥沃な三日月地帯の人びとは、生産に適した野生の哺乳動物と植物に恵まれていたおかげで、集約的な食料生産に向く栄養価の高いバランスのよい食物群をさほど苦もなく集められた。その内容は主たる炭水化物源になる三種の穀物、おもなタンパク源としてタンパク質含有量二〇から二五パーセントの四種の豆類と四種の家畜、それを補うタンパク質豊富な小麦、そして繊維質および油分の摂取源になる亜麻（油分四〇パーセントの亜麻の種子からとる亜麻仁油《あまにゆ》）である。動物の家畜化と食料生産をはじめて数千年後には、家畜から乳や毛をとったり家畜を耕作と輸送に使ったりするようにもなった。こうして肥沃な三日月地帯で最初に作物を栽培し、動物を飼育した人びとは、そこから人間の基本的な経済活動に必要なもの、すなわち炭水化物、タンパク質、脂肪、衣服、動力、輸送手段を得られるようになったのである。[★1]

世界最古の都市はメソポタミアに建設された。紀元前四〇〇〇年代のエリドゥとウル、紀元前三〇〇〇年代のウルクは、いずれも現在のイラク南部の都市だ。数百人はおろか、（それ以前のエリコとチャタル・ヒュユクのように）一〇〇〇人、二〇〇〇人でもなく、おそらくそれよりもっと多数の人口集中である。紀元前三〇〇〇年代、ウルクは面積で古代アテナイよりも広く、帝国時代のローマの半分にも相当するほどだった。[★2] 世界のほかの地域に都市が出現するのは、ずっとあとのことである。

最初期の都市では職業の分化がすでに進んでいたに違いない。[★3] そう推定できるのは、都市には高度な物質文化があったことからだけでなく、エリドゥの部族が残した物語からでもある――それらが書き記されたのはずっとのちの時代だが。[★4] さまざまな職業集団が最高神エンキを守護神として崇拝していたことには驚かされる。革なめし職人、洗濯屋、葦《あし》細工職人、理髪師、織工、建築職人、金物細工師、陶工、灌漑技術者、庭師、ヤギ飼いのほか、医者や占い師、儀式で哀歌を歌う祭司、楽器演奏者、筆記者などだ。後半の医者よりあとの職業は紀元前二〇〇〇年代がはじまるころには職業訓練があった。

職業集団がそれぞれ最高神エンキを守護神としていたことには、職業集団としての自覚や職能者としての誇りが読みとれるが、それだけにとどまらない。初期の都市居住者は、そもそも労働を人間が神によって創造されたときからの人間の定めであると考えてもいた。たとえばエリドゥの神話によれば、人間がつくられる以前の神々は耕作地がよく手入れされ、水が引かれるように、それぞれ特別な任務を帯びていたという。土をかごに入れて運ばなくてはならない神がいる一方、「偉い神々」は監督官としてふるまった。働かされていた神々が文句をいいだすと、エンキは多数の女神の助けを借りて粘土から人間をつくり、労働を命じた。神々は人間の創造が完成したことを祝い、宴を催した。

さて、ここで監督と重労働という話になった。といってもこれらの最初の都市社会では、人間が負わされた苦役の定めは軽減されていたようだ。物品の交換と再分配を扱い、労働者を束ねる中央の管理組織があったからである。たとえばウルクの場合、「国家形成直前の社会では、交換は厳格な儀式のように進められ、取引に立ち会って承認してもらうために他者の目の前で行われた。ウルク経済がその複雑さゆえにより厳重な管理監督を要しても、それでもなお印章が用いられていたことからわかるとおり、公的な保証が必要でなくなることはなかった」[★5]。紀元前四〇〇〇年代に発明されていた印章は円筒形の石材の側面に印影と鏡像になるように彫刻をほどこした円筒印章〔第2部の扉を参照〕が普通だったが、これは物品の保管と輸送を円滑にするために管理が必要だったことをまちがいなく示している。包みに押印されていればそれが本物であることが保証されたし、印章は倉庫の在庫管理にも便利だった。これが現在わかっているかぎりの最古の貢納‐再分配社会だ。生産者は余剰生産物を神殿に引き渡し、神殿はそれを非農民の市民に再分配するのである[★6]。

　初期の都市における労働関係のこの解釈を強く裏づけているのが、八一六二個の「トークン」を調査したデニス・シュマント＝ベッセラの綿密な研究である。「トークン」とは、焼き粘土でできた直径数センチメートルの「計数具」で、肥沃な三日月地帯の全域で見られる[★7]。都市化前の段階では、この計数と記録の方法に一六種類の「単純トークン」が使われた。代表的なものとして、円錐形、球形、円板形のものは穀物の量を（小さいかご、大きいかごなどから倉庫一棟分まで）、円柱形は動物の数を、四面体形は労働の量をあらわした。四面体には大と小があり、小さい四面体は人間一人もしくは一日の仕事量を、大きい四面体は一組の人間もしくは一週間の仕事量を意味した[★8]。都市が出現する前のメソポタミアの農業社会は、すでに労働と労働による生産物を計数する道具が必要だと考えられたほど規模が大きかったのだ。

　紀元前四四〇〇年以降は、もっと手の込んだ形の「複雑トークン」がたくさんつくられた

——ほとんどは幾何学的な形だが、線を刻んだり穴をあけたりして自然に似せたものもあった。これはそれぞれが穀物の量や土地の広さなどの決まった量を示していたということだ。また、動物ならたとえば脂尾羊《しびよう》〔尾骨の両側に大量の脂肪を蓄える羊〕、メスの羊、仔羊などの別をあらわしたほか、織物や衣類、器、道具といった手工業品、油やパン、菓子、縛った鴨肉《かもにく》などの食品、香料や金属、宝石などの奢侈品《しゃしひん》をあらわすものもあった。

注目すべきは、トークンの大半が役所、倉庫、中央神殿の工房かそのすぐ近くで見つかっていることだ。ここから、のちにトークンがひもを通してまとめられるか粘土製の封球に入れられて種類と数が記録されたことや、住民の神殿への貢納の帳簿付けとして使われたこと（たとえば中央の穀物貯蔵庫への穀物保管寄託）、再分配システムの基礎になったことが推測できる。滞納も封球と粘土板に記録され、紀元前三五〇〇年からトークンと封球にかえて粘土板への記録のみになった。前述の都市ウルでは、ウルの主神である月神ナンナがこの貢納−再分配システムを管理した。システムはある時点から余剰生産物の再分配よりも租税と賦役《ふえき》の性格を帯びるようになった。自発的だった行為は強制されるものになり、納税や賦役に抗う市民は罰せられた。[★9]

紀元前三〇〇〇年ごろ、暴力と破壊がこの最初の都市文明に終焉《しゅうえん》をもたらした。ギルガメシュ王はウルクに都市城壁を築いたといわれる。時代は移り、社会はいっそう階層的になり、自由民と奴隷の区別とともに支配者と労働者が出現したことが強く示唆される。これは「ウル滅亡哀歌」で劇的に歌われている。労働の喜びさえも終わりを告げるのだ。

鍬《くわ》は肥沃な土地に振り下ろされず、種は大地にまかれない
牛の世話をしていた者の歌は野に聞こえず……
攪乳《かくにゅう》の歌は牛舎に響かない[★10]

メソポタミア以外の都市

そのほかの初期の都市文化のほとんどに関してはメソポタミアほど詳細な研究がなく、そこでの労働関係がどんなものだったかはわずかなことしかわからない。それでも、肥沃な三日月地帯の多くの都市で採用された信頼しうる再分配システムが、たとえば中央アナトリアのアルスランテペなどほかの都市にもあったことを示すものは数多くある。[★11]また、数世紀のちのインダス文明（紀元前二六〇〇～前一九〇〇年）の都市国家にも存在しただろう。この文明の重要な遺跡は、現在のパキスタンにあるハラッパーとモヘンジョ・ダロである。インダス社会は平等主義が浸透していたとする初期の考え方はいくぶん修正されているが、この社会に戦争がなかったこと、またとくに穀物を収穫し、脱穀し、貯蔵する方法がその方向を示している。[★12]農業技術はすでに高度に発達し、動物に車輪付きの犂を引かせていたほどだった。そして特筆すべきことには、収穫した穀物は農家自身で脱穀しなかった。このことは生産共同体に、ことによると中央組織に管理されていたことを物語っていると考えてよい。

紀元前三〇〇〇年以降、中国では人口集中地どうしが融合して成長するということも起

こった。長江流域と黄河流域、さらに北方の内モンゴルでもその現象が見られる。紀元前三〇〇〇年から前一六〇〇年までの中国最古の都市国家は、一般に人口数千人の中心都市とその隣接地域からなっていた。[★13] この周辺地域は農民ばかりが住んでいたわけではなく、陶寺《とうじ》遺跡（山西省《さんせいしょう》）と二里頭《にりとう》遺跡の採石場のように、手工業品生産の中心でもあった。[★14] その採石場でも、農業世帯が副業で燧石を半製品に加工した。そしてこれらの半製品もそれを専門とするほかの地方集落で鋤やその他の最終生産物に加工された。同じことは都市部でもあり、そこから他国へ輸出された。半製品と完成品がどのように交換されたかはわかっていないが、ここにも農業以外の初期の職業分化が見てとれる。

都市の居住地には広さが二五〇から四〇〇ヘクタール〔二・五〜四平方キロメートル〕もあるところもあり、多くは城壁でしっかりと囲われていた。印象的なのは石峁《シーマオ》遺跡（紀元前二八〇〇〜前二三〇〇年、陝西省《せんせいしょう》）で、囲われた三つの区画がさらに石壁に取り巻かれている。このような建造物の建築には相当な労働資源がつぎ込まれたはずだ。もう一つは陶寺遺跡である。二八〇ヘクタールの面積があり、数千人が居住していたと考えられている。中心的な区画を囲む版築《はんちく》工法の壁の建設だけでも三万九六七三人月（あるいは三三〇六人がまる一年間働く作業量）を要しただろう。面積三〇〇ヘクタールの二里頭遺跡は最盛期に推定一万八〇〇〇人から三万人が居住していた。手工業品の生産を専門として発達したこれらの町は、社会階層化の程度に大きいばらつきがあり、それゆえに労働のあり方と報酬のかたちにも大きい違いがあった。一方では埋葬のしかたに貧者と富者の格差があらわれ、防衛設備の建設と武器の供給に力が入

れられている町があり、もう一方でははるかに平等な町があった。★15

陶寺遺跡は前者の例である。エリートの墓所は平民の墓所の一〇倍の広さがあり、男女の差も顕著で、男性の墓所は平均して女性の墓所よりも大きく豪華だった。また、消費した食べものの点でもエリートと平民に大きな違いがあったことが遺骨からうかがえる。それとともに、大きい食料貯蔵庫はこの社会に再分配があったことも示している。★16 軍事に関しては明白で、厳重な防衛設備もさることながら、同じ社会の低階層の者ではなく戦争捕虜を生け贄にしたと推定される人身御供《ひとみごくう》の跡があることからもそれがわかる。

対照的なのが長江中流域の石家河《せっかが》遺跡（紀元前二六〇〇〜前一九〇〇年）である。堅固な城壁はむしろ洪水から町を守るためのものだった。住民は土製の管の排水路を利用でき、墓所の格差はずっと小さく、多数の像と小さい杯（紅陶杯《こうとうはい》）が見つかっていることから、「集落住民の多くと、おそらく周辺集落の住民も参集した規模の大きい祭祀儀礼が執り行われたと見られる」。どのタイプの都市にもなんらかのかたちの再分配システムがあっただろうが、南部よりも北部のほうが不平等がより強かったようだ。真の（中規模の）国家が中国で成立するには、紀元前一六〇〇年ごろに有名な殷《いん》（商）（紀元前一六〇〇〜前一〇五〇年、第10章「中国」の節を参照）が誕生するまで待たねばならない。

第10章 国家における労働──多様な労働関係

国家の形成

現在わかっているかぎり、最初の国家は紀元前三〇〇〇年ごろに出現した。農業社会と、もっといえば都市とも違って、国家はより多くの人びとの労働関係を、とりわけ労働条件を決定できるうえ、それを大胆かつ集約的にやることができた。[★1] 国家は紀元前二〇〇〇年代のメソポタミアと前一〇〇〇年代の中国のように都市または都市の連合から発達するが、紀元前三〇〇〇年ごろのエジプトのように、こうした中間的な段階を経なくても形成されることがある。[★2] また逆に、繁栄した都市国家が国家の形成にいたらないまま消えていくこともある。インダス文明がそうだった。このように国家形成の道がさまざまであるため、新しい労働関係の発展もさまざまである。

本章では最初期の国家が、不平等の広がった「複合社会」の農業モデルを、あるいはより再分配の性格が強かった初期の都市の農業モデルをどの程度まで採用したのかを扱う。初めのころは後者が優勢だったようだ。とくにメソポタミアは文化が継続されたことが目に見えて明らかである（そして都市連合と国家はかならずしもはっきり区別できるわけではない）。だが、複合社会の多くの要素も対立の結果としていつの間にか入り込んだ――とくに非自由労働だ。また、混ざりあう要素のなかには、賃金労働、自営労働、労働市場の最初の痕跡も見出されるのである（ただし交換手段としての貨幣はまだない。貨幣の労働関係への影響は第11章のテーマとする）。

肥沃な三日月地帯

メソポタミアで都市と都市連合が徐々に、あるいは急速に国家に発展したとき、労働関係を変えたものはなんだったのだろうか。中央神殿を中心にした最初の再分配システムは規模を大きくして維持されたのか、それとも都市から国家へ移行するとともにシステムにも大きな転換があったのか。神殿を中心に組織された労働システムが初期の国家でも長く維持されていたとすれば、二つの変化に注目しなければならない。第一に、紀元前二〇〇〇年代後半からの国家形成による戦争への影響と、戦争捕虜の大規模な奴隷化への影響、第二に、紀元前一〇〇〇年ごろからの市場の出現である。市場は国家機関とともに世帯間の物資の循環を決定した。これが自営労働と賃金労働（古くからある職業軍人に加えて）の基礎になった。

紀元前三八〇〇年から前三二〇〇年に、シリア、トルコ、イラン、イラクにまたがる地域の多くの都市を包含した（したがって初期の国家というよりも晩期の都市連合と見なせる）ウルク文化のおもな特徴は、分配と交換だった。その規模の大きさゆえに官僚機構がいっそう必要とされ、あらゆることに形式ばるようになったが、一都市ではなくもっと大きい管理単位へ移行しても、システムはさほど変わらなかった。紀元前二〇〇〇年代から長くつづいたその後の王朝時代にも同じことがいえる。[3] この官僚機構が最大になったのはウル第三王朝（紀元前二一一二～前二〇〇四年）のときと見られ、この時代には地方州間での再分配も組織化された。これはこのあと見ていく古代エジプトとよく似ている。[4]

結局のところ、国家による生産物の再分配はたまたま永らえたにすぎない。アッシリア帝国のアッシュル・ナツィルパル二世はのちの例を示してくれる。カルフの宮殿が完成すると、王は六万九五七四人の客を招き、一〇日間にわたって宴を催した。なんともてなしの卓には肥えた牛一〇〇〇頭、羊一万四〇〇〇匹、仔羊一〇〇〇匹、シカ数百頭、ハト二万羽、魚一万匹、スナネズミ一万匹、卵一万個もの食材を使った料理が並べられた。その光景を見れば、これもまた勢力拡大者の過剰な行為と思えるが、もっと重要なのはこれが貢納‐再分配国家の終焉の兆しであることだ。[5]

議論の余地はあるかもしれないが、この再分配という特徴はメソポタミアからさらに肥沃な三日月地帯の辺境を越え、紀元前一四〇〇年から前一二〇〇年ごろに地中海東沿岸と近東の「グレートパワークラブ」と呼ばれるいくつかの国家にもあてはまった。バビロン（やがてミタンニとアッシリアも）、アナトリアのハッティ（のちのヒッタイト。エフェソスと同一とされる都市アパサを首都としたアルザワを征服した）、アラシア、すなわちキプロス、ミュケナイ、クレタ島のミノアなど、よく知られた諸国がこれに該当する。[6] このすべてに共通する特徴、つまり労働者を管理する中央組織が大規模なインフラストラクチャー（道路、港など）の建設と農業に携わったことに着目するのは重要だ。いうまでもなく、これらの労働者は国家が食い扶持《ぶち》をあたえて維持しなくてはならなかったからである。

メソポタミアの国家、軍人、奴隷

国家の形成と大きい軍隊の編制は普通、同時に進んだ。ここには仕事の歴史という観点から見て三つの意味がある。兵士の徴募、増加する戦争捕虜の奴隷化、植民地化を目的とした被征服民の強制移送である。[★7] 紀元前二三〇〇年ごろ、「日の出《い》ずるところから日の没するところまで、天下の全領土を治める王、四界の王」と呼ばれたサルゴンが世界の歴史で初めての大国家であるアッカド王国を建設した。その版図はペルシャ湾からはるか遠方のアナトリアにまで達した。この王国の残された記録に奴隷制と職業軍人の記述を見ることができる。[★8]

紀元前一三〇〇年以降、肥沃な三日月地帯で「軍隊による戦闘が考案され」、軽歩兵が活躍するようになった。そしてそれがヨーロッパをはじめとする世界の他地域に広まったため、戦闘技術がさらに高度になり、軍人という職業のなかでもさらに分化が進んだ。[★9] 国家が軍隊をうまく使うには輸送革命が欠かせなかった。それが実現したのは、すでに見たとおり、紀元前四〇〇〇年から黒海の北のステップで馬が飼いならされ、戦争に利用され、やがて戦闘用馬車が用いられた（紀元前一八〇〇年）からだ。軍事労働は、最初期に記録された自由労働の一つである。サルゴンは常備軍について「毎日五四〇〇人の兵士が自分の前で食事をした」と書いている。[★10] さらに上級士官は報酬として土地を割譲《かつじょう》された。

戦いが終われば捕虜が残る。これをどう処遇すべきだろうか。殺してしまうか、働かせるか。多くの国は後者を選んだ。捕虜は重要な、いやそれどころか何よりも貴重な奴隷の供給源だったのである。奴隷の起源は殺さなかった人質であり、ずっとのちの紀元後五二八年から五三四年に記されたユスティニアヌス法典ではっきりそう述べられている。[★11] そうしてみると、戦争——暴力や攻撃とは別で、これらは前述したとおりもっと古い——は仕事の歴史の中心を占めているのである。[★12] 他国の打倒を目的とする組織的かつ持続的な暴力を「真の戦争」と定義したとして、それを遂行するには大きい軍隊が必要であり、国家でなければそのような軍隊を維持できない。そしてその国家の収入は、自分の必要とする以上を生産できる農民にかかっている。それと同時に——とくに戦時は男性が出払っていたので——このような複合社会は労働力の需要が大きかったため、戦争で捕らえた人質は殺さずにおいて、たとえば公共の仕事に投じれば有効活用できた。この時期の戦争捕虜の強制移送の世界記録は、紀元前九〇〇年から前六〇〇年のアッシリア帝国である。移送された男女、子供は四五〇万人をくだらない。同じころ、中東と地中海東部一帯の政体ととくにそのエリート（ときに準エリート）が奴隷の労働力を利用した。[★13]

国家の繁栄、戦争、社会の階層化が密接にかかわりあって奴隷が誕生するという事実にもかかわらず、大量の非自由民があらわれるのはのちのことである。シュメールでは早くも紀元前三〇〇〇年代に「奴隷」とは「異邦の男」と認識され、囚われの状態が奴隷の起源であったことを示している。紀元前一七五四年ごろのハンムラビ法典には、さらに購入と負債が奴隷制を促したことがあらわれている。[14]だが、奴隷制が出現しても――とくに戦争後――自由労働のほうがまだ多かっただろうし、メソポタミアは自由農民と自由労働者を特徴とした。個人ないし集団が所有する奴隷の数はこの傾向の限界点を示していた。具体的にいえば、一人の所有する奴隷の最大数として記録に残っているのは、ある銀行家の所有した九六人なのである。

メソポタミアの市場および自営労働者と雇用主と労働者の出現

国家はまず軍人を雇い、彼らに食べるものと休む場所と小遣いをあたえることからはじめたが、それだけでは労働市場があったことにはならない。本当の労働市場が生まれるには複数の雇い主が必要で、彼らが競争で賃金労働者を雇い入れ、雇用契約を結ぶ。逆にいえば、賃金労働者は労働市場で雇い主を選ぶことができるし、希望どおりになるかならないかは別として、賃金の額を交渉できる。

このような労働市場はメソポタミアに少しずつあらわれた。最初の兆しは紀元前二〇〇〇年ごろに見えてくるが、はっきりしたかたちになってきたのは紀元前一〇〇〇年よりもあとで、そのころには国家のほかに都市や神殿、またとくに神殿の雇った請負人が自身で雇用主になった。同じころ、一次産品の市場が絶えずあらわれるようになった。[15]このような市場には二つのタイプの買い手がいる。一つは産品をたがいに売り買いする独立生産者で、たとえば漁師は農民から穀物を買い、農民は織工から織物を、織工は漁師から魚を買う。もう一つは軍人などの雇われ人で、国家から生活物資の類を直接受けとっていないときや、自分で食べものをつくる時間がないときに、賃金を使って市場で穀物や織物や魚を買う。前に述べた四つの労働関係（互酬、貢納－再分配、奴隷労働、そして新しく出現した賃金労働）のほかに、五つ目のタイプがここで加わる。市場向けの独立労働だ（自営労働とも呼ばれ、家族経営の事業などが含まれる。この場合は早くも女性が役割を担った）。[★16] 最後に、先述したとおり、神殿などの都市ないし国家の組織の請負人のなかから最初の民間の労働雇用主があらわれた。これで労働関係はあわせて六タイプになる。仕事の歴史においてこれは重要な発展だった。以降、人間は新しい基本カテゴリーをつくり出していないからだ。この点から、仕事の歴史とはこれら基本タイプが入れ替わりながらずっとつづいてきたものだと考えてよいだろう。

　われわれの知る労働関係が肥沃な三日月地帯の国家でどのように拡大したかは、さまざまな例が示している。関連する情報源が十分にある最初期の例は第三王朝下のウル王国（ウル第三王朝、紀元前二一一二～前二〇〇四年）、さらにそのあとの新バビロニア帝国（紀元前六二五～前五三九年）とそれを吸収したペルシャ帝国である。古代ギリシャの哲学者とその支持者が指摘したこの地域における不変の「東洋的専制主義」、あるいは「アジア的生産様式」という、古びているが根強く残る通念にとどまらず、もっと微妙で興味深い当時の状況がこの数十年の研究で浮かび上がっている。

　ウル第三王朝は市場そのものを誕生させてはいないだろうが、市場が出現するための基本条件を数々用意した。各都市が独自に使っていた重さと長さの体系を廃し、度量衡《どりょうこう》を統一したことはその一つである。おもな勘定単位としての銀の使用を増やし、銀を棒状のかたちで流通させたこともそうだ。銀は適量を切り分けることができたから、決済システムが統一されるのも遠い話ではなくなった。[17]ウル第三王朝の官僚組織が厳格な中央集権的かつ階層的な構造のなかで働いていたとすれば、疑問は多くの取引が実際にこの方法で決済されたかどうかである。農民は収穫物のかなりの部分を引き渡さなくてはならなかったうえ——たとえばウンマ市とラガシュ市では四三から四八パーセントとされている——ヤナギとポプラ、土器、屋根梁、革袋が税として徴収された。神殿所有の動物と国有の羊も牧夫の世話に任されたので、牧夫は毎年数を数えて検査し、羊毛と一定比率の仔羊、皮と乳製品を定められたとおりに引き渡した。彼らは自分の羊も飼っていたと考えてまちがいないだろう。そして、まだ足りないとばかりに賦役も課された。労働者は作業集団に組織されて監督され、かわりに大麦の割り当てをもらう。その量は身分で決められ、低級品の羊毛か毛織物の年間割り当ても同じだった。[18]日常生活でものを売買する余地はあまりなかったようだ。

このあと紀元前二〇〇〇年から前一六〇〇年の数百年で、「行政の民営化」が急速に進んだ。官吏は民間ビジネスマンになって業務の契約を結んだが、どの王朝のもとでも政治的な義務を負わなかった。彼らは高利の貸し付けもするようになり、銀の貸し付けには二〇パーセント、穀物の貸し付けには三三パーセントの利子を課した。[19]穀物か銀、もしくはその両方で金額があらわされた最古の俸給は、紀元前一七〇〇年代から前一五〇〇年代の文献に記述が見られるものの、そのあとはまた長いあいだこれといった証拠がない。有名なのはハンムラビ法典に記載された賃金規定である。同法典に記録された銀の量（〇・二三〜〇・二八グラム）の交換レートから計算すると、労働者一人あたりの穀物による一日の賃金は標準で六・二〜八リットルになる。[★20]

紀元前一八〇〇年代に、アッシュル〔のちのアッシリア帝国の首都〕の民間商人は利潤の大きい長距離貿易も確立した。彼らは配偶者の織った織物と錫をロバの背に載せてアナトリアへ運び、銅や貴金属や貴石と交換した。彼らはよく記録を残しており、古代アッシリアを専門とする歴史研究者のグウェンドリン・レイクはそこからこう結論している。「紀元前一〇〇〇年代のアッシュルは主として資本家的交易国であり、その富はもっぱら商業活動によっていた」[★21]。興味深いことに、紀元前一九〇〇年代の文献には、明らかに自営の女性が出てくる。招かれている家を訪ねようとしていたある医者は、次のように道を案内される。

> 正門から入り、通りと大通りと広場を過ぎると、左側にティラジーダ通りとヌスク小路とニニメナ小路があります。ティラジーダ通りでニン・ルガル・アブスにたずねなさい。彼女はキ・アッガ・エンビルルの娘で、ニシュアン・エア・タクラの義理の娘です。ヘヌン・エンリル農園で働いて、作物をティラジーダ通りで売っています。彼女が道を教えてくれるでしょう。[★22]

どちらの例も紀元前一〇〇〇年代には独立事業があった可能性を示している。とはいえ、このころにはまだこの流れがメソポタミア全域、あるいは肥沃な三日月地帯の全域に生まれていたわけではないようだ。それには次の千年紀を待たなくてはならない。バビロンでは少なくとも紀元前六〇〇年以降になると、自営労働と賃金労働が奴隷労働よりもずっと一般的になり、また互酬的労働は家庭の外ではあまり見られず、貢納的労働も急速に減っていたことが証明されている。[★23]また驚かされるのは、賃金労働への支払いが計上され、未鋳貨《みちゅうか》の銀で支払われたこと、賃金が雀《すずめ》の涙などではなかったことだ。奴隷でさえ食料のかわりに賃金をもらうことがあり、法的には所有者に縛られた非自由労働者であったにもかかわらず、自分の財産をもつことができたのである。[★24]

考古学的記録には、そこに書かれている賃金労働者と知り合いになった気がするほど詳細に記されているものもある。たとえば、粘土板に楔形《くさびがた》文字で書かれたいわゆるマルドニオス文書では、紀元前四八四年から前四七七年にアブ・ウスルス、ベル・アナ・メレヒティ、ベル・イッタンヌという煉瓦職人が三人一組で雇われたことがわかる。彼らは毎月一万一〇〇〇個から一万二〇〇〇個の煉瓦を成型して焼き、銀二一シェケル〔シェケルは重さの単位〕を受けとった。[★25]こうした職人チームが数多く必要とされた。バビロンの市壁と宮殿の建設だけで、数千組が同時に雇われたのである。

一人の人間が複数のタイプの労働関係をかけもちして働くということもありうる。メソポタミアの古代社会の文書にはそのことも記されている。紀元前五〇〇年ごろのウルクの楔形文字文書には、市場経済における驚くような労働関係の重複の例が見出される。[★26]人びとがみな自分の作物の収穫に忙しいので、神殿の土地で働く人手を集められないと、当時の請負人か行政官が訴えているのである——つまり、自営労働者が季節賃金労働者でもあるということだ。この例では、神殿は奴隷にも臨時に仕事をさせていたが、数はそれほど多くなかった。奴隷はやる気がなく、隙あらば逃げ出したからだという。

エジプト

ナイル川の毎年の氾濫は流土が天然の肥料を運び、農耕に適した格好の条件をエジプトに——少なくともナイル両岸の幅数キロメートルの細長い地域と、広大なデルタおよびオアシスに——もたらした。[★27] 農業世帯は食べるものを減らさずとも平均して九世帯でもう一世帯を食べさせられるくらいだったので、ほかの活動もすることができた。[★28] このような食料の多大な余剰が実現できたのは、肥沃な三日月地帯から上エジプト〔ナイル川上流側〕に家畜飼養が、つづいて耕作農業がナイルデルタに伝わった紀元前四〇〇〇年代からである。そして前三〇〇〇年代以降は、この二つのタイプの農業が融合して南北の全域に広まった。

この豊富な収入の社会的用途については意見が分かれている。[★29] 一つは、聖書にもしっかり書かれているとおり、エジプトは奴隷の地であり、彼らを食べさせるために使われたという従来の見方だ。ただし現在では大半の歴史研究者がこの説を退け、ファラオの統治する国家による租税でもっていかれたのであり、この租税が経済を支配していたと考えている。その一方、最近では逆に古代エジプトをまぎれもない市場経済の社会と見なすべきだとする見方が提唱されている。仕事の歴史という観点――奴隷労働が適度の役割を果たしたと見なす――からすれば、古代エジプトはアレクサンドロス大王に征服されるまで、分業と国家の歳入に大きく影響した貢納‐再分配の国家であり、労働市場の重要性がいくらかでも増したのは征服後のことだという見方に明らかに傾いている（第11章参照）。

強大な国家の出現はかなり異例のことである。ナイル川の一帯はメソポタミアと違って、その前に都市国家が長く存在した時期がなかった。[★30] エジプト人の国家は紀元前三〇〇〇年代の上エジプトの牧畜経済にその起源があり、そこでは陶器製作をする工房も見つかっている。[★31] 紀元前三五〇〇年からいわゆるナカダ文化――葬儀を重んじ、多数の動物やときには人間の生け贄を副葬した――が北へ広がったが、それは軍事征服による拡大ではなく、平和的に移住した結果だった。ナカダ人の小さい集落は河川での物品の輸送で結びつきがあったので、産品とその計測と管理が統一され、メソポタミアのトークンに似たものも使われた。[★32] 北方の農耕に接したことで、政治的な自由の余地が大きく拡大することになった。

紀元前三〇〇〇年ごろ、この体制が中央政府の統治する国家のかたちをとるようになり、初めはヒエラコンポリス、ナカダ、アビドスといった上エジプトの中心地を、紀元前二七〇〇年ごろ以降はサッカラとメンフィスの下エジプトの中心地を拠点に支配した。数世紀後には葬儀の規模が大きくなり、[★33] ギザのピラミッド群の建設で頂点に達した。この新しい国家は紀元前一五〇〇年ごろまで、広さではメソポタミアで最初に見られた例にはるかにおよばなかったが、一つの大河の河岸に形成されたために内部の統一がとれていた。もちろんこの国家の性質については、ほぼ三〇〇〇年という異例の長さにわたってつづいたことから議論が噴出している。エジプト人の国家はその内部では中央が臣民の仕事を組織したが、そのかたちに多少の変化がたびたびあったのはいうまでもない。第一に、中央の国家権力はいくたびも揺れ動いた。ピラミッドが建造されたような強大な王朝時代と、歴史的にそれと区分されている「中間期」が何度かあり、組織化された権力が活発だったのは王朝時代だった。第二に、権力は直接、もしくは何層にもなった官僚機構を通じて行使され、後者の場合はむろん官僚に幅広い裁量権があった。中央権力が統制能力を失った中間期には神官と行政官が権力を握り、それが数百年もつづくことがままあったが、それよりも驚かされるのは中央国家がかならず以前と似たかたちに戻ったことだ。実際、それはローマの属州になって、元老院の管理下ではなく皇帝の私領とされるまでつづいた。[★34]

メソポタミアとエジプトは同時期に大文明が栄えたためによく比較され、事実、仕事のあり方の点で多くの共通点があるものの、[★35]相違点も多い。とくにこの第3部で扱っている期間の終わりごろにはそれがしだいに鮮明になる。おもな違いはメソポタミアのほうが都市化が進んだこと、また先述したとおり、エジプトでは市場と新しい労働関係が出現しても、そのたびにもとの貢納‐再分配モデルに戻ったことだ。

その基盤は、王を地上における最高神と見なしたことにある。王は生産物と労働者に関するすべてを決定し、それらを意のままに使うことができる。この考え方においては、私有財産というものは存在しえず、自分の仕事を自分の判断で決めることは誰も——個人も、世帯も、共同体としても――できなかった。つまり、すべての仕事とそれによる生産物は（農作物と家畜ばかりでなく、魚、塩、葦の敷物なども）租税の対象になったということだ。他方、わずかなケースでは、生産物は神殿とピラミッドの建設に直接ふり向けられ、それに必要な軍隊にも配分された。前者は、ファラオ時代のエジプトでは住民のほとんどの労働関係に貢納的な性質があったことを、後者は国家への奉仕に就く少数の者のために再分配の性質があったことを示唆する。[★36] 兵士としても働かなくてはならない農民はこの二つの性質を併《あわ》せもっていた。彼らの労働は賦役だが、これは農産物の生産のみを業務とする臣民に課税して、その生産物を再分配するからこそできる。最も明白なのは兵役だが[★37]、ほかにもとくに水道事業と鉱石探しの遠征もそうだった。

このような中央権力によるアプローチは領地と生産拠点を管理するために巨大な官僚機構を必要とした。王国は北から南まで、何よりも王の墓所崇拝を確実に維持するために個々の王が建設した地方領地に分かれていた。生産拠点は特定の産物を産出する場所ないし施設で、決まった産品を供給した。この定義にしたがえば神殿もそのなかに数えられるが、これはとくに採石場、鉱山、建設現場などを指す[★38]。税として取り立てられる産物の一部（とくに穀物だが、魚類なども含まれた）は、廷臣（ざっと五〇〇〇～一万人[★39]）にまわされたほか、生産拠点を管理する役人と生産者に支給され、生産者は仕事に打ち込んでいた。

生産物の総量がこのようにして分配されたので、村のレベルでは交換を除けば交易する余地はほとんどなかった。その結果、外国貿易さえ国家もしくは宮廷に独占された。リスクを負って自分で交易する商人はここにかかわっていなかった。外国貿易を国家が独占したことで外国産の品――たとえばレバノンの木材、キプロスの銅――は大神殿のあいだで分配されることになった。[★40]

領地の管理は上級役人か神殿に任されていたため、彼らはあらゆる生産手段を手にしていた。実際には、国家に求められれば臣民全員が生産物と役務を納めなければならないということである。古王国期（紀元前二二〇〇年まで）にはその目的で家畜やその他の産品が計数され、中王国期になると労働者の登録機関が設けられた。[★41]

まず生産の現場は村の首長が調整した。したがって首長はほかの村人よりも高い地位を得た。農民――人口の大多数――から見れば、作物の収穫期（三月から四月）が訪れるころに、国家か神殿、もしくは土地管理者の送った輸送船団がやってきて停泊し、中央の貯蔵庫に備蓄するために収穫の一部を取り上げられるということだった。徴収されなかったものは農業世帯が暮らしていくために使った。最終的に翌シーズン――ナイル川の氾濫が鎮《しず》まったあと、南では十月、北では十一月にはじまる――のための種子としてごくわずかだけが返される。これだけの制約のなかでも、世襲の農地をもっているということもできたかもしれない。大まかに見て、総生産物に占める割合からそのように想定できる。一〇パーセントが税として中央に納められ、一〇パーセントが植えつけに使うために返され、四〇パーセントが中間管理者（役人または神官、「土地管理者」ともいう）のところへ行き、四〇パーセントが耕作の労役の対価として残ったのだ。[★42] ここで示した五〇パーセントの負担は、メソポタミアでウル第三王朝の農民が納めた租税とおおよそ同じ大きさである。

　現実にそれ相応の収入を農民にもたらすことができたのは、ひとえにこの灌漑農業からの大きな収穫のおかげ、少なくとも壊滅的な洪水にならない程度の水がエチオピアからたっぷり流れてくるおかげである。古代エジプトに関する著作のあるダグラス・ブルーワーによれば、長いあいだに人口が大きく増加したことがその証左だ。だがブルーワーの計算では、住民一人の一日あたりの穀物収穫量は、紀元前四〇〇〇年ごろに一八・一六キログラムだったところ、前三〇〇〇年ごろで六・七四キログラム、前二五〇〇年ごろには三・九二キログラムにまで落ち込んでいる。その後も減少傾向はゆるやかにつづき、ローマ時代にはわずか二・〇八キログラムになっていた。ブルーワーによれば、先王朝時代〔紀元前三一〇〇年ごろ以前〕の穀物生産量は現在の国連食糧農業機関（ＦＡＯ）のガイドラインが示す健康な食生活に必要な量の四五倍にもなった。エジプトの人口が最も多かった時期でも、推奨される一日の食物摂取量の五倍近い。「耕作可能な土地の半分に穀物を植えつければ……生産量は推奨される一日の量の二・二倍から二・五倍になった」。ブルーワーは「エジプトが古代世界の穀倉地帯と考えられた理由を理解するのは簡単だ」と話を結んでいる。さらに重要なことに、この国があれだけ多くの臣民をあれだけの遺跡の建造に従事させられたのはどうしてなのか、なぜその名声が朽《く》ちないのかがここからわかるのである。

　いうまでもないことだが、農民の実際の報酬は納めるべき収穫の量しだいだった。前述した平均五〇パーセントの租税も相当に高いが、それ以上の厳しさがあったに違いない。このことは次の文章にはっきり書かれている。書記官とごく普通のエジプト人農民の運命を仮の話として対比させるもので、紀元前一八五〇年ごろの記録である。

教えてあげよう、畑を耕作する者がどうなるか、あのつらい生業《なりわい》がどんなものか。氾濫のあいだはずぶ濡《ぬ》れになって、相も変わらず用具類の手入れをしなくてはならない。一日中農具をつくったり修理したりして過ごし、夜は夜で遅くまで縄をなう。昼食の時間もおかまいなしに農場の仕事に精を出す……水の引いた耕作地が目の前に広がれば、今度は牛の群れのところまで足を運ぶ。何日も牛飼いのあとを追いかけて、ようやく群れに追いつく。それから牛を何頭か連れて戻り、草地で洗ってやる。夕暮れに様子を見に行くと、いるはずの場所に牛がいない。三日間も捜しまわった挙句、牛たちは沼にはまって死んでいる。皮さえも残っていない。ジャッカルが食い尽くしてしまったのだ！あれだけ時間を費やして穀物の世話をしても、ヘビが後ろをついてきて、まいたそばから種を食ってしまう。種を借りてきて三度まいても、三度が三度同じことになる。

役人が税を計算しにきたときの農民の苦境を知ってもらいたい。すでに穀物の半分をヘビにかっさらわれ、残りをカバに食われてしまっている。そこへ腹を減らしたスズメが農民に災いを運んでくる。脱穀場の床に残った穀粒《こくりゅう》もきれいさっぱり消えてなくなっている。泥棒《どろぼう》スズメが盗《と》っていったのだ。借りた牛の代価を払えず、その牛も鋤返しとていない。脱穀に酷使したから疲れきっている。そこに書記官が、棒をもった供の者とヤシの鞭《むち》を手にしたヌビア人をともなって川の岸に上がる。彼らはいう。「穀物を出しなさい！」。だが、もう一粒もなく、農民は容赦なく打ち据えられる。それから縛られ、頭から池に落とされてずぶ濡れになる。彼の目の前で妻は縛り上げられ、子供らは手枷足枷《てかせあしかせ》をかけられる[★43]。

もちろんこれは創作だ。これほど多くの災難が一度に一人の農民に次々と降りかかるわけはないだろう。それでも市場のない貢納−再分配システムがかならずしも地上の楽園ではないことを明白に示している。ファラオからエジプトの農民に課された穀物の租税について深く考えるつもりなら、彼らがその見返りになんらかのものを手にしていたのかを問わなくてはならない。そして、手にしていたというのが答えだろう。それは正しく再分配されるという意味のみではない。もっと崇高《すうこう》な共通の目標があると信じられていたのである――それは、人はみな宇宙の一部であるという本質的な意味であり、この国の倫理（「マアト」と呼ばれる）によれば、紀元前二三〇〇年の文献に記されているとおり、正義は社会の重要な規範なのである。

ファラオの側近が自らの生活を次のように簡潔にあらわしている。「マアトを話し、マアトを行います……弱き者を強き者の手から救い、飢《う》えた者にパンを、裸の者に着るものを、舟のない者に魚をあたえます。息子のない者を埋葬し、舟のない者に舟をつくってやるのです」。これは理想だが、たんに支配層が大衆を思いのままにするための絵空事というわけではない。なぜなら同じ声が自分の主人に向かってこういっているからだ。「私はすべての人民に称賛されることをした者です」「私は偉大な者が望み、小さき者が称えることをいたしました」[★44]。この理想がすべての臣民にどれだけ尊重されていたかはわからない。いずれにしても、ファラオは臣民の国家への帰属意識を高めるにはこれが必要だと考えた。ナイル全域に沿って一定の間隔で小規模な階段ピラミッドを建造したのは、その最大のあらわれである。これらの王墓のミニチュア版は、この遠大な構想のために汗水流して働いていることをエジプトの臣民に思い出させるためのものだったのである[★45]。

古代エジプトのよく知られた絵では、農作業をしているのはほぼ全員が男性だが、農場の広さ（三ヘクタール前後）からすると、男も女も子供も含めた世帯総出の労働が必要と思われる。にもかかわらず、鋤で耕し、鎌で穀物を収穫しているのは男性ばかりで、陶器の製作、彫刻、金属品の製作、建築、革なめしも同様だ。女性の姿が見られるのは、落穂拾いや亜麻の収穫、織物の製作、日常の家事のみである。穀物のもみがらを飛ばす作業は男女がいっしょにやった。役割の交代もあった——たとえば新王国時代（紀元前一五五〇～前一〇七〇年ごろ）に竪機《たてはた》が考案されると、製織の仕事は女性から男性に移った[★46]。

領地ではその全域で農民の大集団が国家のために働いていたが、そのほかにも主要な生産拠点、神殿、宮殿、そして世界に類をみない巨大墓所、すなわちピラミッドの建設現場で大勢の労働者が各作業に従事していた。先史時代から有史時代を通じて、各地の文化にも賦役を課して造営させた大古墳などの建設プロジェクトがあったが、ピラミッドはそのすべての上を行く。加工された材料の量をもとに計算すれば、どれだけの労働力を要したかがおおよそわかる。[★47] これは大きい数になるが、とくに仕事の歴史の観点から興味深いのは、各作業に配置すべき労働者の多さだ。まず基幹となる建設労働者が五〇〇〇人、プロジェクトの絶頂期には、採石場、船、運搬、建設にさらに数千人から四万人の季節労働者が投じられた。建設プロジェクトはナイルが氾濫する時季に行われる。この時季なら建築材料をいかだで運ぶことができ、また陸での農作業がほとんどないからだ。

このような記念墓碑は初めは泥煉瓦で造られた（ウルクの日干し煉瓦の神殿を応用）が、[★48] ジェセル王の階段ピラミッドは六〇万個の石灰石煉瓦（現場近くで切り出されたものとトゥラの採石場から輸入されたものがあった）とアスワンから船で運んだ一二〇トンの花崗岩《かこうがん》を使って紀元前二六五〇年ごろに建設された。硬い花崗岩は銅製のたがねでなければ切り出せなかったから、このピラミッドだけで七〇トンの銅が道具として使われたことになる。これは連続生産と呼んでよく、最後には彫像の製作にもこの手法が使われた。それでもこの階段ピラミッドの建設は後年の三基の大ピラミッドとくらべればままごとのようなものだった。大ピラミッドは二〇〇〇万トン以上もの石材を必要としたのである。

こうした施設の一つで行われた仕事については、たまたまよくわかっている。デイル・アル＝メディーナは、紀元前一五二五年から前一〇七〇年にメディネト・ハブ〔ラムセス三世葬祭殿〕やラメシアム〔ラムセス二世葬祭殿〕などの造営にあたった職人や石工《いしく》の居住区である。[★49] 絶頂期にはここに一二〇家族が密集して住み、その全員が専門の職人だった。役人は粘土片にどんなことも書きとめたようで、運よくそれらが多数残っており、そこから当時の日常生活の無数の詳細について思いがけない見方がもたらされる。ただし忘れてならないのは、それが特殊な状況のこと、つまり短期間に重宝された職人の小さい集団についてであることだ。

一見すると、彼らは普通の職人である。仕事だけを見れば確かにそうだが、労働関係の点からするとそうとはいえない。ファラオのために世襲で強制労働をさせられるのが彼らの一生で、彼らも彼らの子供たちもほかのことはできなかった。国家は生活に必要なものをあたえてくれるが、それは十分な仕事があるかぎりの話だ。仕事がなくなってしまえば職人は村の外へ送られ、もっと報酬の安い奉仕労働をさせられたのである。誰がこの運命にしたがうかは、職人たち自身で内部の組織体制を決めたように彼らのあいだで決めることができた。驚くのはこれに海事用語が使われたことだ。右舷と左舷に分かれると表現されたのである。

この厳しい社会の枠組みで、彼ら「国家の労働者たち」はシステムを利用できるだけ利用した。副収入を得て、ミニ市場ともいうべきものを創出したのである。たとえば、祖先の像をつくる仕事を請け負う者がいた。彼らの妻は注文を受けて麻布を織った。また水路は国が整備したものを使ってよいことになっていたので自由になった。こうした労働者の集団の多くは負債の悪循環に陥った。手工業品の職人などからロバを借りるが、生活の糧にする月に穀物一袋半の報酬ではその代価が支払えないのだ[★50]——労働者集団間の搾取の明らかな例である。

以上のことからわかるのは、彼らが黙々と働く労働者の一様な群れではないということだ。

賃金は仕事の種類によって明確な差があった。単純な手工業品職人の俸給は、一日あたり小麦五キログラムと大麦一・九キログラムで、月に五・五袋の単位で支払われた。職長になると小麦七・五袋、門衛は四・五袋、給仕は二袋、召使い女は三袋をみなで分けた。★51

何事もなければ、彼らはなんとかやっていかれた。たとえば普通の労働者の弔いは三〇か月分の報酬に相当する額がかかり、働いているあいだにそれだけ蓄えておく必要があった。再分配が滞ったときは、待遇改善を求めて集団行動をすることもできた。たとえば、世界初のストライキはデイル・アル＝メディーナの労働者によるものだったことがわかっている。この大神殿の管理者が穀物を平常よりも少ない量しか分配しないことが度重なり、まさに再分配の原則が破られたからだ。ラムセス三世の在位二九年二月の一〇日、デイル・アル＝メディーナの住民は神殿の建築作業を拒否した。彼らにはもっともな言い分があった。「われらがここへ来たのは飢えと渇きのせいだ。着るものも、油も魚も、野菜もない」。彼らは一団となって葬祭殿まで行進し、そこに座り込んだ。何日もして彼らの主張は通ったが、すぐにまた分配が滞った。ようやく示威行動が終結したのは、通常どおりの分配量に戻ったときだ。同様の例は、ラムセス一一世（紀元前一一〇三〜前一〇七〇／六九年）の統治下でこの村が解体されるまでに数多くが知られている。

世界史上初のストライキと呼ぶのは正しいが、働く人びとによるこの最初の集団行動は、ぎりぎりの報酬を得ている賃金労働者が企業経営者に対して抵抗するというものではなかった。そうではなく、怠慢な官僚への敵対心だったのだ。それを補ったのが職人の自負である。

紀元前二〇〇〇年の少し前に、ある職人のいった次の言葉を見てほしい。

私は儀式について書かれたヒエログリフの秘密を知っている。……私は専門の技術に秀でた職人であり、知識の最先端にいる人間だ。人や動物の体の比率を知っているし、浮き彫りにするときにどこをへこませどこを出っ張らせるかがわかる。男の姿勢、女の体つき、鳥と牛の体のかたち、片方の目がもう片方の目を見るときの、隔離された囚人の恭順な態度、カバに銛を打ち込む猟師の体の動き、走る人の足の運びも知っている。★52

この社会には大規模な奴隷労働が存在する余地はなかった。「奴隷」という言葉も、法的な分類さえもなかった。★53 あったのは、あらゆるかたちの従属的労働を指すもっと一般的な言葉である。だが、ここに含まれる従属的労働者はささやかな財産を所有できた。もちろん戦争捕虜は折あるごとに入ってきたが、そのたびに既存のシステムに溶け込んでいった。捕虜はまとめて領地に住まいをあたえられ、労働に従事させられた。これには上級役人の家庭での労働も含まれていたに違いない。さらに、賦役逃れで有罪とされたエジプト人は強制労働に就かされ、またメソポタミアと同様に債務による拘束もあった。しかし、農園や大規模工房が奴隷労働で運営されていたとか、奴隷市場があったという証拠はない。★54

エジプトの貢納－再分配の労働関係システムに大きな変化がなかったことを示す究極の証拠は、ギリシャ世界と対比させることで得られる。次の第4部で見るとおり、ギリシャでは紀元前五〇〇〇年ごろから小額貨幣が全土で導入された。エジプトはこの北の隣人と密に接触し、エーゲ海から銀が数百年にわたって流入したが、それにもかかわらず貨幣というこのイノベーションは地中海世界とレバントには急速に広まる一方で、エジプトでは見過ごされた。重量単位の銅デベン（一デベン＝銅九一グラム）がいまだに価値基準（会計単位）とされていたが、実体としての銅は使用されないので交換手段ではない。交換手段としては鋳造した金のリングがあったが、これを使うのはそもそも超エリートのみで、おもに価値保存のためだった。★55

それがようやく変わったのは、数世紀後にアレクサンドロス大王に征服されたときである。それもこのあと見ていくとおり、おそるおそるといった調子だった。エジプトは高度な物質文明をもつ強国として数千年も栄え、書記体系を発達させ、分業が進んだ。だが、重要な市場も都市もなく、それゆえに貨幣という交換手段への需要が育たないままの国家だった。そして需要がなければ、供給もないのは当然である。

中国

中国では、黄河中流域から下流域にかけてを支配した最初の単一政体として殷（商）（紀元前一六〇〇～前一〇五〇年）が成立した。この国家では、卜占《ぼくせん》の結果を記録するために紀元前一二〇〇年ごろに中国文字も発達した。★56 青銅の鋳物《いもの》づくりに携わる者など、種々の専門の職人たちは国家の支配のもとで働かされた。正式な徴税システムはなかったため、殷のシステムは「エリート中心の再分配」と呼ぶのがふさわしい。農民は作業集団に組織され、国家の役人がそれを管理し、国営作業場で製作された農具を支給した。殷王は穀倉地帯で穀物を徴収し、塩を入手して再分配し、公共事業を賦役としたほか、遠征隊を引きつれて狩猟に出かけ、肉をたっぷり手に入れさせた。この遠征のあいだ、王と大勢の側近は地元民の供するもので腹を満たした[57]。

狩りは軍事訓練の手段にもなっただろう。戦争は殷が国として成り立つのに欠かせなかったからである。一つには、北西からの敵の大軍勢に備える必要があり、またもう一つには捕虜を生け贄にするためもあった。その数のおびただしさによって「殷は世界の歴史で最も度外れた人身御供の国の地位に就く[58]」。大勢の人間を儀式的に殺すのは、王という地位が制度化されていない時代に支配者がその権力を人びとに見せつけ、固めるためのものだったのだ。次の周代に王が制度化されたとき、人身御供の頻度と規模は急速に縮小した。このような残虐な国家体制はエジプトの初期の王朝にも同様のパターンが見られる。

この点で、殷から周（紀元前一〇五〇ごろ～前二五六年）への移行は戦争捕虜にとって大きな転換点だったが、戦争がなくなったわけではないとすれば、彼らはどうなったのだろう？まとめて公共事業に投入されたというのが答えである。したがって彼らを囚人と呼んでもよいかもしれないが、この言葉は一般的に国内の囚人に使われるので、より正しくは「国家奴隷」というのがよいだろう。これは西周（紀元前一〇五〇ごろ～前七七一年）にもある程度あっただろうが、東周（紀元前七七〇～前二五六年）になって――この間の記録によく残されているとおり——大々的になった。西周の時代には、都市はまだ小さく、おもに貴族の活動の中心地であり、世帯数も数百から数千だった。対照的に、東周の最大の都市は数万世帯の規模だった。いずれの場合も、周のエリートは土地を所有した。これは宗族〔父系血縁関係にもとづく中国の親族組織〕がそれぞれ一族の墓所をもつようになったことから明らかだが、西周時代ではこのような親族集団の埋葬地内における階層化はほとんど見られなかった。[★59]

　農民とエリートの労働関係は推測するしかないが、対立は西周のほうが次の東周よりもはるかに小さく、それがあらわれた東周もとくに後半、すなわち戦国時代（紀元前四五三～前二二一年）になって一段と顕著になったに違いない。孔子と孟子があらわれるこの時期の大きな変化は次の第4部で論じよう。

▼　▼　▼

　紀元前五〇〇〇年から前五〇〇〇年までは職業の分化が大きく進んだが、そればかりでなく、とくに今日われわれの知る労働関係のすべてのタイプがあらわれた。農業社会においては、専門の職業が出現する可能性がまだかぎられていた。第2部では初めの狩猟採集民に加えて農民があらわれたが、この第3部の期間の初めのころには自営農耕民とともに自営牧畜民もあらわれ、さらに金属細工師とおそらく船乗りにも、それを専門にする者が出てきた。そして都市の出現とともに、ひと握りだった職業の種類が数十、あるいは一〇〇以上にもなったのである。典型的に男性がすることと女性のすることという常識の枠ができていき、農業でも古代エジプトのように男女の分業が明確になった。

農業が余剰を十分に生産したところでは都市が形成され、原初の互酬関係が神殿などの中央の組織を経由する貢納－再分配システムに移っていった。社会的ピラミッドの頂点にいる神官らの神聖な地位は強力なイデオロギーに支えられ、大衆はますます協力を惜しまなくなった。それが最もはっきりと見られたのは肥沃な三日月地帯だが、インダス文明、長江文明、黄河文明も同様だった。それを変えたのは中央集権国家の出現である。エジプトは貢納－再分配の顕著な特徴を維持したが、紀元前二〇〇〇年代にメソポタミアと中国の都市連合から直接に興ったほかの中央集権国家では、再分配システムは存在しつづけたものの全方面から攻撃された。つまり余剰の横取りがしだいに横行し、再分配はことに物質面でどんどんおろそかになった。

加えて、奴隷の雇用がどこの地域でもはじまった。奴隷にされたのはおもに戦争捕虜で、彼らは捕らえられても命を奪われることがなくなった。初めのうち、暴力をもって拡大していく国では、捕虜の奴隷化は一時的に急速に進められたが、この時期はそれが全体の労働関係を左右するほどのところはなかった。そしてついに、市場がゆっくりとだが確実に姿をあらわした。決して一直線の歩みではなく、試行錯誤しながらの成長だった。歴史研究者のあいだではいまも激しい議論がつづいているが、中央の権威が失墜していったところでは、国家の役人が私腹を肥やすばかりか、生産の支配権を握ることで余剰を私物化する機会が生じたことが明らかになっている。この新種の企業家は自営の人びとに仕事を請け負わせるか、奴隷や解放奴隷に直接やらせることができた。

貢納‐再分配のシステムは初めにメソポタミアで、つづいてエジプトではじまった。どちらの地域でも別のかたちがあらわれてはまた逆戻りした。エジプトではギリシャおよびローマに支配されるようになるまで貢納‐再分配システムがつづいたが、それよりもずっと早く、およそ三〇〇〇年前に終わってしまったのがメソポタミアである。メソポタミアでは紀元前六〇〇年ごろから、財、サービス、労働の市場取引の不可逆的な移行プロセスが起こった。これは銀の地金を貨幣としたことで促進され、銀はしばらく特定の取引で使われた。ナイルデルタには銅があったが、銅はかぎられた状況で使われる計算貨幣にすぎず、交換手段ではなかった。だが、この重要な進展についてはメソポタミアの外も見なくてはならない。ほぼ同じ時期に、もとに戻ることのない市場経済化は中国でも起こったのである。

市場経済化のプロセスの速度と深化についての議論、したがって賃金労働の発生および労働者の賃金水準についての議論は、これら三地域のすべてに関していまもまだつづいている。通貨、またとくに小額硬貨の発明とその大々的な導入――本格的な貨幣化のプロセス――はこの点で決定的だった。これは次の第4部のテーマである。市場経済は普遍的な原理としてそのときあらわれたというのではなく、これによって賃金労働が今日もなお不可欠な労働関係の一タイプになったのである。

働く人びとが自分の活動とその報酬についてどう考えていたかを知るには、これ以前の時代に関しては人類学の証拠をもとに類推しなくてはならなかったが、この時代からはそれに加えて、エジプトの書記官が自分の仕事と農民の仕事について思うところを書いたもののように、労働者の経験と感情が察せられるエビデンスが見つかっている。共通の目標のために働くことへの満足とともに、貢納‐再分配社会というかたちの社会的階層化の容認が見出される一方で、不当な待遇への不満や技能への誇りも認められる。奴隷にされた人びとが何を考えていたかは謎のままだが、次の第4部で聞こえてくることからすると、ただあきらめてしたがっていただけだと決めてかかるべきではない。家庭内の男女の仕事分担がどう考えられていたかを知るのはもっと難しい——このテーマに関する記述された最初のエビデンスが手に入るのはずっとあとのことなのである。

第 4 部

市場に向けての仕事

紀元前500年から紀元後1500年まで

中央ヨーロッパの鉱山のそばの作業場で銀鉱石を選り分ける16世紀の男女。

現代のわれわれが知っているような労働関係は、数千年前にメソポタミアの最初の都市と国家で発達した。もともと狩猟採集民の集団内には互酬関係があり（第1部）、農民世帯がそれぞれ独立して仕事をするようになってからも、おそらくそのパターンは引き継がれていた（第2部と第3部）。しかしメソポタミアに最古の都市が生まれると、貢納－再分配という新しい労働関係が出現し（第9章）、それにつづく国家で最初の奴隷が生まれ、自らの生産物を市場で商う小規模な自営業者もぽつぽつとあらわれた。そして紀元前一〇〇〇年ごろからは、メソポタミアに最初の雇用主と被雇用者が出現した（第10章）。ただしエジプトではあいかわらず貢納－再分配が（征服した敵の奴隷化を交えつつ）中心を占め、ヘレニズム時代までそれがつづいた。同様の流れが、のちにインダス川や黄河や長江の流域に新たに生まれた国家にも、サブサハラ・アフリカの大半の農業社会にも（ここでは奴隷制は生まれなかったが）あてはまると見ていいだろう。

第3部の最後に出てきた市場経済への勢いは、紀元前五〇〇年から紀元後一五〇〇年までの二〇〇〇年間で、全世界の大半に届くにいたった。この市場経済を円滑にするために、一日分や一時間分の賃金の価値をもたせた硬貨というかたちの新しい便利な支払い手段が導入された。この小額通貨という最も目覚ましいイノベーションが、賃金労働を大いに助長し、広く普及させた。

この第4部では、まず初めに地中海地域、北インド、中国のそれぞれに生まれた最古の本格的な貨幣社会の発達（第11章）と、ユーラシア各地の貨幣社会における労働市場の発達（第12章）を、自由労働と非自由労働の割合の変動に注目しながら概観する。その後、貨幣社会とは異なる社会についても論じていく。第一に、いっとき大いに成功したヨーロッパと北インドでの本格的な貨幣化が、紀元後四〇〇年から一一〇〇年ごろのあいだに消滅した事情を見ていこう（第13章）。第二は、市場のない貢納中心の社会についてだ。この種の社会は前にも肥沃な三日月地帯やエジプトで見てきたが、今度はそれが独自にアメリカ大陸に出現した（第14章）。そして第三に、もちろんこの時期でも、いまだ狩猟採集民の小規模社会が存続していた。ますます周縁に追いやられ、部分的に農業をはじめているところもはじめていないところもあったが、依然として明確な国家形態はとっていなかった。このような社会についてはすでに詳しく論じてきているので、ここではとくに取り上げないこととする。

本格的に貨幣化された労働市場を繁栄させられたのは、持続可能な、成功している（都市化された）国家だった。しかし興味深いことに、その労働市場がふたたびなくなることもありえた。これもまたあまたのうちの一例だが、仕事の歴史に長くまっすぐ伸びた発展を見出すのはかならずしも容易ではないのである。そしていっそう興味深いのは、紀元後一〇〇〇年以降にインドとヨーロッパの各都市で、貨幣化された労働関係が復活したことだ（第15章）。次の第5部で明らかになるように、その瞬間から、ユーラシア全域のあらゆる大きな文化経済中心地での仕事と労働関係は、急速に類似するようになった。

本格的に貨幣化された労働市場が出現したといっても、それで賃金労働が自動的に主流になったわけではない。実際、まったく逆のことも起こっている。とくにギリシャ世界では、小額通貨で支払われる賃金労働の出現と、奴隷制というかたちでの大量非自由労働が、両立していたように見受けられる。そして追って見るように、同様の例はほかのところにもあったことがわかっている。一方、貨幣化された労働市場が出現したからといって、ほとんど都市化されていない農業社会はすっかり停滞してしまったというわけでもない。これについては深く触れないが、この導入部で少し脱線して二つ事例を紹介するので、そうした誤解はすぐに消えるはずだ。

まず、農民による新天地への大航海が、数千年ぶりにふたたび活発化した（第8章「農耕民」の節を参照）。このたび彼らが行き着いたのは、太平洋に残った最後の無人の島々だった。ハワイにはとうとう紀元後八〇〇年に人が到達し、ニュージーランドは一二五〇年から一三〇〇年のあいだに未踏の地でなくなった。ポリネシアと南アメリカのあいだを「通勤」するような例まであり、その数百年後にはヨーロッパ人も発見の「大」航海に出た。こうした往来はサツマイモの広まりに例証されており、おそらくヒョウタンがアメリカからハワイ、イースター島、ニュージーランドへと広まったのも、同じくその証左だろう（ポリネシアからアメリカ文化への寄与もあったと思われるが、それについては現在も論争中である）。[★1] このように数千キロメートルにもおよぶ海路を渡るには、当然ながら高性能な船（アウトリガーつきの帆走カヌー）と並外れた航行技能が必要だった。最初の新天地への航海から時を経て、こうした遠く離れた島々どうしの定期的な接触ができるまでになったのだ。

世界のほかの地域で都市が出現したときと同様に、ここにもまた隅々まで行き渡っていた分業と、大型船にもちこまれた厳格なヒエラルキーの存在が透けて見えている。★2

もう一つの例は遊牧民の活動だ。遊牧も世界のさまざまな地域で拡大した。東アフリカでは紀元後一〇〇〇年ごろに遊牧民があらわれ、とくに長い角と背中のこぶをもったエチオピア高地原産のサンガ牛が飼養された。このころの牧夫は騎乗用の動物をもたなかったため、家畜といっしょに歩かなくてはならなかった。そのため、結果的にそれほど長い距離を移動することはなかった。牛乳が彼らの食事の主要品目となり、そのほかに野菜（どちらかというと男性よりも女性向けで、マサイ族の食事に野菜がないのはつとに知られる）、肉、血が加わった。

ユーラシア北部のツンドラ（凍土帯）にトナカイ飼養★3が広まったのは、サモエード人（もともとはアカシカを飼っていたと見られる）がテュルク系集団の圧迫を受けて北方のタイガ（針葉樹林帯）へ移動せざるをえなくなってからだった。この人口移動がはじまったのが紀元後一〇〇〇年ごろで、二十世紀の初めごろまで増えつづけた。彼らは四か月から五か月を冬の牧草地で過ごし、二か月を夏の牧草地で過ごす。つまり、その二つの牧草地を隔てる数百キロメートルの距離を移動するのに年間五か月から六か月を充てなくてはならない。この旅のあいだは群れ（その数は数十頭から数百頭までさまざま）を毎日移動させるが、牧草地に着いてからも一か月に一回から三回は移動する。したがってトナカイ遊牧世帯の仕事は、歩いて、もしくはトナカイの背に乗ってキャンプを移動させること、そして世話する動物のさまざまな必要を満たしてやることだった。主要生産物はトナカイの肉で、これが彼らの主食でもあり、そのほか多少の植物や、魚を中心とした獲物、さらに定住民との交換で得た産物が食事に加えられた。

このように大規模国家の外にもきわめて多様な仕事があったが、ここからはユーラシア大陸のさまざまな国家に新たに生まれた、本格的に貨幣化された仕事をもっと詳しく見ていかなくてはならない――おそらく現代の読者は賃金をそのとおりの額でもらうのを至極普通のことだと思っているだろうから。そのうえで、この種の仕事が生まれない、または合意にもとづいて生まれないとすれば、それがどういう場合かについても探っていく必要がある。そうするとこの第4部の最後には、とくに自営労働者と賃金労働者の最初のころの姿が見えてくる。そうした人びとの利益が深刻に脅かされそうな状況にも、あわせて注意を向けていきたい。

第11章 貨幣化と労働報酬——ユーラシア

賃金労働の広まりは、硬貨の発明がなければ不可能だとまではいわないにせよ、それによって大いに助長されるのはまちがいない。驚くべきことに、紀元前五〇〇年前後の数世紀のあいだに、硬貨——規格化された金属片でできていて、政府の保証する一定の価値が符号(文字、数字、図像)で示されている通貨——は世界の三つの場所で、ほぼ同時にあらわれている(中国、北インド、小アジア)。しかもそれらの硬貨はほぼ確実に、それぞれ独自に「発明」された。[★1] どうやらそれぞれの場所で同一の条件が満たされたらしい——毎日のやりとりに使える扱いやすい標準的な交換手段に対する社会的需要が十分に高まったのだ。

本書のテーマである仕事の歴史にとって重要なのは、この交換手段の額面価値が小額になっていることだ。労働報酬でいえば、一日分の賃金以下の価値になっていなくてはならない。理由は単純で、たいていの賃金労働者は資産をほとんど、もしくはまったくもっていないため、十分な信用貸しをしてもらえない。実際、労働者が食料品店に支払いを待ってもらえるのはせいぜい一週間(それ以上は無理)だろう。たとえばこの労働者が、一日分の労働の価値をもつ硬貨のかたちで一週間分の賃金を支払われるなら、その週末にだいたい問題なくあちこちの債権者に返済ができる。これは小農や職人のような自営生産者にとっても同じことだ。とくに職人という職種は、定期的な賃金払いと同等の前払い金をもらわなかったらやっていけない。さらに「お釣り」を返せるようにもなれば、現金払いはいっそう便利になる。「本格的」に貨幣化された万全の現金経済たるものは、一日分の賃金の価値をもつ硬貨だけでなく、もっと小額の、一時間分の賃金やそれ以下の価値をもつ貨幣もあわせて流通させなくてはならないのだ。これらの条件が、前述したアジアの東と南と西の地域で紀元前五〇〇年ごろから満たされるようになったのだろう。

このイノベーションは、労働報酬の現物払いから通貨払いへの単純な移行どころの話ではない。硬貨はただ必要を満たしただけでなく、ひとたび流通してからは、賃金労働の拡大を助長することにもなったのである。通貨をしっかりと流通させている経済は、もう立派に「市場経済」であるといっていい。賃金労働者はこのお金の分だけ自分は何か有用なことができるのだと確信し、雇用主はこのお金を使って自分は適切な労働力を呼び込めるのだと確信する。市場経済は賃金労働者にとっても自営労働者にとってもきわめて重要で、それはひとえに自由度が増すからだ。市場経済のもとでは原則として、受けとる報酬を自分のいいように使うことができるのである。

イギリスの古典学者リチャード・シーフォードは、この社会全体にかかわる大きな変容をギリシャとインドの例で比較して、個の意識の成長という点に着目する。つまり新しい社会では――

個人の幸福がかなり商業に依存する。とくに貨幣化されている社会においてはそれが顕著だ。貨幣社会では、貨幣を所有することにより個人が原則として（実際にはかならずしもそうではないが）、社会的に定義されるあらゆる関係（互酬関係、血縁関係、儀礼的関係など）を必要としなくてすむようになる。したがって、そのような社会では、個人が完全に自らの行動と信念のみを頼みとする完全に自律的な（他者に相対する）自己になり、（客体に相対する）主体になっていると見なせるのではないか。[★2]

西アジアと地中海地域

ある意味では、硬貨が発明されたのは意外でもなんでもない。考えてみれば、必要な個々の要素はすでにずっと前から存在していた。仕事を含めたなんらかの交換を数え、計り、記録すること。現物払いをすること。そして——もっと重要なのが——メソポタミアでの都市の発達から振替（帳簿上のやりとりによる価値の移転）制度が生まれていたことである。貴金属や卑金属の抽出と加工と精製はもっと前の時代から行われており、同様に「造形芸術」、つまり図像を転写する円筒印章に代表されるような彫刻品や鋳造品の製造も、さらに「トークン」の使用もすでにはじまっていたことだった（第9章「世界最古の都市」の節を参照）。これらの要素のいくつかが組み合わさった重要な一段階が、牛や奴隷といった従来の大ざっぱな価値単位よりも精密で、普遍的で、抽象的な計算単位の条件として、メソポタミア式の度量衡体系が生まれたことだった。これにより、まずはシェケルという重量体系にしたがって延べ棒——たいていの場合は銀の延べ棒——が使われるようになった。だが、この高価な銀の延べ棒が賃金労働の対価として使われることはあまりなかった。せいぜい「一団」への支払いに使われることはあっても一個人の労働者に使われることはなく、ましてや日給や週給として使われることは確実になかった。[★3]同じことが最初の硬貨にもあてはまる。多くの場合、硬貨はまだ非常に高い価値をもっており、一週間分というよりも一か月分の労働の価値に等しかった。

だが、しばらくすると、もっと小額の価値が大半の地域でなんらかのかたちをとるようになった。賃金の支払いに使える単純な交換手段の必要性は、切実ではなくとも、かなり大きくはあったのだ。硬貨が導入された理由としては、長距離交易での支払い手段として必要だったという説明のほうが優勢だが、これにはいささか疑問が残る。[★4]そもそも交易は、硬貨が使われるようになる前から何千年と行われていたうえに、清算（急な要請による借金の支払い）をする場合を除けば、長距離交易に硬貨の使用が必須だったとは考えられないからである。一方、硬貨が最初から、ほぼすべてのところで多様な金種、ことに小額の金種で存在していたということは、これが富裕層のあいだの大規模交易に使われていたというよりも、そこらにいる普通の男女に使われていたことを示唆している。もちろん大規模交易もなされてはいたが、それには最高額面の金種（金と銀）が使われるのが普通だった。

小額貨幣が最初につくられたのは紀元前五世紀の地中海地域である。紀元前六〇〇年を過ぎてからほどなくして、最初の硬貨が小アジアのリュディア王国でエレクトラム（金七〇パーセントと銀三〇パーセントの自然合金）からつくられた。最小額の硬貨（〇・一五グラム）は最大額の三二分の一で、それでも羊一頭の三分の一もの価値に相当したから、この硬貨の使い道にはまだかぎりがあった。

その後の数十年で、小アジアも含めたギリシャの各都市が同じようにこの新しい交換手段を使いはじめる。ペルシャではダリク金貨とその二〇分の一のシグロス銀貨（これでも兵士の一か月分の賃金より高い）が中心で、それより小額の貨幣がつくられることはめったになかったが、対照的にギリシャの都市は、紀元前五〇〇年ごろから多くの金種をつくった。[★5]小額銀貨のほとんどは重量一グラムから四分の一グラムで、最小額の銀貨は二〇分の一グラムしかなかった。この小額銀貨は日常的に使われたものと考えられる。一日分の労働は（およひ娼婦を訪ねたときの支払いも）三オボロス（オボルス）と見積もられた（一オボロス＝六分の一ドラクマ＝銀〇・七二グラム）。一般に手に入る最小額の貨幣は一オボロスの八分の一にあたる銀貨で、これがおよそ半時間分の労働に等しかった。[★6]

数十年後、イタリア南部とシチリア島のギリシャ都市は青銅貨を導入した。これは価値としては最小額の銀貨に等しかったが、サイズが大きいので、なくす心配もなく非常に扱いやすかった。したがって、この信用ベースの金属貨幣を使うことで賃金の支払いがかなり容易になったばかりか、賃金労働者をはじめとする低収入の労働者が市場で食料を購入する習慣も大いに助長された。しかしながら、現金払いされるのは小農のような小規模生産者や自由労働者ばかりだったとはかぎらない。奴隷所有者が自分の奴隷を職人や製造業者に賃貸することもあり、また、定期的に一定額を主人に返すという条件のもとで奴隷に「賃金労働」を許すこともあった[7]（第12章「ギリシャ・ローマにおける貨幣化と自由労働と非自由労働」の節を参照）。

国家、とりわけ都市国家のアテナイは、貨幣賃金の主要な支払い者だった。そして、そのなかでも大口の雇い主が陸軍と海軍だった。[8] プラトンの最後にして最長の著作である『法律』に、紀元前四世紀前半のその状況が簡潔に描写されている。「職人の働きを日常的に売り買いしたり賃金を支払ったりするのに国内での貨幣は必要であるから、そのための硬貨は供給されなくてはならない[9]」。メソポタミアにおいてと同様に、ギリシャの都市国家においても軍事的な労働力が大量に必要とされたことによって賃金労働が大いに促進されたが、ことにギリシャの場合は櫂《かい》の漕《こ》ぎ手をはじめとする軍船の乗組員が求められた。[10]

紀元前四八〇年以降、アテナイは対ペルシャ戦争の主軸を担っていた。一般に、三段櫂船の乗員は約二〇〇名を数えた。うち一七〇名はテテス〔民会と法廷への参加だけを認められた最下層の市民〕出身の櫂の漕ぎ手で、一人が一つの櫂を担当した（最も重要な上段に六二名、中段と下段に五四名ずつが配置された）。これに加えて下士官が六名、甲板員が一〇名、重装歩兵が一〇名、弓の射手が六名、乗船した。敵船めがけて衝突針路に入った軍船は、時速一三キロメートル以上もの速度に達した。そのころには櫂の漕ぎ手はそれぞれ一四分の一有効馬力を出しており、当然ながら、この最大速度を長く保つのは無理な相談で、三〇分もすれば限界だった。兵卒は三段櫂船には乗せられず、輸送船で運ばれた。通常、櫂の漕ぎ手は公開市場から雇われたが、緊急時になると話は別で、たとえば紀元前四二八年には四万二〇〇〇人もの漕ぎ手がいっせいに戦闘に送り込まれたが、このときアテナイは市民を徴兵するだけでは足りず、メトイコイ（在留外国人）と奴隷まで駆りださなくてはならなかった。

兵員への支払いは、一人一日あたり一ドラクマの計算で一か月分を前渡しされた。ただし作戦実行中は、脱走を防ぐために下船時まで定額の半分は支払いを差し止められた。この種の仕事にともなうリスクはさておき、最小限の食料支給の費用が二オボロス、つまり一日分の賃金の三分の一と考えれば、報酬率は悪くなかった。紀元前五世紀にはこの制度がまずまずうまくいっていたが、四世紀に入ると、アテナイの国庫に資金が入らなくなってきたために、士官が自ら兵員への支払いの追加手段を見つけなくてはならなくなった。敵味方かまわず金銭を巻き上げ、仲間からも取り立てるのが、しだいに日常茶飯事になった。これは決して褒められた行いではないかもしれないが、乗組員に一日あたり三〇〇キロの食料と四五〇リットルの水が必要だったことを忘れてはならない。軍事行動中の軍隊への物資供給はつねに悩ましい兵站《へいたん》問題だが、ことに海上では難問だった。

実際、何日も先までの食料と水がなかったら、あっというまに万事休すだ。こうした艦隊にとって飢えと脱走による大崩れはかつてなく切実な問題で、下手をすると最後には暴動が起きる。特別手当と前払い制は決して贅沢《ぜいたく》な扱いではなく、とくに舵手《だしゅ》と上段の漕ぎ手に関してはそうだった。この紀元前四世紀のジレンマをある船長が明快に表現している。「自分の船に優秀な漕ぎ手をそろえようと望めば望むほど、私の船からはほかの三段櫂船より多くの脱走者が出た。……［うちの漕ぎ手は］有能な漕ぎ手であるという自負があったので、い

ちばん高い賃金で雇いなおしてくれそうなところならどこへでも行ってしまうのだ」★11

　小額貨幣を含めた多くの金種をさまざまな金属で用意していたギリシャの硬貨制度は、その後、ローマ帝国やビザンツ帝国やアラブ帝国を通じてユーラシア大陸の西側を席巻した。貨幣の需要を支えた社会的条件をもっとよく理解するうえでは、この発明がなかなか通用しなかった国から多くを学ぶことができる。第3部でも軽く触れたとおり、エジプトがそういう国だった★12（第10章「エジプト」の節を参照）。実際、エジプトはギリシャ世界とのあいだに強い結びつきがあり、したがって現金払いという現象（とくに外国人傭兵《ようへい》の雇用や国際貿易での支払い）を見知っていたにもかかわらず、地中海沿岸のほかの地域とは対照的に、貨幣の使用はずっとのちまでナイルデルタに浸透することがなく、ようやく広まりかけたときにもかなりの抵抗があった。貨幣の使用がついにエジプトに導入されたのは紀元前三三二年にアレクサンドロス大王に征服されてからで、しかも最初は非常に限定的な使われ方をしていた。それは具体的にどういうことだったのか。

　硬貨は長いあいだ、エジプト社会の断然重要な部門である農業では使われないままだった。国家に穀物をそのまま引き渡すのが農民の務めだったからである。経済のほかの分野、とくにギリシャ移民（軍人のほか、新たに建設された都市アレクサンドリアの住民など、全人口の五～一〇パーセント程度）が活動する分野と、かつて神殿の管理下にあり、いまや国家の専売事業となった油、ビール、織物の製造業では、紀元前三世紀に入って初めて貨幣化が実現した。紀元前二六〇年には、銀貨に加えて信用青銅貨〔信用を裏づけに、素材価値を超える額面をもつ（信用発行の）硬貨〕も流通しはじめた。★13

政府はこれにより、全住民に青銅貨で納めさせる人頭税を導入できるようになった。また、専売化された油に関連する現金払いはすべて青銅貨で払わなければならないこと、同様に、カイロの南のナイル川西岸に位置する砂漠盆地ファイユーム・オアシスでの土地開拓とインフラ整備に関する仕事の賃金払いにも青銅貨を使うことが取り決められた。最初の規定では、青銅貨の最小額（一カルコウス）は一日分の賃金の四分の一、もしくはパン一個に相当し、最大額（二四カルコウス、三オボロスに等しい）は女性に対する塩税《えんぜい》の半額、男性に対する塩税の三分の一に相当した。[★14] このように、人頭税と五種類の青銅貨が同時に導入されたことで、賃金経済の導入もまた促進された。これらはいずれもかつては存在しないものだった。

全住民に義務として課されていた賦役の変遷を見ると、もともと現金とは無縁の暮らしをしていたエジプト人口の大半を占める小農が、いかにして都市や町の現金経済に結びついていったかがうかがい知れる。プトレマイオス朝のもと、この賦役が低賃金での強制労働に変質し、加えて国家の生産拠点においても賃金払いの季節労働が求められたのである。[★15]

現在では、発掘された多数の文書と、ドイツの古代史学者ジッタ・フォン・レーデンの優れた研究のおかげで、このアレクサンドロス後の時代のエジプトにはあらゆる種類の賃金労働と、自営労働と、その中間にあたる労働関係のすべてが存在していたことがわかっている。支払い方式についても同様だ。しかし全体的には、主要な形式は二つで、状況に応じて下請契約と直接雇用のどちらかになるのが常だった（ときに二つが組み合わさることもあったが）。もともとエジプトではギリシャ時代以前から、これらの労働関係と似たようなものが小作契約において見られていた。小作人の場合は、単純に自己責任で働いて地代を払うこともできたし、あるいは地主から種子と季節労働の費用を事前にもらっておいてから、あとで借りを返すかたちでもよかった。

下請形式は、「請負人（エルゴラボス）」が労働者を正規未満の賃金で雇って正規の仕事をやらせるというもの（ローマ法における「労働者の賃貸借」）で、これはおもに灌漑設備の保守作業、石切り作業、煉瓦製造、建設作業、大工仕事、製陶、塗装、運搬、単純農作業において見られた。この仕組みには、仕事の発注者である国家や大地主にとって有利な面もあった。原材料や道具や労働者への報酬を先渡ししなければならないのはデメリットだったが、それを相殺するメリットとして、労働者の補充と監督のコストを転嫁できたからである。もちろん、このやり方にはリスクもあったので、請負人が契約を完遂できなかった場合や道具を返却できなかった場合には、罰として請負人を投獄できるようになっていた。

一方、賃金労働者を直接雇用する形式では、雇用主が自ら監督コストを負わなければならないので、当然ながら（下請業者なら追加の作業を思いつければ万々歳なのに対して）経費と作業方法の監視、資材の管理などが、より厳密に行われた。「したがって直接労働契約が多く見られるのは、家事労働や家畜（馬、家禽、犬）の世話などにおいてで、同様に、官でも民でも書記の仕事や管理の仕事のような、生産に直接かかわらない仕事全般においては直接雇用が主流となるが……生産にかかわる活動全般、とくに大人数の（「組」にして使う）労働者を必要とする仕事では、下請形式のほうが好まれた[★16]」

もちろん、これらの混合型のような形式もあり、それは賃金の支払い方についても同様だった。つまり金銭（オプソニオン）で払われる場合もあれば、ギリシャ時代以前のように食料（シトメトリア）で払われる場合もあったが、たいていはその両方が併用されたのである。もちろん実質的な報酬水準は条件しだいだったが、それは貨幣で支払われる賃金の額が仕事の内容によってさまざまだったからというだけでなく、シトメトリアに用いられる穀物の質が受け手の身分に応じて決まっていたからでもあった。

一日分のシトメトリアはパンで渡され、一か月分のシトメトリアは穀粉で渡された。もはや伝統的な報酬としてビールが支給されることはなく、油やリネン類と同様に、ビールはたいてい市場で買わなければならないものになっていた。一か月分のシトメトリアは「およそ二人分を養える量」で、紀元前三世紀には「夫婦二人と少数の子供がきわめて典型的な世帯だった」ことを考えれば、これが基本的な世帯収入だったのだろう。一般に労賃はこの食料割り当てと現金の組み合わせで支払われたが、この時代の穀物価格にほとんど変動がなかったことからすれば、実質的な収入は総じて安定していた。そのためか、この時代にストライキが起きたという話はほとんどなく、あったとしても、確実に報酬水準には関係していなかった。[★17]

プトレマイオス朝後期を経てローマ帝国の統治下に入ってもエジプトの市場は拡大をつづけ、農村にも広まった。[★18] ローマ帝国時代に個人の土地所有はますます増えて、ファイユーム・オアシスの耕地の半分、ナイル川流域の耕地の四分の三が私有地になったと見られる。

土地持ちは一部の土地だけを自分で耕して、残りを小作人に貸し出した。土地の貸し出しは公有地でもなされた。いずれにしても、農民はプトレマイオス朝での慣例そのままに、収穫の一部を国家に納めなければならなかった。農民は村の脱穀場から直接もっていかれることもあれば、農民が公共の穀物倉に持参することもあった。これに加えて、小作人は地主に地代を払う必要もあった。穀物を育てているなら現物で払い、ほかの作物、とくにエジプトで需要の高い飼い葉を栽培しているなら、それを貨幣に換えて払った。また、前述したように十四歳から六十二歳までの全男子には人頭税を納める義務があったので、そのための貨幣も必要だった。したがって小農は収穫物の何割かを市場で売って必要な現金を入手するか、自分の時間を切り売りして大きな農場で雇われ仕事をしなければならなかった。あるいは地主から借金することで、地主に深く依存するようにもなった。これは賃金労働者についても同じだった。

三世紀のファイユームにあった「アッピアヌスの地所」のように大地主が自ら土地を開発していたところでは、当然ながら、多数の労働者が必要とされた。[19] しかし数がそろえばよいわけではなく、求められる技能がさまざまだったので、労働者の報酬水準もさまざまだった。ここでは奴隷労働はあまり意味をなさず、それよりも住み込みの常勤労働者（たいていは現物支給）と、時給か出来高払いによる現金支給と決まっている通いの常勤労働者と臨時雇い労働者が集められた。臨時雇いは容易に補充でき、収穫期には全労働力の半分以上を占めていた。[20]

プトレマイオス朝とローマ帝国期のエジプトにくらべると、地中海沿岸のほかの地域での貨幣経済の導入については、さほど詳しいことがわかっていない。しかし、やはり現金の使用と同時に労働関係が大きく変化したのはまちがいない。それらの市場経済における自由労働と非自由労働の関係については、追って詳しく論じていく。だが、その前に、まずは東洋に目を向けなくてはならない。北インドと中国においても、やはり（小額）貨幣の導入は西洋においてと同じような意味合いをもっていたのだろうか。

インド

貨幣経済の導入に関して、地中海地域、とくにエジプトでの事情についてはいろいろとわかっていても、インドでの事情についてわかっていることは非常に少ない。しかし、だからといって重要性が薄れるわけではまったくない。インドで初めて硬貨が出現し、流通するようになった時期は、いまでは多少明らかになってきているが、それが仕事とどう関係していたかについてはいまだ推測の域を出ない。西アジアと南アジアの接触は、紀元前五〇〇年ごろには確実に起こっていたはずだが（たとえばペルシャ軍にはインド人傭兵が雇われている★21）、それでも北インドでの貨幣の発明はほぼ、ないしは完全に、独自に起こっていた可能性が高い。とくにその根拠となりそうなのが、北インドでは硬貨がまったく違った形態をとっていることだ。円形の金型打刻硬貨〔熱した素材の両面を金型で挟みハンマーで叩き文様を打ち出したもの〕ではなく、打刻印硬貨〔素材にさまざまなマークを一つひとつ刻印したもの〕か鋳造硬貨で、形状も方形が多いのである。

紀元前五世紀のあいだに都市化と私有地の拡大が急速に進んだのを受けて、北西インド（現在のパキスタンも含む）では大型の銀貨から、もっと価値の低い硬貨への移行が起こった。[22] そのため以後は、等級の低い湾曲棒状《ベントバー》鋳造硬貨も流通するようになる。[23] この劣位貨幣が、ここではとくに大きな意味をもつ。つまり五・五グラムのシグロス銀貨を標準とすると、その倍の価値の二シグロス銀貨に加え、その半分や、四分の一や、もっと少ない価値の銀貨も出回るようになったのだ。一シグロスの二〇分の一と、四〇分の一（〇・一三グラム）が最小単位で、金種は全部で八つもあった。ほぼ同じころ、鋳造貨幣は北インドのほかの地域にも出現した。もっと大きいのもあれば、もっと小さいのもあったが、体系的な発掘が行われていないため出土品の記録もばらばらで、文字記録もないことから、これ以上のことはほとんどわからない。しかし重要なのは、残存する銀貨のほかに、銅貨もあらゆるところで導入されていたことだ。これに前述の地中海の事例で見たのと同様の実際的な利点があったことは明白である。では、インドでの銅貨は何に使われていたのだろうか。

マウリヤ朝（紀元前三二一年ごろ～前一八五年ごろ）初期の希少な文書、とくに政治や軍事などについて説かれた「アルタシャーストラ（実利論）」と呼ばれる種類の文献から、当時の経済情報がうかがえる。現存する最古のアルタシャーストラは紀元後三世紀に編纂されたものだが、原典［マウリヤ朝創始者チャンドラグプタの宰相カウティリヤの著作とされる］が書かれてから五〇〇年のあいだにいつ、どんなことが追加されたのかは明らかでない。この文書では労働者を大別して、奴隷、抵当に入れられた労働者、税や罰金を払うかわりに仕事をする無給労働者、賃金目的で働く臨時雇い労働者、出来高払いの労働者、基本給で働く個人、自営労働者に分類している。こうした賃金を支払うことにも、その賃金を市場で使うことにも、とくに大きな支障はなかったようだ。三・五グラムのカルシャパナ（パナ）銀貨と、三種類の劣位銀貨（最小の八分の一パナ銀貨は〇・四四グラム）のほかに、一六分の一パナから一二八分の一パナまでの四種類の銅貨も存在した。前述のカウティリヤの『実利論（アルタシャーストラ）』によれば、最も報酬の低い国家公務員の月給が現金五パナなので、時給にすればおよそ二〇〇分の五パナ、すなわち四〇分の一パナになる。したがって最小銅貨の価値は、一時間の仕事の三分の一に等しかった。最も報酬の高い官僚になると月給はその八〇〇倍で、有名な遊女のアームラパーリーは一晩五〇パナをとっていたという。★24

マウリヤ朝の滅亡後、ガンジス川流域の平野ではしばらく政治的分裂がつづいたが、そのかたわらで「局所的な貨幣経済の広まりにともなう急激な都市化」が進んだ。★25 一方、インド亜大陸の南部とセイロン島（現スリランカ）では、同様の動きがはっきりと起こるようになるのはまだ何世紀も先のことになる。★26

中国

さいわい、中国における硬貨の導入と使用については多くの史料が残されている。実際、毎日のように新しい情報源が出てきてぞくぞくするほどだ。しかし反面、以下の記述はすべて暫定的な内容だということでもある。★27 ともあれ、タカラガイ（子安貝）の貝殻や、骨や青銅でできたその模造品（いわゆる「蟻鼻銭《ぎびせん》」も含む）、ミニチュアの鍬、青銅製の小刀は、昔から副葬品に使われていたが、やがてそれらが計算単位に発展し、当然ながら交換手段としての役割も果たすようになった。

だが、平たい円形の青銅板に正方形の穴をあけた鋳造物は、まちがいなく硬貨だったと見ていいだろう。近年の研究により、この硬貨は中国西部に興った国家、秦において紀元前三五〇年ごろに導入されたことが確実視されている。もともとの重量は八グラムで、表面に「半両」の文字が入っていた。★28 そのころ中国北東部には、前述の農具を模した布銭《ふせん》三種類（最も小さいものが半両銭と同じ重さ）と、小刀を模した刀銭《とうせん》一種類からなる同じような貨幣制度があったが、その後の数世紀のあいだにすべて半両銭に取ってかわられた。秦は最終的に紀元前二二一年に中国を統一するが、この貨幣の移行はすでにその前に起こっていた。南部でだけは、インド洋から現在の雲南省に（おそらく紀元前十二世紀から）もちこまれていたタカラガイが、その後も貝貨《ばいか》として五〇〇年にわたって使われつづけた。★29

第12章

労働市場と通貨と社会——紀元前五〇〇年から紀元後四〇〇年の中国、ギリシャ・ローマ、インド

本格的な貨幣化のおかげで、およそ紀元前五〇〇年から前三〇〇年のあいだにユーラシア大陸の主要な文化的中心地では労働市場が成熟に達したと見ていいだろう。ある意味では、これでもうあとは旧世界の残りの地域にこの吉報が広まるだけ、そしてもちろん、そのあとにコロンブスを待つだけということになる。そうなれば残りの人間もみな、この一大制度革新の恩恵にあずかれる。だが、仕事の歴史はそう単純なものではない。そのようにすんなりとはいかない理由は二つある。一つは、本格的に貨幣化した社会では大量の労働者、とくに、たいした金銭的報酬を提示されないまま働かざるをえない労働者が、労働市場の外に置き去りにされかねない（にもかかわらず市場経済からは外されない）ことで、もう一つは、そのような貨幣化した社会でもふたたび貨幣が使われなくなってしまう可能性があることだ。

歴史には、どちらの現象についても実例がある。本章では、本格的に貨幣化した社会における自由労働と非自由労働の混在を、三つの事例にもとづいて論じていく。国家がどこまで労働を要求するのかという問題については中国が、奴隷制についてはギリシャ・ローマが、カースト社会の出現についてはインドが事例を提供してくれている。そのあと次章で、紀元

後四〇〇年から一一〇〇年ごろのあいだにユーラシア大陸の西部と南部で起こった劇的な非貨幣化現象を見ていくことにする。これは中東と中国での連綿たる持続と繁栄にくらべると、まったく対照的な展開である。

中国における国家と市場

ユーラシア大陸のほかの地域とくらべて中国が特異なのは、非常に価値の低い（一時間分の賃金に等しい）硬貨を実質的にただ一つの金種として、あえて信用発行という特性で運用する制度を、浮き沈みはありながらも二〇〇〇年にわたって維持したところだ。[★1] この硬貨の製造と流通は、ほぼ産業規模で行われていた。[★2]

そのような交換手段を日常的な利用のために必要とする社会とは、どういう社会なのだろうか。その答えとしては、労働に対する国家の強圧的な介入があったという見方から、逆に行政府は情け深かったのだという見方まで、さまざまな解釈ができるとしかいえない。秦は、膨大な数の「兵馬俑《へいばよう》」（中国初の皇帝である秦の始皇帝が紀元前二一〇年に亡くなったときに、その副葬品とされた焼き物の像）を残したことと、万里の長城を建設したことで知られる。これらを見ても、秦が大々的な「計画経済」国家であったこと、そして古代史において最も成功した軍事組織の一つであったことが察せられる。その意味で、毛沢東が自らを始皇帝に重ねあわせたのも当然といえば当然だろう。[★3]

だが、これも全体像の一部でしかない。[★4] 紀元前三五〇年の時点で、秦はすでに経済的に大

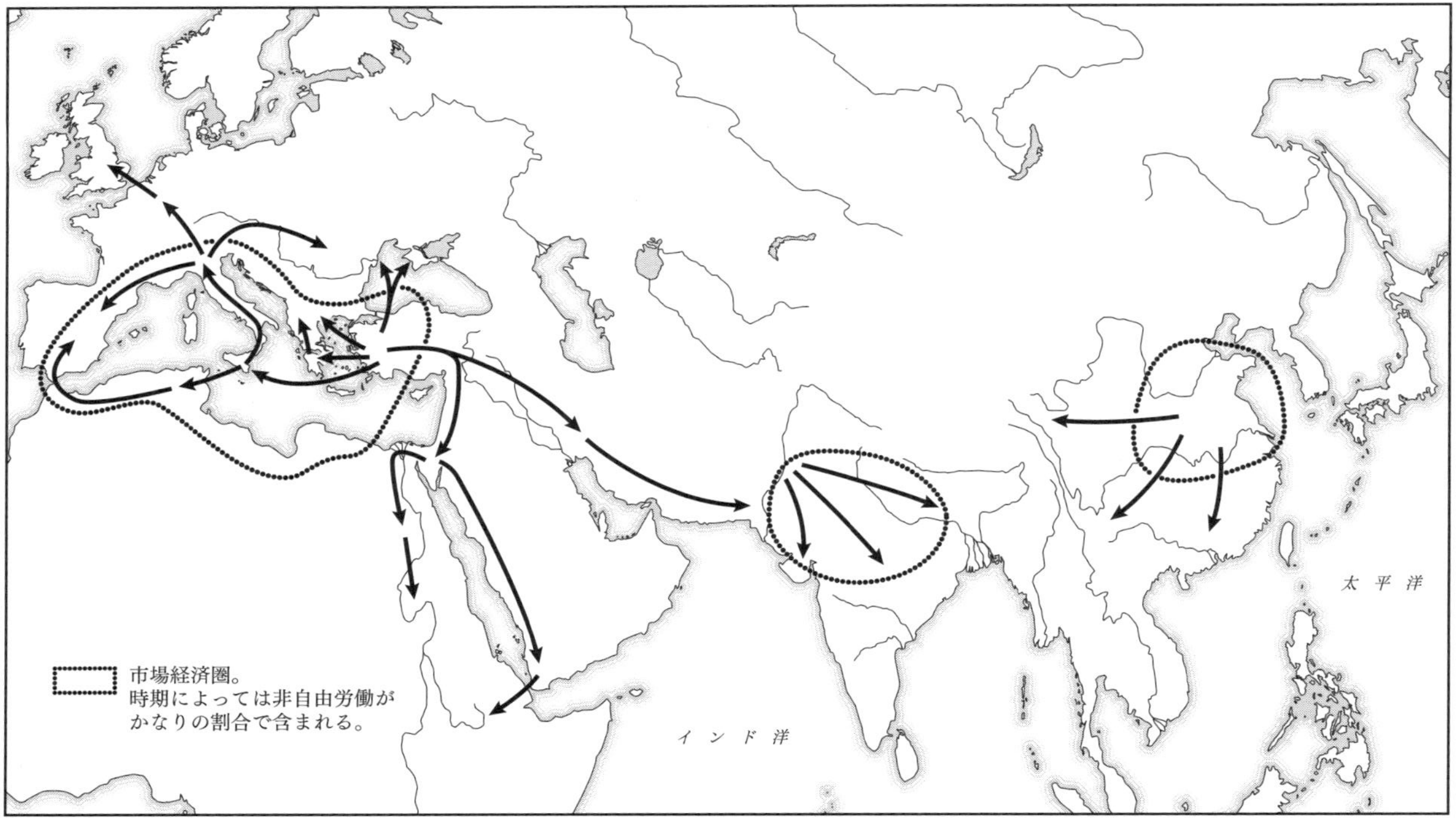

［地図4］ 紀元前500年から紀元後400年にかけての本格的な貨幣化

いに繁栄していたが、人口収容力はまだ限界に達しておらず、およそ一五〇年後にその限界を超えると、にわかに秦は終焉を迎えた。あいにく、万里の長城や兵馬俑、さまざまな道路や運河や宮殿がいっせいに建造された王朝の晩期にくらべると、秦初期の労働人口の状況については詳細がほとんどわかっていない。したがって、経済が激しく中央に集中するようになったのも晩期からだったと見ていいのかもしれない。

紀元前三五〇年ごろ、戦国時代の秦を治めていた孝公《こうこう》（在位紀元前三六一～前三三八年）は、政治家で思想家の商鞅《しょうおう》の補佐を受けて、多くの革新的な制度を導入した。前述の半両銭のほか、新しい財政制度や度量衡法、徴兵と公共事業への徴用の制度もこのときにできあがった。賃金労働も目立つようになったが、それは市場経済の一部としてというよりも（このころ土地市場はなかった）、徴集兵や徴用工に対して国から支払いをすることが増えてきたということだった。[★5] 軍隊は実力主義で編制され、社会移動〔社会における個人の社会的地位の移動〕がかつてないほどまでに助長された。政府は「下々の人民を愛する」ことを統治者の主要な務めの一つに掲げさえした。[★6] 経済活動は、農業や鉄器製造から公共事業にいたるまで、すべて国家に握られているか、そうでなくとも厳しく監督されていた。その結果、男性は生産年齢人口の一五パーセントから三〇パーセントにもおよぶ人数が、徴用されるなどして公共事業に直接関与した。前述したように、こうした労働者には現金で支払いがなされたが、この数字を見積もった考古学者のギデオン・シェラフ＝ラヴィは次のような見解を示している。

これは非常に高い割合の労働力が、大きな圧力のもと、食料と基本的資源の生産活動から引き抜かれたということである。こうした事業の間接的な負担もきわめて重かったに違いない。そこで働いていたのが徴用工であれ服役囚であれ、あるいは仕事をした分だけ報酬を得られる職人であったとしても、彼らには装備と衣食住をあたえる必要があり、たとえそれが最低限のレベルでも非常に高くついたはずである。税率が最高六〇パーセントにも達しただろうと見積もるまでもなく、小農に課せられた負担はとてつもなく重かったと推察される。[★7]

加えて、規則にしたがおうとしない者も罰として強制労働に就かせられ、そのうち少なからぬ数が永久に国の奴隷の身分に落とされた。[★8]

当初、この制度はとてもうまくいっていたようであり、人口のかなりの部分に仕事と収入を保証したとも見られるが、結局は思いあがった秦王朝の末期に悲惨な破綻を迎えた。[★9] 秦に取ってかわった漢王朝（紀元前二〇六〜紀元後二二〇年）は、秦の制度のよい面については多くを維持しようとしたようだが、ひどく常軌を逸した面に関しては、効率を犠牲にしてでも採用しなかった。[★10] 公共事業への大量徴用は継続されたが、農民にとって最も急ぎの、かつ手間のかかる作業がないときの三〇日間に限定された。

漢の時代には五銖銭《ごしゅせん》（「銖」は重さの単位）という新しい硬貨の発行もあった。これは基本的には半両銭に似ていたが、刻印されている文字が異なり、重さは約三グラムしかなかった。一月あたり五銖銭二〇〇枚の収入がこの時点での標準だったようで、半両銭の場合と同じように、そこから一時間分の仕事の価値が察せられる。★11 五銖銭は大量に発行された。毎年二億三〇〇〇万枚、つまり一人あたり四枚が鋳造されていたので、紀元後に入ったころには早くも一人あたり数百枚の五銖銭が流通していたことになる。★12 これは貨幣経済がいかに広まっていたか、とくに仕事の報酬として貨幣がいかに普及したかをうかがわせる最良の指標である。当時、自営労働がどれだけの割合を占めていたと考えられるかは定かでないが、人口の大多数が農民だったことからして、かなりの数だったとはいっていいだろう。とはいえ公共部門のみならず、民間部門でも、このころには賃金労働が相当に増えていたに違いない。一方、奴隷はわずかだったが、懲役労働は決して少なくなかった。★13

労働に関する国家と市場の関係については、著名な歴史家の司馬遷《しばせん》（紀元前一四五〜前八六年ごろ）が確固たる意見を残している。過去数世紀の中国の変動にかんがみて、司馬遷は次のような結論にいたった。

まことに社会に農民がいなければ食べるものはなくなり、木こりがいなければ木材は供されず、職人がいなければ製品はできず、商人がいなければこれらの品々は流通しない。

だが、ひとたびこれらが存在しているなら、どうして政府の命令や、労働力の動員や、定期的な集団作業の必要があろうか。人びとが各自の能力を活用し、各自の強みを生かして、望むものを手に入れればよいだけだ。ゆえに商品が安いなら、それは高くなる兆候で、商品が高すぎるなら、それは安くなる兆候である。各自がおのおの職にいそしみ、喜んで仕事をするならば、低きに流れていく水のように、品物はおのずと昼も夜もよどむことなく流れてゆき、人びとは頼まれなくても商品を生産する。これこそ理にかなっていないだろうか。これこそ自然な帰結ではないだろうか。★14

もう一人の中国の文人は、理よりも現実を指摘するほうを選び、あくせくと働く同胞に対する同情を示した。白居易《はくきょい》の「観刈麦《かんがいばく》（麦を刈るを観る）」という詩（八〇六年）には、公正な報酬についての疑念があらわれている。

地上の農夫に暇な月はほとんどなく
五月にはますます忙しくなる
夜には田畑に南風が到来し
にわかに畝《うね》が黄色の実でいっぱいになる
妻と娘は米の籠をかつぎ
青年と少年は葡萄《ぶどう》酒の瓶を抱え
連れ立って畑まで食事を届けに行く
南の丘で頑強な農夫がせっせと麦を刈る

その足は灼熱《しゃくねつ》の大地に焼かれ
その背中は青天の炎に焦《こ》がされ
労苦に疲弊して酷暑をしのぐすべもなく
長い夏の日の短さを恨むのみ
幼い子を連れた哀れな女が
あとにつづいて落ち穂を拾う
右手に落ち穂をつかみ
左腕に壊れた籠を抱える
彼らが働きながらこぼす言葉を聴けば
とても悲しくなることが聞こえてくる
作物のすべてを穀物税でとられたのだ
ここでこつこつ集めたものが彼らの食べられるすべて
そして今日まで——なんのおかげで
私は一度も畑や木の世話をせずにこられたのか
私の俸給は三〇〇「石」
年末にはまだ手元に穀物がある
これを考えると、私はひそかに恥じ入る
そして一日中、この考えが私の頭を去らない★15

司馬遷が唱えたような国家に対する（労働）市場の勝利は、中国ではついぞ決定的なかたちでは起こらなかった。それはたまたまではない。古代中国史学者のアンソニー・バービエリ＝ロー教授が漢代の職人についての詳細な研究で、徴用された職人、有罪宣告を受けた職人、および国の奴隷とされた職人の仕事が――自由労働者の仕事と並んで――漢の成立前後の数世紀においていかに重要だったかを明らかにしている。

古代中国で公共事業計画を担当する高官は、費用便益分析を用いて人数や季節や作業期間を決定し、多様な労働要員に任務を割り当てた。……各労働集団の費用が秤《はかり》にかけられ、事業に必要な人日《にんにち》の総計に見合うように組み合わされる。各集団への標準的な割り当て量は厳密に成文化された。春と冬ではそれぞれこれだけの仕事をさせる、女性一人には男性一人と同じだけ刺繡《ししゅう》をさせてよい、自由職人一人には有罪職人四人と同じだけ技能を要する仕事をさせてよいなど。……官僚制国家であった古代中国の帝国は、王笏《おうしゃく》をふるう専制君主や道徳書をふりかざす学者だけでなく、情報を使いこなす筆まめな役人によっても支配されていた。彼らのデータベースはおおむね人名と、それに結びついた数字からなっており、戸籍、所有地の面積と特性、兵役義務のある成人男性の数、家のない移民の数などが記録されていた。このコンピューター以前の時代にとっては気が遠くなるほど膨大で複雑な情報の山から、知るかぎりの世界をコントロールしよ

うとする権力が育った。[★16]

この官僚主導という意味で、漢はまさしく秦の後継者だった。後代にも同じぐらい強力な王朝はいくつかあったが、大半ははるかに脆弱だった。いずれにしても、すべてに共通していたのは国家による直接募集を通じての、そしてさらには市場を通じての労働動員という主題であって、どの王朝もその変種にすぎなかった。

これが意味するところは非常に大きく、仕事の歴史に直接関連する社会史上の最も重要な議論の一つにぴたりと重なる。それは「古典古代」（古代ギリシャ・ローマ）の本質についてだ。この議論の一方にはミハイル・イヴァーノヴィチ・ロストフツェフの支持者がおり、もう一方にカール・ポランニーとモーゼス・I・フィンリーの支持者がいるが、近年ではその議論が古代中国に関しても起こっている。[★17] いわゆる近代主義者は、「古代の経済生活はまさしく近代の経済生活の萌芽のようなもので、近代と同じように市場主導の価格と高度な貨幣化と生産力のある都市と広域貿易に支配されていた——つまり生まれたての資本主義の特徴がすべてそこにあったと主張した」。この近代主義者の見方に対し、一九六〇年代から数十年のあいだ優勢だった原始主義者は、「商業ではなく農業こそが古代ギリシャ・ローマの経済活動の主力だったのであり……民間交易は最小限の規模でしか行われず……それもほとんどは贅沢品にかぎられ……ローマの都市は……消費と再分配の寄生的な中心地であって……生産的な産業の中心地ではなく……個人の何よりもの関心は地位を得ることにあり、貸し付けも

投資も経済的な目的でなされていたのではなかった」と主張した。[★18]

そのうちに近代主義者陣営が盛り返してふたたび優位に立ったが、そのころには新しい研究にインスピレーションを吹き込む一種の統合が生まれていた。次節で、産業革命前のヨーロッパにおける労働と労働者を綿密に研究したカタリーナ・リスとヒューホ・ソリーの斬新なアプローチを見ることにするが、ここではひとまず「近代主義者陣営のまぎれもない一員」と自称するバービエリ＝ローによる漢代の職人についての研究から一文を拝借して、簡単なまとめとする。

いまや多くの学者は、国家レベルの社会が出現してからの経済には、さまざまな程度の互酬、再分配による割り当て、国家統制と並んで、つねにある程度の商業化と、手工業の分化と、市場統合が見られることを認識している。時代や歴史的状況が違えば、これらの変数の値もさまざまに異なるかもしれないが、いずれにしても、過去の経済の歴史があらかじめ決まった一直線の軌道になっていることはありえない。[★19]

バービエリ＝ローは中国に関してはっきりとこの見方を立証している。このあとは、同様のアプローチがギリシャ・ローマにも十分に通用することを示していこう。さらに、その見方が古代貨幣経済の三つめの例であるインドにはどれだけあてはまるのか、また、先コロンブス期の南アメリカと中央アメリカでは国家レベルの社会が出現してからも経済が貨幣化されず、おそらくサブサハラ・アフリカでも同様だったが、それはいかなる背景によるものだったのかも追って検証していく。

ギリシャ・ローマにおける貨幣化と自由労働と非自由労働

紀元前五〇〇年ごろまでのギリシャ世界では、独立した自給自足の農民が人口の大半を占めていた。十分な土地がなければ「植民地」を求めてどこかに遠征隊を送った。こうしてギリシャ文化はエーゲ海沿岸から黒海沿岸と地中海沿岸に広まり、とくにイタリア南部とシチリア島に集中した。必然的に、このような事情で移住したギリシャ人は農民でありながら、同時に水夫でもあり兵士でもあった。

紀元前五〇〇年から紀元後五〇〇年までの一〇〇〇年にわたって地中海周辺の諸国を包み込んでいた古代ギリシャ・ローマの文明ほど、自由労働と非自由労働との関係を複雑に築きあげた文明はない。長いあいだ歴史家は、この点に関して二つの特徴を確たるものとして認めてきた。ギリシャ・ローマ人は肉体労働を軽蔑していたということ、そしてそれにより、ギリシャ・ローマ経済は奴隷労働に著しく頼っていたということである。どちらに関しても、当時の偉大な著述家の作品に実例への言及が難なく見つかるが、これをもって社会全体の特徴と見なしてよいのかは、あらためて真剣に考えてみなくてはならない。★20

まずはカタリーナ・リスとヒューホ・ソリーの研究をもとに、仕事に関する古典的な考えから見直してみよう。★21 社会的な観点からいうと、伝統的な戦士は――ホメロスの『イリアス』や『オデュッセイア』に見られるように――尊敬の念で見られていたが、戦士は同時に農民でもあり、その農民もまた敬意を払われる対象だった（結局のところ戦闘はフルタイムの職業ではなかったのだ）。この理想は古代ギリシャの詩人ヘシオドスの『仕事と日』に美しく詠《うた》われている。生産的な労働はギリシャ人の思想の基本的な価値観に沿っていたのであり、おそらくそれを最もまざまざと示しているのがギリシャ神話のヘラクレスの十二の難業だ。ギリシャの拡大と植民は、じきに外に広がる段階から内に集約する段階に移行し、そのなかでポリスと呼ばれる都市国家が中心を占めるようになった。都市国家には農民のほかにも多くの人間が住みつき、とくに自営の職人と賃金労働者が増えていった（すでに存在していた奴隷については追って論じる）。

この農業に従事しない労働力が出現するとともに、最も勇敢な戦士を社会の頂点とする既存の政治関係を新しい現実にどう適合させるかという問題が浮上した。その結果、もう一つの新しいものが生まれた。それが有名なギリシャの民主主義である（ただしギリシャの都市国家のすべてが民主主義を採用したわけではない）。最初の段階では、これによって政治権力がもはや一部の有力者だけのものでなく、農業を自営するすべての男性成人世帯主のものになった。なんといっても農民には、作物の実った自分の畑を自分で守れる独自の力があったのだ。やがて農民以外の男性市民もあとにつづき、その最も急進的なかたちがペリクレス時代のアテナイで実現した。紀元前四五一／四五〇年に制定され、四〇三／四〇二年に再度発布された市民権法により、男性市民は政治集会に参加して政治的任務を果たしているあいだの収入減を補う手当まで受け取れた。つまりこの段階で、賃金労働者も民主主義に参加できるようになったのである。控えめに見積もっても、紀元前四〇〇年ごろにはこうした賃金労働者とその家族が人口の三分の一を占めていたのではないかと思われる。[★22]

だが、この変化は旧勢力の少なからぬ支持者を狼狽《ろうばい》させた。なかでもとくに有能な代弁者は、収入を労働に頼らない男性だけが真の意味で自由に公益に尽くせるのだと主張した。賃金労働者などはお呼びでないというわけだ。その論理では、自ら働いて収入を得ている者は誰でも手ひどく攻撃されたが、とりわけ賃金労働者は奴隷とひとまとめに片づけられるありさまだった。偉大な悲劇詩人のソポクレスやエウリピデスも、著名な哲学者のプラトンやアリストテレスも、のちのクセノポンやストア派学者も、さらにいえばキリスト教会の聖職者やスコラ学者も、ときに人種差別的な表現を使い（「ヘレーネス（ギリシャ人）に対するバルバロス（ギリシャ人でない野蛮人）」）、ときに奴隷が奴隷なのは自己責任である（捕らわれたときに自決する勇気がない）といった言説を弄《ろう》しながら、みな奴隷制を擁護した。キュニコス学派は中間的な立場をとり、外面的に束縛されている個人でも内心は自由でいられる可能性を否定しなかった。この観点はとりあえず、奴隷に人間性、ひいては人間としての権利を事実上認めることに扉を開いている。一握りのソフィストだけは、どんな人間にも固有の自然的自由が神によってあたえられていると考えた。実際、この時代に奴隷制を認めなかったのは、この哲学学派の出身者だけだった。

プラトンやアリストテレスのような著述家が後世の古典主義思想に——最初はヘレニズム

王朝とローマ帝国において、のちにはルネサンスと西洋思想全般において（古典の素養のあったカール・マルクスも含め）──およぼした影響のおかげで（これを侮《あなど》ってはならない）、ギリシャ人（および、その弟子であるローマ人）が賃金労働をさげすんでいたという考えは広く流布して根を張ってきた。だが、前述のリスとソリーの多大なる功績により、この見方はごく一部の範囲に限定されるべきで、総論としてはまったくあてはまらないことが立証されている。

むしろ、ヘシオドスの農耕賛歌とそっくりそのままに、職人をはじめとしたギリシャ世界で働く全員の才能と尽力はしっかりと評価されていた。劇作家のアリストパネスやアイスキュロスやエウリピデス、哲学者のミレトスのタレスやプロタゴラスやデモクリトス（「原子論」で知られる）といった大物やソフィストだけでなく、当の職人たちまでが賛美するほどだったのだ。その何よりもの証が、製品に残されている製作者の名前である。★23 有名なアテナイの壺には絵付師の署名があり、彫像には彫刻家の署名があり、硬貨にメダル職人の名が刻まれることもあった。そしてそれは、もっと一般的な職人においても同様だった。専門職としての誇りは広く行き渡っていたに違いなく、女性においても例外ではなかった。巫女《みこ》、助産師、看護師といった職業のみならず、当時は全般に家庭内でしか行われていなかったはずの毛糸刺繡という仕事まで、墓石にはっきりと記された例が見つかっている。

だが、古代ギリシャ・ローマの時代には本当にそれほど自由労働が多かったのだろうか。教科書どおりなら、奴隷制が浸透していたはずではないのだろうか。ギリシャの古典期、すなわち地中海と黒海周辺の数千のギリシャ人都市国家が権勢を誇った時代に、自由労働は奴隷制にやや先んじて顕著になった。古典期のアテナイの職業名についての分析から、約一万人の自由市民が非農業部門に従事していたことがわかっているが、この部門には同じ数だけの非自由労働者もいた。史料には、非農業部門だけで一七〇種類もの職業が言及されている。仕事の分化がこれだけ水平に拡張していたからには、個人は必然的に、友人や隣人や家族といった身近な仲間うちの外で品物やサービスを調達しなければならなかった。そして、それを提供する職人や商人こそが、硬貨と小銭の主要な利用者だった。[★24] こうした職人たちをどれだけ賃金労働者と呼べるかは、彼らの作業する場が厳密にどういうところだったかによる。彼らはみな自分の工房を所有する独立した小規模職人だったのか、それとも一部の職人は——従業員としてであれ下請けとしてであれ——賃金と引き換えに他人のところで働いていたのだろうか。

ギリシャの都市国家で硬貨が導入される以前には、技能のある一握りの職人を別にすると、自由労働と呼べることをしていたのはテテス（無産階級市民）だけだった。ときどき求められる仕事をなんでもやるのと引き換えに、生きていくのに必要なだけの食料を定期的に雇用主からもらっていた人びとである。[★25] 奴隷と違って、テテスはいつでも雇用主と手を切れたが、それはだいたいにおいて現実的な選択肢ではなかった。これを変えたのが貨幣の導入である。ただし、それは新しい労働関係が可能になったからでなく、「面倒でめったになかったであろうことが単純化されて一般的になったから」だった。労働者の一種としてのテテスは存在しなくなり、かわってペネテスやラトレイスやミストトイといった身分が出現した。例外もあったが、これらの労働者はたいてい日雇いで、[★26]個人でも集団でも働き、賃金は一日ごとかプリュタネイア（一年の一〇分の一）ごと、または仕事ごとに支払われた。

古代ギリシャでの賃金労働はまぎれもなく都市での現象で、農村ではさほど見られなかったが、金銭による結びつきは──おそらく一見して想像される以上に──深く地方にも影響をおよぼした。[★27]ギリシャの小農は、世帯全員が働くのを基本として農業を営んでいた。追って見るように、奴隷も確実にいることはいたが、奴隷の意義は地方ではかぎられていたうえに、そもそも奴隷をもちたがる農家は多くあっても、大半の農家にとって奴隷を買うのは難しかった。一般に奴隷はそんなに安いものではなかった（職人の年収にほぼ等しかった）からである。したがって小農は、収穫がうまくいかなかった場合のリスクを軽減するという別の戦略をねらった。たとえば地元の大地主のところで緊急の賃仕事を引き受けておけば、次はそこからの支援として賃金払いの季節労働をまわしてもらえると期待された。農家の子供、とくに若年男子にとってのもっと一般的な戦略は、よそで賃金労働をすることだった。そこで彼らは櫂の漕ぎ手や傭兵や羊飼いの仕事をしに行った。

海軍で櫂を漕ぐことが貨幣経済の導入に果たした決定的な役割は、前にアテナイの例で詳しく述べたとおりだ。漕ぎ手の労働市場だけでなく傭兵の労働市場も繁栄し、望む者には仕事も賃金も食物もあたえられた。そして、それはアテナイだけではなかった。どの年でも、ギリシャ全体で五〇万人から七五万人の漕ぎ手が国家と民間の個人の両方から求められたと推測される。また、紀元前七世紀からあった傭兵の需要は、騒乱の紀元前四世紀に入ってますます高まり、その後も着実に伸びつづけた。この漕ぎ手と傭兵に対する需要は「かなりの大きさの不定形な労働市場のあらわれで、市場規模はつねに変動し、場所によってもさまざまだったが、それでも全体として、この市場はまずまず一定の需要を生んでいた」。[★28]

自由賃金労働が（副業としてでも本業としてでも）一般に考えられているよりもはるかに普及していたのはギリシャだけではない。それはローマ帝国でも同じだった。よく知られるところでは、もちろん、無数のローマ軍団兵がいる。彼らは職業軍人として、給与の一部を食事つき下宿で、一部を現金でもらっていた。共和政の時代には兵役に就くと三日ごとにデナリウス銀貨が一枚もらえ、カエサルがガリアから凱旋《がいせん》したあとは、およそ二日ごとに一デナリウスに上がった。[★29]

しかし軍隊の外にも自由労働はあり、とくに農業には賃金労働者と自営小農がたくさんいた。と同時に、当時の地中海地域と中東では、地方に奴隷労働があったこともわかっている。ただし、これには地域と時期によって大きな差があった。[★30]通貨をもたないスパルタのような国家では、都市に集中するエリートのための仕事をすべて奴隷（ヘイロータイ）が担っていた。似たような状況は、クレタ島や、ほかの一部の地域でも見られた。対照的に、非自由労働は地方の労働力のごく一部だけが受けもっていた政体も多数ある。全般に、経済的に成功している政体ほど、自由労働だけでなく非自由労働にも依存している傾向が強かった。その頂点に立つのがアッティカ半島と、その中心都市のアテナイだった。アテナイのエリート一二〇〇世帯は、収入のかなりの部分を自らの所有する街なかの搾取的な作業場や銀山や農場での奴隷労働に頼っていたが、それはほかの多くの自由市民にしても同様だった。職人と中規模農民なら一人や二人は奴隷をもてた。紀元前四世紀には、アッティカの全人口の三分の一までもが奴隷だったという見方もある。多数の奴隷人口がいたのはアッティカだけでなく、コリントスやアイギナでも同じだった。そして、これらはあくまでも一例だ。現在のイエメンやエチオピアなども含めて「ギリシャ」世界と見なせる境界ぎりぎりまで、経済の繁栄しているところはいずれも奴隷の輸入に頼っていた。[★31]

奴隷となる捕虜の供給は、供給元と奴隷商人によるみごとな海運ネットワークに支えられていた。おもな奴隷供給者になっていたのは海賊と、トラキア（バルカン半島東部の地方）やアナトリアのフリュギアの軍閥リーダーで、地中海の西側にも同様のネットワークがカルタゴ一帯に築かれていた。結局のところ、一〇〇〇以上の都市国家からなるギリシャ世界では、エリート（および準エリート）のために働く奴隷、小作人、賃金労働者それぞれの費用と生産力が勘案され、それしだいで、そこでの農作業を主として受けもつ層の割合が決まったのである。

ローマの奴隷制の絶頂期だった紀元前二世紀と前一世紀には、イタリア本土の総人口六〇〇万から七五〇万のうち、奴隷人口が二〇〇万から三〇〇万に達していた（南北戦争前のアメリカ南部における三二パーセントにほぼ匹敵する）。[★32] しかし奴隷がいても、収穫期をはじめとする労働需要のピーク時には、小農による自由賃金労働が不可欠だった。また、都市環境では自由労働が大半を占めていたが、その労働者の多くは解放された元奴隷だった。有名な「フルメンタティオ」（ローマ市民用の食料補助価格制度）のおかげで、技能のない雇われ労働者の四分の三デナリウスという微々たる日給も、十分なだけの額になった。[★33] この特別な制度が穀物だけでなく、ほかの生活必需品にまで適用されて、紀元後二世紀に入るころに油が無料になり、二七〇年代の初めにワインが無料になってからは、おそらく働くことへの動機そのものが薄まってしまっただろう。しかし、都市ローマはローマ帝国ではなかった。

　自由労働は奴隷労働の補完だっただけでなく、奴隷制を維持しようとするならば必要となる餌でもあった。まさにクセノポンの言葉のとおり、「奴隷には自由民以上に希望が必要」だったのだ。[★34] この希望とは解放《マヌミッシオ》のことである。奴隷の解放は、たとえば忠勤に対する報いとして主人から寛大にあたえられることもあれば、主人が奴隷女性を正式な結婚相手として望んだ場合になされることもあった。しかし素行が認められるのに加え、状況によっては、奴隷が自らお金を貯めて自由を買うこともできた。この点に関して、ローマ人には特有財産《ペクリウム》〔主人から奴隷にあたえられる財産〕と委任財産《プラエポシティオ》〔奴隷に管理が任される主人の財産〕という制度があった。[★35] ギリシャやその前の社会にもあったこうした制度のもとで、奴隷は——なかでも専門職の奴隷、とくに経営管理の技能をもった奴隷なら確実に——よそで働くこと、さらに稼いだ報酬の一部を自分のものにすることを許可された。こうして奴隷は解放を得るための貯金ができた。それはつまり、奴隷が貨幣経済に参加できていたということでもあった。

　紀元後三世紀以降、本格的な貨幣化が進んだことからして、自由賃金労働は増えていたに違いなかった。額面の高くない金種はアントニヌス劣位銀貨しか製造されなくなり、のちには、もっと小さくて均一なアントニヌス銅貨に限定された。その点で、後期ローマ帝国の西側は、一種類の銅貨しか通貨をもたない中国に似てきた。帝国の東側では、小銭の需要がますます高まっており、それは自由労働が増えていたということでもある。これを反映して紀元後二七〇年以降、各地の貨幣鋳造所は新たに帝国直属の大規模な鋳造所に置き換えられていった。ちょうどこのころ、トラキア、マケドニア、ガリアの都市が衰退するのと時を同じくして、小アジアと北アフリカの都市と建設産業が繁栄しはじめた。これらの町では、ギルドに類似した職人組合も発足していた。[★36]

しかしながら、きわだって多かったわけではないにせよ、奴隷はどう見ても――程度はさまざまながら――つねにギリシャ・ローマ社会の不可欠な一部だった。奴隷制はどこから出現して、どのような経緯で発展したのだろうか。ホメロスやヘシオドスの著作に描かれている時代〔紀元前八世紀前後〕には、奴隷制はあくまでも小規模なものだった。[★37]オデュッセウスの宮殿には五〇人の宮殿奴隷がいたが、これが当時の奴隷を所有するエリートの典型だ。しかし紀元前六世紀と前五世紀には、ギリシャ人を満載した船が北東は黒海から、南西はマルセイユやスペインまで到達して、大々的な植民地化がはじまった。そしてシチリア島と南イタリアが新しい入植者を受け入れる中核地帯となった。カルタゴ人も同じことをして、最終的にはローマ人がこれらの前例にならった。[★38]植民地化は本質的に、大々的な奴隷制を生みだすことになった。歴史学者のトレイシー・リールがいうように、「海外ではたくさんの土地がただで手に入ったが、たいていはその前に現地民を捕らえるか殺すか追放していた」という事実があったからだ。

植民活動が貨幣経済の出現と民主主義の誕生に関係しているというリールの説は、興味深いものだが推測にとどまるものでもある。この見方によれば、非自由労働を手に入れられるようになったギリシャの自由民は、それによって道徳を低下させていった。この「傲慢《ヒュブリス》」（わかったうえでの暴力的な侮辱）はなんとしても抑えなければならず、さもないとギリシャの都市国家は瓦解する恐れがあった。野心的な僭主《せんしゅ》たちの独裁を許して痛い目にあったギリシャの多くの都市国家は、相互の勝手なふるまいを防ぐ最善の手段として、自由民どうしによる民主主義というものを考えついた。ふたたびリールの言葉を借りれば、「古代ギリシャは史上初の真の奴隷社会であると同時に、史上初の政治社会でもあった。これは偶然の一致ではない。しかし、奴隷はただ古代ギリシャ人に政治参加する余暇を許したのではない。むしろ、もっと重要なことに、アルカイック期〔紀元前八世紀から前五世紀初頭ごろまで〕の奴隷制の発展がギリシャ人に政治を発明させたのである」★39。

アテナイでは奴隷制の存在の大きさが時代によって大きく変動し、紀元前五世紀の半ばに二万五〇〇〇人だった奴隷の数が、紀元前四〇四年にペロポネソス戦争が終結したあとには微々たる数に激減していた。その後、奴隷の数はふたたび増えて、紀元前四世紀半ばには三万人を超したが、アレクサンドロス大王の時代には二万人にまで減少した。このような激しい増減が起こった理由の一つは、アテナイでの政治的変動を別にすれば、自由民の父親と

奴隷の母親のあいだに生まれた子供に父親の身分を受け継がせる規則ができたことだ。★40

ヘレニズム時代には奴隷の数が急増したが、これはまずアレクサンドロス大王とその後継者たちにより、のちにはカルタゴ人とローマ人のイタリア征服と両者間の戦争（これで最終的にはカルタゴが滅びた）の結果として、大量の捕虜が生じたためだった。この時代に奴隷の値段が下がったというのが例証になる。★41 この大量供給がありながら、一方で労働需要も大きかった。そのためポエニ戦争などでは、ローマの小農や職人が軍務に就くことを求められた。結果として、かわりの労働力の必要性がいちだんと高まった。紀元前最後の二〇〇年間には、ローマの拡大の直接的な結果として、農業における奴隷制の頂点が見られるが、それより何より、奴隷が目立ったのは手工業において――工房のほうが監督も容易で収益性も高かったため――と、鉱業、造船業、および家事労働においてだった（家の中であれ外であれ、奴隷をもつのはステータスシンボルでもあった）。奴隷は非戦闘従軍者として戦争にも使われたが、実戦にも参加させることが必要になると、奴隷の身分はすぐに解かれた。★42

前述したように、紀元前一〇〇年から紀元後五〇年までの期間、イタリア本土の人口の三〇パーセントから四〇パーセントは奴隷だったが、ローマ帝国全体で見ると奴隷人口はせいぜい六分の一で、男女数はほぼ同じだった。この膨大な数を維持するためには、毎年五〇万人は新しい奴隷が必要だった。★43 自然に生まれる奴隷だけでは必要な数の半分にも満たなかったので、残りは誰かを奴隷化することで補われた。驚くべきは、この新たに奴隷化された人びとの大多数が帝国内から調達されていたことで、捨てられた赤ん坊などはその重要な供給源だった。当然ながら、この急速に奴隷化が進められていた時代、とくに、もともと自由民だった第一世代奴隷が急増していた時代には、大々的な奴隷反乱が勃発した。その最初の例は、紀元前一九八年から前一八四年にかけて起こっている。イタリアの南部や中部ではじまってギリシャや小アジアにも飛び火した、第一次奴隷戦争（紀元前一三五～前一三二年）、第二次奴隷戦争（紀元前一〇四～前一〇一年）、第三次奴隷戦争（紀元前七三～前七一年）はよく知られている。最後の第三次戦争は「スパルタクスの乱」の名でも有名だ。★44

スパルタクスはローマ軍のトラキア人部隊で騎兵をしていた。しかし、部隊がスパルタクスの出身部族であるメディ族との戦いに向かわせられたため、その時点で脱走したが、すぐに捕まって奴隷として売られた。このとき二十五歳ぐらいだったとされている。当時、大半の奴隷は農業に就かされていたが、スパルタクスの場合はその後、ローマを経て、最終的にカプアの民間の剣闘士闘技場に行き着いた。そこで彼は観衆を喜ばせるための一対一の、どちらかが死ぬまで終わらない決闘をさせられた。そして紀元前七三年の春に、忍耐が尽きた。まもなく七〇人の奴隷仲間とともに、スパルタクスは闘技場を脱走してベズビオ山に向かった。まもなくそこに別の奴隷の一団――とくにガリアとゲルマニアとトラキア出身の、ワインとオリーブと穀物の生産に特化した農場での強制労働に耐えきれなくなった奴隷たち――と、多数の日雇い自由労働者も合流した。スパルタクスはすぐに真の指揮官としての頭角をあらわして、よく訓練された完全武装の部隊を率いた。兵力は最盛期に四万人にも膨れあがった。スパルタクスは二年にわたってローマ軍団をさまざまな戦いで惑わし、打ち破りもしたが、最終的に紀元前七一年、三月末から四月初めにかけての戦いで討ちとられた。反乱軍の残党は、その後一〇年以上も小規模な戦いをつづけた。捕虜に対する処罰は苛酷だった。カプアからローマまでの二〇〇キロメートルにわたるアッピア街道沿いに、スパルタクス軍の六〇〇〇人の兵がはりつけにされた。

第二のハンニバル〔第二次ポエニ戦争におけるカルタゴの英雄〕さながら、スパルタクスは共和政ローマをひざまずかせることをめざしていた。反乱軍の大部分は、地方から逃亡してきた（都市出身者とは一度もともに戦ったことのない）奴隷で構成されていたが、スパルタクスの目的は奴隷制の廃止ではなく、ましてや十九世紀以降の多くの研究者が推察してきたような、階級社会の転覆でもなかった。[★45] しかしながらスパルタクスは明らかに、昔のような、もっと平等主義的な社会を思い描いていた。支持者には戦利品を平等に分配し、金銀の売人は陣営に入れなかった。[★46] ここで一つ重要なのは、スパルタクスがトラキアから妻を連れてきていて、その妻がディオニュソス神の巫女だったとされていることだろう。この話は、「反乱奴隷文化とディオニュソス信仰とのあいだ」にすでになんらかの結びつきがあった可能性を考えると、いっそう意味深長である。

> 感情と願望の核が、多義的だが強力な解放と転覆のメッセージを包み込んで結晶している。それは社会で最も底辺の、最も周縁の岸から、奴隷世界全体に広まっていく力をもつ。……スパルタクスが巫女を連れていたことで、そうしたつながりがそこであらた

めて強調されただろう。そしてスパルタクスと同様、彼女もまた、ディオニュソスが「国民的」な神として崇められていたトラキアという地の出身であったことを考えれば、これはまたいっそう頷けることである。★47

パクス・ロマーナ（「ローマによる平和」）〔アウグストゥスが皇帝に即位した紀元前二七年から五賢帝時代が終わる紀元後一八〇年までを指す〕の訪れとともに、当然ながら、帝国に補充する奴隷の重要な供給源は枯渇したが、捨て子が奴隷にされる慣習はそのまま残り、むしろ供給源としてはいよいよ重要になった。この奴隷の減少にともなって、農業では借地農の増加と分益小作〔収穫を地主と小作人があらかじめ取り決めた割合で分けあう制度〕への移行が見られている。いくつかの研究によると、この時代の初めにおける奴隷人口は、いまだローマ帝国の総人口の一五パーセントから二〇パーセントを占めていた。一方、アメリカの古典史学教授カイル・ハーパーのように、この数字を一〇パーセントから一五パーセントともう少し低く見積もり、さらに紀元後四世紀には一〇パーセント以下になっていたとする見方もある。★48 ハーパーによれば、この奴隷人口は数世紀にわたって同じレベルを保ったが、それは自然増加を通じてであり、よくいわれるように戦争遂行の結果だったわけではないという。★49 奴隷の三分の一は市場向けの生産に特化した農場で働かされ、あとの三分の二は富裕層、とくに超富裕層の家庭で働かされた。どちらの場合でも、性的奉仕は奴隷——とくに若い奴隷——の仕事の一部だった。★50

しかしながら、ローマ人は奴隷制が高コストであっても、これを維持せざるをえなかったというのがハーパーの主要な結論である。それは賃金労働者があまりにも少なくて、それゆえに高くついたからであるという。したがって人口密度の高かったローマ支配下のエジプト〔アエギュプトゥス属州と呼ばれた〕のように賃金労働者が十分にいて、そのため安く使えたところでは、奴隷はかなり少なかった。[★51]

後期ローマ帝国では奴隷制がかなり下火になり、存続しているところでもずいぶん情け深いものになったような印象がある。とはいえ、フランスの歴史学者ジャン・アンドローとレイモン・デスカによれば、[★52]これで奴隷社会の話が終わりになるわけではないという。四世紀以降、戦争と奴隷狩りによって奴隷の数はふたたび増えているからだ。ただし子供が労働に利用されることは大幅に減った。これは従来、キリスト教が広まった影響だとされている。[★53]だが、この新しい宗教運動も奴隷廃止にはついに乗り出さなかった。

市場経済における職業の世襲――インド

前述したように、インドは世界で最も古い三つの貨幣経済圏の一つである。しかし中国もギリシャ・ローマもそうだったように、インドにはインド独自の特徴があり、それを仕事のあり方についての世界的な観点から見つめなおすことには重要な意義がある。と同時に、南アジアは世界のなかでも最も明白で、最も定型的に整えられた職業世襲システムが出現した地域でもある。本書の視点からいうと、このシステム、すなわちカースト制の何より着目すべき特徴は、厳格な階層社会のなかで職業が男系世襲されることである。そのような体制がどうして可能になるのか、そしてそもそも、この体制はいつ生まれたのか。インドで本格的な貨幣化が急速に広まった前なのか、最中なのか、それともしばらく経ってからなのか。しばらく経ってからというのが最もありそうな答えだが、それを裏づける十分な例証はあるのだろうか。

極論をいえば、完全なカースト社会には——とくに村落レベルでは確実に——市場など必要なく、ましてや硬貨のような交換手段もまったく必要でない。村の誰もが自分のするべき仕事を知っており、親から子へと代々受け継がれるその仕事をするだけだ。ただし唯一、自分の食べるものを自分でつくらない層に収穫物の一部を分配するときは、なんらかの機構が必要になる。これを解決するために、ジャジマーニーという仕組みがある。[54] 村の職人は農民の求めに応じて品物やサービスを提供しなければならないが、その引き換えとして収穫期のあとに村の総生産高の何パーセントかを、あらかじめ決められた割合にしたがって受けとることができるというものだ。

要するに、ここでは全員の権利と義務が生まれたときから定まっており、市場も交換手段も原則としては不要なものである。その意味で、古代インドの村落は一つの大きな信用経済圏であり、評判と半強制的な社会的役割がその信用の基盤になっている。これは見知らぬ他人が相手だったらできないことで、他人どうしでの財やサービスの取引においてはどんなかたちの信用よりも、つねに現金払いが好まれる。このやり方は、中世カイロのユダヤ人商人にも見ることができる。[55] 基本は相互信用で、非ユダヤ人の現地住民は信用払いと現金払いを併用していたが、ユダヤ人商人は例外的な場合（死亡時、相続時など）にしか貨幣を出さなかった。現金を求められるのは、インドも含めた遠方の交易相手からだけだった。

　あらためてインドでのカースト制の出現と貨幣化との関係に話を戻すと、これについては何をさておき、厳密にいつカースト制（および、それにともなうジャジマーニー制）ができたのか、そして、いつインドで貨幣化と非貨幣化が起こったのかが鍵となる。追って次章で詳述するように、南アジアでは本格的な貨幣化が紀元後四〇〇年ごろから止まっていった。そこで出てくる大きな疑問が、カースト制は紀元後四〇〇年よりも前に出現したのかということだ。すなわち市場が拡大していた期間にできたのか、それともそのあとの、市場が収縮した期間にできたのか。[★56] もっと大昔だったという可能性は考えにくい。なんといってもハラッパー文明にはカースト制の起源を示唆するものは何もなく、これを破壊したといわれていた「アーリア人」の出身地であるヤームナヤ文化においても同様なのだ。

　このインド＝ヨーロッパ語族の言語を話す人びとは、紀元前二〇〇〇年以降、第4部の時代がはじまる以前に北インドに入ってきた遊牧民で、長らくカースト制の発明者と見なされてきた。ヒンドゥー教の最古の経典である「ヴェーダ」が、この移入集団の言語である古代インド語で書かれていることが根拠だった。確かにその「発明」はありえるが、もっと興味深い疑問は、「ヴェーダ」に書かれているカースト制についての規範文言が厳密にいつの時代のものなのかだ。さらにいえば、それらの文言は人口のどの部分に関係しているのか。世のあらゆる聖典と同様に、「ヴェーダ」はある特定の時点で生まれたものではない。さまざまな原典から編纂された書物であり、最古の原典は紀元前一五〇〇年、現在のアフガニスタンの東部で生まれたとされ、のちにデリー周辺で生まれたものになると、その年代は紀元前六〇〇年ごろである。★57

さて、ここで問題にしているのは半遊牧民の移住者だ。畜産を主要な収入源とする（が耕作も知らないわけではない）彼らは、北インドの平原の西北から東に向かってゆっくりと、しかし着実に移動しながら、その途中で多くの開墾済みの農耕地帯を征服していった。そこで征服された人びとは大半が農民だったが、一部には狩猟採集民もおり、「ヴェーダ」ではダーサ、ダスユ、シュードラと呼ばれ、奴隷の身分に定められた。それが当時のユーラシア大陸で戦いに敗れた先住民の常だったのである。これらの奴隷はたいてい聖職者にあたえられた。こうした征服戦争がつづいた結果として、紀元前五〇〇年ごろに、四つの階層からなる社会が北西インドに出現した。その四つの社会階層が、戦士（クシャトリヤ）、祭司（バラモン）、農民と商人を含む一般市民（ヴァイシャ）、そして最後に、いうまでもなく強制労働に就かせられる被征服者（シュードラ）である。シュードラの女性の大半は家事労働に従事した。ここまでのところ、特別なことは何もない。同じヤームナヤ出身の別の一団がユーラシア大陸の西側に移住してやったこととも違わないだろう。そしてカースト制は確実になかった。なぜならこのころ「ヴァルナ」という言葉は（のちにカーストと同義になるが）、色、とくに肌の色という意味でしかなかったからで、白い肌のアーリア人が自分たちを浅黒い先住民と区別するために使っていた言葉にすぎなかった。

のちに「カースト社会」になるものの要素、たとえば高位のカーストと低位のカーストの接触――触れるのも、食事をともにするのも、水を受けとるのも含めて――のタブー視、異なるカースト間での結婚の禁止、職業の世襲などが明確になるのはずっとあとで、その変化の過程は非常に緩慢だった。この上層への社会移動を抑制するプロセスを追うにあたっては、二つの文書が参考になる。一つめは、前にも触れた、チャンドラグプタ王の時代（在位紀元前三二一七〜前二九三年）にカウティリヤによって著された理念型国家論の『実利論（アルタシャーストラ）』である。そして二つめが『マヌ法典』（紀元後一五〇年ごろ）だ。[★58]

『実利論』にはアーリア人を筆頭に、あらゆる住民の単純な分類が収められている。全体は四つのヴァルナに分かれる。祭司を意味するバラモン、戦士を意味するクシャトリヤ、商人を指すようになったヴァイシャ、そして住民の大多数である農民（たいてい国家に援助される入植者でもある）と職人を指すようになったシュードラである。各ヴァルナの成員は同じヴァルナ内で結婚しなければならないとされるが、カウティリヤは現実を見据え、その定めに違反した場合に起こりうるあらゆる可能性を想定してもいる。ということは、それはとくにめずらしいことでもなかったのだろう。カースト制には、のちに出てきたジャーティと呼ばれる下位区分にあらわれているように、さらに細かい区別もあるのだが、それはこの本には書かれていない。非アーリア人は、都市や村落の境界の外に住まわせられ、行動規範に対する重大な違反を犯した存在としてのけ者にされたが、アーリア人が東と南に拡大するなかで接触した先住民（最もよく言及されるのがチャンダーラ）にも同じような仕打ちがなされた。許可が出ているかぎり、こうした人びとはたいてい守衛や兵士として使われた。そして最後に、異人という枠があった。

前にも見たように、分類のしかたはこれだけではない。経済を仔細に観察していたカウティリヤは、奴隷、抵当に入れられた労働者、税や罰金を払うかわりに働く無給労働者、臨時雇いの賃金労働者、出来高払い労働者、固定給で働く個人、自営労働者（国家に援助された入植者のシュードラも含む）のあいだにも区別を設けているからで、職業の分類も一二〇種類におよんでいる。[59]

数世紀後にできた『マヌ法典』では、さらに踏み込んだ階層分けがなされている（その種類は六一にもおよんだ）。結婚相手は同じ階層から選ばなければならないとされ、この階層にもとづいて処罰も差別化されていた。したがって必然的に、属する階層が低いほど科される罰は厳しくなっている。[60] この社会的不平等を制度化する試みのよい例が、支給品についての規定だった。米、豆類、塩、バター、ギーは誰にでも支給されるが、賤民《せんみん》がもらえる量は米なら貴族への割り当て量の六分の一だけ、ギーなら半分だけと決められていたのである。特性にもとづいた差別化もあり、豊富な栄養を必要とする労働者には籾米《もみごめ》があたえられる一方で、奴隷はそのかけらしかもらえなかった。[61] ここで思い出されるのが、古代インドの宮廷占星術師ヴァラーハミヒラの語った理想だ。「バラモンなら部屋が五つある家をもつのがふさわしく、クシャトリヤなら部屋が四つ、ヴァイシャなら三つ、シュードラなら二つ……いずれにしても、主たる部屋の幅と奥行きは位の高低にしたがって変えられるべきである[62]」

最初に見たように、狩猟採集民のあいだには平等という自然な理想があったが、それをこのようにひどく侵害するには、あからさまな社会的差別を釈明できるイデオロギーが必要だった。とくに征服者の論理が時間とともに消え失せてしまったあとではなおさらである。のちにヴェーダの注釈書として成立した「ウパニシャッド」では、ある人間の一生から別の人間の一生に魂が受け継がれるという信念でもって、その釈明を果たそうとしている。「魂は前世での行いにしたがって幸せに生まれつくか哀れに生まれつくかが決まるものと考えられていた。ここから発展したのがカルマ（「業」、直訳すれば「行為」）という考え方で、ある人生での行いが次の人生に影響をあたえると説いている」[★63]。この考えは、被害者や加害者という概念を抜きにして、つまり現状について何かを変えられる可能性も変える必要性ももたせずに、人間の苦しみを説明しようとする試みと解釈できる。

対照的に、のちに出てきたヒンドゥー教のヴィシュヌ派の考えでは、シュードラも含めて四つのヴァルナのどれに属する人も、神への一人ひとりの帰依《きえ》を通じて来世で最終的な解放を得られるとされた。インドの歴史学者D・N・ジャーは、この帰依がヴァイシャとシュードラに支持されたことを指摘したうえで、こう結論している。「こうした［カルマのような］考え方は明らかに、大衆に自分の不幸を人為的なものと見なさせず、自分の属するヴァルナに伝統的に定められた義務を忠実に果たすことが必要なのだと思わせるようにしていた」[★64]

とはいえカースト社会は、誰にも反対されないまま一気に成立したわけではなかった[★65]。むしろ大きな敵意に迎えられたといってよく、『実利論』や『マヌ法典』などは確実に、当時の世相を反映したものというよりも、バラモン階級がこのイデオロギー闘争を有利に決着させるべく利用した手段だったと見なせるだろう。したがってグプタ朝〔紀元後三二〇年ごろ～五五〇年ごろ〕までのインドでは、これらの書物の教えの影響力もさほどではなく、少なくとも地理的にはある程度までにかぎられていたに違いない。実際、その考え方がインド亜大陸の全体に広まるまでには相当の時間がかかっており、最初は北部で西から東に、そのあとようやく北部から南部に広まった。

そしてもっと重要なのが、紀元前六世紀からの対抗運動の出現、とくにジャイナ教と仏教が生まれたことである。★66 どちらも原理的にはカースト制に反対するものではなかったが、どちらもバラモン階級の絶対的な指導下にある社会秩序についての既存の考えに議論を呼び起こすものではあった。とくにこれらが強調したのは、恵まれない人びとへの哀れみと、女性や低位カーストの人びとが対抗運動に参加できる機会の拡大と、不可触民も涅槃《ねはん》に到達できるという信念（これはヴィシュヌ派の信仰に疑いなく影響をあたえた）だった。また、仏教の経典には職人のありのままの名称が——皮なめし職人も含めて——初めて出てくるが、これはバラモンの世界観では思いもよらない、非常に画期的なことだった。皮なめしというのは結局のところ、それぐらい卑しい職業の一つとされていたのである。ついでにもう一ついっておくと、どちらかといえばジャイナ教は都市住民に適していて、仏教は地方住民が求めるものに沿っていた。

どちらの運動にも何世紀にもわたって多くの支持者がついた。その理由は何をおいても、マガダ国をインド初の帝国（西はカンダハールから東はベンガル、南はマイソール〔現マイスール〕まで）に発展させたマウリヤ朝（紀元前三二一年ごろ～前一八五年ごろ）の歴代の統治者が、まずジャイナ教に傾倒し（チャンドラグプタ王）、次には仏教に傾倒したからだ（アショーカ王）。マウリヤ朝の主要な後継国家はほぼ例外なく、もっといえば紀元前から紀元後にかけての時代に栄えた経済圏はほぼすべて、思想や宗教の混合した多重的な性格をもっていた。たとえばインド・グリーク朝（紀元前二世紀ごろ～紀元後一世紀ごろ）、インド・パルティア王国（紀元後二〇年ごろ～一三〇年ごろ。建国者のゴンドファルネス王はキリスト教に共感していたらしく、東方の三博士の一人カスパルは彼だという説もある）、サータヴァーハナ朝（紀元前五〇年ごろ～紀元後一五〇年ごろ）、クシャーナ朝（紀元後一二七～三二〇年）を考えてみればいい。すでに見たように、地中海地域やペルシャ湾地域をはじめとする諸外国との陸上・海上貿易の繁栄は、都市化、商人・職人組合の成立（とくにシュードラにおいての）と連動しており、そしてもちろん、本格的な貨幣化とも密接に関連していた。[★67]

この活況は、紀元後三世紀から徐々に勢いを失いはじめた。とくに北部では、ヒンドゥー教に深く傾倒したグプタ朝の短い繁栄期（三二〇年ごろから四五〇年ごろまで）のあいだに止まっていった。この時期のきわめて衝撃的な出来事は、銅貨の製造が突如として停止されたことである。しばらくのあいだは、それまでの数世紀に大量に製造されていた古い硬貨でしのげただろう。[★68] 小額貨幣のいきなりの製造停止とは対照的に、銀貨と金貨はその後もしばらく流通しつづけた。もちろん、グプタ朝での金貨の鋳造はよく知られるが、この芸術的で高品質な金貨に惑わされてはならない。カースト制がついに完全勝利を収めたのはいつなのかという当初からの疑問に戻ると、最も答えとしてふさわしそうなのがグプタ朝の期間であることはほぼ確実だ。なにしろグプタ朝以後、五〇〇年以上にわたって非貨幣化の時代がつづくのである。この非貨幣化（グプタ朝の滅亡後は銀貨と金貨も製造されなくなった）の背景には、対外貿易と都市化と経済全般の衰退があったが、本書のテーマからすると最も重要なのは、貨幣化されない労働関係がカースト制にがっちり組み込まれたことだといっていい。[★69]

インド史におけるこの数世紀の社会的変化は、ヨーロッパでいうところの「封建化」の現象に類似する。[★70]そう表現することには多くの反論もあったが、聖職者や修道僧や戦士が土地を私有して、農奴をその土地に縛りつけて働かせるという機構が支配的な原則になったのは確かだろう。たとえば仏教の僧侶が精神的な修行に打ち込んでいるかぎり、ほかの誰かがその僧侶の四つの必要――衣服、食事、寝床、医薬――を満たしてやらなければならないのだ。大規模な中央集権国家は、北インドと中央インドでは確実に消滅した。[★71]職業の細分化は急激に減った。[★72]交易の地方化と組合の整理統合は新しいカーストを生んだ。これはジャジマーニー制の急速な浸透を意味してもいただろう。この制度のもとで世襲職人は各自の技能を同じ村の農民に提供し、引き換えに村の収穫から分け前をもらった。女性の経済的自立にも影響があった。D・N・ジャーはこう説明している。

> 立法者が……定めた相続の規則は、女性から財産権を奪い、女性の結婚年齢を低下させるものであり、それによって女性は夫を選ぶ自由も取り上げられた。その結果、未婚の娘のときには父親に、妻となってからは夫に、寡婦になってからは息子に依存しなければならなかった。マヌ〔インド神話における人類の始祖で、『マヌ法典』の制定者とされている〕によれば、女性は男を誘惑する者なのだった。[★73]

これには仏教に対する反発が一役買っていた面もありそうだ。仏教では、女性であっても誰にも依存しないで生きていく（つまり托鉢《たくはつ》をする）道があるのに対し、バラモン教から発展したヒンドゥー教では、高潔で敬虔な女性として生きていくための唯一のモデルが従順な妻なのである。[★74]

この急激な社会的変化の背景には、バラモンによるほかの宗教観の弾圧もあったが、原始仏教の希薄化も手伝っていた。同時に紀元後三〇〇年ごろからは、ヒンドゥー教の聖典「プラーナ」に社会的危機の時代として描かれ、「カリ・ユガ（末世）」とまで呼ばれたほどの大混乱がやってきた。「高位のヴァルナと低位のヴァルナとのあいだの敵意が鮮明になった結果、シュードラが生産機能を果たそうとしなくなり、ヴァイシャが税を払おうとしなくなった」のである。[★75]

第13章 市場の消滅と再出現
——紀元後四〇〇年から一〇〇〇年のヨーロッパとインド

紀元前五〇〇年以降、ユーラシア大陸の主要な地域では、自由労働という現象——市場向けの小規模な自営生産と賃金労働の両方——が何世紀もかけて発展してきたが、とうてい安定しているとはいいがたかった。そして自由労働と非自由労働の関係も、同じぐらい不安定だった。すでにその例はいくつか見てきたとおりで、長きにわたるローマ帝国の世では奴隷労働の割合が大きく変動し、古代中国では臣民の労働に対する国の依存度が王朝によってさまざまだった。インドのカースト制の入り組んだ前史もその一例といえる。しかしながら、紀元後およそ四〇〇／五〇〇年から一〇〇〇／一一〇〇年までの期間にこそ、この不安定さを最もあらわにした例が見つかる。とくに顕著なのがユーラシア大陸の西部と南部での例だ。大陸の中心部——ビザンツ帝国、ササン朝ペルシャ、アラブ帝国（手短にいえば中東）——においては、ギリシャ・ローマ時代からの自由労働と非自由労働の絡みあいが長いことつづいた。

そうした劇的な変化と矛盾は、中国にはさほど見られなかった。そこで中国に関しては、ここでざっと触れるにとどめておく。といっても、漢代以降、明代になるまでの中国の歴史が平坦だったとか、労働史研究者からしても見るべきものがなかったという意味ではない。ただ中国では、本格的な貨幣化に変動があっても比較的そのぶれが小さく、期間も短かった。硬貨による現金払いの制度が完全に中断してしまったことは一度もなく、何よりも、前の時代の硬貨がそのまま法定貨幣として通用し、しかも価値がひどく変わることもなかった。時代によって、硬貨の製造が増えたり（宋）減ったり（明）することはあり、それに関連して労働関係の変化も生じた。[★1] しかし小額貨幣が製造されつづけ、中央集権体制の脆弱な国家が乱立したこの数世紀、中国の住民はずっと大半が小農で、現金で計算されて布や穀物で納める税を払っていた。

八世紀末からの唐の末期と、その後の宋の時代には、通例とまったく趣の異なる国家が存在した。とくに宋は、領内の農民に負わせる負担をできるだけ少なくしてやろうという儒《じゅ》教《きょう》の伝統にもとづいた情け深い国家とは明らかに違っていた。[★2] 基本的に、北の国境から圧力をかけてくる遊牧民を買収するか戦って撃退する必要があったときには、その資金をまかなうべく国が積極的に経済発展を促して、できるだけ多くの税を現金で納めさせようとするものなのだ。経済史学教授のケント・デンは、宋の時代の中国がもう少しで独自の産業革命に達しそうな状況にあったという見方にもとづいて、こう考察している。「反事実的推論〔実際には起こらなかったことを仮定した推論〕として、もし遊牧民と宋王朝とのにらみあいがもう二〇〇年か三〇〇年つづいていたら、中国はひょっとすると資本主義経済になっていたかもしれない」。貿易と工業は勢いよく成長し、都市も同様に発展した。一一六五年から一一七三年までのたった八年間で、首都の杭州の人口は五五万人から一二四万人と倍以上に増え、杭州は一世紀半前の開《かい》封《ほう》につづいて史上二番目の百万都市になった。中国南部の総人口は一一五九年の一六八〇万人から、一二二三年には二八三〇万人まで増加した。[★3] この膨大な都市人口のなかには自営労働者だけでなく、多数の賃金労働者も含まれていたと考えてまちがいないだろう。

このあとは、西ヨーロッパとインドの事情、そして中東の事情に焦点を絞り、それぞれの対照的な展開を見ていこう。[★4] ここでも推論のための「標準化石」として、小額貨幣の流通を見ることが役に立つ。本格的な貨幣化は自由労働の指標なのである。中東では、これに関しての変動がほとんどなかったが、その両脇では急激な失速が起こった。そこで考えてみなくてはならないのが、その失速から当地での労働のあり方に関して何がいえるのかということである。中国と同じく、中東の中心では市場経済がずっと継続されたのに、なぜ両脇の地域ではそうならなかったのか。

ビザンツ帝国、ササン朝ペルシャ、アラブ帝国における ローマ時代の労働関係の継続と改変

ビザンツ帝国（東ローマ帝国）は、その名称においてだけでなく、実質的な意味でもローマ帝国の延長だった。[★5] いまや南にはイスラム教徒の帝国があり、北にはスラブ人の帝国があったが、今度はこのビザンツ帝国が、それら新しい隣国やライバル国に対して多大な影響力をもった。もちろん、この政体が存続した約一〇〇〇年のあいだ、何もかもが従来どおり

だったわけではない。

まずは継続された点から見ていこう。自由労働に加え、奴隷労働も引きつづき存在した。ローマ帝国末期のところで見たように、キリスト教が奴隷制を終わらせることはなかった。しかし、この新しい宗教は、奴隷の扱いを適正にするよう訴え、「キリスト教社会」のうちでは誰もが平等であるとの考えから、信仰を同じくする仲間が奴隷化されることも認めなかった。ギリシャ・ローマ時代にあった一市民という中心的なアイデンティティも、このころには、信仰を同じくする仲間というアイデンティティにかわられていたといってさしつかえないだろう。これはビザンツ帝国だけでなく、七世紀に出現したイスラム教の諸国にもいえることだった。そしてこれは、奴隷制の存在にも大きな影響をあたえた。

それはなんといっても、ビザンツ帝国の公的規範が私的規範に勝っていたからだ。十一世紀のビザンツ帝国の法学者がこれを一言で説明している。「皇帝の権力に比較すれば、家父の権威など何ほどのものでもない」[★6]。皇帝はそのような力を奴隷に関してふるったということである。そしてもう一つ、皇帝が家族関係と性生活に関して特定の要望をもつ宗教コミュニティの首長だったという理由もある。キリスト教では、別れることのできない一夫一妻の結婚が理想とされたが、これが主人と奴隷との自由な性的関係と折りあわなかった。また、自由民と奴隷との結婚も、神の前にはすべての信者が平等であるという教えとぶつかった。自由民の男女でしか教会での結婚式は挙げられなかった。主人が奴隷と結婚したければ、主人は彼女をあきらめるか、彼女に自由を買ってやるしかなかった。こうして生まれた子供は自動的に自由民になった。[★7] このような背景のもと、ユダヤ人とイスラム教徒はキリスト教徒の女奴隷を所有するのを禁じられた。

だが、それでもまだビザンツ帝国にはたくさんの奴隷がいた。ギリシャ・ローマ時代に関して得られたような具体的な推定数値はないが、裕福な世帯でも、都市の商業でも、農業でも奴隷が使われていた。新しい奴隷のおもな供給源は、もちろん、帝国が絶えず巻き込まれていた戦争でつかまえた捕虜であり、とりわけそれが非キリスト教徒（とくに非正教徒）であれば、奴隷にするのも問題なかった。たとえばバルカン半島の多神教徒、イスラム教徒、ササン朝ペルシャのゾロアスター教徒、また、もしもその解釈が許されるなら、ローマカトリックも含まれた。このほかに、自由民が自分や子供を身売りして奴隷になることも普通に行われていた。さらに、奴隷制は一種の刑罰としても存在した。[★8]

イスラム教国家での奴隷制と奴隷貿易にも多くの似たような特徴があるが、明らかな違いもいくつかある。まず結婚観がキリスト教徒のそれとは大きく異なり、主人と奴隷がいたって普通にあらゆる種類の結びつきをしていた。[★9] また、主人と女奴隷との子供は自由民で、その後に母親が売られることはありえなかった。これは古代ヘブライ人の法でもバビロニア人の法でも同じで、いずれにしてもローマ法とは対照的だった。[★10] 信仰を同じくする仲間を奴隷にしてはならなかったのはキリスト教徒もユダヤ教徒もイスラム教徒も同じだったが（ただしもちろん、戦争捕虜の場合は事情が違った）、イスラム教徒は身売りして奴隷になることも禁じられていた。したがってイスラム教世界での奴隷は戦争を通じて獲得するか、奴隷貿易を通じて獲得するしかなかった。ビザンツ帝国が北方、とくにバルカン半島の供給源をできるだけ独占しようとしたので、イスラム帝国は戦利品として奴隷を得るほかは、ほかの供給源を当てにせざるをえなかった。九世紀と十世紀には、「ラダニテ」と呼ばれるユダヤ人商人が西ヨーロッパから中東への供給に重要な役割を果たした。[★11] イスラム帝国とライバルたちのもう一つの違いは、奴隷を兵力に使っていたことである。これは九世紀前半にアッバース朝で初めて行われ、その後、マムルーク朝エジプトで組織的に行われた。[★12]

ローマ帝国の時代と同じく、ビザンツ帝国においても自由労働は——増えてはいないにせよ——多く存在し、それに関連して、銅貨も大量に製造された（とくに六世紀と七世紀、そしてふたたび九世紀から十三世紀に）。ビザンツ帝国でつくられたのはフォリス銅貨で、これが一時間分の賃金に等しかった。一日に一〇枚のフォリス銀貨が普通の人の名目賃金だったようだが、職業軍人や職人のような一定の技量のある労働者は、その三倍から一〇倍を稼げていた。賃金労働者はおもに都市に見られたが、ついでにいうと、ほとんどの奴隷が使われていたのも都市だった。[★13]

ビザンツ帝国の主要なライバルは、最初はササン朝ペルシャだった。そこでの労働関係がどうであったかは不明だが、ビザンツ帝国での労働関係ともアラブ帝国での労働関係とも明らかに違っていた点が一つある。戦争捕虜を奴隷労働に就かせずに、植民地開拓者として使ったのである。もちろん、入植者といっても国境から遠く離れた土地を割り当てられて、その土地に縛りつけられたが、それを別にすれば自由の身だった。[★14] また、ササン朝にも職業軍人からなる軍隊があり、豊富に鋳造された大きくて平らなドラフム銀貨で給与が支払われたが、本格的な貨幣化に小額の銀貨や銅貨が役立っていたのはほぼ疑いない。軍隊以外では、賃金労働はそれほど見られなかったのではないかと思われる。[★15]

ビザンツ帝国とササン朝ペルシャとの戦いのすえ、最終的に祝杯をあげたのはどちらでもなく、アラブ人だった。最初のうち、アラブ人はビザンツ流の混合型の労働関係システムを継続した。たくさんの奴隷をおもに都市で使うが、同時に自由賃金労働もたくさん採用するという方式である。ギリシャ・ローマ世界については前に見たとおりだが、イスラム世界についても奴隷制にどれほどの重要性があったのかは真剣に考えてみなくてはならない。そもそも当地の奴隷社会について何か語れることがあるのだろうか。[★16] 新たに獲得された地域にはローマ帝国とビザンツ帝国のもとで長くつづいていた奴隷制の歴史があり、征服戦争によって新しい奴隷も手に入ったが、最終的に、労働力としての奴隷はさほどあてにされなくなった。イラク南部の私有地で畑の塩抜き作業をさせられていた東アフリカ出身の奴隷の反乱（ザンジュの乱）と集団離脱（八六九〜八八三年）が、これに一役買ったのではないかと見られている。[★17]

これ以降、奴隷、とくに女性の奴隷は、おもに富裕層の私宅で召使いをさせられたようである。奴隷たちの経歴、身分、職業的専門性がどれだけ多様だったかは、アッバース朝の八六〇年代当時の首都サーマッラーに残されていた生々しい記述に例証されている。第一〇代カリフのムタワッキルが暗殺されると、所有されていた奴隷たちは散り散りになった。そのうちの一人がマハブーバ（「愛する人」）という名の、ウードの弾き語りをする才能あふれた歌手で、殺されたカリフの愛妾《あいしょう》だった。最終的に彼女は別の奴隷の家に流れ着いた。これがテュルク系の軍事奴隷で、司令官にまでなっていたブーガ・アル＝カビールだった（このあとに引用する文献ではワーシフと呼ばれているが、これは「男性奴隷」という意味である）。詩人のアリ・イブン・アル＝ジャーム・アッ＝サミーが、この二人のあいだのエピソードを綴っている。

あるとき私は［ブーガを］訪ね、酒を酌み交わしながら楽しく語らった。［やがて］彼が、［演者を隠していた］カーテンを引くよう命じ、歌い手たちを呼び出した。しずしずと前に進み出た歌い手たちは、華美な衣装と宝石でこれでもかと身を飾っていたが、マハブーバだけは宝石も何も身につけず、ただの白い服を着てあらわれた。彼女は座して無言のまま頭《こうべ》を垂れた。ワーシフが彼女に歌を所望したが、彼女はご勘弁を、と乞うた。「いや、そこを頼む」とワーシフはいって、強引にウードを押しつけた。いわれたとおりにするしかないと悟った彼女は、ウードを胸に抱き寄せて、弦をかき鳴らしながら即興の歌を歌った。

生きていたとて何の楽しみがあるでしょう／もうジャーファル［ムタワッキルのこと］がいないのに
私は見ました、一国の王が／血まみれになり土まみれになったのを

［悲嘆で］取り乱した人も／具合が悪くなった人も、とうに回復しています
でもマハブーバだけは／もし死を目の前に突き出されたら
迷わず手でつかみとり／そのまま墓に入りましょう

［これを聞いて］ワーシフは激怒し、彼女を閉じ込めるよう命令した。彼女は投獄され、以後、二度とその名が聞かれることはなかった。[★18]

九世紀以降、中東での奴隷の数は減った（といってもゼロになったわけではない）が、奴隷の労働条件はかならずしもよくなってはいなかった。どういう待遇を得られるかには極端なほどの差があり、たとえば技能のある奴隷なら、十世紀のカイラワーンで結婚や出産の祝いに歌を歌っていた女性奴隷のように、家の外で稼いだ金を自分のものにすることも許されていた。一方で、主人には自分の所有する奴隷と性交する権利があり、そこに奴隷の意向はまったく反映されず、極端な話、主人が他人の目の前で行為におよぼうとしても嫌とはいえなかった。[★19]

しかしながら農業と工業では、やはり大半を占めるのが自由労働だった。ここで重要なのは、迅速な軍事征服に貢献したアラブの部族民がその褒賞に土地をもらったのではなく、新規に確立された守備隊駐屯都市に住まわせられたことだ。たとえばバスラ（住民二〇万人）、クーファ（一四万人）、のちに新しい首都となるワーシット、その後の首都バグダード（八〇〇

年ごろの住民五〇万人）などである。実質的に牧畜生活を捨てさせられることになったアラブ人たちは、定期的に支払われる給料（最低でも一年につき二〇〇ディルハム）と年金で収入を得た。しばらくすると、エジプトのフスタート（オールド・カイロ）とアレクサンドリア、トゥルクメニスタンのメルブなど、帝国の全域で同じパターンがくり返された。アル＝アンダルス（イベリア半島のイスラム支配地域）にだけは軍事都市がなく、新参者たちはそこで土地所有者になったと見られる。[★20]

加えて、ハールーン・アッラシード治世下のシリアにおけるラッカのような、産業都市もあった。それらの都市の経済も現金がベースになっていたことがわかっている。[★21]したがって都市の無数のガラス工場や石鹸《せっけん》工場や製陶所や製織所は、多くの自由労働者を抱えていただろう。中核地域では、ローマ時代のラティフンディウム（大農園）が急速に姿を消して、それに入れ替わるように、賃借した土地で労働者を使って農業を営む農民があらわれた。多くの小さな農業都市が栄え、農耕は集約化されて、いくつもの用水路から水が引かれた。法制度上でも、自由労働を受け入れる余地がたっぷりと用意された。[★22]

経済が活況になったのも束の間、やがて衰退の時期が訪れた。九世紀後半からの二世紀半のあいだに、小額貨幣はなくなり、都市からは人が消え、産業は衰えて、土地で生計を立てていた遊牧民が雇われ仕事をした。まる一世紀のあいだ、この衰退を免れられたのは帝国の周縁部、すなわちファーティマ朝エジプトと、中央アジア、イラン東部だけだった。このあとアラブの第二の成長期がはじまるのは、一二〇〇年ごろからとなる。

中東での経済活況の話はここまでとして、このあとはそれと対照的な、中世初期の西ヨーロッパと北インドでの国家と市場の消滅について論じていくが、その前に、一つ考えておかなくてはならないことがある。それはイスラム世界における女性の役割、とくに、働く女性の役割についてだ。これは現代社会での議論にも通じる問題であり、突きつめればかならず預言者ムハンマドの教えに行きあたる。ということは、女性の役割はイスラム教の出現によって変化したのだろうか。そうだとすれば、どのような点が変わったのだろうか。

多くの点で、イスラム世界での働く女性の役割はビザンツ帝国での、もっといえばギリシャ・ローマ世界での慣習の延長であるように見える。ここにおいても新規性というよりは明らかな継続性、古典期の伝統の強化が見てとれる。[★23] その点だけに関していうと、女性の労働と奴隷の労働に違いはない。手はじめに、現代のイスラム社会についての議論において女性の抑圧の象徴とされているもの、すなわちベールについて考えてみよう。この純潔の象徴は、古代ローマの公式なイデオロギーにおいても同じぐらい重視されていた。伝えられるところによると、紀元前一六六年の執政官スルピキウス・ガッルスが妻を離縁した理由は、ある日、妻がベールをかぶらずに外出したからだった。ガッルスはこう宣言した。「法により、おまえを見てよいとされるのは私だけであり……おまえがほかの人間に見られるようなことをすれば……即刻おまえは疑惑をかけられ、有罪とされるのだ」。しかし、この考え方からいくと、ギリシャ・ローマ世界においてもイスラム世界においても、女性の日常業務についてはどう解されるのだろう。既婚女性はみな家にこもって、そこで自らを役立たせなければ

ならなかったのだろうか。★24

いや、そうともかぎらない。実際、イスラム教は女性の財産権というかたちで新風を吹き込んだ。★25 以後、女性は独立してお金を稼げるようになり、夫がそのお金を自動的に自分のものにすることはできなくなった。女性が財産権を得たことで、女性自身の身体に関係することにも変化がおよんだ。それは次のような、当時の授乳に対する見方に明白にあらわれている。

多くのイスラム法学者が授乳を利益のある活動と認め、たとえ子供の命にかかわるようなことになろうとも母親に授乳を強制することはできないとしたのも、法的に見れば女性の母乳は本質的に夫の財産ではなく、商品であると考えられていたからである。これは、妻の身体と生殖能力は本人の財産であるとする法的な見地の直接的な結果であったと見られる。このような認識は、乳母に関する法的な規定にも見られる。授乳を乳母が行うことに関しては雇用契約があり、しかも、女性にとって公証手続きで規定される雇用契約はこれだけだったのだ。この契約のもと、授乳期間中の母親は自らが乳母となり、夫婦間の財産分離にしたがって夫からもらう賃金を自分のものにする権利をもっていた。契約書には夫の署名が必要だった。妻が授乳に雇われている期間、夫は妻との性交の権利を放棄することに同意しなければならなかったからである。★26

女性は――この時代の当然の規範にしたがえば――できるだけ家にいなければならないのだが、他方、女性には財産権があり、したがって女性は仕事で得たものを所有する権利をもっている。このジレンマを解決する方法は単純だった。女性はできるだけ家で仕事を――賃金労働も含めて――すればよいのだ。こうしたわけで、紡績を中心に製織や刺繡なども含めた都市の家内工業では、女性が集団で働いていた。カイロなどの都市のユダヤ人女性もこの傾向にならい、繊維産業でお金を稼いだ。こうした屋内活動に加え、外で行う必要のある職業にも女性が就いていた記録がある。ただし、その数はずっと少なかった。職業乳母については前述したとおりだが、ほかにも行商人、医師、助産師、心霊術師、占星術師、易者、結婚行事の主催者、遺体の清め人、葬式に雇われる泣き屋といった職業が記録から見つかっている。[★27]

市場がなかった時代の西ヨーロッパと北インド――紀元後五〇〇年から一〇〇〇年まで

ビザンツ帝国とササン朝ペルシャの出現と時を同じくして、中世初期の西ヨーロッパとインドでの労働関係は大きく変化した。だが、それぞれの変化の方向はまったく異なっていた。ヨーロッパの人口は急激に減少して、おそらく半分ほどの二〇〇〇万人ぐらいになり、そのまま五〇〇年のあいだ増えも減りもしなかった。ローマ帝国の滅亡後、都市は実質的に消え失せたも同然で、そこに追い打ちをかけるように感染症が広まった。だが、激減したのは地

方人口も同じだった。[★28]

当然ながら硬貨の流通もほとんど止まり、少なくともギリシャ・ローマ時代の活況にはとうていおよばなくなった。[★29] これには深刻な影響があった。「ローマ支配の終焉は、すなわち小銭の終焉だった。それ自体は些細な事実かもしれないが、そのあとの問題が重要だ。信頼できる硬貨が豊富に鋳造されていないと賃金労働が日常的に存在できないのである」。そしてまさにそのような状態が、五〇〇年以上もつづいた。フランク王国のカロリング朝がペニーという新しい硬貨を導入したことで、ようやく硬貨鋳造が復活したとはいえ、それが大きな効果を生んだとはいいがたかったからだ。「ペニーはその交換価値の高さのせいで、使われずにとっておかれることが多かった。したがって、この社会に硬貨が急速に流通したとは考えづらく、賃金経済に必要な要素が満たされたわけでもなかっただろう。……カロリング朝に日常的な賃金労働があったという記録はなく……誰も賃金で生計を立ててはいなかった」。[★30] 理論的には、西ヨーロッパでの硬貨の鋳造が止まったとしても、前の時代に製造された硬貨がそのまま流通していればよいわけだが、実際には、そういう状況にはほとんどならなかった。[★31]

西ヨーロッパの中世前半のあいだに賃金労働と市場向けの生産がしだいに収縮して、主要な収入源になりえなくなったとすれば、ではそれにかわって、どのようなシステムが優勢になったのかという疑問が出てくる。非自由労働か、自給自足の増大か、それともその両方か。大いにありえたのが、ローマ以前の鉄器時代への回帰——いいかえれば、自給自足農業への回帰——である。[★32] 住民一万人を超える数十の都市に暮らす一パーセントから二パーセントの人びとと、住民五〇〇人から一万人の町に暮らすもう五パーセントの人びとを別にして、西ヨーロッパの人口の大多数は食料を自給する小農であり、これらの人びとは食料のほかにも亜麻や皮革や木材や粘土や各種の建築資材を自分で用意していた。飼養する家畜は役畜としても利用できた。

しかしながら、果てしなく広い田舎で自給自足を主とする農業に回帰したところで、小農が生産物をすべて自分のものにしておけたわけではない。紀元後五〇〇年から一〇〇〇年までの西ヨーロッパにおける農地所有の割合はよくわかっていない。しかし一〇〇〇年以降は、三分の一がキリスト教会の私有地、もう三分の一が公有地と貴族の私有地、残り三分の一が自由農地になっていたと推定されるので、その前の数百年間も——貴族の数はずっと少なかったとはいえ——だいたい同じではなかったかと推察される。[★33] そこで、耕作地全体のおよそ三分の二——もちろん最も肥沃な部分——が教会と世俗の領主のものだったと仮定すると、人口の半数以上は多かれ少なかれ、その教会や世俗領主の言いなりになっていたと考えられる。これらの人びとは、ラテン語由来のセルウス（*servus*）と呼ばれる身分に相当した。この単語は、かならずしもギリシャ・ローマ時代のように「奴隷（slave）」を意味するのではなく、どちらかといえば「農奴（surf）」に近い。つまり土地に縛りつけられて、自分の生産物と自分の時間の一部を教会なり世俗領主なりに引き渡さなくてはならない小作人ということである。ひどい場合は、世帯の労働力の三分の一までもが賦役にもっていかれた。[★34] その残りが本人と同居者の使える分だった。小作人が領内に住んで働くことが義務になったことから、カロリング朝以降は、荘園に対する相続権が発達した。

荘園制の中心はフランス北部とラインラント〔ドイツ西部のライン川両岸地域〕にあったが、西ヨーロッパのほかの地域では荘園制はほとんど発達せず、ところによってはまったく発達しなかった（オランダ北部、ドイツ北部、スカンディナビア半島など）。これらの地域では、自由農民があたりまえだった。犂と役畜を使って広い農地を耕しているような農民なら、自らが一人か二人の農奴を雇うことができたが、小農は当然ながら世帯全員の労働に頼らなくてはならなかった。この時代、農業への投資はほぼ皆無で、そのため農業はきわめて労働集約的な営みだったから、少数の人間が自分の食べるものを生産しなくてすむようにするには、多数の人間が必要になった。たとえばフランスのオータンの聖サンフォリアン司教座聖堂の領内には、約一〇〇の農場があったが、それでも一五人の参事会員と数人の下僕を養うのに十分とはいえなかった。[★35]

都市と市場が存在しない以上、市場経済も——ローマ時代と中世の最盛期にくらべれば——存在しないに等しく、それにともなって職業の分化もなくなった。実質的に、いまや誰もが土地を耕して暮らしていた。わずかばかりの小さな町を除けば、専門職的な労働がかろうじて残っていたのは、ローマ帝国滅亡後のキリスト教の広まりとともに創設された修道院ぐらいのものだった。[★36] 修道院には、一日のうち八時間を祈りに、八時間を仕事に、八時間を睡眠に充てる修道士（もしくは修道女）のほかに、叙階〔正式に聖職者として任命すること〕されていない平修道士も住んでいた。修道院は自給自足を基本としながらも、支配下の荘園からの貢納も受けていたので、多くの修道士を農業以外の活動に就かせられる立場にあった。修道院の規模は大小さまざまで、伝統的に一人の修道院長に一二人の修道士がいれば十分に修道院の体をなせたが、これよりはるかに大きな修道院もいくつかあった。

修道院の建設と保守と装飾を別にすれば、そこの住人に課せられた専門的な務めのほとんどは、書物の筆写と彩色だった（西洋では中世の末期にようやく書物の印刷が発明される）。ベネディクト会修道士のアルクィヌスはこう記している。「聖典を書き写すのは最高の務めで、書き写した者にかならず報いがある。写本を書き写すほうが葡萄の木の面倒を見るよりよほどいい。後者は腹を満たすが、前者は魂を満たしてくれる」[★37]。修道士はみな文字が読めたはずで、毎日の祈禱と礼拝に用いる分だけでも、修道院には何十冊もの羊皮紙の写本があった。修道士は教区司祭の代理を務めることもあったが、そうした小さな教区教会には一冊か、せいぜい数冊しか写本がなかった。この数字はあまり褒められたものではないが、識字の広まりの実際的な限界を明かしてもいる。かといって、修道士が怠惰だったわけではない。一冊の本を修道士一人で筆写しおえるのに数か月かかったことを考えてみてほしい。これは一般に想像されるほど軽い作業ではない。あるスペイン人修道士は、まる三か月ひたすら筆写をしつづけたあとの九七〇年七月二十七日の八時間目に、大きく息を吐いた。「もう頭を上げてもいられず、手も足もぐったりしていた。すべて筆写による疲労だ」[★38]

ローマ人にかわって権力を掌握したゲルマン人の全員が奴隷所有者だったのは事実だが、

にもかかわらず、経済の悪化のせいで奴隷制は大幅に縮小した。[★39] カール大帝が七八二年にフェルデンで四五〇〇人ものザクセン人捕虜を処刑したのも、おそらくそのせいではないかと思われる。この捕虜たちは別のザクセン人によってカール大帝に引き渡されたが、カール大帝としても使いようがなかったのである。[★40] 奴隷の捕獲をさかんにするのに必須なのは供給でも供給側の道徳（の欠如）でもなく、十分な需要だった。そのため八〇〇年から一〇〇〇年ごろにかけてのヨーロッパでは、イスラム世界からの莫大な奴隷需要がちょうど北西ヨーロッパと東ヨーロッパに広がるヴァイキングの襲撃ネットワークと合致して、中世奴隷貿易の勢いが絶頂にあった。それに加えて南ヨーロッパではイスラム教徒とキリスト教徒の衝突が勃発し、ついにはキリスト教側が十字軍をバルト海沿岸の「異教徒」の征伐に送りだした。「仕える者」を原義とする古典ラテン語のセルウス（*servus*）と、「スラブ人」を原義とする中世ラテン語のスクラウス（*sclavus*）やアラビア語のサカーリバ（*saqaliba*）が、すべて同様に奴隷を意味することになったのも、奴隷の主要な調達地域がヨーロッパのスラブ語圏に移ったことの明らかなあらわれだ。

このヨーロッパでの奴隷制の衰退において、何より大きな要因だったのは経済事情の変化であって、それにくらべれば、キリスト教の出現などのイデオロギー的な要素はたいした役割を果たさなかった。奴隷解放は、確かにキリスト教徒にとっては信仰にかなう行為だったが、領主にとっては果たすべき義務でもなんでもなく、ましてや奴隷の権利など認めるいわれもなかった。とはいえ、キリスト教徒奴隷の売買に反対する運動が広まっていたのも事実だった。イングランドの歴史家で、修道院の司書だったマームズベリのウィリアム（一〇九五年ごろ〜一一四三年ごろ）の言葉を借りれば、

彼らはイングランド中から人を買い集めては収益目的でアイルランドに売り飛ばし、女中についてはベッドでもてあそんで妊娠させてから売りに出す。若い人たちが男女を問わずに縄でくくられ、一列につながれて、日々売りに出されていく気の毒な様子を目にしては、うめくしかない。その若さと立派な風貌を見れば、野蛮な異教徒でも哀れをもよおすだろう。なんと忌《い》まわしい、泣きたくなるほど恥ずべきことか。獣でももっているような感情を人間がもたずに、自らの同族を、血を分けた仲間を奴隷の身に落とすとは！★41

しかし教会は、それでも奴隷制を廃しようとすることはなかった。教会も長いあいだ当然のように奴隷を使っており、ゲルマン人聖職者は異教徒の奴隷がイスラム教徒に売り飛ばされることにずっと目をつむっていた。★42

これまで南アジアの中世初期の歴史は、西ヨーロッパの歴史にくらべると学術的な関心をさほど呼んでこなかったが、南アジアでもこの時代の労働関係の進展はおおむね同様であったことがあらゆる点から示唆されている。すなわち、都市と市場が衰退して、貨幣経済化が急激に失速し、結果として農村化が進み、地方人口の大多数において自給自足率が急激に高

まったのである。
　前に見たように、すでに強大なグプタ朝のもとで、四世紀には銅貨の製造も、やや遅れて流通も、そのほか硬貨全般の製造もすっかり北インドから消えており、スルターンを君主としたイスラム諸王朝が勢力を拡大する十三世紀になるまで復活しなかった。一方、南インドとセイロンでは、もともと硬貨がほとんど製造されておらず、ローマ帝国の硬貨（とくにデナリウス銀貨）が使われていただけだったが、チョーラ朝のもとで十世紀にあらためて本格的な貨幣化がはじまって、すでに一世紀から二世紀が経過していた。[★43]
　一方、西ヨーロッパの場合と同様に「封建化」が労働のあり方に影響をおよぼしたと見られるのが、早くから創建されていた仏教の僧院と、遅れて創建されたヒンドゥー教とジャイナ教の僧院においてで、とくにデカン高原と現在のビハール州の地域にそのような僧院が多く出現した（前者においては世界最大の石窟寺院群エローラが好例）。[★44]これらの僧院には多くの土地が寄進され、やがて、そのうちのいくつかが学問の中心地になった。代表的な例が、五世紀に創建されたナーランダ僧院である。この学問所には、遠方の各地から学者と学僧が集まってきた。七世紀の中国人仏教徒の巡礼が残した旅行記によると、学問所には一〇〇〇人の教師と一万人の学僧が住み込み、九〇〇万巻の書物が所蔵されていたという。これらの数字を文字どおりには受けとらないとしても、ここの知的労働者をはじめ、彫刻家や画家など、施設の建築にかかわるさまざまな働き手の必要経費をまかなうのに、多数の農民からの貢納が必要とされたことは明白だ。国家の編成はゆるく、とくに北部ではきわめて統制が弱かったため、西ヨーロッパの場合とくらべると、世俗領主への貢納はさほど必要とはされていなかっただろう。[★45] なんといっても、このころはもう無数の小さな村落しか残っておらず、すでに見たように、そこではカースト制が発達して深く根を張れるような状態だった。

東南アジアに対するインドの文化的、宗教的な影響力の大きさを考えれば当然ながら、当時の東南アジアでも同じような労働関係が浸透していたと思われる。すなわち、米栽培に特化した非貨幣経済の農村社会で、生産高の一部は寺院とそこに関連したエリートのためにまわされる。[★46] インドとの違いは、東南アジアにはもともと貨幣が使われた期間がなかったということだ。カースト制も東南アジアではインドと違い、少なくとも後年は、ずっと小さな役割しか果たさなかった。これはおそらく仏教が浸透していたためだろう。インドで生まれた仏教は、そこから北へ、東へ、南東へと広まったが、発祥地のインドでは最終的にヒンドゥー教に負けてしまった。

アンコールのクメール王国を筆頭として、申し分なく成功を収めた政体では、もちろん巨大な建造物のあれこれを完成させるのに大々的な賦役制度を必要とした。奴隷も必要であり、市場も必要だったが、基本的には物々交換で、交換手段には布などが使われていた。これに最も類似するのは先コロンブス期のアメリカの政体、とくにメキシコのアステカ族の国である（追って詳述）。しかし東南アジアの場合は、各政体が自らの積極的な選択として、貨幣を報酬とする労働市場を採用しなかった。結局のところ、アメリカ大陸とは対照的に、東南アジアではインドからも中国からも情報が入ってきていたので、貨幣の使用についてはよく知られていたのだ。ただ、それを利用しないという選択が全般的になされ、長きにわたってつづいたのである。

第14章 労働市場をもたない異例の国家の成立
——アメリカ大陸

スペイン人の到来以前のアメリカ大陸に栄えたみごとな文化は、労働史研究者にとってはいまだに悩ましい謎である。壮麗な建築物を築くことにかけては先行文化——ギリシャ世界、ローマ、インド、中国——に負けず劣らずの能力があったが、アメリカ大陸の諸文化には金属製の通貨がいっさいなかった。では、必要な仕事をどうやって成り立たせていたのか。労働者は現物で支払いを受けていたのか。無給の奴隷に仕事をやらせていたのか。それとも、メソポタミアとエジプトで見られたような貢納－再分配方式を通じてかどうかはともかくも、すべてを賦役労働に頼り、本来は自給自足の農民に仕事を課していたのか。また、ほかの仕事についてはどうだったのか。たとえば兵士はどうやって募り、どんな報酬をあたえていたのか。そして何より重要な、土地の耕作はどうしていたのか。

オーストリアの歴史学者ウォルター・シャイデルは、最近の世界規模研究においてユーラシア大陸と先コロンブス期のアメリカ大陸を詳細に調べ、このような見解を述べている。「どこであれ、政府が国家事業をなしとげたい場合、政府には端的にいって二つの選択肢がある。契約でその仕事を完了させるか、あるいは強制的な手段をとるかである。前者の戦略は、概して民間の資産と生産物への課税によって支えられるが、後者の場合は、たいてい一種の特殊な税として労役を賦課する」。シャイデルによれば、労働を義務として果たさせるほうが通例で、国家が市場機構に頼って建設事業を手掛けていたギリシャ・ローマのほうが断然例外だったという。[★1] とはいえ、この第4部で扱っている期間には、すでに見てきたとおり、シャイデルの挙げた両極的な選択肢の中間にあたる混合的な形式がいくつもあり、この比較では問題を部分的にしかとらえられない。だが、まずは先コロンブス期のアメリカ大陸における最も有名ないくつかの社会を例にとり、この問題の一部始終を詳しく見たうえで、そこで採用されていた形式に、すでに見てきた世界のほかの地域との類似がどの程度までうかがえるかを確認してみよう。それはのちのち、仕事が一五〇〇年以降のアメリカ大陸においてどのような位置を占めていたかを察する手がかりにもなる。

もっと小さな無数の文明ももちろん個別には興味深いのだが、それらについてはひとまず端折ることにして（本章の最後であらためて触れるが[★2]）、ここでは最大級のインカ、マヤ、アステカの文明に焦点を絞りたい。本書の解釈が正しければ、賃金労働は交換手段が豊富に出回っていることによって刺激されるはずなので、これらの物質的に発展していながら金属製の通貨をもたない社会では、仕事のあり方と仕事に対する報酬のあり方が、貨幣社会のそれとは違っていたと推測される。

前にも触れたように、この考え方を広く普及させたのはハンガリーの人類学者カール・ポランニーで、そのたいへんな影響力は、人類学にも（マーシャル・D・サーリンズなどを通じて）、考古学や古代ギリシャ・ローマ研究にも（とくにモーゼス・フィンリーを通じて）およんでいる。[★3] ポランニーは自説の前提として、産業革命がイギリスで起こる以前の世界史においては互酬のほうが市場を介した交換よりもはるかに顕著に見られたと断定しただけでなく、再分配の原則にしたがっていた文明は無数にあったとも断定した。そうしたところでは、生産とそのための労働がすべて神殿に対して向けられていた。そして神殿での労役を管理するエリートが、生産されたものを共同体の成員に再分配する。それはどう見ても階層社会だったが、共有された宇宙論的な信仰と、公正に感じられる分配が、人びとのあいだに繁栄と幸福の意識を醸成した。その代表的な実例が、すでに第3部で見たとおり、古代メソポタミアとエジプトにあった。

この再分配モデルを安易に適用することへの批判として、本当にこれを適用するのならそれなりの根拠、とくに再分配される食料物資の巨大な集積所の存在を確実に示唆するものがなければならないと指摘されてきた。批判者からすると、美しい神殿があって金属製の通貨がないだけでは説得力に欠ける。それよりも、考古学者には市場にこそ目を凝らしてほしいのだ。また、市場がなかったインカと、市場を大いに活用していたアステカ、および本章の最後で見るような、その中間にあるさまざまな共同体との差をことさら強調するのも危険であるという。[★4] そこで本章でも、前もって注意しながら先コロンブス期の文明について検討していきたい。

小規模な農業共同体から複雑な貢納－再分配社会へ

アメリカ大陸の最も有名な貢納社会は、アンデス高原のインカ帝国（一四三一～一五三二／三年）である。メキシコのマヤ、アステカの両帝国と同様に、インカもペルーのチムー帝国（八五〇～一四五〇年）のような先行文明の長い歴史があってこそ成立できた。アメリカ大陸に栄えたほかの政体のほとんども「貢納」を特徴としていたといえそうだが、実際のところは、まだそれほど深く調査されていない。これらの政体、すなわち「コロンブス遭遇」もしくは「コロンブス交換」、あるいは現在での呼び方をするなら「一四九二年以降の事象」の前に、中央アメリカと南アメリカに存在していた高度に発達した政体についての研究は、きわめて重要である。なんといっても「それらは、複数の独立した社会経済がどう並行して進化していったかについての自然実験の結果を代表している。最長一万三〇〇〇年ものあいだ情報伝達が欠落していたなかで、旧世界と新世界になんらかの制度的な類似が生じていたとするなら、それは正真正銘の相似、つまり同じ課題に対してきわめてよく似た解答を出した結果だと見なさなくてはならない」のである。★5

考古学者は、紀元前二〇〇〇年以降の複雑な社会の出現を再構成するために、アステカ、インカ、さらにある程度まではマヤなど、ほかの紀元後一五〇〇年ごろのアメリカ社会も含め、それらに関して手に入る考古学的情報と歴史学的証拠（スペイン人の記述やアメリカ先住民の象形文字記録から得られるもの）の両方を参考に研究してきた。その最新成果の一部のまとめから、アメリカ大陸全体における貢納－再分配の労働関係の出現と発展について、いくらか詳しいことがわかってきている。

アメリカ大陸最古の貢納‐再分配社会

インカ、マヤ、アステカの各政体を筆頭に、中世後期のアメリカ大陸の高度に発達した社会（少なくとも物質的な尺度において）は総じて貢納‐再分配式の労働関係を特徴としていたと仮定すると、まず出てくる疑問は、そのような仕事と労働関係のあり方はどこに起源があるのかということで、次に出てくる疑問が、その再分配はどの程度までなされていたのかと、そのような社会に内包される不平等を正当化するとまではいかないまでも、とりあえず調整する一連の宇宙論的な信仰と価値観はどこまで広く共有されていたのかということである。これらの疑問に答えるにあたっては、アメリカ大陸にたくさん存在していた――そして現在もなおアマゾン低地のところどころに存在する――原初以来の狩猟採集社会は考えに入れずに、最古の農業社会から見ていけばよい。結局のところ、労働関係に大きな変化を生じさせるきっかけをつくったのは余剰であり、その余剰を生みだせたのは農業社会なのである。では、それらの農業社会と、のちに興ったアンデス地方のインカや、中央アメリカのマヤとアステカのような社会とのあいだには、どの程度の連続性と断絶性があったのだろうか。

メソアメリカ〔中米における先スペイン時代の古代文明圏のことで、地理的には現在のメキシコ中部からニカラグアの一部、コスタリカの一部にいたる地域〕で農業が定住と結びつき、主要な生活手段として完全に発達したのは、紀元前二〇〇〇年から前一四〇〇年ごろのことだった。狩猟もまだ完全に放棄されてはいなかったが、それは別として、初期の農業はおもに焼き畑方式で、ところどころで台地の開墾も行われていた。中央アメリカでの主要作物はカボチャとトウモロコシで、主要な家畜は犬と七面鳥、アンデス地方ではラマとアルパカも家畜化されていた。そのあとようやく村落が発達し、地域によって時期はさまざまながら、やがて町へと発展していった。[★6]

メキシコ湾岸地域のオルメカ文化は、メソアメリカで最初に発達したと思われる人口数千人以上の都市文明の一つで（紀元前一一〇〇年から前九五〇年ごろには中心部のサンロレンソに推定一万人から一万五〇〇〇人が住んでいた）、そのあとにはチアパスのマサタン地域が栄えた。この事例から、すでに広範な分業がはじまっていたことは察せられるが、問題は、はたしてこれが階層社会のあらわれでもあると見なしてよいのかだ。世界中の狩猟採集民と最古の農民の例から推察されているように、ここでも原初の互酬的な労働関係が一変するほどの階層社会が成立したのだろうか。このプロセスに関しては、メキシコ南部のオアハカ一帯（オルメカの南、マサタンの西）についての綿密な研究がなされている。[★7]

人類学・考古学研究者のアーサー・ジョイスによるオアハカの分析にもとづけば、この地域で初めて世襲が出現した、つまり永続的な不平等がはっきりとあらわれたのは紀元前七〇〇年ごろ、ここに興っていたサポテカ文化において、のちの中心都市となるモンテアルバンが栄えはじめたときだった。[★8] ジョイスの見解では、これに先立つ期間は「トランスエガリタリアン社会」モデルの特徴が色濃かったという。つまり不平等は広まりはじめているが、制度化された世襲の身分差はまだ存在しない状態だ。概して当時の不平等は、祭司と貴族がジョイスのいう「神聖な契約」にきわめて重要な役割を果たす点にあらわれていた。ジョイスはこの「神聖な契約」こそが社会関係の核心だと考えている。これらの「宗教実践者」は、神と交信して豊穣《ほうじょう》と繁栄を祈願する儀式の執行責任者だった。そして中央アメリカと南アメリカでは、自分であろうが他人であろうが誰かを生け贄として捧げることが儀式の一部となっており、おもにその生け贄に使われるのが戦争捕虜だった。オアハカでは、紀元前七〇〇〇年から前四〇〇〇年のあいだに農業がはじまったが、村落に定住して組織的に農業を営むようになるのはずっとあとの、紀元前一九〇〇年から前一四〇〇年のあいだだった。「トランスエガリタリアン」の期間は、農業も手工業も世帯規模を超えることはなく、世帯間の交易はあっても共同体や地域の有力者が絡んでくることはなかった。この期間は紀元前七〇〇年ごろのモンテアルバンの興隆とともに終わったが、メキシコのこの一帯では約一〇〇〇年にわたってトランスエガリタリアン社会が持続したわけである。

新たな都市文明の時代に入っても、最初のうちはまだ身分差も目立たなかったが、しだいに貴族が「神聖な契約を成立させ、下々の者にかわって行う神への祈願を成功させるための貢ぎ物や供犠《くぎ》として、品物と労働力を駆り集める」権利を獲得した。[★9] ただし、これはもともと上からの強制ではじまった中央集権化ではなく、ボトムアップ式のプロセスだったと考えられる。

社会的アイデンティティはますます帰属によって識別されるようになり、その帰属のもとに、ものをつくる者、彼方と交信する者、富のある者、身分のある者が固まっていった。同時に人びとのあいだには、公共の建造物や共同墓地に投影される共同体アイデンティティも育まれていった。大規模建設事業や共同体儀式のような帰属の実践は、全員が一丸となっての取り組みであり、一点集中した権威の指示のもとでなされていたのではなかったことが明らかである。★10

地域間の（地域内ではなく）戦争も重要な役割を果たし、最初は貴族、のちには祭司によってとりしきられた「人身御供という新たな慣習」が、多くの戦争捕虜の運命を決した。ますます強まる貴族の力は、広く浸透していた共同体の原理との軋轢《あつれき》を生み、結果として共同体からの人口流出が起こった。モンテアルバンにとどまった人びとが構成した社会は「貢納型の労働関係」の一つと見なせるものであり、ともすると二〇〇〇年にわたって存続してきたものだ。この社会をジョイスはこう説明している。

地方の共同体のメンバーをモンテアルバンに結びつけていた帰属の実践には、貢ぎ物を（おそらく余剰作物のかたちで）納めることのほか、戦士として、あるいは壮大な建造物を築く労働者として参加することも含まれていた。のちにスペインに征服されたメキシコの住民がやったように、庶民が一種の貢納として貴族の土地を耕していた可能性もある。ただ、これは考古学的に実証するのが難しい。貢納の返礼として、人びとは中央広場での祭式に参加できる特典を得た。ますます力をつける都市中心部の指導者たちから装飾土器や緑色岩《りょくしょくがん》といった社会的な貴重品も賜った。貴族は平民のあいだで生じたもめごとの仲裁もしていたかもしれない。★11

興味深いことに、ちょうどこれと同時期に、コマル（テラコッタ製の焼き板）の導入も手伝って、トウモロコシの調理法が従来の粥や穂軸《すいじく》の炙《あぶ》り焼きからトルティーヤに変わっている。このイノベーションの原因も結果も、ともに労働に関係がある。粥や穂軸の炙り焼きとは対照的に、トウモロコシ粉の生地を薄焼きにしたトルティーヤは持ち運びが容易で、数週間は日持ちする。したがって、貢納としての労役や軍役に就くために、あるいは儀式に参加するためにモンテアルバンに出かけることが増えていた周辺の村や小さな町の住民にとって、その移動の際の食料にトルティーヤはうってつけだった。一方、この料理はそれまでの調理法よりはるかに労働集約的だったから、結果として仕事が——とくに女性にとって——増えることになったかもしれない。そして労働需要の高まりが、人口増加、とくに大家族化につながった可能性もある。

伝統的な指導者層と貴族階級との軋轢はモンテアルバンに大きな政変を呼び起こしたものと見られ、結局はそれが命取りとなって、ひととき繁栄を誇ったこの都市はかなり唐突に終わりを迎えた。これらの例のように、初期アメリカ社会に関しても考古学研究が大いに進んでいるとはいえ、仕事と労働関係をもっと詳細に調べるとなると、やはり頼りになるのは最も年代の新しい、したがって最も記録が残っている三つの大きな政体についての情報だ。すなわち、アンデス高地のインカ帝国と、中央アメリカのマヤとアステカである。

アンデス高地のインカ帝国★12

インカ帝国がなしとげたことには驚愕するばかりだ。一五三二年にスペイン人に敗北した時点で、インカ帝国の領土は現在のチリとアルゼンチンの北部からコロンビアの南にまでおよび、住民は一〇〇〇万から一二〇〇万人、その住民の労働によって建設された道路は四万キロメートルにわたって山中を走り、二〇〇〇の軍事拠点をつないでいた。加えて、インカ帝国は「大々的な土地改良計画」にも着手していた。「なかでも目覚ましいのは、山の中腹を段々畑にして、西半球で最も高いところにある氷河から流れ出る水を利用したことだ。また、インカは一〇〇万以上の実働兵力をもつ軍隊を戦場に送れたが、それで土地が荒れることもなかったようだ★13」

この帝国の創成期は十四世紀半ばで、もともとはクスコを中心とした地域国家だったが、十五世紀の初めになってようやく顕著な拡大がはじまった。その結果、ごく短期間のうちにとてつもない偉業がなされたことは、さまざまな遺跡が証明しているとおりだ。しかし、それはどうして可能だったのか。これまでにさまざまな文化で見てきたあらゆる要素を考えあわせると、最も大きな要素は、国家が強制力と説得力の両方を駆使して住民の大多数に国家のための仕事をやらせたことだ。あわせて、実際にそうしてくれた人びとに対しては、資源の再分配において厚遇する。ここで何より重要なのは、インカは市場を利用しておらず、通貨も確実に存在していなかったということだ。[14]

では、その多大な労働力をどうやって引き出していたのかをこれからざっと説明するが、その前に了解しておくべきは、この国家が領内のあらゆる労働を管理監督していたわけではなかったことである。北へも南へも拡大していた動乱の時期、インカは多種多様な社会を相手にしなければならず、征服後も、それらの社会のやはり多種多様な政策を調整しなければならなかった。人口の大部分には労働義務が課され（年齢二十五歳から五十歳までの男性が二〇〇万人いて、その家族もいた――大家族はありがたい資産だった）、約三〇〇万人から五〇〇万人は別のところに再定住させられていた。領民に課せられた労働は、第一に農作業で、第二にラクダ科の動物――ラマ、アルパカ、グアナコ、ビクーニャ――の飼養（これらは荷物を運搬するための駄獣として使われていたほかに、その肉と毛も利用された）、そして第三に織物生産だった。一部の征服された集団に兵役などの特別な義務が割り当てられることもあった。[15] 労働や専門技能を提供させる見返りに、政府は生活の基盤を整え、必需品を分けあたえた。

耕作地は三つの区画に分けられていた。一つは国の土地、一つは宗教機関の土地、残りの一つが農民自身の土地である。イエズス会宣教師ベルナベ・コボの明快な記述によれば、その仕組みは次のようなものだった。

宗教機関の畑仕事が終わると、すぐさま国の畑での種まきに入り、耕作でも収穫でも、同じ順序がくり返された。現地に住む全員が結集し、最も偉いカシーケ（首長）や代官まで加わって、いちばんいい服を着てしかるべき歌を歌いながら作業をする。宗教機関の畑を耕しているときは神を称える歌を歌い、王の畑を耕しているときは王を称える歌を歌う。前述の分類でいう三番目の土地は、共有地のような扱いになっていた。つまり、その土地はインカ帝国の財産で、共同体はそこの使用権だけをもっているという理解である。その割り当て分が平等だったのか、それとも共同体によって広かったり狭かったりしたのかは判定しかねるが、それぞれの州や町に人口を十分に支えられるだけの土地があたえられているのは確かだった。毎年、カシーケがその土地を住民それぞれに分配するが、割り振られる面積は各男性の養う子供と親族の人数に比例した。したがってその人数に増減があれば、各世帯の取り分も広くなったり狭くなったりする。あてがわれる土地はちょうど自活できるだけの広さであり、貴族であれ平民であれ、それより多くは誰ももらえず、たとえ広大な土地が手つかずのまま、耕されもせずに残っていてもお構いなしだった。……いざ種まきや耕作の時期となれば、ほかのすべての仕事は中断され、一人も欠けることなく納税民全員が一丸となって参加する。もしも戦争やなんらかの差し迫った問題で、緊急に別の仕事をする必要が生じたときは、共同体のほかのメンバーが欠けた仲間の畑を受けもち、自分の食料が不足にでもならないかぎり報酬を求めることも受けとることもない。そして作業が終われば、各自がそれぞれの畑に戻る。このように共同体から不在の仲間への支援があることで、誰もが安心してよそに働きに出られる。長く家を留守にしたあとでも、帰ったときには自分が種まきも刈り入れもしていない収穫物がわんさと自宅に積まれているかもしれないと思えるからだ。[★16]

この記述から、互酬的な世帯労働が、階層にもとづいて再分配を受けられる神殿や国家のための労働と組み合わさっていたことがわかる。この労働動員をうまく運ばせていたのが、少なくともインカ社会の中核的な土地にはあった社会基盤であり、農地や水に対する権利もそこに含まれていた。同じように共同で資源を握っている社会単位は、ペルーとボリビア北部の「アイユ」と呼ばれる血縁・地縁集団など、ほかのところにも見られた。人口数千人に達することもあるアイユは、各世帯に資源の利用手段を使用権というかたちであたえた。集団内のエリート層なら、より多様な生産空間に手をつけることもできたが、資源は基本的に共同で管理されていた。労働はこうした共同体の存続に内在的に付随するもので、売れるものでも買えるものでもなかった。インカは明らかに革新的な国家だったので、共同体の経済活動の性質を変えたことは変えたが、土地と財産と共同体の産出物は依然として難攻不落、市場は存在せず、労働は一種の社会関係として共同体に組み込まれていた。

インカ以前のアンデス社会にもともとあった互酬と再分配という規範に加わったのが、輪番制の賦役（「ミタ」と呼ばれ、語義的には交代を意味する）の要請という似たような国家制度だった。これを求めるにあたって、必然的に、全国に巨大な国営倉庫が建設された。労役や軍役に駆りだされた人びと全員に必要物資を提供するためである。農民は自分の生活のための農作業に年間六五日ほどを充てられたが、それ以外の労働時間はすべて国家のために使えるようにしておかなければならないという義務が十五歳から五十歳までの全員に課せられた。そのかわり、国家はあらゆる活動を細かくとりしきっただけでなく、国家のために働く人びとを食わせ、面倒を見る責任を引き受けた。[★17]

インカ帝国の末期に、徴用制度は賦役から、新たに設けられた特殊な身分による労働に移行していった。たとえば三〇〇万人から五〇〇万人が入植者として新しい土地に再定住させられたり、共同体に属さない個人（「ヤナコナ」）が永続的な義務として農作業やエリート世帯の家事労働などに就かされたりした。選ばれた一部の若い女性（「アクリャコナ」）は家族とアイユから引き離されて、隔離された建物で厳しい監督のもと暮らすよう命じられ、そこで布を織ったりトウモロコシのビールを醸造したりしながら、国家が認めた男性に嫁がせられるのを待った。[★18]　このような強制的な労働は、こうしたきわめて軍事的な社会においてはさぞかし重要だろうが、それだけでインカ型社会の成功が説明されるものではない。強制労働はその効率のよさにより、エリートのためだけでなく、住民全体のためにもなった。住民からすると食料や織物を手に入れるのが容易になり、結果として生活水準が上がったのである。また、帝国様式で華麗に装飾された官製の焼き物や、青銅製の装身具が広く配られたので、結果として「国家イデオロギーが祭礼用のご馳走や衣装に入り込んでいく」ことにもなった。[★19]

その意味では、これらさまざまな面でインカ帝国のために尽くしていた人びとにとっての動機は、何よりも大切な太陽神信仰のイデオロギーの魅力、そして子供を人身御供にし、絶えず儀礼的な戦争をすることも含めての、宗教的な祭祀と公共祝宴の魅力ということでも説明されるのかもしれない。[20]だが、その儀礼の魅力も無限ではなかった証拠に、植民地化されてまもなくのころには、すでに太陽神への信仰と崇拝はふっつり消えてしまっていた。[21]

メキシコ南部、グアテマラ、ベリーズにまたがったマヤ文明

古典期マヤ文明の諸国家は、[22]スペイン人が到来した十六世紀初めにはすでに存在していなかったが、それらの衰退後に興った多数の小国家は、じつに十七世紀までしっかりと機能していた。そのため、マヤの象形文字による文書や考古学的な発掘調査の成果に加え、植民地支配者の記述からも、マヤの労働関係についての分析が可能になっている。[23]マヤ文明の古典期に栄えたイッァ族の国家では、「家族経済」からきわめて階層的な政体への移行が起こったと見られる。その政体のもと、生きていくために必要な労働は別として、それ以外の労働はすべて農業の集約化の基盤となる排水路、および都市と神殿の建設と保守のために充てられた。[24]

こうした発展は、労働関係にどんな影響をおよぼしただろうか。古典期マヤ文明は、一見するかぎり、巨大な祭祀センターと農業ベースの「低密度都市化」が組み合わさった国家モデルにすんなりあてはまる。規模こそこちらのほうが小さいが、ちょうどほぼ同時期に南アジアのセイロンと東南アジアのカンボジアに存在した、巨大な仏教複合施設をもつ政体と同じ範疇《はんちゅう》にくくられそうだ。[25]収穫高は高く、それは溜め池、ダム、用水路などの灌漑施設を

中央がみごとに整えていたからでもあるが、なんといっても小農の努力によるところが大きかった。この農民たちが食料と労働力を提供して、これらのインフラ施設と宗教センター両方の建設と保守を支えていたに違いない。★26

最終的に、マヤ文明の代表的な国家チチェンイッツァの古典的な「王と王朝を最上位とするきわめて専制的な体制」は、「人口過剰の蔓延と資源の枯渇を前にして」、とうてい持続しきれなかった。その意味では、チチェンイッツァの衰退後に有力家系の連合体として栄えたマヤパンにしても同じだった。これらにかわって登場したのは、農業にさほど依存せず、海洋資源への依存度を高めた、はるかに規模の小さい政体だった。過去の歴史をそのまま映すように、これらも本質的にはきわめて都市志向で、五〇〇〇人から一万人の人口を集中させていた。★27したがって、これら後期マヤ文明の政体も、八〇〇年以前の初期マヤ社会の単純な互酬制に回帰することはなかった。「古典期には、おもにエリートという少数派を高い費用をかけて維持することを通じて人民が統合されていたのに対し、後古典期の人民は、生活水準の向上を通じて統合されていたのだと見てよいだろう。その生活水準の向上の前提として、経済効率と大量消費を是とする商業にかなりの人数が従事していたはずである★28」

市場経済の出現——メキシコ中央部のアステカ帝国

インカと並んで、先コロンブス期の大国の最後をなすのがアステカ帝国である。十三世紀、もともと遊動狩猟民だったナワトル語を話す人びとの集団が北方からメキシコ中央部に移ってきて住みついたのがはじまりだった。それから二〇〇年のうちに、たびかさなる戦争と拡大を経て、アステカ帝国と首都のテノチティトランができあがった。★29

一五一九年にエルナン・コルテスがやってきたとき、アステカ帝国はインカ帝国に次ぐ、アメリカ大陸で二番目に大きな国家だった。一集団が移住してきてからわずか二世紀で、メキシコ盆地の人口は一七万五〇〇〇人から九二万人に激増し、人口密度が一平方キロメートルあたり二二〇人と、産業革命以前の社会としてはきわめて高い数字になっていた。メキシコ中央高原の総人口は三〇〇万人から四〇〇万人だったと推定される。このとてつもない急成長と人口密度の上昇から、それを支える生活手段と労働関係はどう発展していたのかという疑問が湧く。十四世紀と十五世紀の諸文明は、総じてなんらかの集約農業に依存していた。アステカ帝国の場合、そのためには段々畑、灌漑用水路、盛り土畑、家庭菜園などを整える技術が必要だった。こうした集約農業のための手法はもっと古いメソアメリカ文明にも見られるが、アステカ農業の集約度の高さは前の時代とは一線を画すもので、自然環境を全面的に耕作地につくりかえた。★30 農民の大多数は国家からの干渉を受けることなく働いていた。灌漑用水路の建設と保守、湿地帯での盛り土畑の造成などに国がかかわっていたのは明らかだが、主食となるトウモロコシや豆類などの農業生産は「ほぼ確実に、完全に個々の農民世帯の規模で調整され、実施されていた」。★31 これがインカ帝国との本質的な違いで、インカでは中央集権的なインフラ構築に大量に人民が投入されていた。★32

アステカの農民世帯は食料のほか、綿花、マゲー（織物用のリュウゼツランの一種で、女性がその紡績と製織を担っていた)[33]、土器、石器(とくに黒曜石を用いたもの)、紙、縄などを生産していたが、これが自分たちの生活に供するためだけの生産でなかったことは明らかだ。[34] これらの品物の多くは現物納税に使うこと(そのほかに課税としての賦役もあったが)、そして市場に出すことを目的に生産されていた。だが、そもそも市場が成り立つのも、メキシコ盆地の全住民の約三〇パーセント(メキシコ中央高原の一〇パーセント)という、かなりの規模の都市人口がすでに形成されていたからだった。[35]

市場は――アステカ帝国が出現する前から存在はしていたが[36]――これらさまざまな品物の交換に不可欠だったから、首都の外にも多くの市場があった。首都においては毎日、ほかの都市では五日ごと、もっと小さな集落ではもう少し長い間隔で、市が開かれた。売り手側には品物の生産者である職人と売買専門の商人の両方がいた。ユーラシア大陸ではさまざまな種類の金属が通貨として使われるのが普通だったが、その慣習はアステカにはなく、カカオ豆が最小額「硬貨」の役を果たし、ケープとして使われる「クアチトリ」と呼ばれる綿布が中程度の価値の交換手段、斧を模したT字形の青銅器や、その他の貴重品(ガチョウの羽軸《うじく》に詰めた砂金や、錫の小さな破片など)が最も価値の高い交換手段だった。だいたいカカオ豆一粒で、トマト一個、もぎたてのウチワサボテン一個、タマル〔トウモロコシ粉の生地に具を入れて蒸したメキシコ料理〕一個、薪《まき》一束が買えた。平均的な等級のクアチトリの価値は、カカオ豆六五粒や八〇粒や一〇〇粒に相当し、クアチトリが二〇枚あれば庶民はテノチティトランで一年間は生きていかれた。これにもとづけば、カカオ豆一粒は一時間分の仕事の価値に等しかったと見なせるだろう。[37]

この多様な「通貨」——価値を具現化したものでもあり（カカオ豆については寿命がかぎられていたが）[38]、交換媒体でもあるもの（あらゆる品物とサービスに対して普遍的に使えたわけではないが）——を駆使したシステムには、発展途上の貨幣制度が透けて見える。これについて、考古学者のマイケル・E・スミスはこう結論している。

明らかにアステカの経済は高度に商業化された活気あるものだったが、資本主義経済ではなかった。賃金労働もなく、土地も（かぎられた状況下を別にすれば）売買される商品ではなく、投資機会もポチテカ（商人）の長距離交易にしかなかった。市場取引はアステカの庶民と商人に上昇機会をもたらしたが、それにも限度があった。アステカの市場と経済全般は厳格な社会階級制度に埋め込まれており、いかなる経済的成功も個人に階級の壁を越えさせることはなかった。[39]

このような、貴族のために納税と奉仕をしなければならない個人生産者たちの労働関係は、いかなるものだったと見なすべきなのか。スミスはそれに関して、かなりきっぱりとこう述べている。「この多大な不平等を見るかぎり、アステカの庶民は抑圧された農奴のようなもので、望みのない隷属の人生を定められているようにも思われる。だが、実際はそうではなかった。……領主（人口の五パーセント）に対するそうした［平民の］義務は、たいてい領内の平民のあいだで交互に担われ、各家族が一年につき数週間の労働を負担した」[40]。この納税に加えて、平民はときどき賦役にも就かせられた。神殿や水路網の建設に従事するほか、傭兵の慣習がなかったことからして、当然、軍役にも従事しただろう。ここで重要なのが、アステカの戦争のほとんどは乾季に行われていた、つまり、農作業の必要がほとんどない期間に遂行されていたことである。アステカ軍は巨大だった。スペイン人の記述では、その兵力は四万人から一〇万人とされている。教育制度は身体健全な男子に軍務を叩きこむことが第一の目的とされていた。したがって職業的な軍隊はなく、徴兵された一般庶民が軍事を担っていたに違いない。★41

貴族階級のために労働と奉仕をしなければならない農民の労働関係がいかなるものだったかということの議論は、ロシア農民の「非自由」性を強調する一面的な見方に対して社会史学者のヘイス・ケスラーが加えた批判を思い起こさせる。農民の時間のうち、貴族のための義務労働に費やされていたのは比較的わずかな割合だったことが見過ごされているというのがケスラーの指摘だった。★42 アステカには、これらの独立した生産者がいるだけで、賃金労働者というものは存在しない。★43 賃金労働者に最も近い層は、貴族家庭に仕える奉公人だが、労賃が支払われていた証拠がないので、やはりこれを賃金労働者と見なすわけにはいかない。★44 対照的に、奴隷をめぐる状況については十分な裏づけがある。たとえばアスカポツァルコとイツォカンの町の市場は、よく知られた奴隷市場だった。債務や処罰によって奴隷に身を落とす人はいたが、生まれながらの奴隷はいなかった。奴隷は世襲ではなかったのである。大半の奴隷は領主の邸宅で働かされ、とくに女性はクアチトリ（綿布）の紡績と製織に従事した。

ずいぶんやさしい扱いではないかと思うかもしれないが、奴隷は主人のあの世へのつき添いとして殺されることもままあった。★45 実際、戦争捕虜は、特別に神への生け贄に捧げられるという最も恐ろしい栄誉に浴していたようで、これは同時代のユーラシア大陸とアフリカ大陸での慣例と大きく違っていた。そちらでは、戦争捕虜は動産奴隷〔動産の一つとして所有、売買される典型的な奴隷〕として働かされるのが普通だった。★46

ここまでインカ、マヤ、アステカという大国について論じてきたが、これらだけを見て、先コロンブス期のアメリカ大陸の農業社会がすべて「専制的」だったと考えるべきではない。人類学者のリチャード・ブラントンによれば、「共同自治社会」として機能していた小規模な農業共同体はいくつもあったという。専制社会か共同自治社会かという区別はやや極端かもしれないが、いずれにしても、トレスサポーテス（紀元前四〇〇～紀元後三〇〇年）、サポテカ（中心地モンテアルバン、紀元前五〇〇～紀元後八〇〇年）、トラスカラ（紀元後一二〇〇～一五二〇年代）、さらにおそらくはテオティワカン（紀元後一〇〇～五五〇年）も含め、メソアメリカのこれらの社会が農民世帯にある程度の税を課すだけで、重い賦役を課さなくても十分に成立できていたことは理解しておくべきだろう。★47

紀元後一〇〇〇年ごろの全世界を俯瞰《ふかん》して見てみると、単純なものから複雑なものまで、世界にはじつにさまざまな社会が見つかるし、それらの社会の労働関係もまたさまざまである。すでに見たように、ユーラシア大陸にも確実にそうした多様性はあったが、同時に、それはそろそろ変わりつつあった。

第15章

労働市場の復活

——一〇〇〇年から一五〇〇年のヨーロッパとインド

紀元後五〇〇年から一〇〇〇年の期間にユーラシア大陸で生じていた労働関係の大きな地域差は、その後の数百年間で修正された。ヨーロッパとインドが復活し、ヨーロッパ人の世界各地への大航海を通じた決定的なグローバリゼーションがはじまる一五〇〇年前後には、ヨーロッパ、中東、南アジア、中国それぞれの経済が、二〇〇〇年前と同じぐらい、ひょっとするとそれ以上に、たがいに似通ったものになっていた。

どの経済でも共通して農業の生産性が高く、ほかの活動に従事する膨大な数の都市住民の食料をまかなえた。また、どの経済でも本格的な貨幣化が進んで、賃金労働と小規模な自営生産を大々的に促進した。そしてどの経済でも、奴隷の重要性がいっそう大きくなった。加えて、都市の独立した小規模生産者と賃金労働者の仕事がますます専門化するにともなって、仕事の質が大幅に向上し、職業集団の組織化も起こった。

ここからは、多少の変動はありながらも一五〇〇年にわたって市場経済が持続していたイスラム世界と中国よりも、ヨーロッパと南アジア——とりわけインド——に着目して、その「巻き返し」の様子を見ていくことにする。[★1] なかでも中世後期の西ヨーロッパにとくに重点が置かれることになるが、それは一つには、追って第5部で論じるような近代初期のヨーロッパの勢力拡張の土台がそこで築かれたからである。しかしもっと重要なのは、この時代の西ヨーロッパの場合、身のまわりの状況に対する労働者自身の反応がすでに十分に明確になっていることだ。これは第12章で見た古代ギリシャ人やローマ人、その同時代人からも垣間見えたものだが、ここにきてようやく初めて、自営労働者と賃金労働者のきわめて体系的な戦略と戦術を検討することができる。つまり、労働関係や労働市場といった構造に加え、考えて行動する労働者という行為主体もはっきりと目に見えるようになっているのである。

農業経済は、ユーラシア大陸の中核的な各地域での労働関係がたがいに似たようなものに収斂してきたことの基盤にあるものだ。この理由から、まずはヨーロッパとインドそれぞれにおける紀元後一〇〇〇年以降の農業経済の発展を概観し、それからユーラシア大陸全体について論じていこう。

ヨーロッパにおける農業生産力の向上と都市化の進行

中東と中国に後れをとっていたヨーロッパとインドの巻き返しは、食料供給の向上からはじまったが、それは第一に、農業生産力が高まったことの結果だった。[★2] まず目につく向上の一つは、紀元後九〇〇年ごろからはじまった農法の変化だ。従来の二圃《にほ》制がさらに集約的な三圃《さんぽ》制へと移行したのである。三圃制農法は輪作の一種で、耕地を三分割して各区画で周期的に作付けすることにより、年間を通じて耕地のどこかでつねに生産ができる。たとえばある一つの区画では、一年目に大麦やオーツ麦や豆類といった春の作物（春に種をまき、夏か秋に収穫するもの）を栽培し、二年目は休閑期として、三年目に冬の作物（秋か初冬に種をまき、早春に収穫する）として小麦やライ麦などのパン用穀物をおもに栽培し、四年目にまた春の作物に戻る。このサイクルを三つの区画で一年ずつずらしてつづけていく。以前の二圃制では、耕地を二分割して一方の区画で一年目に春（または冬）の穀物を栽培し、二年目は休閑期で、三年目にふたたび春の穀物を栽培するという流れだった。どちらの農法でも、土壌を回復させるのに休閑期を挟まなくてはならなかったが、三圃制の場合、春の作物に豆類を追加することでも同じ効用が得られた。マメ科の植物には共生菌の働きにより空気中の窒素《ちっそ》を固定できるという特徴があるため、土壌に天然の窒素肥料をあたえられるのである。また、休閑地で家畜を飼養すれば、厩肥によって同じように土地を肥沃化することができた。

この新しい三圃制への移行は、一ヘクタールあたりの生産力を大幅に向上させた（もちろん十分な人力と畜力が得られていることを前提として）。オーツ麦と大麦の生産量が増えたことで、農民は馬に十分な飼料をあたえられるようになり、もっと大きな犂を引ける役畜として牛のかわりに使えるようにもなった。ただ、この馬への切り替えが可能になったのも、馬用の引き具――とくに首当て引き具――と蹄鉄が導入されるようになってこそだった（蹄鉄は牛にも使われた）。

この変化は人間の労働を不要にする役も果たした。奴隷が急激に減少し、農奴として働かせられる労働人口もさほど増えなかったことが、こうした省力化の道具の発明と適用を促す一因だったのだろう。一九三五年、フランス社会史学のアナール学派の創始者の一人であるマルク・ブロックは、これに関して次のような「作業仮説」を立てた。「[このような技術的]発展が起こった理由は、まさにそれらが同じ必要性に由来していたからである。では、奴隷の減少はその結果だったのか？　断じて違う。それはおそらく原因であって、そこから技術革命が生まれたのである。そしていざ技術革命が起これば、それは――いうまでもなく――社会構造に強力な影響をおよぼす定めだった★3」

　この輪作方式の移行の因果関係を解きほぐすのは容易でないが、最終的な結果は数世紀後に明らかになった。平均歩留まり（種まきした穀物と収穫した穀物の比率）が大幅に上昇したのである。先陣を切ったのはフランスとイングランドで、一二五〇年以降には確実に生産力が六〇パーセントから七〇パーセント増となり、そのあとに北海沿岸低地帯〔現在のベルギー・ルクセンブルク・オランダにほぼ相当〕がつづいた。集約化が進んだのに加え、利用される農地面積も格段に広がったのが、おもに中央ヨーロッパと東ヨーロッパだ。ドイツ北部やオランダから土地を渇望する農民がぞくぞくと入植してきたのがその理由だった。しかも彼らは水路を掘って排水する技術にも習熟していた。一三〇〇年前後には、五〇万人ほどの農民がこうした入植事業に参加していたものと見られる★4。ドイツ北部のリューベクはこの運動の出発点となり、同じようにスペインのセビーリャはアメリカ大陸入植の出発点となった。こうした望ましい発展に加え、ユーラシア大陸の中心部でモンゴル帝国が勢力を拡大した影響で、ユーラシア全土でかつてなく大量の銀が手に入るようにもなった。その結果、中国でもインドでもヨーロッパでも、銀が一般的な勘定単位になった。日本の経済史学者の黒田明伸《あきのぶ》はいみじくも、これを「最初の銀の世紀」と呼んでいる。[5]

農作業の変化よりもさらに重要だったのは、ローマ帝国なきあと初めて西ヨーロッパで食料生産が増加したことで、これにより人口のますます多くの割合がほかの活動に従事できるようになり、町への人口集中が進んだ。しかし、穀物だけでは足りなかった。栄養のある食料がもっとたくさん手に入るようになったのは、また別の発展の結果だった。北海と北大西洋で獲れる魚の供給量が増えたのである。これは栄養価の面だけでなく、食の多様化の面でも重要なことだった。[6]北西ヨーロッパの田舎では、農場は全般に小さめだったが、農民（ファーマー）と「小屋住農《こやずみのう》」（コッター）には明確な違いがあった。農民は六ヘクタールから一二ヘクタールの耕作地を借りている小作人で、地主のために一定の労働を果たす義務を負った。一方、零細農である小屋住農が耕す土地は四ヘクタール未満で、十三世紀のイングランドで四人家族を養うのにぎりぎりの広さしかなかった。おのずと小屋住農の世帯は追加の仕事、すなわち、もっと大きな農場での収穫や脱穀などの賃金労働で生活を支えなくてはならなかった。フランスでも、「ラブルール」（農民）と「マヌブリエ」（零細農）のあいだに似たような関係があった。[7]

こうした背景のおかげで、ヨーロッパの都市住民（住民一万人以上の人口集中地の居住者と定義される）の割合は、中世初期には全体の一～二パーセントだったのが、中世盛期には五パーセント、中世末期には六～七パーセントと、着実に上昇した。住民五〇〇人以上の市や町も含めれば、この数字はそれぞれ六パーセント、八〜一五パーセント、二〇〜二五パーセントに増えるだろう。フランドル地方など、もっと都市化が進んでいた地域では、これらの数字が三倍にものぼる。[★8] このあと見るように、こうした展開にともなって仕事の専門化がますます顕著になり、さらにつづいて農村部での工業の拡大、いわゆるプロト（原基的）工業化が進んでいく。

南アジアにおける市場の復活と都市化

南アジアの人口推移については、この時点での推移はもちろん、ともすると一八〇〇年以降に関してすら、いまだ研究者にとって「未踏の地」のような状況だが、個別のさまざまな指標から、この亜大陸が紀元後一一〇〇年から一五〇〇年の期間に「巻き返し」に入っていたことは十分にうかがえる。[★9] その成功の背景はいまだよくわかっていないが、一三〇〇年以降、「最初の銀の世紀」の好ましい影響は確実にインドにもおよんだ。インドの人口の最大一五パーセントまでもが都市に住むようになったのは明らかに新しい現象で、貨幣化もふたたび新たにはじまっていた。[★10] 北部では、二つの新興国家のもとで貨幣化の進んだ典型的な都市経済が復活していった。デリー・スルターン朝（一一九三〜一五二六年）とベンガル・スルターン朝（一二〇五〜一五七六年）がその二国だが、あいだに挟まれた小国ジャウンプル・スルターン朝も十五世紀には重要な位置を占めていた。

デリー・スルターン朝のようなイスラム国家の成立が既存の労働関係にとってどのような

意味をもっていたかは、いま一つ明らかでない。すでに見たように、イスラム教は確実にこの地に新しい仕事観をもたらした。とくに――意外にも――女性の仕事についての考えは斬新なものだったが、それらの考えはあくまでも既存の社会経済構造のうえに成り立っていた。その意味では、とくに社会が一新されたわけではないのだが、では従来と何が変わったのだろう。それは、イスラム教に改宗することによって厳格なカーストの制約から完全に、もしくは部分的に抜け出る機会が生じたことだ。これに関しては、おそらく個人的に改宗するほうが集団で改宗するよりも効果が大きかっただろう。都市部の専門職の一団が全員で新しい宗教に鞍替えしても、それで以前の集団規範が自動的に退けられることにはならないからだ。したがってカースト制がイスラム化とともに自動的に消滅したわけではない。★11

　しかし、いずれにせよ都市の外でも雇用は増大し、都市周辺での農耕や園芸だけでなく、デリー周辺の運河建設にも多数の労働者が雇われた。貧しい農村部の住民にとっては、農作業の少ない乾季に雇用の機会が開け、農民が収入を補うために傭兵になった結果として新しいアイデンティティを帯びることもあった。とくにジャウンプル朝の農民は、この副業に特化した。たとえばウッタル・プラデーシュのイスラム教徒の支配者家系バルハ・サイイドには、こんな言い習わしがあった――「私は去年、ジョラハ（機織り）だった。現在はシャイフである。値が上がれば、来年はサイヤドにもなれるだろう」★12。この氏族にとって、職業軍人になることは明らかに社会的上昇の一手段だったのである〔ジョラハ、シャイフ、サイヤドはともにこの地方で話されるウルドゥー語での身分名で、当時サイヤドは軍人の階級名として使われたと思われる〕。実際、軍役は最も主要な賃金労働の一種で、ジャウンプル朝以外でもよく見られた。デリー朝のスルターン、アラーウッディーン・ムハンマド・ハルジー（在位一二九六〜一三一六年）は、配下の二万人のテュルク系マムルーク〔イスラム圏の奴隷軍人〕に年間一〇〇〇万タンカを現金で払い、さらに二億一〇〇〇万タンカを九〇万人の騎兵に払っていたといわれる。この騎兵に関する数字は明らかに誇張されているが、それだけ騎兵が社会的に重要だったということでもある。また、女性にも賃金労働があった。前述のスルターンの治世では、大農の妻でさえ、重い税負担のために「イスラム教徒の家に勤めに出なければならなかった」[★13]。

中世ベンガルの首都ラクナウティも、急速に成長した。[★14] 一三〇〇年には端から端まで一キロ半以上にわたる市が立ち、一五〇〇年には住民が四万人にまで増えていた。異国の商人も多く住んでおり、遠くアフガニスタン、イラン、中国からも集まってきていた。あるポルトガル人の来訪者によると、市街の広さはおよそ一二×一六キロメートル、「街路は煉瓦で舗装され、まるでリスボンの新街道のよう」だった。武具、馬具、絹、綿などを扱う工房や商店は特定の街に集中していた。ラクナウティのほかにも、ベンガルには主要な内陸部の町が五つあり、いずれも工業と広範な国際通商の中心地で、海軍の整備基地にもなっていた。農村部では一年に三回も米が収穫され、水田耕作地として有名なカムルップ地域などは、そこに貨幣鋳造所をもっていたスルターンから「ごはん茶碗の土地」という添え名をもらったほどだった。[★15] モロッコの学者で、旅行家として有名なイブン・バットゥータは、十四世紀の貨幣化されたベンガル農業のことを手放しで称賛している。

私の知るかぎり、かように商品が安く売られている国は世界のどこにもない。……デリーなら一ディナール銀貨分の米が、ここの市場では二五ラティで売られていた。……ベンガルの乳牛は三ディナール銀貨で売られている。……ハトは一五羽で一ディルハムだ。……すばらしい品質で、三〇キュービット〔一五メートル前後〕もあろうかという綿布が、私の目の前で二ディナールで売られていった。★16

分業が行われていたのは明らかとしても、それを別にすれば、具体的にどのような労働関係がベンガルで主流だったのかはあまりよくわかっていない。とはいえ、経済が本格的に貨幣化されていたこと（銀貨が主要通貨で、補助貨幣としてタカラガイもよく使われていた）、税が現金で徴収されていたことはわかっている。これはすなわち、かなりの数の農民と職人と、おそらく賃金労働者が存在していたということだ。

この時期にはインド亜大陸の南部にも、同じぐらい貨幣経済の発達した強力な政体が出現していた。ヒンドゥー国家のチョーラ朝とヴィジャヤナガル朝である。十世紀から十三世紀まで繁栄したチョーラ朝は、一時期はセイロン島まで領有し、モルディブ諸島、ベンガル地方、インドネシア群島にも軍事遠征を行った。その後、ある程度までチョーラ朝の後継となったのがヴィジャヤナガル朝だ。どちらの王朝も、新興イスラム国家が支配していた北部での発展からつい誤って出してしまいそうな結論に反して、南アジアでの本格的な貨幣化と賃金労働の再開が、かならずしも外部からインドに押しつけられた外来要素ではなかったことを例証している。

チョーラ朝とその首都のタンジャーブールは多くの面で、それまで南インドに興ったどの国にもまして、とてつもなく成功していた。異国との交流、灌漑に支えられた稲作、壮麗な寺院の建築など、どれも従来の規模を上まわっていた。[★17] これを達成するのに必要な労働力は、男女を問わず、農民からも職人からも農場労働者からも供給された。チョーラ朝がインドとセイロンの両方で銅貨を大量に製造していたことは、自営と自由労働が中心だったことを強く示唆する。賦役は明らかに二次的なものだったが、奴隷制は確実に残っており、とくに家事労働に奴隷が使われた。その原因は、債務だ。たとえば飢饉のときなどに、人びとは最後の手段として寺院に身売りをしたのである。

この経済活況に必要だった職業の分化は、カースト制の強化と連動して、社会の階層化をいっそう複雑にした。その具体的なあらわれの一つが、農業労働者と手工業労働者が区分され、それぞれ「右手集団」(前者)、「左手集団」(後者)と呼ばれるようになったことである。右手集団は自分たちのほうが左手集団より高位だと見なし、それがまた新たなカースト間競争を呼んだ。いずれにしても、ここに見られるのは社会的、地理的な移動が可能になっている、絶えず変動する社会であり、それは無数の宗教派閥と宗教運動があったことからも証明される。

その後に興ったヴィジャヤナガル朝と、王朝名の由来である首都のヴィジャヤナガルは、経済的にも社会的にもイデオロギー的にも、多くの点でチョーラ朝との類似を示している。[★18]

第一に、ここでも目覚ましい都市化が起こり、首都の人口は短期間のうちに最少で二〇万人、最多で五〇万人に増大した。ほかの都市はこれほど大きくはなかったが、それでも一万人から一万五〇〇〇人の住民がいた。また、ここに見られるのはほぼ確実に市場経済であり、正確な数字はわからないが、小額銅貨の流通規模もチョーラ朝に劣らないぐらいだったと思われるから、やはりここでも本格的な貨幣化が進んでいたといっていい。税と関税も現金払いが基本で、農民はおもに都市市場向けの換金作物を栽培していた。

チョーラ朝の治世と同様に、自営農民を中心とした村落では、村単位での独立採算性がとられ、税についても村全体で取りまとめたものを徴税人に引き渡した。「灌漑農業作物に対する税は現物で、乾地農業作物に対する税は現金で徴収されたので、ある程度の強制的な市場参加もこのプロセスの一環だった。国にもっていかれない分は、村の鍛冶屋、大工、革職人、水の運搬人、金貸しなど、さまざまな職種の者たちにも、一年間に提供した財やサービスの見返りとして配分された」[★19]。このように農民と農作物は、互酬的なジャジマーニー制やバルタ制と密接に関連していた。

ろくろや金物のような手仕事の産物は、おそらく家族経営の工房でつくられて、国内外で取引された。無数の灌漑用水路や溜め池や送水路の建設には、もちろん多くの人手が必要だった。ポルトガルの旅行家ドミンゴス・パイスの一五二〇年ごろの報告によれば、「私が見た貯水池では、じつに多くの人間が働いていた。一万五〇〇〇人から二万人はいたに違いない。まるでアリのように大勢の人間がうようよしているので、彼らの歩いている地面が見えないほどだった」。これに関しては、賦役制度によって人手が集められていたものと思われる。「この貯水池は、王が何人もの現場監督に担当を割り当てて、任命されたそれぞれの監督が、自分のところに配置された人夫の仕事を監視していた」[★20]。大がかりな賦役についての報告がこれ以外に見つからないので、これは賃金労働者を使うかわりに一度かぎりでとられた措置だった可能性もある。重い税負担に対する農民と職人の組織的な抵抗運動が一四二八年から一四二九年にかけて起こっているので、これが賦役を課すかわりに有給の建設労働者が雇用されるようになったことを間接的に示しているのかもしれない。いずれにしても、イスラム教徒を中心に、のちにポルトガル人も加わった砲兵隊と、森林居住の非農業共同体から徴募された歩兵からなる強力な常備軍は、現金で給料を支払われていた。

一五〇〇年ごろのユーラシア大陸全般

一五〇〇年前後にヨーロッパとインドがみごとに巻き返しを果たした結果、いまやユーラシア大陸の多数の主要な政体はどこも同じように経済的、文化的発展を遂げており、数世紀前より断然均衡がとれている状態だった。これは西から東まで、どこに関してもいえることだ。政治的には断片化していた西ヨーロッパでも、オスマン帝国とサファヴィー朝への統一が進んでいた西アジアでも、スルターン朝のいくつかの大国につづいてムガル帝国とヴィジャヤナガル朝が支配した南アジアでも、明代の中国でも、そして遅れて登場した徳川幕府下の日本でも、状況はだいたい同じになっていた。これは一一〇〇年ごろから一五〇〇年ごろまでのユーラシア大陸の大都市分布の相似に——この種の定量化につきもののあらゆる問題点を考慮しても——はっきりと例証されている。中東に関しては文献の数字のばらつきが非常に大きいが、そこに世界最大級の都市が見られることは疑いない。ムガル帝国などは、全人口の一二・五パーセントから一五パーセントが都市に住んでいた可能性もある。[★21]

ここで強調したいのは、このころのユーラシア大陸は主要な政体のあいだで「均衡がとれている」ということで、実際、アラブ世界と宋が目立って先行していたかつての時代や、西ヨーロッパが舵をとるようになる以後の時代とくらべれば、「断然」均衡がとれていた。とはいえ、賃金水準や平均収入といった基本的な経済指標についてはもちろんのこと、各地での達成がいかにしてなされたかに関しても、絶対的基準を見つけるとなると、いきなり暗闇を手探りするようなものになる。[★22] したがって、中世ユーラシア大陸のさまざまな社会の短所と長所の根本的な原因を見つけられるかどうかに関しては、ずっと疑いがつきまとってきた（下巻第18章「大分岐についての短い考察」の節も参照）。いいかえれば、ここで考えるべき重要な問題は、一五〇〇年前後から政治的にも文化的にも同等だったユーラシア大陸の各文明の中心地に、すでに水面下で重大な差異があり、それが最終的に次の数世紀で「大分岐」となってあらわれたのかどうかということである。

この問題をここで全面的に論じるわけにはいかないが、そのかわり、この問題に仕事と労働関係がかかわっていそうな部分に焦点を絞って見ていこう。それに関して多くの著名な経済史学者は、ギルドのような労働組織も含めた市場取引管理機関、仕事（とくに技能を要する仕事）の報酬、市民の法制度利用に着目しなければならないと考えている。[★23] そのいくつかの側面は、すでに「追う立場」のヨーロッパと南アジアとの比較で触れてきたとおりだが、このあと仕事そのものの性質を概観したうえで、全体をもっと詳しく論じていこう。

中世末期における仕事の専門化と質的向上

農業についてはすでに論じてきたので、ここからはほかの部門に注目したい。都市においては何より顕著だった産業は繊維加工で、とくに西ヨーロッパでは、それに羊毛産業が加わった。イタリアやフランドルの都市が有名だが、イングランドやフランスやスペインでも毛織物は重要な産業だった。[★24] 十三世紀ヨーロッパの繊維産業は、それを生業とする親方とその下で働く数人の職人と徒弟からなる小さな作業場が一手に支えていた。当時の繊維業は「問屋制」で、織機《しょっき》は各作業場が保有しているが、原料は問屋（仲買人）から前渡ししてもらって、それを出来高賃金で加工する。そうしてできあがった製品を市場で売るのも問屋だった。この時代の都市産業はどこでも繊維業が中心だったが、ただしヨーロッパ以外では、つくられていたのは羊毛ではなく綿と絹の製品だった。

十四世紀半ばに黒死病（ペスト）に襲われたあとのヨーロッパでは、都市の手工業者が贅沢品の製造に注力するようになり、織物の大量生産は農村部に移った。そのほうが安上がりなことに問屋が目をつけたのである。地方は都市より生活費がかからず、地方の織り手はもちろん畑仕事もしている。したがって、製織の工賃はたいてい地方のほうが都市よりも安く抑えられた。また、こうした地方の織物業は家内労働なので、織り手がギルドのような組織にまとまることもなかった。一方、問屋自身は組織化を進めた。代表的な例が一三八〇年に設立されたラーフェンスブルク商事会社で、スイスの多くの州での麻織物とファスチアン織物の生産をたちまち組織化した。

都市での手工業にも集中化が起こり、大手の親方たちが零細の親方たちに仕事を委託しはじめたが、これは手工業ギルドの基本理念である平等に反する行為だった。こうして零細の親方たちは、実質的に賃金労働者と化した。[★25] 食品の物価が高騰《こうとう》する時期には、こうした零細の親方と職人がひそかに違法な同職組合（フランスでは「コンパニョナージュ」と呼ばれる）を形成し、反乱を起こすこともあった。たとえば一三七八年から一三八二年にかけては、フランス、フランドル、イングランド、イタリアのあちこちでそうした暴動が生じている（最も有名なのが一三七八年のチョンピの乱で、フィレンツェの梳毛職人《チョンピ》〔羊毛繊維をすきそろえる（梳毛／そもう）など、毛織物産業の準備工程に携わる下層労働者〕を中心に一般庶民と零細職人も加わって反乱を起こした）。

労働が職業として専門化するには、専門能力の獲得と伝授が必要になる。[★26] 学校教育を通じてこれを学ぶのはまず無理で（学校教育はあくまでも神学者と法律家と医者のためにあった）、実際の仕事を通じて学ぶしかなかった。少人数の仲間うちでなら、徒弟が親方とその助手の仕事をそっくりまねればよかったが、大がかりな事業には大人数が必要だった。教会や神殿やモスクのような大きな建築物の建設には、多くの専門職が広大な建設現場で協調して作業して、個々の要素がすべてぴたりと噛《か》みあうようにしなくてはならなかった。

もちろん、バベルの塔の建設の話にもあるように、そうした大事業の難しさは数千年前でも同じことだったが、中世に関してならユーラシア大陸全体を比較できる十分なデータがある。[★27]経済社会史学教授のマールテン・プラクは、ゴシック様式の聖堂、ビザンティン様式の教会、トルコからデリーまでのモスク、インドとカンボジアの寺院、宋代中国のパゴダ（仏塔）などが、それぞれどのように建築されたかを比較した。これらの建築にはどのような知識が必要で、その知識はどのように伝達されたのか。実際、知識の伝達はたいへんな難題だった。一か所の現場に同時に何百人もの労働者や建設職人がいたわけで、その数が膨大だっただけでなく、彼らは総じて読み書きができず、また、職人の場合は仕事を求めてあちこち渡り歩くのが普通であるという性質上、一部の作業においては職人があらゆるところから集まっていたからだ。したがって、地元職人と巡歴職人とのあいだでの協働と意思疎通が必要になった。

この比較によってわかったのは、ユーラシア大陸のさまざまな地域のあいだに驚くほどの類似性があったことだ。前述のプラクと同僚のカレル・ダーフィッツによれば、規格化された要素の組み合わせからなる「モジュール式の知識」が「理論的な知識」のかわりになり、また実際にも代用されていたという。統一された一連の比例寸法を用いれば、建設職人のあいだでの情報伝達が容易になり、石工などが用いる型板もそこから導かれていた。このモジュール式の知識は、不特定多数に共有されるものでもあり、ユーラシア全土において、世帯、飯場、ギルド、宗教施設、そして中国の場合は国家など、さまざまな社会的機関を介して——ときに複数が組み合わされながら——獲得されていた。
聖堂の建設に際しては、ほかの製品をつくるときと同様、三種類の業務が必要だった。「頭脳労働を必要とするもの、各種の熟練技能を必要とするもの、ただの肉体労働を必要とするもの」だ。この区別の引用元であるイギリスの建築史学者ジョン・ハーヴィーによれば、二番目の業務はほかの二つとは異なり、次のような特徴がある。

ほかの二つの業務を担う人は、汎用的な能力をもち、ある仕事から別の仕事へと難なく移り変われる。……逆に、職業訓練の結果として特定の技能を身につけた人は、その手法で生計を立てるしかない。……縄張り争いがしばしば起こるのは、これが根本的な原因である。……同じような技能をもつ人びとからなる同業組合は、自分たちの生計を脅かしそうなものが出てくれば、防衛的な——ときに攻撃的な——同盟を結んで対抗する。同じ意味で、自分たちの業種の手法があまりにも単純である場合を除いては、一部の工程を秘伝にすることで、その工程を守るのである。

この特徴が、ひるがえって「幸運を呼び込み、豊穣を約束し、力をあたえると信じられている」儀式を大事にすることと結びつく。手先の技術を意味する英語の「クラフト（craft）」が、「力」を意味するドイツ語の*Kraft*と似ているのは偶然でなく、語源を同じくしているからだ。ハーヴィーはこれに関して、こうも述べている。

部族や国の儀式に手工業者が関連するのはよくあることで、それは客観的な真実に影響されているのでも根本的な理論に影響されているのでもない。つまり、物質的な技術が超越的な儀式から発達したと認めるのか、それとも先行する物質的必要性から儀式が生じたのだという唯物論的な仮説をとるのかと問うのは的外れである。後者の立場なら、力を構成しているのは単純にものづくりの技能の効力にほかならず、前者の立場なら、その力は非物質的なものだが、それが物質的な作用に命を吹き込んでいるということになる。[★28]

このような背景から、中世の知識は建築専門職の仲間うちだけで伝授されていた。年季契約を結ぶ正式な徒弟奉公（中世イングランドでは七年季）は、技術を徐々に習得する一つの方法だった。ロンドンでは一三〇〇年には徒弟登録が義務化されていた。徒弟制度の核心は「長期にわたる個人的なつきあいによって各過程をくり返し模倣する機会が得られること、一定の手順や秘伝の技術を身につけられること」だった。[★29]中世末期からは、ほかの都市の親方のもとで修業をするのも場合によっては義務になった。これがいわゆる巡歴職人である（第17章「発展する都市」の節を参照）。

これらさまざまな職人がどこで仕事をしていたかといえば、そのほとんどは家内である。すでに見たように、少なくとも中世末期のヨーロッパでは、事業の規模は農村部でも都市部でも小さかった。とはいえ、多数の労働者が集団で働いている職場もあるにはあって、それが結果的にはその土地の発展の原動力になった。そうした職場でまず思いつくのは船舶と兵器に関連するところ、とくに、陸軍と海軍が必要とするインフラ施設（製砲所、港湾、製網所など）である。[★30] 実際、それらは当時唯一の大規模事業だった。オスマン帝国の海軍造船所を別にすれば、ベネツィア海軍工廠《こうしょう》はヨーロッパ最大の工場であり、ここだけで二〇〇〇人から三〇〇〇人の労働者を抱えていた。[★31] もちろん、多くの労働者は大きな建設事業やインフラ事業の臨時雇いとしても集団で働いた。ヨーロッパでの聖堂や城の建設となると、何百人もの集団が同時に働いているところを想像しなくてはならない。たとえばウィンザー城の建設時には、一度に五〇〇人もが現場で数週間にわたって働き、ある週には、その数が七二〇人にもなった。この種の事業は何年も、ことによると何世紀もかかり、結局は資金がなくなって完成しないことさえあったので、実際には、常時それだけの大人数がその場で同時に働いているわけではなかった。[★32]

さて、ここまでユーラシア大陸全体を見渡してきて、もちろん何もかもが同じだったとはいわないが、さまざまな活動の組織的な面に重大な違いはほとんど見当たらなかった。ここからは第4部の最後の注目点として、労働者が自分の利益を守るために用いていた戦略と戦術についても見ていかなくてはならない。前にも述べたように、関係のあるシステムにとくに注意を向けることが必要だ。その第一はやはり世帯（その構造と婚姻パターンの両方を含めて）であり、そしてそのまわりのもっと広い範囲では、いわゆる市場システムと見なされるもののすべてである。経済史学者にいわせると、経済機構と平均収入水準のあいだには強い相関関係がある。これはまぎれもなく、市場システムの作用が自営労働者と賃金労働者の両方の報酬に影響をあたえているということでもある。この見方にしたがえば、成功しているシステム――「力のない者を力のある者から守る」とされるシステム――の一つが法体系と、それによって一定の文書に効力が保証される仕組みであり、もう一つが市民の集団行動を支援する組織である。[★33]

前の時代で見たいくつかの事例にあらわれているように、働く人は、既存の条件の改悪に抵抗すること、現状維持を試みること、そして必死に向上をめざすことにより、個人でも集団でも自己の利益を守れる。では、それがこの時代――これ以前にくらべてずっと多くのデータが得られている時代――にはどうあてはまるのか、そして「西ヨーロッパでは早くも中世末期から、一連のシステムが比較的よく発達していた。対照的に、南アジアと東アジアと東南アジアのシステムはよく機能する市場への対応がずっと遅れていた」という考えはどこまで妥当なのかを見ていこう。中国に関しては、これが宋代に起こった中国史上初の商業革命と、明代に起こった二度目の商業革命に関係し、日本に関しては、徳川時代の体制に関係している。[★34]最後の二つの事例については次の第5部であらためて扱うこととして、ここでは西ヨーロッパと南アジア、宋代中国との比較をしておきたい。

個人的な利益保護と家との関係

結婚と家族形成に関して社会で定まっている標準は、人生における仕事の側面に多大な影響をおよぼすが、とくに女性にとっては非常に影響が大きい。[★35] 結婚する時期が遅いほど、いざ結婚して出産と子育てに何年も時間をとられるようになる前に、より多く仕事の経験が積める。配偶者との年齢差が大きいと、結婚生活において自律的にふるまうことはなかなかかなわない。嫁ぎ先で義理の両親とともに暮らすことになれば、女性の行動の自由はさらに制限される。これらすべてが組み合わさると、インドに——少なくともここ数世紀に関しては——例証されているように、別の規範が掲げられている世界の他地域とは大幅な違いが出てくるようになる。

西ヨーロッパでは、ローマ教皇が早くも十一世紀と十二世紀から、結婚は最終的には当事者双方の同意にゆだねられ、親や第三者によって決められるものではないことを強調した。子供に結婚を無理強いするのは罪であるとさえ見なされた。これが基盤にあったため、とくに北西ヨーロッパでは、一三四八年の黒死病の流行によって労働力が欠乏した十四世紀に、世界的にあまり類のない（しかし現代の読者にとってはすっかり普通になっている）結婚のかたちが発達した。たとえば賃金労働者である。労働力が不足していたために、賃金労働者は自ら条件をつけられるようになり、彼らに支払われる賃金は名目でも実質でも大きく上昇した。ここで注目するべきは、イングランドの農村部ではこれによって男性よりも女性のほうが利益を得ていたということだ。それまで女性の賃金は男性の半分だったが、その差が消滅していたのである。したがって男女を問わず若者が結婚資金を貯められるようになり、望ましい結婚相手を自分で探せるようにもなった。こうして北西ヨーロッパでは結婚年齢が総じて上がり、二十歳が平均値になった。また、寡婦もほとんどが再婚した。ジェフリー・チョーサーの『カンタベリー物語』に出てくる「バースの女房」などは五回も結婚している。とはいえ、誰もがそううまくいくわけではないので、結婚していない女性もたくさんいた。その証拠に、そうした女性に生活の場を提供した半修道会的なベギン会の施設がこのころ数多く設立されている。こうした背景のもと、従来の三世代以上の世帯にかわって、労働収入を束ねる基本的な単位となったのが核家族だった。これは女性の自立にとって有益なことだったが、不利な面もあった。核家族の場合、一家から稼ぎ手が一人か二人いなくなると、当然ながら家族は痛手を被り、年老いてからだととくに苦しかった。その欠けた分を埋めていたのが、公的な救貧制度と慈善団体による支援だった。

個人に対する家の影響についてはヨーロッパのなかでも北部と南部とで大きな違いがあったが、アジアとの違いはさらに大きかった。経済・社会史学者のヤン・ライテン・ファン・ザンデンとティーネ・デ・モーアとサラ・カーマイケルが、(西)ヨーロッパとアジア、とくに中国とで、婚姻パターンの比較を行っている[★36]。中国で支配的だった儒教思想——宋代まではそれほどでもなかったが、明代以降はずっと厳しく実践されていた——は、家父長的な農民家庭の価値を強く強調していた。結婚は親によって幼いうちに取り決められ、多くの女児が未来の義理の両親のもとに子供のころから預けられた。こうして女性は結婚後はもちろん、結婚前から嫁ぎ先の農家で労働力となった。そして嫁《か》したからには、二度とそこを出られなかった。寡婦になっても再婚は許されなかったからである。結局のところ、再婚されては貴重な労働力が家からいなくなってしまうというのが父方居住のシステムだった。すべては男系をつなぐためにあり、それを象徴するように、家庭の祭壇に安置された祖先を拝むのが家長の独占的な務めとされていた。家の外で働くことを許されない女性の象徴は、漢民族の習わしだった女児の纏足《てんそく》である。もともとは都市のエリートのあいだではじまったとされるが、のち（十七世紀から十八世紀）に農村部にも広まった。同じ文脈で、娘は息子よりも価値がないとされ、その延長で女児殺しが起きたり、家系が絶えてしまいそうな場合の唯一の策として、男児が養子にとられたりした。

ときどきこの問題に関して中国とインドがほとんど同じ扱いで論じられることがある。確かにそうしたくなるのももっともで、父方居住の婚姻システム、新郎と新婦の大きな年齢差、寡婦の再婚禁止（とくにバラモン階級の寡婦などは、亡夫への殉死《サティー》まで求められる）、および男児にくらべての女児の生存率の低さは、すべてここ数世紀のインドについての報告に挙げられている。だが、これらの特徴がすでに中世でも見られていたのか、だとすればどの程度までか、そして何より、これらはエリートだけの現象だったのか、それともどの階級にもあてはまるものだったのか——それはまだ明確な答えが出ていない。いずれにしても、前述のチョーラ朝とヴィジャヤナガル朝の発展は、別のことを示唆している。そこには都市化の進行、賃金労働の増加、広範な自治権をもった村落の独立運営といった、強い社会的原動力が感じられるのだ。

ともあれ、インド女性の地位のさまざまな点での向上は、イスラム教への改宗によって、およびポルトガル人が来訪してからはキリスト教、さらにのちにはシーク教への改宗によって可能となった。女児の結婚年齢は数年しか上がらず、配偶者との年齢差もやはり数年しか縮まらなかったが、それらの新しい宗教は寡婦の再婚を可能にした。加えて、前述したように、女性が独立して財産を所有できる権利をイスラム教が認めていたことは、女性の働く権利に重要な影響をおよぼした。少なくとも、他人の目の届かないところ――すなわち家のなかにいるかぎりは、女性も仕事をもてるようになったのだ。

個人的な利益保護と市場との関係

ひとたび市場に出れば、できるだけ好条件で高報酬の仕事――職人の場合なら、注文――を得るのが重要となる。職人にとっても賃金労働者にとっても、仕事の出来がよいほど報酬もよい。これがいわゆるスキルプレミアムで、一般には、一部の手工業における高い技能をもった職人の賃金と技能をもたない労働者の賃金との格差のことをいう。高報酬の仕事を得るのは中世末期の北西ヨーロッパではとくに重要なことだった。この地域では全世帯の四分の一から半分が賃金労働に完全に、もしくは部分的に依存していたのである。加えて「ライフサイクルの観点から見れば、労働市場はもっと大きかったかもしれない。十代と二十代（初め）の若年層では、総人口の半分をはるかに超える割合が賃金労働者（奉公人や徒弟など）として働いており、都市でも農村でも、イングランドと北海沿岸低地帯に住むほとんどの人にとっては、賃金雇用がライフサイクルに普通に組み込まれていた」★37。

この賃金労働への依存にともなって、必然的に、実地訓練と学習全般がたいそう重視されるようになった。基本的な読み書き能力と計算能力も急速に広まった。オランダでは、読み書き計算のできる人の割合が最高で全成人男性の半分、全成人女性の三分の一まで高まった。もう一つの比較区分は都市部と農村部だが、都市人口の識字率が約四分の一だったと推測されるのに対し、農村部ではこれが約二〇分の一にしかならなかった。ヨーロッパ南部とユーラシア大陸のほかの地域では、個人にとっての読み書き能力の重要度がはるかに低かった。こうした能力の差は労働者の性質や優劣や移動性に大きな影響をおよぼしていた。[★38]

船員もできるだけ待遇のよいところを選べるようになり、十三世紀以降、船員はますます自営から（それまでの船員は船長の共同経営者として利益を分配される立場であり、おそらくは商人とも組んでいた）、もっと一般的な賃金労働者に移行していった。労働争議で勝ち目がないとなれば、さっさと船を下りればよかった。たとえば当時の地中海地域では——

一二五〇年から一三五〇年ごろの約一〇〇年間、オーナー船長はせっせと船員に賃金保証をしていたが、それはちょうど、中世の海運業における労使間の伝統的な個人的つながりがついに最終的な破綻をきたしたのとほぼ同時期だった。……十三世紀半ばまでは前例のなかった商船からの脱走が、一二五〇年から一三五〇年までの一〇〇年間に、ベネツィア、ジェノバ、ピサの港で、初めて深刻な問題となった。パレオロゴ・ザッカリーアは……十四世紀の初めに、ジェノバとビザンティウムを往復する商用ガレー船の小船隊を運営していた。［彼の］日常業務の一つは……彼の船を脱走した船員から賠償金を徴収する法的権利を専門の取り立て業者に売ることだった。多数の船に延べ数百人の船員を雇い入れていたパレオロゴからすると、この商慣行は単純に、自分の損害を最小限にする最も効率的な方法だった。船員にしてみれば、脱走という行為は結局のところ、計算された博打だった。賃金の前払いを受けてから、雑多な人間がますます往来するようになっていた中世末期のどこぞの港でゆくえをくらますことに賭《か》けてみるのだ。船員に賃金保証を申し入れるのは明らかに、十三世紀と十四世紀のオーナー船長にとって、自分の船からの脱走を少なくすることが期待できる重要な方法の一つだった。★39

黒死病は西ヨーロッパに異例の婚姻パターンを出現させただけでなく、労働者に自己の利益を守らせる新しい機会を開くことにもなった。ベルギーの町トゥルネーのある大修道院長はこう述べている。

> 前年の一三四九年のあいだに男女ともに死亡率が高まって、ワイン生産者だろうが人夫だろうが職人だろうが、あらゆる職業、あらゆる家族に多数の死者が出たために、それらの仕事をする人が大幅に不足してしまった。その結果、生き残った肉体労働者の多くが死者の財産によって豊かになり、そうでない者も仕事に対して高い報酬を求めるようになった。★40

黒死病の結果、労働力が欠乏したときには労働者が賃上げを要求できることが明らかとなり、これに対する深刻な警戒から、史上初の国内労働法がヨーロッパで制定された。[★41] 表向きは物乞いを撲滅《ぼくめつ》するためとされていたが、その目的は、都市労働者と地方労働者の移動を制限することだった。プロバンスが一三四八年、イングランドが一三四九年（「労働者勅令《ちょくれい》」）に先陣を切って、身体健全な男子全員に働くことを義務づけた。つづいてイングランドでは一三五一年に「労働者規制法」が制定された。六十歳未満で生活手段のない身体健全な男女は全員、一三二五年から一三三一年の平均に等しい賃金率での雇用を受け入れることを義務づけられ、地主や請負業者は通例よりも高い賃金を払ってはならず、前の雇い主との契約を破った者を雇用してもならないと定められた。また、丈夫でありながら頑として働こうとしない物乞いにほどこしをすることも禁じられた。

同様の措置はスペインでもとられた。アラゴンでは一三四九年、カスティーリャでは一三五一年と一三八一年に法令が発布された。一三八一年の法令では、住所不定の物乞いをつかまえた人には一か月間その物乞いを無給で働かせることが認可された。ポルトガルでも一三四九年から一四〇一年のあいだに同じような一連の法が制定され、移動を制限して物乞いをなくすための通行許可証が導入されるとともに、一三五七年には労働者を従来どおりの職業に縛りつけることも法制化された。フランス、ドイツなど、ほかの国々にも同じような動きが見られ、どこにおいてもその目的は同じだったが、どこにおいてもその効果は薄く、実際にこの時期の賃金上昇傾向はあいかわらずつづいた。しかしおそらく、これらの措置によって労働力の自由移動を徹底的に抑制しようとしていなかったら、賃金はもっと急速に上昇していただろう。要するに、この法制化は賃金労働者と職人の移動を妨害しようとしたものの、結局のところ西ヨーロッパではほとんど効果がなかったということだ。十一世紀から都市の勃興《ぼっこう》とともに徐々に出現した自由は、そうすぐには失われなかったのである。[42]

集団での利益保護

中世末期に、労働と収入の問題を集団行動によって直接どうにかしようとしたのが、農村部においては農民一揆《いっき》であり、都市部においては、それよりも偶発的な食料暴動だった。加えて、手工業やサービス業の組合もいたるところに生まれており、このころには、その詳細が史上初めて記録に残されるようにもなっていた。ちなみに農民一揆は、農民戦争とは別物だった。[43]農民戦争は十三世紀と十四世紀にオランダと北ドイツとスイスで起こっているが、これは封建領主と国家の権力拡大に対する大農の抵抗運動が成功したもので、数年にわたってつづくこともあった。一方、農民一揆はそれとは対照的に、まず失敗に終わった。こちらは農産物価格の急落と、それによる農民の収入の低下が引き金となって生じた短期間の激しい暴動なので、必然的に、これが起こった時期は黒死病の流行により人口が激減したあとのことになる。

おそらく最も有名な農民一揆は、パリの北で起こったジャックリーの乱（一三五八年）で、貴族からの報復によって少なくとも二万人の犠牲者が出た。もう一つのよく知られる例は、イングランドのエセックスとケントで人頭税への反発から起こったワット・タイラーの乱（一三八一年）だが、こうした一揆はデンマークやマヨルカ島でも、少し遅れてドイツでも起こった。ワット・タイラーの乱においては、指導者の一人だった聖職者のジョン・ボールにより、労働が一揆の中心的なテーマに掲げられてもいた。有名なジョン・ボールの説教にはこんな一節が含まれている。「初めに、すべての人間は平等に創造された。人間の奴隷扱いは、悪いやつらが神の御心《みこころ》に反して不当に導入したことだ。アダムが耕し、イブが紡いだとき、いったい誰が領主だったのか」[★44]。ロンドン市民もこの蜂起《ほうき》に加わった。この福音主義の萌芽の要素は、同時期のイングランドのロラード派や、チェコのフス派にも見られる。

産業革命以前の都市において、また場合によっては地方においても、労働者組織と呼べる最も重要なものは、まぎれもなくギルドだった[★45]。もともと組合組織はギリシャ・ローマの昔から世界各地に生まれていたが、その組合のある都市が衰退すると同時に消滅した。中世と近代初期に栄えたギルドは、次のような点を特徴とした。同じような職業の人びとからなる多かれ少なかれ独立した自治組織であること、そして構成員の共通の利益をほぼすべての面（経済、政治、社会、文化、宗教）において高めるのを目的としていたことである[★46]。ギルドが出現し、繁栄するのに重要だった四つの要因は、都市化、政治経済、人的資本、社会関係である。

第一の都市化についてはいわずもがなで、同じような職業の一か所集中は地方部よりも都市部でのほうが生じやすい。ただし、追って第5部で見るようにギルドは非常に魅力的な組織モデルに発展するので、のちの近代初期ヨーロッパ農村部においてプロト工業化地域に同様の組織が形成されることはあった。しかしながら中世においても、都市の外に地縁を超えたギルド的な組織がまったくなかったわけでもない。たとえばイングランドでは、有名なところで、デボン州とコーンワル州にまたがる錫採鉱地の労働者の組合に早くも一一九八年から特権が認められており、グロスターシャーのディーンの森の鉄鉱労働者と炭鉱労働者（「フリーマイナー」）も同様の特権を得ていた。そして何より有名な石工組合「フリーメーソン」がある。フリーメーソンはその後、組合の拠点（ロッジ）の一つだったストラスブール大聖堂を動かし、「イングランド流にしたがっての自由な石造建築」の特権を神聖ローマ皇帝に認めさせている。神聖ローマ帝国では、鉱山労働者も同じような組織を十三世紀から形成していた。★47

だが、ギルドのような組織が成立するには都市化だけでは十分でなく、国家の政治経済がその成立を許すものでなくてはならなかった。この条件にあてはまらなかったのが、アナトリアのルーム・セルジューク朝〔一〇七七～一三〇八年〕（かつてのビザンツ帝国時代の組合は廃止された）、ペルシャとイラクのモンゴル帝国、エジプトのマムルーク朝、インドのムガル帝国、明代以前の中国である。ギルドやそれに類似した組織が生まれる可能性が新たに開けたのは、中東ではオスマン帝国が、中国では明朝が、日本では徳川幕府が成立したあとのことになる。

人的資本も同じく前提条件の一つであることは、職業団体の形成順序に例証されている。

最初にできたのは商人ギルドで、ヨーロッパでは十世紀に初めてこれが生まれ、つづいて十三世紀から手工業者の親方による手工業ギルドが形成され、最後に、規模がずっと小さいものではあるが、平の職人による職人組合が形成された。社会の識字率が高いほど、職業団体が形成にいたる可能性も高く、そのいい例がイタリアと北海沿岸低地帯である。商人ギルドと手工業ギルドの戦略と戦術に関していえば、通例、これらは町の行政府と協力し、行政府に権威として競合ギルド間のさまざまな問題解決にあたってもらった。ただし、平の職人に関しては事情が違った。職人は十七世紀以前はほとんど組織化されておらず、ギルドを基盤とした産業で働きながら親方に保護されて利益を得ていたが、そううまくはいかない場合も多かった。双方の利益が衝突したときは、自分たちが自由であることを非常によくわかっていた職人が、離職などの実力行使におよべばよかった。★48

最後にもう一つ重要なのが、家族的な絆の強さである。というのも、ギルドが広まるためには、宗教やカーストや血縁によるつながりに負けないぐらいの強い仲間意識をギルドが提供できなくてはならないからだ。したがって、中世末期以降のヨーロッパのように血縁の絆が弱い社会では、強固なカーストのネットワークがあるインドのような社会より、ギルドが発達しやすいということになる。

インドの北部と北東部では、中世末期の経済活況がさまざまな分業を促し、その職能集団ごとに新しい名前もつけられた。綿の紡績と製織を新たに専門とした集団はジョラハと呼ばれ、砂糖の精製を専門とするジャーティ（カーストの下位区分）はモーダカ、ココヤシの樹液から糖を採取するジャーティはシウリと呼ばれた。これらの職能集団は、後世にはまぎれもなくカーストになっているが、最初は一種のギルドだったのかもしれない。いずれにしても、これらが正確にいつ、どの程度までまとまった集団として形成されたのかは、いまだ確定できていない。[★49] 中国では、最古のギルドは職業別にまとまっていただけでなく、出身地別にもなっていた。これは、準家族的なメカニズムが一般的だったことの明らかな証左だ。同じように、出身地から遠く離れた都市で活動する商人たちも、偶然にではなく、同じ地域の出身どうしで準家族として組織にまとまっていた。

ギルドの構成員は例外なく男性で、住み込みの職人と徒弟を世帯の一員として扱い、自分の子供に対してと同じように彼らに対しても絶対的な権威をもった。この「家族モデル」に照らしても、女性が職人として働くのは難しかった。職人というのはよその家の親方に仕えるものであるからだ。したがって女性が働くとしても、たいていは自分の家で、男性家長の管轄下に置かれた。この家長がたまたま手工業ギルドの一員であれば、女性も間接的にギルドの規定のもとで、ギルドの保護も受けて働けた。だが、世界のどこであれ、公式な個々のギルドから女性はほぼ完全に排除されており、したがって寡婦が家長になる場合もあるにもかかわらず、ギルドから特別な許可をもらわないかぎり亡夫が抱えていた職人や徒弟を保持することはできず、自身がギルドの一員になることもなかった。

▽　▽　▽

このように、既存の市場経済の本格的な貨幣化は、自営労働者と賃金労働者の自由労働、すなわち、あらゆる市場向け労働の発達にとって不可欠なことだった。紀元前五〇〇年以降の地中海地域と北インドと中国の歴史が、そして同じ道を歩んだすべての社会が、そのことを例証している。だが、これまで見てきたように、そうして貨幣化された市場経済は安定とは程遠く、とくに最初の一五〇〇年間はまったくもって不安定だった。加えて、程度の差も激しかった。それは非自由労働がさまざまな割合で交じっていたせいでもあり、国家がさまざまな度合いで結婚や家族のシステムに介入していたせいでもある。そして世界のなかでも一部の貨幣化されなかった地域には、別の発達の型が見られた。すなわち南アメリカと中央アメリカでの貢納・再分配社会の繁栄である。[★50]

文字資料が増えるとともに、労働条件についての知見も増え、働く人びと、とくに賃金労働者の個人的、集団的な戦略についても多くのことがわかるようになっている。支配者層の見方に反して、多くの社会の一般庶民のあいだに技能をもつことの喜びと仕事へのプライドがあった証拠も残されている。白い服に身を包んだ歌手のマハブーバ、あるいは司馬遷や白居易の観察がいい例だ。共同作業の価値も認められている。そしてこの時代にもなれば、奴隷にされた人びとの考えや行動までも垣間見えるようになってきた。それらが最も明白にあらわれているのがスパルタクスの乱やザンジュの乱をはじめとする奴隷反乱だ。人を奴隷にすることへの抗議と同様に、自営労働者や賃金労働者の不当な報酬に対する抗議と、それにつづく集団行動や組織結成も——これもまた支配者層の見方とは逆になるが——平等主義の普遍的な理想が市場社会においてもなお残っていたことを証明するものだ。

これらのテーマについてはここでは軽く触れただけだが、このあと一五〇〇年から一八〇〇年の時代を見ていくなかで、もっと詳しく論じていく。一方、西ヨーロッパとユーラシア大陸のほかの地域とで女性の生活基盤（家庭）での地位には違いがあるが、それがこの時点ですでにどれだけ根本的な違いだったかは、いまだ十分にわかっていない問題であり、データに乏しい南アジアに関してはとくに答えるのが難しい。

第 5 部

労働関係のグローバル化

1500年から1800年まで

働き者：女性が糸を紡ぎながら豚とロバの番をしている（1636年）。

ユーラシア大陸では紀元一五〇〇年以前に各地の労働関係が似通ったものに収斂したが、世界を見渡してみると、このころの仕事のあり方には依然として大きな差があり、その差はつづく数百年のあいだも広がるばかりだった。人間は一二〇〇年ごろにニュージーランドに到達したのを最後として世界中に進出し、その地に住みついていたが、大陸間の結びつきはまだかぎられていた。コロンブスが到達する前のアメリカ大陸はほかの世界と完全に切り離されていたし、南北間の世界のつながりも希薄だった。なるほど、インドと中国とヨーロッパの海には確かにたくさんの船が行き交っていたが、人びとはこれらの大陸間を行き来するのに陸路のほうをずっと多く使った。遠くアジアを旅したイタリア人のマルコ・ポーロとモロッコ人のイブン・バットゥータは、その最たる例である。ヨーロッパからアメリカ大陸へ行き着いたクリストファー・コロンブス、インドへ渡ったヴァスコ・ダ・ガマ、そして彼らと競って航海に出た者たちだけが人と財とサービスを、安価に、したがって頻繁に、世界規模で交換することができた。[★1]

財については、トウモロコシやタバコ、ジャガイモ、トマトといったアメリカ原産の農産物がアフリカとユーラシアに広まったことを考えてほしい。この交易は豊富に手に入った銀が交換手段として使われたことで円滑に進んだ。ユーラシアは一三〇〇年ごろから一四〇〇年ごろまでの最初の「銀の世紀」を経て、いま一度本当の意味で世界的な銀の世紀を迎えようとしていた。ユーラシアの共通の勘定単位だった銀貨が、一六〇〇年ごろから大陸間を流通するようになったのである。[★2]ただしこのころからのグローバル化は、初めのうちはうまくいくこともあったが、とくにアメリカ大陸と北アジアおよび中央アジアではそうはいかないことがたびたびあった。「発見者」たちが新しく征服した地域をあたかも「無人の」地であるかのように扱ったからだ。

この第5部では、労働関係と仕事の報酬が世界の各地でどのように形成されていったかを問いたい。もはやそれは自然発生的に生まれるというよりも、協力したり対立したりしてかたちづくられるようになっていった。ヨーロッパ人がヨーロッパ以外の世界の「大発見」をなすまでは、アメリカも、さらには熱帯アフリカとオセアニアとユーラシアも、おおむね孤立した内向きの領域だった。新しい地域との接触が増えたからには、労働関係はますます収斂したと考えるのが当然である。ところが、それは部分的にしかあてはまらない。とくにアフリカとアメリカに関しては事情がまったく違った。コロンブスから三〇〇年が経った一八〇〇年ごろ、ヨーロッパ人はすでに世界の大部分を支配していたが、彼らは西洋の労働関係――ほぼ市場向けの自由労働――をこの二つの大陸にもちこまなかった。あらゆる種類の非自由労働を助長するか、それがなかったところには導入したのである。

この収斂と分岐のプロセスは、すべての場所において進み方も速度も違っていた。ヨーロッパから見て、アジアとの接触はアメリカおよびアフリカとの接触と同じようにはいかなかった。アジアの強国はヨーロッパの商人を迎え入れながらも、長いあいだゲームの決定権を手放さなかったからだ。一七五〇年ごろになって、ようやくアジアのごく一部の地域でヨーロッパが主導権を握りはじめ、その地域の働き方と労働関係に重大な結果をもたらした。同じことがのちにオセアニアでも起こっている。

要するに、近年の富と政治権力の世界的な不平等を、あたかも本来的に優越な西洋が世界を「踏みにじった」結果であるかのように、単純に過去の「大発見」時代（大航海時代）に重ねあわせることには警戒しなくてはならない。そういうことではなかったのだ。十八世紀末までは、西ヨーロッパ、インド、中国、日本などのユーラシア各地の労働関係は意外なほど同じようにして、つまり市場への労働力の投入を増加させる――男性ばかりでなく女性も、さらに子供さえも――ことで発展したのである。これを「勤勉革命」と呼ぶ。[★3]

とはいえ、当時の世界人口の大多数を擁していたユーラシアの広い地域で労働集約化が進んだからといって、西ヨーロッパが他地域を出し抜いて、一八〇〇年ごろから世界全体を支配するまでになった事実を覆い隠すことはできない。そうなるまでにはいくつもの段階があった。第一に、アメリカ大陸の「発見」はたちまち大陸の征服にまでエスカレートし、アステカとインカでつづいていた貢納型の労働関係に大打撃をあたえるとともに、スペインとポルトガルに、のちにはオランダ、フランス、イギリスなどの侵略国に多大な利益をもたらした。第二に、捕らえられて西アフリカの港からヨーロッパ人に売られた人びとは、アメリカのプランテーションで働かされた。しかもヨーロッパからの需要がアフリカ人の供給をいっそう刺激した。これによる重大な影響はアフリカのみならず、もちろん奴隷のみならず、プランテーションの収益性と手ごろなアメリカ産品の世界市場への供給力にももたらされた。また、奴隷労働者は南アジアで、とくに東南アジアでも増加した。

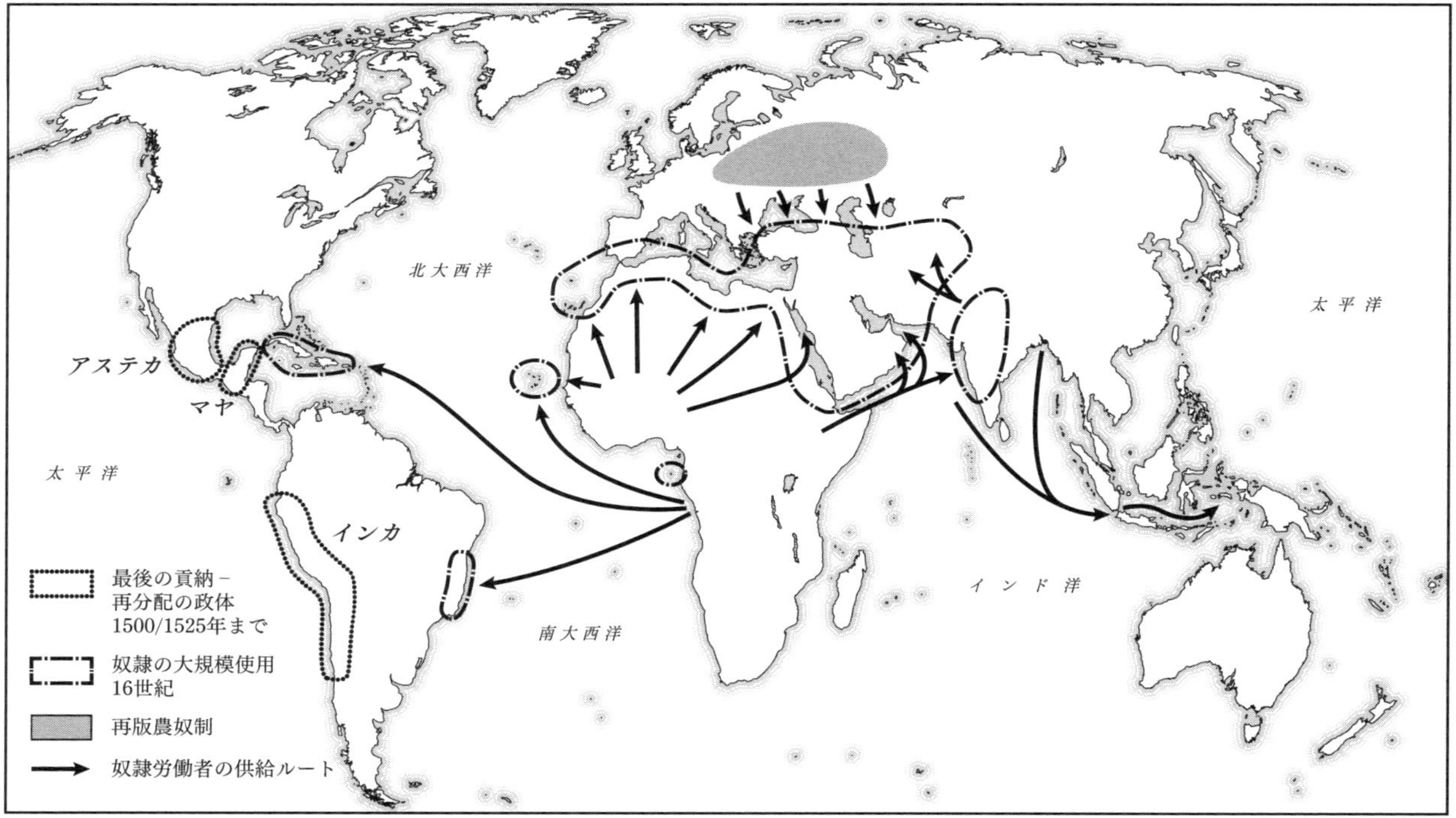

［地図5］16世紀の重要な労働関係

第三に、西ヨーロッパの都市を中心に、教育機会の拡大と識字能力の上昇とともに労働者の質がしだいに向上した。これら三つの事情が絡みあって、西ヨーロッパが何ゆえにアジアに先んじたかを説明するのである。西ヨーロッパ人は一七五〇年ごろから短期間のうちに都合のよい条件をアジアに押しつけ、その結果アジアの停滞と衰退さえをも引き起こし、それまでの問題をいっそう悪化させた。これがいわゆる大分岐である。

第5部は、まずユーラシア大陸内での大きな転換を論じ、東西がいかに似ていたか、その共通点を見つけることからはじめよう。このあと見ていくとおり、共通の基盤（第4部を参照）は、世帯間の労働関係が市場を介してできていったことだ。アイルランドから日本まで、フィリピンからポルトガルまで、労働で得られた生産物は世帯内で使用されないかぎり売りに出され、市場で取引された。その主体はおもに小規模の独立した農民と職人だったが、そのほかにもかなりの人びとが労働とサービスを提供して賃金を得た。これは第4部の期間と同様に（したがって、すでにこの二〇〇〇年前から）、個人──とくに軍人、船員、奉公人、農場労働者──にも、協同下請契約を介した集団にもあることだった。後者の歴史上の例については、このあと日本と中国の銅の採鉱と加工と硬貨鋳造《ちゅうぞう》を見ていくことにする。個人の自由で労働契約を結ぶ（同時に契約によって生じる制約も引き受ける）のを自由賃金労働とするなら、そのほかにユーラシアでは奴隷制と農奴制という非自由労働も生じた。無視できない数の非自由労働者がいたが、他地域ほどの苛酷さはなかった。

これらの市場社会における仕事は、一五〇〇年から一八〇〇年のあいだに非常に労働集約化した。経済史学者はこのプロセスを労働集約型発展経路と呼ぶ。農業と、その兼業の家内工業は一世帯あたりの生産性が急上昇した。男性ばかりでなく女性も子供も働いて、より多くの時間を市場向けの生産に費やすようになったからだ。このあと見ていくが、この変化は日本、中国、インド、西ヨーロッパの特定の地域で起こり、その後は大陸中に広がってロシアにまで達した――それまでの農奴としての仕事の上に別の仕事が加わり、それが農奴の特徴にもなった。これら先頭を行く地域では、たいてい都市化とそれによる職業の専門化も進んだ。

もちろん、労働集約化が進むというこの共通の傾向のなかでも、地域による相違もあらわれた。たとえばヨーロッパでは、再版農奴制〔十六世紀に、東欧の農場領主制において西欧での穀物需要増に応じるために強化された農奴制〕が東ヨーロッパに広がるのにともなって東西に乖離《かいり》が生じた。さらに西ヨーロッパでは「小分岐」があり、まずネーデルラントが北イタリアをしのぎ、つづいてネーデルラント連邦共和国が南ネーデルラントを凌駕《りょうが》し、そのネーデルラント連邦共和国も最後にはイングランドに追い抜かれた。[★4] 最も先進的な地域は資本集約型に移っていき、十八世紀後半のイギリスで仕事の性質が変わることになる。すなわち資本集約型の産業革命である。ただし一八〇〇年以前には、まだほとんどかたちをあらわしていないので、これは第6部のテーマとしよう。

多くの人にそれ以前よりも長い人生（現代にくらべればまだささやかなものだが）をもたらすことになったユーラシア大陸の目を見張るような労働集約化について、賃金労働の増加とともに詳細に論じたあと（第16～17章）、今度は悪い意味で目を見張るような他大陸の変容を追うことにする。まず大分岐と奴隷制に関連するグローバル化の影響を論じ（第18章）、そのあと東ヨーロッパとロシアの農奴制を検証して労働粗放型の発展経路を取り上げる（第19章）。これは一八〇〇年ごろの状況で頂点に達する。そして一八〇〇年から現代までの二世紀は、第6部と第7部に場を移そう。

第16章

労働集約型発展経路——近代初期のアジア

初めに労働集約型発展経路を検討しよう。つまりアジアの文化の大中心地である日本と中国とインドで、世帯の成員が時間をより効率的に使うようになったことだ。自由賃金労働の拡大とそれに関連する労働関係は、このアジアの変化を抜きに語るわけにはいかない。

経済史研究者の杉原薫は、勤勉革命の考え方を唱道した経済学者の速水融《はやみあきら》を支持して「労働集約型発展径路〔原典ママ〕」のシナリオを提唱している。[★1] 市場経済における経済成長を説明しようとするときに、資本と労働の組み合わせだけを見るのではなく、第二の可能性をよく考えるべきだと杉原はいう。第二の可能性とは、労働者の質の向上と、質のよいその労働力をどれだけ展開させられるかということだ——これは原則として投資した資本の量にかかわりない。[★2] 一五〇〇年の世界の社会は圧倒的多数が農業社会であり、またその後もその状態が長くつづいたが、そこでの人間の労働力の展開は季節による影響を極端に受ける。走りまわるか止まっているかのどちらか、というくらいだ——収穫期には駆けまわり、耕し、種をまき、除草するときも収穫期ほどではないがやはり走り、農閑期になって止まる。そして男性でも女性でも、みながみなこの同じパターンで働くわけではない。男性の仕事がおもに収穫と耕作の数週間の重労働にかぎられている社会もあれば、男性が刈り取りをし、女性がそれを束ねたり草をほぐして乾燥させたりする社会もある。また別の社会では、日々の加工は女性の仕事だ。いずれにしても典型的な農業社会では、男女ともに（またそのなかでも年代別に分けられる）手の空く時間がたっぷりあった。この時間は農作業のやり方を見直すとか家庭の内外で別の活動をするなど、原則的に生産に使うことができる。とくに一五〇〇年から一八〇〇年の期間には、ユーラシアの多くの場所で（先進地域も後進地域も）、農業に関連する作業や家内工業、製造業、手間賃稼ぎなどの仕事をしてこの時間を埋めるようになった。[★3] いずれの場合も、その世帯が労働力をある業種から別の業種にすっかり移しかえずに収入源を増やした点が何より重要である。

わずかな土地を所有するか借りている小農世帯は、追加収入の必要もそれに投じることのできる労働力も最大だった。誰がどこでどんな仕事をするかは世帯内で決定された。副収入の道を探す場所は周辺環境だけにかぎらないからだ。こうしてこの数百年は、季節労働などの短期労働移動が広く見られた時代でもあった。

日本

徳川時代の日本は、農業生産の手法を転換して仕事へのより深い献身につなげた好例を示してくれる。幕府は人と財の国際的な動きを厳しく規制することで国を守っていた（一六三九年から。中国とオランダの商船だけが限定的に通商を許された）。土地の区画は利用しつくされてほとんど残っていなかった。

放牧地を確保する余地はなかった。役畜は耕作と運搬に使われたが、肉や乳製品や羊毛の生産をするにはそのための土地がほぼなかったのだ。そのため日本の農業は、人力と肥料と種と農具で単位面積あたりの年間収穫量を上げることに集中した。牛や柵などの固定資本や土地の売却に対する配慮は、労働集約的な技術や労働吸収的な慣行の発展にほとんど寄与しなかった。[★4]

アメリカの歴史学者で日本研究者であるトマス・C・スミスはこう述べている。「時間は過ぎ去っていく貴重なものと見なされ、時間を無駄にしないことが道徳的に非常に大切だと考えられていた。農民は念入りに工夫して仕事を段取りし、早生《わせ》種と晩生《おくて》種をうまく使い、畝間作付け、敷き藁《わら》を敷いた苗床、速効性の肥料で自然の課す制約をくぐり抜けた[★5]」

小農世帯は主要作物の栽培のほかにも多くの活動をした。以下は一八四〇年ごろの南西部の比較的商業化した地区の村の例である。

健康な者はみな、農作業に支障がないかぎり、塩づくりなどに雇われて働いた。農家の平均的な耕作面積は水田が二・一反〔一反は約一〇アール〕と畑が〇・六反で、土地が平坦なおかげで耕作するのは比較的容易である。男性は農閑期に縄をなったりいぐさを編んだりする一方、女性は三月から八月まで塩田で働いて、それ以外の月は綿織物づくりに専念する。その合間に薪《まき》割りと堆肥用の草集めをする［これらは伝統的に女性の仕事だった］[6]。地方における非農業生産の重要性は、藩の人口の約九〇パーセントが「農民」だったにもかかわらず、地域生産物の四〇～五〇パーセントを非農産物が占めたとされていることからもわかる[7]。

経済の労働集約型発展経路が徳川時代の日本にあらわれたのは、決して偶然ではない。戦国時代が幕を閉じたあと、日本の労働に直接影響をおよぼす政治上の重要な変化が二つあった。一つは武士が都市に集住し、幕藩体制が敷かれたことである。これによって長きにわたって戦乱のない世が訪れたが、急速に都市化が進むことにもなった。一六〇〇年に人口一万人以上の都市に住むのは総人口のわずか三パーセントにすぎなかったが、その五〇年後には一三パーセントを超え、一七〇〇年には一五パーセントに達した。図抜けて大きい都市もあり、幕府のある江戸は百万都市である。大坂と京都が人口五〇万人、そのほか一〇万人の地方都市もいくつかあった。ここまでに成長した都市がその数を保ち、死亡による減少を補うには、地方から絶えず人が流入してこなければならない。だが流入数を維持するのは難しく、それには地方もまた繁栄していたことが大きかった。やがて都市化の勢いは鈍り、都市人口は一七五〇年には一一パーセントに下落していた。その後一五パーセントにまで盛り返すのは一九〇〇年である[8]。

もう一つは、年貢が基本的に稲田の生産高にもとづいて村ごとに課されたため、農家の役割が非常に重要になったことだ。★9 ここから代々継承されるべき「イエ（家）」と呼ばれる独特な直系家族が生まれた。ほぼ日本全国で、父親から長兄に土地の所有権と地位と家名が譲られ、もしそれができない場合には婿《むこ》もしくは養子を跡取りにした。家系と家名を絶やさないことが何よりも優先されたのである。「イエ」が非常に重視されたため、家業もそれにあわせて営まれた。そこで外部の労働力を必要とする家長は、いわば新しい「家族」として人を雇い入れた。これがとくにあてはまったのは、若い者を雇うときだ。一般的に十一歳から十四歳で主家に雇われ、部屋と食事をあたえられるかわりに五、六年以上奉公するが、その間に仕事を身につけ、もちろん経営の秘密も覚えられる。だが雇い主からしたら、それが信頼しうる人物だとどうしてわかるだろう？　ろくでもない人間を知らずに雇うことになりはしないだろうか。

実際、このことは大きな問題だったので、幕府が介入した。十七世紀の初め、人売り買いはすでに禁じられていたが、悪徳な斡旋《あっせん》業者（奉公志願者と共謀して前金をせしめたあと、別の雇用主を相手に同じことをくり返した）を締め出すために、一六六五年から一六六八年に法令が発布され、正式な労働契約に請け人（保証人）を必要とするようになった。書面での雇用契約は、本人の父親だけでなくその者を知っている請け人が記名押印する。次の契約書の例に明らかなように、彼らは奉公人が契約内容を遵守することを保証した。この例は一七七六年に交わされた京都の呉服商野口家との契約で、請け人と親と奉公人本人が記名している。

> 奉公人請け状の事。この志げと申す女、当申年《さるどし》より来未年《ひつじどし》まで十か年季奉公させます。志げは美濃國大野郡下方村の喜三治の娘にて、一家とは数代前からの古いつきあいにつき、われらが請け人となりました。宗旨につきましては、代々西本願寺［浄土真宗］の檀家《だんか》に相違ございません。宗門人別改帳《しゅうもんにんべつあらためちょう》にありますとおり、御禁制のキリシタンではございません。万が一にもそうなりました場合には、お知らせくださいますようお願い申し上げます。御上の御法度に背くようなことはさせません。また、武士または浪人の娘ではありません。もし窃盗《せっとう》して逃げる、家出をするなどしましたら、御家の御作法のとおりにしてください。年季明け近くに、この女をお気に入りくださりましたなら、この請け状をもってお好きなときまでお使いください。年季中は休みをとらず、よそに奉公することもいたしません。そのようなことがありますれば、どのように折檻《せっかん》なされても異存ございません。[★10]

この請け状は大きい呉服商を守ることのみを目的としているように見えるが、実際は、雇い主は奉公人が自分のいうとおりにしなくても何も得られなかった。そのようなとき、雇い主は補償を求めて司法機関や組合——もしあったとしても——に訴えはせず、家族および請け人と話しあった。ほとんどの場合、くだんの奉公人は——詫《わ》びを入れ、損失を埋めると約束すれば——情け深くも再度雇われ、それが数度にわたることもあった。年季明けが近く、商売上の多くの秘密を知られている場合はとくにそうだった。同様に、「イエ」は無期雇用の奉公人を解雇しづらかった。これは、手に負えないからといって親が子を見捨てることはないのに等しい。

　このように主家と長期雇用契約で雇った労働者とが家業の固定的な中核になるわけだが、そのほかにおもに日当で働く臨時雇い人もいた。大きい事業主は大勢を雇うことができ、もちろんこれらは家族と考えられてはいなかった。鉱業（金、銀、銅）、そのなかでも銅山を例にとろう。一六八六年の時点で、全国五〇の銅山に採掘人が二〇万人、炭焼き人一〇万人、大坂の銅座に一万人、粗銅を大坂へ輸送するのに無数の船員が働いていた。次に銅は大坂から長崎へ運ばれ、一七〇〇年ごろはそこから九〇パーセントが中国（六〇パーセント）とバタビア〔オランダ東インド会社の貿易本拠地。現ジャカルタ〕（三〇パーセント）へ輸出された[★11]。日本は長いあいだ世界有数の銅生産国だったのである。鉱床の探査、排水、頑丈な鉄製鉱具の製作、製錬技術といった技術上のイノベーションはさておき、銅山は男女を問わず大勢の労働者を必要とした。女性は採鉱労働者の妻で、子供ともども鉱石を砕いたり選り分けたりする仕事をした。一八三七年に四国の別子銅山で働いていた者のうち、三〇パーセントが女性だった。

　銅生産は十八世紀に排水の問題から縮小を余儀なくされた。幕府が賃金を引き下げたせいで、水抜き作業をする労働者が鉱山に来なくなったのだ。そこでかわりに罪人やごろつきが集められた。つづいて周辺の村の百姓が駆り出され、最後には、どこの人別帳にも登録されていない都市の無宿者まで動員された。この幕府直轄の事業では、省力化のための技術開発よりも（もっとよい揚水方法の知識があったのでできないことではなかった）[★12]、強制労働の方法が模索されたのである。そして、故郷を遠く離れて暮らしながら働く労働者に、事業者が米を特別な価格で独占販売するという強制現物給与が取り入れられた。いいかえれば、労働者の数が多いほど事業主の店の儲けがそれだけ大きくなり、それゆえに省力技術を導入するうまみはなかったのだ。しかし、自由労働市場を放棄した結果、労働集約型生産の改善も進まなかった。

要するに徳川時代の日本では、労働者の質と仕事のあり方における重要なイノベーションはもっぱら農業にあった。まず、総じて小規模の農場での仕事が多様化し、その結果、生産高が増加したのみならず、世帯成員が農繁期により長く働くようになり、専門的な知識が増し、労働規律も向上した。次に、農民が余り時間を生産的に利用しようとし、たとえば絹や綿の糸を紡いで織物を生産するようになった。農業と家内工業の生産物は、家庭内で消費しなかった分が市場で売られた。これにより、砂糖などの贅沢品も買えるようになった。こうした新しい動きから、専門技術も一般的な技術も世帯内で発達した。さらに、日本の賃金労働は銅鉱石から銭貨までの生産物連鎖とともに拡大した。

農業そのものでは、本格的な貨幣化はあまり活発にならなかった。村は納税の単位であり、たんに小農世帯が寄り集まっただけのものではなかった。経済史学者の黒田明伸によれば、「［村には］薪集めなどに共同利用できる入会地《いりあいち》があった……こうした状況で隣近所でのさまざまなかたちの労働交換が生まれ、それが日本人の生活の特色になった。その一例が結《ゆい》

（農作業の労働交換）である。このような一体感のもとでは、日払いの日雇い労働ははぐれ者のすることだったといっても過言ではない」。ただし日雇いは一度きりではない連続雇用で、賃金の支払いはひと月以上先送りにされることもあった[★13]。

中国

徳川時代の日本は二世紀以上にわたって貿易相手国を限定する鎖国政策をとったため、厳しい国内市場のなかで労働集約型の発展経路をたどったが、労働集約化はアジアのほかの場所でも起こった——国際市場の力にさらされた地域や、直系家族がさほど発達しなかった地域にもこの現象は生じ、中国の長江デルタはその一つである[★14]。十八世紀に日本と同じくらいの人口があったこの地域は、ほかにも日本と似ている点が多々あったが、同時に興味深い相違もあった。

長江東部の江南地方は、一四〇〇年から一八〇〇年のあいだに人口が急増したが、耕作地帯の暮らしは大きく変わらなかった[★15]。群を抜いて重要な生活手段は水稲栽培である。動物による動力は多少使われていたが、水の豊富なデルタでは田を耕すのにも物資を運搬するのにも、役畜が不可欠というわけではなかった。食用の肉は豚と家禽が中心だった。生活水準は十八世紀後半まで高く、たとえばイギリスと同程度、中国の他地域の二倍という高さである。そのおもな理由は、堤防、運河、干拓地、風力利用の竜骨車（木製の樋《とい》状の揚水機）の使用で、宋から清の中期までのあいだに米の生産高が少しずつ増加したことにある[★16]。次に、明から清の時代に効率のよい分業化が進み、小農の男女は農業と家内工業と交易とで収入を得た。家内工業については、とりわけ明の時代に綿花栽培と綿工業が急速に成長したのが目につくが、養蚕《ようさん》はまた別の小農の妻たちの仕事だった。そして絹工業は逆に都市部に集中していた。

中国の労働集約型発展経路も農業世帯が中心だったが、この点を日本と比較してみると、重要な違いがいくつか見出される。たとえば中国では農地が相当に分割されていたため、独立自営農民（これが労働力の半分で、あとの半分は自由借地農）の使える小さい区画が増え、追加収入の必要が大きくなった。中国の農民は生産物を市場《いちば》で売って現金を手に入れようとしたのに対し、日本の農民は前金を払ってくれる都市の商人と取引した。リスクをともなう自由と確実性のある依存の違いがここにある。農業労働者もこれに似たことをして、橋や市場といった地域の中心地に集まった。そういう場所で自分の労働力を売り、現金の日当をいちばんはずんでくれる者に雇われれば、一日の仕事が終わるとすぐに手当がもらえるというわけだ。[★17] また、典型的な中国の世帯はほかの点でも日本と違っていた。女児を間引きするせいで、貧しい男性には結婚相手が不足することになった。親からわずかな土地しか継げず、それでは生活が成り立たないために賃金労働者になる息子たちだ。土地を借りるには、普通は三年分の地代を前払いしなくてはならなかったから、外部から長江デルタの農村地帯へ移り住んでくる者はいないに等しかった。したがって上海のような大都市は、逆にデルタで仕事にあぶれた小農の移住者に依存していた。

都市周辺の農村地帯では、小農がおもに稲作に従事し、その妻と娘が（稲作の手伝いのほかに）綿などの繊維業に携わっていた。糸を紡ぎ、それ以上に布を織って小金を稼ぎ、十八世紀にはそうやって長江デルタでつくられた製品が帝国中に供給され、さらに輸出もされた。輸出に依存するのは弱さのあらわれでもあった。十八世紀の末には、国内の他地域との競争が激しくなっていたからである。

　都市がふたたび成長したのは、周辺地域での稲作がうまくいったからであり、また土地を継げない小農の息子たちが農村を出て流入してきたからでもあった。[★18] 最初の人口成長は唐にさかのぼり、宋になっていっそう勢いづいた。明の初期に減少したのち、明後期から清にかけて市場町の数がまた急激に増えた。南京はしばらく明の首都だった。二度の人口増加期には商業と海運が興隆し、また宗教もさかんになった。都市には寺院や聖堂、僧坊などがあり、地方の信心深い人びとがたびたび参詣した。よく知られている白蓮《びゃくれん》教の民衆運動はそのあらわれの一つだが、遠くに暮らす人びとを広く引きつけた宗教はほかに道教もあった。のちに王朝の強い管理下におかれたが、やはり宗教は地方の人びとに提供される都市の重要なサービスだった。また、このような都市と農村地帯の密な結びつきは、小農の購買力の高さを示してもいる。しかも彼らはそれだけの自由な時間をもつことができ、寺院などの配布する冊子や本を読めるほどの教育機会もあったのだ。

　さて、労働にいそしむ長江デルタから帝国全体へ目を向けよう。なかでも勤勉革命に関連する技術の発達である。これはいくつかの例を用いて詳しく述べることができる。[★19] まず役立つ知識が広まり、次に日本と同じように銅から銭貨への生産物連鎖があった。この本格的に貨幣化した社会では不可欠な製品である。

人びとに知識と教養を普及させる機会があったことからして、中国はさほど悪い状態にならなかった。なにしろ印刷技術は、中国と朝鮮ですでに八世紀に発明されているのである。[★20]これにより写本するよりもはるかに効率よく書物を複製する方法が編み出され、より多くの人のもとへ届くようになった。書写するのも早々にすたれはしなかったが、それに加えてとくに中国では木版で印刷された書物が大量に出まわった。木版はページ全体をノミで彫る方法で、これは鉛で一つひとつ活字をつくる十五世紀のヨーロッパのやり方と違っていた。中国の本の生産は宋代から飛躍的に発展し、一六〇〇年から一八〇〇年にもふたたびさかんになった。現代の学者は、国別、大陸別に書物の出版点数を比較しようとしているが、少なくとも十八世紀まではその点で西ヨーロッパと東アジアで大きな違いがなかったというのはありえないことではない。[★21]

もっと重要であろうことは、印刷物の値段が十七世紀からぐんと下がったために大衆にも書物が普及したことだ。ヨーロッパばかりでなく中国でも、本を売る売店や行商人があらわれ、ついには書店も出現した。中国では男性の三〇〜四五パーセント、女性の二〜一〇パーセントが一〇〇〇余りの文字を認識できた。[★22]なかにはもっと複雑な文章を読めて、読めない人に内容を教えてやる者もいた。

それまで印刷物といえば、洋の東西を問わず宗教や道徳に関するものがほとんどだったが、ここへきて技術解説書が出版されるようになった。たいていは図解がついていて、心得のある者なら理解できた。中国の政府はこの点で早くから先鞭《せんべん》をつけた。最も普及したのは農業技術と繊維技術の解説書である。十二世紀の稲作と養蚕に関するもの、十三世紀の綿栽培に関するものなどがあり、十四世紀初めのものは「農業と繊維業で使う道具や装置や機械の詳細な構造図を載せたり、籾の選別機、糸繰り機、水力利用の送風機、灌漑設備などの解説つきの設計図を集成したりして新境地を開いた」★23。さらに建設、機械装置製作、塩づくり、製紙と印刷、造船などの解説書もあった。こうした技術書でとくに重要なのは、それらが定期的に増刷されたことだ。

技術解説書の白眉《はくび》は、一六三七年に刊行された宋応星《そうおうせい》の『天工開物《てんこうかいぶつ》』である★24。当時のあらゆる生産技術をまとめたもので、著者が全国を旅したときの見聞で補足されている。書物の値段が下がったおかげで、この大著は貿易商や職人を含む幅広い層の人びとの手に届いた。その人気は数十年のうちに増刷されたことから明らかだ。ところが不思議なことに、『天工開物』の刊行後、中国の技術書分野でのリードは突然に終わりを迎えた。『天工開物』の大部分は一般百科事典に吸収され、各分野のものを別にすれば、総合的な技術書を求める動きが止まってしまったのである。しかも十七世紀の初めから、より精緻な図版を添えたヨーロッパの書物の翻訳版が出まわるようにもなった。そのため十七世紀から十八世紀の中国は、いまだ技術的に高度なレベルにあったものの、この面での進歩は停滞したといってよさそうだ。ただし例外もあり、たとえば可動活字（木版ではなく）を用いた印刷に関する図版入りの技術書が一七七七年に刊行されている★25。

すでに見たとおり、最大の経済発展は農業の拡大によるものだったが、鉱業とインフラストラクチャー整備も忘れてはならない。幾多の戦争を経たこの国が十八世紀半ばには現在とほぼ同じ広さの領土をもっていたことを考えれば、当然のことだった。鉱業は南部を中心に発展したが、それには特別な背景がある。中国は貨幣を鋳造するために数世紀にわたって日本から銅を輸入していたが、十八世紀初めに日本が自国の使用量を確保するために輸出を制限することを決定した。[★26] 中国は雲南の銅山を拡張せざるをえなくなり、計画実行に大きな問題があったにもかかわらず、この目標を短期間のうちに達成したのである。雲南の銅生産量は一七二〇年代に日本からの輸入量と肩を並べるまでになり、一七四〇年代には五倍に、一七六〇年代には一〇倍にもなった。[★27] ジャンク船でさほど遠くはない長崎からただちに使用できる棹銅《さおどう》（棒銅）を輸入するかわりに、数千キロの彼方から銅を輸送しなくてはならなくなった。しかも国境に接する中国南端の雲南は当時直接統治下になく、現実にはときによって中央政府が名目上のみ支配する地域だった。[★28]

金、銅、銀、錫を豊富に産出する雲南は、インドおよび中国の他地域と貿易で結ばれていた。これらの貴重な非鉄金属に加えて馬と塩を輸出し、ベンガル地方からタカラガイを輸入した。雲南の一部地域のイスラム化にもこのルートがかかわっている。中国が一六八二年に支配を強めたのは、雲南と国境のすぐ向こう側のビルマ〔現ミャンマー〕と安南〔現ベトナム〕の銀鉱の重要性がおもな理由だった。この地域の総生産量はアメリカ大陸からの銀の輸入量にも相当しただろう。[★29] 銅の採掘も一七一六年から一七三五年のあいだに一〇倍以上にも増加した。そして成長はそこで終わったわけではない。[30] 主たる労働力、資本、技術は中国本土の漢人がもたらし、生産された銀のほとんどがそこへ返った。地元の人びとは労働環境の劣悪な鉱山での集約労働を嫌い、ミャオ族（モン族）は一七二七年の中国支配の前にたびたび反乱を起こした。[31]

　技術と物流の観点からすると、とくに鉱山から首都北京の造幣局への銅の輸送はたいへんなものだった。[32] 乾隆《けんりゅう》時代（一七三五〜九六年）に、雲南で生産された銅――年間二〇〇〇〜四〇〇〇トン――はまず運搬人夫が運んだ。彼らは個々の鉱山から荷をかついで陸を行き、いくつかの集積地に運び込む。銅はそこから四川に到着すると、長江ほとりの瀘州《ろしゅう》の河港へ運ばれた。人夫と役畜は険しい地形を越えて行かねばならなかった。たとえば標高三〇〇〇メートル超の山を越え、一〇〇〇メートルもの斜面を下る。そこで政府は可能なかぎり陸路を水路に切りかえた。そのためには金沙江《きんさこう》など、長江上流の一三二もの急流をできるだけなくす必要がある。一七四〇年から一七四八年のあいだにこの川で実施された土木事業は八〇万人日におよび、それにもかかわらず特筆するような結果は残らなかった。

　銅は瀘州で川船に積載される前に、公式に重量をはかられ（混乱のないように二度計量されることもあった）、かごに詰められるか縄で束ねられるかしたのち記録され、番号の木札を縄につけられる。一五艘《そう》から三〇艘の船に六〇〇トンを積載する（それを年に約五回）綿密かつ効率的なこの工程は三五日を要したが、その時間のほとんどは正確な計量に費やされた。そうしたのちに長江伝いの旅がはじまり、漢口から儀徴《ぎちょう》を経由してそこから京杭《けいこう》大運河（北京と杭州を結ぶ〕で都に到着する。このような船団には七五〇人の船員が必要だった。舵手と船長を中心に、それを補佐する漕ぎ手が一艘につき三〇人、それが三峡を行くときにおよそ七〇キロメートルごとに交代する。一人あたり船荷八〇〇キログラムの労働生産性ということになる。そして執行官とその部下、事務官、軍人、積み荷番などがそれを監督した。[★33]
宴とともに供犠を執り行わなくてはならないこともあった。瀘州で積み荷の計量をはじめるときは、三頭の豚の頭と四匹の小動物が供された。積み替えをする重慶の中継地点では、川に生け贄が捧げられた。

> 舵手、サンパンの船頭、輸送仲介人……番人として雇われた船団付属の荷役係も、みな宴に呼ばれて［寺院の上階の卓に］着席する。全部で六〇卓を超える酒席が埋まる。ほかに八卓から九卓の使用人用の席があり、どの卓も海藻とそのまわりに小皿が並べられ、寺院内の舞台が見えるように配置されている。[★34]

瀘州での積み込みから一か月の旅を滞りなく終えて北京に到着すると、銅はそれぞれ戸《こ》部《ぶ》と工部〔戸部は財政、工部は土木事業をつかさどる中央行政官庁〕に属する二つの造幣局で鋳造された。[★35] 一七四〇年代には、三〇〇〇人以上の労働力で年間七〇万から一五〇万吊《ちょう》の銅銭が生産された（吊は穴にひもを通して束ねたもので、一吊に銅銭七七〇枚）。世界最大の国家に小銭を供給するのに要する技術には、大量生産と明細な製造仕様が必要だった。基本的に信用貨幣でなくてはならない一方で、なんとしても人民が種類の異なる銭貨を区別せずにすむようにしなくてはならなかった（実際には一八三〇年代から通例になった）。銅銭は次のようにしてつくられた。

硬貨は表用と裏用の鋳型を上下に並べて一度に大量に鋳造された。鋳型は微細な砂を有機結合剤で補強したうえで木製の箱に詰めて用意された。鋳型をつくる工程では、まず五〇から一〇〇パターンの「母銭」（個々につくられるか、一つの原型から同じものが複製される）が表面に浅く型押しされ、もう一つの型箱を上にかぶせられた。こうして母銭の両面に模様がつけられる。それから型箱をひっくり返して外すと、下の型箱に母銭が残る。新しい型箱が上に置かれ、この組がまたひっくり返されて外された。こうして二つ一組の鋳型がいくつもできる。次の工程では、模様のあいだの溝をきれいにし、中央の小溝を通したあと、型箱は組にされ、あらかじめ熱せられた金属が流し込まれた。こうして「金のなる木」ができ、そこから銭貨が外されて最後の仕上げを施される。[★36]

この第5部の期間のイノベーションには、高価な鉛入り青銅のかわりに黄銅が使われたこと、硬貨をきれいに仕上げる方法が改善されたこと、貨幣鋳造所が全国につくられたことなどがあったが、これには母銭と原材料の供給における物流の問題がともなった。黄銅の使用は十六世紀初めに試験的にはじめられ、一五二七年以降はすべての硬貨が銅に一二・五パーセントの亜鉛を混ぜた黄銅で鋳造されるようになった。この工程のあいだに亜鉛の四分の一が蒸発して失われた。亜鉛の大量加工はヨーロッパに導入されるよりもかなり早い。中国で使用された亜鉛が当初はインドから輸入されたものか、あるいは中国本土で採鉱されたものかについてはいまも議論されているが、一六二〇年以降は後者だったことは確かである。

このような複雑な工程を要する硬貨鋳造は、溶鉱炉を中心に行われた。[★37] 一七三〇年代には、工部の溶鉱炉五〇と戸部の溶鉱炉二五の合計七五の通常溶鉱炉（補助溶鉱炉は別）が北京にあり、一二家族の同族集団に任せられていた。溶鉱炉の監督者は造幣局の所長から金をもらい、それを職人と労働者の食料品などの日常必需品と、鋳造期間が終わるごとの報酬に充てた。精算をすませてから食料品などの経費を差し引いて残りの賃金が決定され、月々もしくは一〇鋳造期後に実際に支払われた。労働者の利益は一連の抑制と均衡《チェックアンドバランス》を通じて守られた。労働者自身が米と麺と野菜の市場価格を自分で調べたし、賃金は、名前、年齢、風貌、出身地が登録された労働者の一人ひとりに、造幣局長の監督のもとで溶鉱炉の所長から公明に支払われた。製造したての銅銭と貨幣賃金とが交ざらないように、賃金の支払いは銀でなされた。

戸部で製造される母銭は、銭貨の総生産の二分の一を負う首都の二つの造幣局だけでなく、全国の貨幣鋳造所のためにも用意された。銅山に近い雲南には十八世紀に九つの鋳造所があったが、ほかの省は一つだけである。年に二度、各省のために新しい原型貨幣が北京でつくられた。承認を経て、戸部が数百の母銭を鋳造して各鋳造所へ送った。新しい原型貨幣は前のものとわずかに違っており、中央当局はこの違いを教えないことで鋳造所長が不正行為を働けないようにした。こうすることにより統一基準にしたがった偽造を防止できたが、これには明らかに高度な組織と管理が要求された。

近代初期の中国の労働過程の概観を終えるにあたって、労働者らがどのようにして利益を守ったのかという疑問が浮かぶ。一人ひとりが自分を守ったのか、それともそのための組織があったのか。これまで見てきたことからすると、近代初期の中国では、組織化の中核は世帯だった。ヨーロッパと違って（第15章「集団での利益保護」、第17章「発展する都市」の節を参照）、手工業者の組合は大きい役割を果たさなかったようだ。[★38] 出稼ぎ労働者の出身地ごとの組織（会館・公所）はギルドに似ているものの、もっと独特な組織だった。

中国では、地方の家内工業でも都市の手工業でも父系家族が中心だった。家族の利益がその成員の利益だったが、成員はそのなかでの自分の立場を守る必要もあった。これは同居する息子の妻にはかならずしも簡単なことではなかった。生活手段の基盤である技能は父系家族内で父親から息子に伝えられるが、よその村から嫁いできた義理の娘は、最も価値ある技術的知識の習得からたいていはじき出されたからだ。その極端な例が「不落夫家《ふらくふか》」と呼ばれる風習だった。娘が結婚したのちもしばらく実家居住をつづけさせ、家業の技術が外部にもれないようにするのである。彼女らは蚕糸業で糸紡ぎをして働き、ほかの女性たちといっしょに住むこともあった。[★39]

多くの村や町は特定の産品の製造に特化していた。そのような場合、個々の世帯ではなく同業の者どうしが集団として共通の利益を守ろうとした。四川の製紙業はそのような地場産業の集団生産の好例である。

必要な技術が完全な姿をあらわすのは……相棒どうしが向かいあい、目の前で――目を見たり頷いたりして――秘訣を見せてくれはじめたときだ。製紙業では、こうした技術の伝授は六尺紙か八尺紙（それぞれ九七×一八〇センチメートル、一二四×二四八センチメートル）の大きい紙の製造にはっきり見られる。二人から四人が組になり、ゆっくりとリズミカルに動きをあわせる。大桶を使う連続的な作業でも分かちあわれた技術があり、原料を混ぜる者、漉《す》く者、塵《ちり》をとる者が連携して作業する。刈り取った原木を蒸すときも、近隣の者との労働交換によって技術の再現の場がそこに形成される。★40

この種の共同作業が協同下請の原則にしたがっていることは、ほかの例ですでに見たとおりである。

集団による権利の保護に関しては、同じ村や地域の出身の職人と商人が足並みそろえて連携した。中国でこれがとくにあてはまるのは、都市や外国（たとえばジャワ）へ出稼ぎに行く専門職人が同郷の者どうしで協同する場合である。この種の利益の代表組織は西ヨーロッパ（およびのちの日本）のギルド（同業組合）に似ているが、その重要な特徴の一つである法的承認は、十九世紀以前の中国のいわゆる行《こう》にはなかった。行のおもな公式の役割は、成員の生活環境の保全と合同儀式だったのである。★41

共通出身の原則は数少ない大規模産業と鉱業の団体にも見出せる。たとえば有名な景徳鎮の磁器産業では、十八世紀に数万人の労働者がかかわる同郷者の組織が一一あった。[★42] 雲南の銅鉱業にもこれに相当するものが見られる。[★43] 北京の大きい造幣局の労働者は固く結束していた。独自の徒弟制度をもち、一丸となって働き、溶鉱炉ごとに独立していた。そうだとすれば不思議はないことだが、十八世紀初めから十九世紀初めまで、彼らは幾度も大きなストライキを実行し、そのうち何度かは成功した。最も首尾よくいったのは一七四一年と一八一六年のストライキである。[★44] 中国の歴史と社会を専門とするハンス・ウルリッヒ・フォーゲルは、一七四一年の賃金をめぐる対立でどんなことがあったかを教えてくれる。

舒赫徳《じょかくとく》（兵部次官）が部隊とともに到着し、まず造幣局を包囲させた。それから進み出て、話のわかる代表を出して役人と協議するよう労働者と職人を説得しようとした。舒赫徳の報告によると、盛り土の陰に身を隠していた労働者と職人は初めは投降するかに見えたが、ついにわめきだし、煉瓦や陶片を投げつけてきた。舒赫徳は思い知らせてやるために、そんな狼藉《ろうぜき》をしていると銃を撃つと警告し、空砲を何発か撃たせた。労働者と職人はようやく煉瓦を投げつけるのをやめたが、まだわめいていた。そののち首都防衛歩兵司令部の兵士が前進して騒ぎを鎮圧した。[★45]

交渉の末に賃金引き上げで歩み寄りがあったが、労働者の最初の要求額には届かなかった。

こうした破れかぶれの集団行動よりもここで重要なのは、労働者が賃金紛争に宮廷の高官を引きずり出せることである。中国史研究者のクリスティーネ・モル＝ムラタは次のように述べている。十八世紀から十九世紀の四川では、「嘆願と陳述のときに権威者の前で自らを『蟻《あり》』と呼ばなくてはならないような『小人《シャオレン》』が、裁定により現金と異存のない労働条件を国の代表から引き出せるという期待をある程度抱いていたのである」。★46

インド

都市化、農業生産の増大、地方世帯の小農経営と家内工業の兼業による労働集約化、そして賃金労働の増加が近代初期の日本と中国で起こったのは前節で述べたとおりだが、同じことは同時期のインドにもあった。ただし注意すべきことが二つある。一つは先述したように（第12章「市場経済における職業の世襲」の節）、インドの人びとの社会関係が非常に特殊なかたちをとっていること、すなわちインドにカーストが存在することである。もう一つは技術的な知識の発達に関する問題で、この分野については東アジアよりもはるかに調査研究が遅れていることだ。したがってこれから論じるのは、まだごく基本的な内容である。

ともあれ確かなのは、一一〇〇年ごろからのインドの都市化と本格的な貨幣化の復活が十六世紀に新しい勢いを得たことだ。★47 ムガル帝国の第三代皇帝アクバルとその後継者のもとで――おそらくその前のスール朝のもとでも――インドは政治、経済、文化の各面で繁栄期を迎えた。本格的な貨幣化は、賃金を得て働く人口の割合が首都デリーやラホール〔現在はパキスタン

〔市の都〕のような都市のほか、港町のスラトなどでも急増したことを示している。賃金労働者の所得も上昇しはじめ、彼らの購買力は一五五〇年ごろと一六五〇年から一六八〇年のあいだに、中国および西ヨーロッパの労働者と同じくらいになっていた。

繊維産業はとくに絶頂期だった。インドの絹と綿の染色織物は世界的に名を知られ[★48]、海路と陸路でアジアとヨーロッパとアフリカに輸出された。十六世紀から十八世紀には、世界の織物生産の四分の一をも占めるまでになった。三大生産地は北西インドのスラト周辺、北東のベンガル地方、南東のコロマンデル地方である。

この生産量の増加に寄与した庶民の消費がどれくらい増えたのかについては、十分なデータがない。十七世紀末まで北インドの実質賃金が上昇したことは消費増の方向を示しているが、その後の賃金下落は減少を示唆しているのである。どちらにせよ、砂糖の生産量の増加は国内消費によるものだった。コーヒー、茶、アヘンも同様に考えられるだろう。収入の増加は自由時間の増加といいかえてよく、これについてはもう少しわかっている[★49]。十八世紀には聖地巡礼の人気が高まり、大勢の人びとがヒンドゥー教とイスラム教の寺院を訪れた。熱心なイスラム教徒のマッカ（メッカ）へのハッジ（大巡礼）が最もよく知られているだろう。一六〇〇年ごろ、インドのイスラム教徒の三パーセントが生涯に一度は聖地を訪れている。

ここでの疑問は、繊維製品とその他インドの地方で生産される輸出品目、たとえば胡椒、アヘン、インディゴ、茶、コーヒー、硝石などの莫大な生産も、中国および日本と同じように「労働集約型発展経路」を経て確立されたのか――もっと正確にいうなら、これらの産品の生産が小規模農家や小作人世帯にどれだけ労働と収入の増加をもたらしたか、である。おおむね増加したようだが、データがない部分もあるし、そうではなかったと断言できるところもある。サトウキビと綿花の栽培、また一部の地域ではインディゴとケシの栽培は、それらと生育時季の異なる穀物、豆類、油糧種子と組み合わせるのに理想的だっただろう。[★50] さらに女性には特定のカーストに限定されない糸紡ぎの仕事があり、これに携わったほとんどの世帯で収入が大きく増えることになった。増加する都市人口からの需要の増大、またとくに国際貿易での需要の伸びは、確かに地方の世帯の労働集約化を刺激した。

だが、そのほかの輸出作物、たとえばインド南西部の胡椒、セイロンのシナモンなどを生産するのは一般の農家ではなく、決まったカーストの農民だった。硝石の生産も同じである。硝石は十八世紀を通じて火薬の製造に欠かせない原料だったことから、北インドの重要な輸出品目になっていった。[★51] カーストによる独占は繊維産業でも目立った役割を果たし、結果として部分的に小農が締め出された。インドでは、一〇〇〇年とはいわずとも何世紀にもわたって職人と小農の活動が分離されていたため、統合するのはほぼ不可能だった。[★52] 一六二五年に、オランダ商人が次のように述べている。[★53]

要するに、［インド人は］何事についてもカーストか家系に準じてふるまい、仕事をする。なぜなら両親や先祖がそうしてきたように、誰でもそうしなければならないからだ。大工の息子は大工になって大工の娘と結婚しなくてはならず、鍛冶屋も仕立て屋も履物職人も織工もみな同様で、ひとかどの人間と思われたければ同業内で結婚し、そこから出ることはない。よその者と結婚しようものなら、さげすまれ、恥と見なされるのだ。[★54]

したがって、発展したインドの繊維産業の製織やその他の加工も、それだけに携わり他の仕事はしない特定のカーストのものだったので、小農の増収源にはならなかったのである。十八世紀のベンガル地方ビルブームの繊維産業の活況は、まさにそのことを例示している。[★55]この地区の北東部は少なくとも十七世紀から高品質の絹の産地として知られ、一七〇〇年ごろからはそこに綿も加わった。織物を織るのは米農家（通常は収穫の三分の一を分配される分益小作）ではなく、ヒンドゥー教徒の織工カースト（タンティ）とイスラム教徒の二集団である。この仕事は買入制で取引された。生産者は一年に四度前金を受けとり、一年に一度精算額を支払われる。

原材料の一部は地元の農家が生産したもので、需要が最大になったときは輸入品で補われた。最終製品は一部が輸出されもした。織工にとっては、船の出発前、遅くとも三月一〇日までが繁忙期ということになるが、それは収穫期の真っ只中である。だからこの二つの仕事は、社会習慣からだけでなく経済的な条件からも同時にはできなかった。織工は日々の食料を自分で栽培できないので市場で買わなくてはならず、飢饉《ききん》のときには悲惨なことになった。[★56]紡ぎ糸を世帯内で手に入れる織工もいたし、[★57]外部の専門の紡ぎ手から調達する者もいた。

専門の紡ぎ手は女性――多くが寡婦――で、この仕事はカーストと宗教にかかわりなくできた。最高品質の紡ぎ糸を生産できれば最大で月に一・七五ルピーを稼ぐことができ、一方の織工は最大でその二倍、さらに家族の女性が糸紡ぎをしているなら、紡ぎ賃が浮いて家計の足しになった。糸紡ぎを別にして、このように仕事が厳格に分かれているということは、大勢の織工が繊維産業の大きく拡大している地域へ世帯ごと出稼ぎに行ったり、逆に産業が急激に傾けば他地域へ働きに出ていったりするということだった。[★58]

こうしてみると、インド版の労働集約型産業化が日本および長江デルタのそれと大きくずれているのは一部分にすぎない。カーストのために特有の条件が生じているものの、十七世紀から十八世紀のインドの繊維産業の急速な成長は、労働集約化にきわめて重大な影響をおよぼした。これは糸の紡ぎ手の雇用機会が織工カーストに限定されることなく大幅に増えたことの結果である。さらに小農も、先述した綿、砂糖、絹、インディゴに加えて、主食の米のほか換金作物を中心に他の作物を集約的に栽培したことで、仕事のない状態が減少した。[★59]ただし紡績における雇用機会の増大を別にすれば、カーストによる制約は、小規模自作農と織物の家内工業を兼業して家庭の収入とした日本および中国とは対照的だった。

とくに織工カーストでない者にとっては、綿の栽培と製織のあいだに無数の仕事がある繊維産業には利点があった。綿花にかかわる仕事は、織物を売れるまでにするのにかかる時間の四分の一、糸を紡ぐ仕事は半分以上を要する。整経〔経糸（たていと）を配列して糸の張り具合などを調節し、織機で製織できるように準備すること〕と製織はそれぞれ約一〇パーセントである。歴史学者のイアン・C・ウェントは、女性の家庭内労働が市場向けの生産に移ったことに繊維産業が果たした役割の大きさを例証するものの一つが近代初期の南インドであると考えている。★60 五エーカー（約二万平方メートル）の土地を所有する小農世帯では、女性の労働――綿花の摘み取り、綿繰《わたく》り〔綿花から種を取り除く作業〕、糸紡ぎ――が現金収入の四一パーセントに貢献し、同じだけの区画を賃借した場合では五二パーセントにもなる。また織工の家庭では、女性による整経とパートタイムの紡績の収入が織機二台を所有する家庭の現金収入の三二パーセント、織機一台では三八パーセント、織機を所有しない家庭では四八パーセントにのぼった。そのほかに、世帯の総収入を稼ぐ世帯主の女性（おもに寡婦）もかなりの数がいた。ウェントはこう結論している。「女性の労働は多くの家庭で年間におよそ五・五パゴダ、すなわち二〇ルピーに寄与し、これは多くの家庭の総収入の三分の一から二分の一に相当した。男性の助けのない女性、とくに寡婦は自分と扶養する子の生活費としてまずまずの額を糸紡ぎで稼いだ」

家庭の収入への女性の貢献が重要だったことはこれらのことから明らかであり、これもまた労働集約型発展経路とそれに関連する勤勉革命の一般理論にあてはまる（第17章「プロト工業化」の節を参照）。経済的に活躍したいという女性の願望がこうして刺激されうることは、十九世紀になってようやく出版された北インドの民話に生き生きと語られている。この物語がもっと古いものであることはまちがいないが、女性の労働意欲という先述の観点にぴったりあてはまる。

> もの知らずの乳搾り女は凝乳を入れた桶を頭に載せて歩いていた。のろのろと足を運ぶうちに、素敵な考えが頭にひらめいた。「この凝乳を売りましょう。そのお金でマンゴーを買いましょう。うちにも少しマンゴーがあるから、あわせれば三〇〇個以上になるわ。悪くなっているのがいくらかあるでしょうけれど、それでも二五〇個はあるし、けっこうなお金になるでしょう。そうしたらディワリのお祭りで緑色のサリーを買いましょう。そうよ、緑色は私によく似合う色よ。そうしたら！　それを着てお祭りに行き、胸を張って進み出るのよ。素敵なサリーと首飾りと私の美しさを見せてやりながら、一歩足を進めるごとにみなさんに会釈しましょう」。そんな想像を膨らませながら得意そうに歩いていた愚かな乳搾り女はよろけてしまい、凝乳の桶は頭から落ちてばらばらになった。とたんに頭のなかの素敵な夢の城も消えてしまった。★61

この話の教訓はいまは重要ではない。目をとめるべきは「もの知らず」な乳搾り女の願望と意欲が勤勉さと市場志向に結びついていることだ。中国と共通する北インドの父方居住合同家族〔合同家族は、男兄弟の全員が結婚後も妻子とともに両親の家に同居する家族形態〕に関する考え方の見直しを迫る重要な事柄である。社会学者のモニカ・ダス・グプタによれば、インドの父系家族は次のようなものだった。★62

> 息子たちは財産を均等に継ぐが、そのうちの一人は両親といっしょに住むなら土地を割増しされるだろう。財産と管理の権限は徐々に移譲される。初めは父親の指示のもと

で働いていたのが、父親が年をとるにつれて決定権の一部が息子たちに移っていく。父親は名目上の家長になっていく。共同で土地を耕作していた息子たちは別々に耕作するようになり、のちに土地の相続と分割を正式に承認する。この最後の段階は父親の死後に行われる。★63

他方、とくに大きい家族は相続人の数を制限して、できるだけ農地を分割せずにすむようにした。息子たちの多くは結婚せず、「女児の間引きと男子の未婚とで家族数が増えるのを抑えた」のである。★64

女性の立場、とくに女児と若い女性の立場が弱かったのは、この点のみではなかった。ダス・グプタは、中国と北インドの合同家族の絆は父方の近親者、つまり親と子、次に兄弟の絆が中心なのだと説明する。実際、夫婦はその絆を脅かすおそれのあるものと見なされ、「仕事の場で女性と男性は終日切り離されて、男性は男性の、女性は女性の仕事をそれぞれするることで」夫婦が家庭内で存在感を増さないようにする。北ヨーロッパの家族と違い、核になる単位は世帯であって夫婦ではないのである。

女性は結婚して他人の血族のなかに入るが、男性は自分の血族の次世代になる。かくして男性が社会的序列を構成し、女性は蚊帳の外になる。女性は「非常に若くして」結婚すると同時に夫の血族に移り、女性の生家はその後に彼女が生みだすものの権利を実質的にすべて放棄する。婚家での仕事は基本的に生物学的なこと、つまり子を産むこと、そして働くことだ。彼女のペルソナの社会的な面はごくごく小さい。子を産むのは誰であってもかまわないからである。子は父親の血縁内での地位の力で社会的アイデンティティを受け継ぐ……。中国と北インドの父系合同家族における女性の無力さは、結婚の初めの段階が最もはなはだしい。それは子を産むピークの時期だ。この時期に女性は妊娠と出産のストレスを受け、しかも子はまだ幼く無力である……。女性自身もさらに大きい出産後のストレスに苦しめられる。夫の家にいるかぎり、体を休めたくても希望をいえる立場にないからだ。

父系合同家族の男性の仕事はどうなるかというと、「彼らは世帯の成員でありつづけ……家業において不完全就業の状態になる」か、さもなければ短期的に出稼ぎへ行って仕送りをした。[★65]だとすると疑問が浮かぶ。十七世紀から十九世紀初めにかけて「労働集約型発展経路」をたどったインド人にも、この暗いシナリオがあてはまるのだろうか。そして健気な乳搾り女の心境をもっと探ってみるのがよいだろうか。残念ながら、この疑問にはインドに関する調査研究が不足しているために適切に答えることができない。だが、ダス・グプタが述べたようなジェンダー規範が植民地時代に弱まったというのはありえないことではない。[★66]

そこでここでは、ユーラシアの他地域のように家内工業（この場合は糸紡ぎ以外の手工業）に頼らずとも、小農が別の方法で増収の必要を満たせたことを述べて話を結ぼう。[★67]つまり彼らは、毎年一定の季節に移動労働をすることで制度の限界を押し広げたのである。これは長期の移動労働とは違う。先に見たとおり、長期の出稼ぎでは特定の職業の集団が団結と規範と価値観を共有し、維持した。季節労働では出自の異なる者どうしがともに働くため、状況によっては、誰とどんな条件でどのように仕事をすべきかで考えが分裂することがある。オランダ東インド会社の船で働くベンガル地方出身の船乗り、あるいは兵士を思い浮かべてほしい。[★68] 十八世紀後半のイチャプル（カルカッタ〔現コルカタ〕の北）の火薬製造工場はよい例を示している。[★69]

ベンガル管区〔イギリス植民地時代の行政区〕向けの火薬の製造は、一七八〇年代からイギリスの対外戦争が激化したことではずみがついた。この時代のイギリスは、マイソール〔南インドの王国。十八世紀後半にイギリス支配に最も激しく抵抗した〕の虎と呼ばれたティプー・スルターンとの戦いや、フランス（はるかエジプトにまで遠征）とオランダ（ジャワ、セイロン、ケープ植民地）とスペイン（フィリピン）を同時に相手にしての牽制のほか、あらゆる方面で敵と戦っていた。イチャプルの火薬工場で働く労働者数は一七九七年には二五〇〇人余に増え、当時としては世界最大の工業施設になっていた。工場長とその右腕の部下を別にすれば、監督者を含む労働者の実質的に全員がインド人だった。一〇月に雨季が終わると労働者（女性は四分の一から三分の一）が到着する。その大半が西へ数百キロメートルのバルダマーン、ビルブーム、ミドナープルの各地区と、はるか遠くベンガル湾の向こうのチッタゴン〔現在はバングラデシュの都市〕の出身者だった。五月になると彼らのほとんどは故郷に帰って分益小作と家内工業の仕事をし、秋に新シーズンが訪れるとまたイチャプルへ働きにきた。

　一七八七年から一八一四年までスコットランド人のジョン・ファークワーが賃借した植民地政府直轄のこの大規模工場では、ベンガル管区とオリッサ地方の各地から来たヒンドゥー教徒とイスラム教徒、男性と女性が入り交じり、週七日二四時間のシフト制で特殊技能を要する業務に就いた。文化的慣習から許せないことを我慢しなくてはならない者もいた。たとえば高性能の火薬の製造で、木炭と硝石と硫黄を適切な割合で混合する攪拌係がそうだった。彼らは、防護服として革の上着とズボンと手袋とマスクつきキャップを着用する決まりになっていたが、これはヒンドゥー教徒が忌避するものだったのだ。また、全員がたびたびの火薬の爆発事故で障害を負ったり死亡したりする危険にさらされた。だが、この危険が彼らを団結させた。ストライキを含む集団行動を起こし、正式に傷害補償制度を勝ちとったのである。一七八三年以降、爆発事故による身体の障害のせいで仕事に復帰できなくなった者は、最終俸給に相当する額の補償金を月払いで受給できるようになった。死亡した場合には、遺族にその権利が認められた。

　当初、この補償制度の対象者は本人が工場へお金を受けとりに行かなくてはならず、数百キロの遠方に住む者には大きな負担だった。それを変えたのは、チッタゴンに住むクースームディの行動である。クースームディは一七九七年二月に起こった火薬工場二号棟の爆発で、結婚前の若い息子チャマルーが「めちゃめちゃになった」と工場長から知らせを受けた。その一年後、彼女は補償金を請求するためにイチャプルのファークワー工場長をはるばる訪ねた。そしてそのときに、制度の重要な二点を変えてほしいと訴えた。未婚の事故犠牲者の母親として自分に補償金を受けとる資格があること、さらに今後はチッタゴンで受けとりたいということだ。「補償金を受けとるために毎年チッタゴンから管区［この場合はイチャプル］へ通わなくてはならないのは危険なうえに費用もかかる。それではせっかくの政府の善意が無になってしまうから、チッタゴンの［税の］徴収人か役人に毎月の支払いをする権限をどうかあたえていただけないかと頼んできた」と工場長は行政官に報告した。こうして新制度が決定され、その後数十年にわたってつづけられたのである。

中国および日本とくらべた場合、インドのカーストはかならずしも経済発展の足を引っ張ったわけではなく、また思いのほか柔軟でもあるものの、やはりそれは労働集約型発展経路への機会を妨げていた。それでも、ほかによい点を見出すことはできるだろう。これら三つの文化圏は早くから独自の文字と数え方を発達させたが、インドはその応用の点で際立っている。なかでもカーストと結びついた職業の知識を世代から世代へと伝えるという点だ。こうしたことにおいては正式な訓練が重要なのはもちろんだが、現場での「暗黙知」、文書化されていない能力と技術を伝えることもそれに劣らず重要なのである。その鍵になるのは一般的な教育水準の高さと、職業訓練の組織だ。

インドは職業訓練の面では強みがあったかもしれないが、一般教養についてはそうはいえないだろう。職人の技はカーストが独占し、原則的に侵害されない。男児は幼いころから父親のまねをしながらゆっくりと技術に触れていった。問題は、もちろんこのような閉鎖的なシステムがどれだけイノベーションに貢献したかである。どうであれ、教育水準の低いことが貢献するはずはない。インドでは——少しあとの事情に関する信頼しうる情報を十六世紀と十七世紀にも適用するとして[★70]——カーストのためにヒンドゥー教徒に教育機会をあたえる範囲が限定された。バラモンの息子なら教育を受けられるのはあたりまえで、肉体労働をしないのも同じように当然のことだった。さらにバニヤー、すなわち商人（絶対菜食主義と平和主義を貫くジャイナ教の信徒が増えていた）には十分に開発された商業の教育課程があった。そして彼らもバラモンと書記カーストと同様に、肉体労働をしなかった。イスラム教徒にはそのような制限は公式に適用されなかったが、インド全体を見れば、識字能力と計算能力が世界で最も低い国の一つであることは驚くにはあたらない——これだけの先進国にしては注目すべきことである。

ともかく、このことは書籍の出版が少ないことも災いして知識の普及を遅らせた。出版の不活発は読書習慣が根づかない原因にもなっていた。インドにはヨーロッパ式の印刷会社がゴアとボンベイ〔現在のムンバイ〕にわずかにあるだけで、インドの言語、あるいはムガル帝国をはじめとするインドの支配王朝の共通語であるペルシャ語の書物は十九世紀まで手書きで写本されていたため、流通量が非常にかぎられていたのである。支配的だったペルシャ文字の使用に関しては、一七二七年にオスマン帝国でイスラム教徒が書物の印刷を禁じられたことが影響をおよぼすことになった[★71]。

第17章

労働集約型発展経路から資本集約型発展経路へ

――近代初期の西ヨーロッパ

労働集約型発展経路を順調にたどって工業化したのはアジアばかりではない。ヨーロッパもまた、この第5部の期間の終わりにイギリスを中心にして資本集約の段階へ移っていった。いわゆる産業革命である。さらにヨーロッパは貿易を通じて世界との接触が増えたためにさまざまな結果が生じてもいるので、ヨーロッパにおける仕事の歴史をよく見てみるのは重要である。そこでまず、西ヨーロッパの労働集約型発展経路と、その勤勉革命との結びつきを見てみよう。南アジアおよび東アジアと同じように、西ヨーロッパにも時間をさらに生産的に使う余地があった。農作業はより効率的になり、工業関連の活動が増えて、その二つがうまく組み合わされた。そして都市での仕事と地方での仕事がさまざまなタイプの労働移動を通じて相互に関連するようになった。

ここで各国を順に挙げて比較してもあまり成果は得られない（要するに、ヨーロッパ内では大国とされる国でも中国の最大の省と変わらない広さだったからである）。そこで、西ヨーロッパの労働集約型発展経路に別のいくつかの角度から取り組むことにする。まず、効率化するにつれて農業の専門化が進んだこと、そのために農村地帯に移動労働者が集まったことを見ていこう。次に、いわゆるプロト工業化において農村部で手工業を兼業する世帯が増加し、織維製品への需要が増したこと、さらに西ヨーロッパの都市化に関して、都市が移住者を引き寄せ、知識の中心地として職業の専門化と職業集団の組織化が進んだことを取り上げる。また、一時的な移動労働についても扱う。そして最後に、こうした変化が働く人びとの経験と世界観にあたえた影響を検討していこう。

農業における効率化と専門化

十四世紀の黒死病（ペスト）の災禍のあと、西ヨーロッパの人口が以前の水準まで回復するには半世紀がかかった。以来、人口増加地域の成長はごくかぎられていた。それでも人口は増えていき、一五〇〇年から一八〇〇年のあいだに二倍にもなったのは、おもに農業の集約化のおかげである。パン用の穀物の生産は、もはや進歩のしようがないほど拡大した。だが、近代初期に主要な四穀物（小麦、ライ麦、大麦、オーツ麦）の平均歩留まりがおもに多肥栽培のおかげで二倍になったのはイギリスと北海沿岸の低地地帯で、ヨーロッパの他地域ではその半分でしかない。[★1] 実質利益はほかの作物から上がったのである。こうしてある地域では酪農、別の地域では食肉生産、さらに別の地域では園芸作物や工芸作物の栽培という具合に農業の専門化が進むことになった。

一例としてある国を取り上げよう。ネーデルラント連邦共和国はパン用穀物をほとんど輸入に頼り、ポーランド（バルト海経由）をはじめとして、そのほかイングランドやフランスから購入していた。[★2]かわりに低平地では畜産を、低地以外の地区では亜麻（リネンの原料）、菜種（灯油、その他の油）、亜麻仁（油絵の具）、アカネ（赤色の染料）、大麻《ヘンプ》（蠟燭《ろうそく》の芯、ロープ、防水布、漁網、種子は石鹼）、ホップ（ビール醸造）、タバコの栽培をする余地があった。畜産では品種改良が功を奏した。十七世紀にヨーロッパの他国では牛一頭の乳量が年間八〇〇リットルだったのに対し、フリースラント原産のホルスタイン種では年間二〇〇〇リットルを生産したのである。つまり牛乳とバターとチーズをつくるのに、一頭あたり二・五倍も仕事をしていたということだ。園芸農家は野菜と果物と花卉《かき》（トルコ原産の有名なチューリップ）を初めは露地栽培で、のちには温室栽培も併用して供給した。苗木はヨーロッパ中に輸出された。

これらの農業革新は非常に好ましい結果をもたらし、海面よりも低い土地を干拓地に変えただけのことがあった。干拓地では風車の力で水を絶えず排出しなければならず、さらに堤防と水路が排水と輸送の便のために掘られた。干拓地という特殊な農地での労働は、ある程度まで農夫とその世帯でまかなわれ、女性がバターとチーズを生産した。「農村地帯の世帯は活動を見直した。自給自足で家計を維持するのに必要な雑多な作業を作業計画から切り離し、残った作業、つまりより厳密な意味での農業の仕事に力をそそいだ。一言でいえば、特化したのである。それを示しているのが生産規模の拡大であり、畜産のさかんな地域では群れの規模が大きくなったことがその発展を最も明確に示している」[★3]。農地の平均面積も拡大し、とくに最小規模の農地が消滅した。しかし最も重要なのは、土地所有者であれ小作人であれ、農家が専門化、集約化したことである。

フランドルからゼーラント、ホラントにかけての地域やフリースラントからフローニンゲンの一帯の重い粘土質の土壌は、耕起、播種《はしゅ》、そして何よりも時間のかかる間引き、除草、収穫に常雇《じょうやと》いの農場労働者と若い女性の働き手が数多く必要だった。一般的に、このような農場労働者にはまかないつきの住み込みで働いて労賃をもらう者と、日雇いで働く者がいて、日雇いで働く労働者も農業技術をかなり身につけていた。一六一〇年のオーカム（イングランド、イーストミッドランズ）では、農場労働者を次のように二種類に区別している。「『耕す、まく、刈る、脱穀する、畝をつくる、柵をつくる、豚、羊、牛を解体できる一人前の農場使用人』は二ポンド（年間）もらえたが、『犂《すき》を操り、荷車を押し、脱穀することはできるが、手際よくまいたり刈ったりできない不器用な使用人』は一ポンドしかもらえなかった」[★4]。常雇いの農場使用人にとって技術のあるなしがしだいに重要になっていったが、そのことは彼らばかりでなく、後述するように出稼ぎ労働者にもあてはまった。

農村地帯の移動労働者

干し草を含む多くの作物の栽培は季節のサイクルがあるため、一年のうち数か月間は地元の労働者のほかに他地域からの労働力が必要だった[★5]。このようなニーズは、高度に専門化した農業地域で小規模農家が消えたことでさらに高まった。西ヨーロッパの開発の遅れた僻地《へきち》や山間部など、小規模農家がまだ残っているところでは、大勢の出稼ぎ労働者が有望な農業地域に引き寄せられた。ふたたび北海沿岸の低地地帯についていえば、一八〇〇年ごろの南のフランドルから北のブレーメンまでの地域では、やってくる季節労働者が三万人にも膨れ上がった。彼らは毎年繁忙期に雇われ、その後帰郷し、翌年また戻ってくるというパターンをくり返した。

そして労働者を引きつける場所は、北海沿岸地域が西ヨーロッパで唯一最大というわけではなかった。そのほかのおもな地域は、イングランド南東部（イーストアングリアとリンカーンシャー）、パリ盆地、カスティーリャとその首都マドリード、地中海沿岸のカタルーニャとプロバンス、ポー平原、イタリア中部などである。北の三地域は年間一〇万人、南の四地域は二〇万人以上の労働者が集まった。このような大規模な労働力で農作業がくり広げられていたことは、夏のカンパーニャ・ロマーナ〔ローマ周辺の平野、丘陵地帯〕の様子から明らかだ。「畑で六〇〇人から八〇〇人の収穫集団に出くわすのもまれではなく、その列は三〇分もつづく。ときおり叫び声が上がり、その声が遠ざかっていく。四、五〇人の監督が馬で列沿いに走りながら労働者をせき立て、作物の茎をできるだけ根本近くで刈るのを見届けているのだ。昼食のワインとパンとチーズを積んだラバが行き来する」[★6]。これらの労働力の吸引地域に共通しているのは、数世紀前から農民が単一栽培に特化してきたことである。一年のうち一定期間に仕事が集中し、そのときは地元の農民が総出で作業をするので、手のあいている者などもう一人も残っていない。さいわい、小規模農業しかできない周辺地域（ときに山間部）には、その仕事をしてくれる人手があったのだ。イタリア中部についての同じ報告からもう一度引用しよう。

カンパーニャ・ロマーナの裕福な地主や借地農は［トラジメーノ］地方に代理人を置き、代理人は冬の寒さで困窮している農民に穀物を前渡しする。地主の要求はカンパーニャ・ロマーナに来て収穫することだけで、その労働で借りの一部もしくは全部が返済される。労働者の雇用を委託されている代理人は、「カポラーレ」という肩書をもつ。彼ら手配師は二倍の日当に加えて、雇った労働者一人につき二五フランス・フランの特別手当が地主から支払われる。労働者は食料と一日四フランを支給され、その半分を地主への借金の返済に充てた。借金がなければ、通常二五～三〇フランス・フランをもって帰郷できた。[★7]

一八〇〇年前後には、何十万人ものヨーロッパ人にとって（そして一〇〇年後には何百万人ものヨーロッパ人にとって）、この副収入は、苛酷な労働と海岸地帯のマラリアの危険にもかかわらず、毎年一週間をかけて歩いて往復するだけの甲斐のあるものだった。

時給賃金を個人で受けとる農場労働者とは対照的に、出稼ぎ労働者は普通、協同下請で仕事を請け負い、集団出来高賃金で働いた。たとえば、ポー川流域で米の播種、移植、除草、収穫にあたった出稼ぎ労働者がそうだ。米は八月下旬から十月中旬にかけて収穫期を迎える。男六人、女六人が組になって稲刈りをする。さらに脱穀し、袋に詰めて穀物倉庫に保管できるようにするのも彼らの仕事である。賃金は収穫量の一四分の一から一三分の一で、一人あたり約二〇〇リットル、一日に換算すると二・五フランになった。このような組はそれぞれ独立して仕事をしたので、雇用主はただシーズン初めにやってきて集団契約を結び、シーズンの終わりに出来高賃金を支払いにくるだけだった。この賃金は一定品質の農産物をつくることを前提にあらかじめ額が決められていて、それを労働者が自由に分配する。

ドイツ、ネーデルラント、スカンディナビアの大部分の煉瓦工場に主力として入り込んでいたリッペ＝デトモルト侯国（ヴェストファーレン）の煉瓦職人は、職人一人ごとに斡旋業者に払われるいくらかの仲介料を別にして、共同購入の食費を総額から差し引いたものを次のように分配していた。[★8]仕事を覚えなければならない経験の浅い若者は時給で、経験のある労働者は出来高給で賃金をもらう。最も熟練した職人（火夫、型枠職人、焼成職人）が最も多くの割り前をとり、経験の浅い職人（粘土を運ぶ係、焼成前の煉瓦を乾かすために並べる係、乾いた煉瓦をさらに乾燥させるために積む係）はその半分か四分の三である。また、火夫が班長も務める場合は監督業務として労働者一人につき一定額をもらう。つまり協力して効率的に生産することが全員の利益になったのだ。ワロン地域、イングランド南西部、イタリア北部の季節労働の煉瓦職人も、同じように協同下請で働いた。

仕事場での協力を補ったのが、世帯の成員間の協力である。次も同じくヴェストファーレンの話で、一八一一年にディープホルツ市の公務員が書いたものだが、小農の家族が農作業とリネン生産に、賃金は二倍だが生活費の高いホラントでの季節労働をどのように組み合わせていたかがわかる。

この州でホラントへ行く者はわずかな農地しかもたず、家賃と税金を払えるだけの収穫が得られない者ばかりである。だからこの副業をせざるをえないのだが、それにはほかの何をするよりも大きい、侮りがたい利点がある。それに彼らが留守にしても少しも不都合はない。ホラントへ行った者は聖ヤコブの日［七月二十五日、ディープホルツではこの日から穀物の収穫がはじまる］までには帰ってくるし、出発するのも播種期が終わってからである。こうすれば不在中の作業は干し草づくりのみになり、それは家に残る女性たちが引き受けられる。ホラントへ行くときは自分で解体した豚肉をもっていくので、自家生産物の利益を最大にすることができ、そこがとくに考慮すべき利点なのである。統計を見ても明らかで、ホラントへ出稼ぎに行く者は［自宅で紡いで織った］リネンを持参していき、仲介業者を通さずにできるだけ高い値をつけて自分で売ることがきわめて重要である。[★9]

プロト工業化

中世後期から、ヴェストファーレン地方の農村部ばかりでなく、西ヨーロッパの多くの地域で繊維産業が大きく発展した。のちの産業革命の先駆として、プロト（原基的）工業化とも呼ばれる。十八世紀前半までは、最も重要な織物原料は羊毛と亜麻、次に絹と大麻（それぞれ高級織物用と粗布用《あらぬの》）である。綿一〇〇パーセントの織物がヨーロッパの産業で重要になったのは十八世紀も後半になってからで、それまでは先述したとおり、おもにインドで生産されていた。このころヨーロッパで生産された織物の大半はヨーロッパで消費されたが、例外はアメリカ大陸の奴隷の衣類に使う亜麻である。家内工業（ここで取り上げている織物だけでなく、金属などの他分野も含む）[★10]と農業との組み合わせは、仕事のあり方ばかりでなく、農民世帯の男女と子供の生活も多様になったことを示している。生活が豊かになる者もいれば、逆に困窮する者もいたのは、おもに政治と制度、そして自然条件の違いが原因だった。「プロト工業化」という概念はのちの産業革命だけでなく、「勤勉革命」というキーワードとも結びついている。勤勉革命は近代初期のヨーロッパでも起こった。この概念は、世帯の労働市場への参入が増加し、それにともなって消費が増加したこと、あるいは逆に消費が増加したことで労働市場への参入が増えたことをあらわしている。いずれも世帯とその成員と仕事についての新しい自己意識の枠組みのなかで起こった。この勤勉な行動と気質は、近代以前の男女の特徴と考えられてきた「余暇選好」――十分に稼いだら働くのをやめ、必要になったらまた働きはじめる――とはまったく逆のものだ。[★11]勤勉な行動については労働集約型発展経路というかたちでアジアのケースを見たが、このあとヨーロッパの繊維産業を年代順に概観していくなかで、ヨーロッパにおけるこの過程も明らかになる。農村地帯と小さい町のプロト工業化を中心に見ていこう。[★12]

中世に繊維産業発展の先駆けとなった北イタリアは、十六世紀から十七世紀初めにかけてネーデルラント、フランス、イングランドにその主導権を奪われた。とくにイタリアの大都市ではこの産業は停滞した。それでも一六五〇年ごろから小さい町と農村で復興が進み、羊毛に加えて絹も重要な原材料になり、生産工程に女性が携わることも多くなった。さらに農村の世帯では、長い冬のあいだに女性と子供が大麻の紡績と織物づくりをした。そして一七五〇年以降は、北部の一部の地域が綿織物と毛織物の生産に特化するようになった。[★13]

中世後期、北海沿岸の低地地帯の農村工業はフランドル地方に集中していたが、ネーデルラント連邦共和国の台頭とともに中心はホラントに移り、とくに一五八〇年以降はカトリックによる宗教改革への弾圧を逃れるために、スペイン領の南ネーデルラントからカルヴァン派の繊維業労働者が大量に移住してきた。北のホラントでは、繊維産業は都市部からはじまった。ライデンはリネンと、まもなく主要産業になる羊毛で、ハールレムはリネンで知られ、アムステルダムは織物の仕上げと国際貿易の中心地だった。[★14] 中世以降のヨーロッパのほとんどの都市でそうだったように、製織は男性の仕事で、織工のギルド（もしくはそれに相当する組織）があったが、そのほか櫛梳《せっそ》〔材料の繊維を梳きほぐすこと〕も紡績も、要するに準備作業は変わらず女性の仕事だった。この仕事をしたのはおもに世帯主の女性（一般に未亡人）や未婚の女性（独立して生活しているいないにかかわらず）で、前者は一人世帯であることが多かった。また、多くの子供が櫛梳、紡績、撚糸の作業をした（おもに孤児に外注された）。

男女とも賃金は出来高払いだったが、貧困者（養育院の子供も含む）は部屋と食事をあたえられ、わずかな時給賃金をもらった。羊毛紡績の女性の半数が男性に取ってかわられるのは十八世紀に繊維産業が衰退してきてからのことで、それ以前にも梳毛の仕事に同じようなことが起こっていた。紡績をする女性と製織をする男性は自然にパートナーどうしになり、ともに（中核）世帯を構成したのだろうと考えたくなる。確かにそういうことはあったが、原料を仕入れて紡いだ糸を売るケースのほうが多かったようだ。そのような独立した紡ぎ手は補佐する者、とくに他人の子供（前述のとおり孤児も含む）を雇うことも少なくなかった。子供は一か月で糸紡ぎを覚えるが、質のよい糸を手際よく紡げるようになるには一年から二年かかった。

ここで特記したいのは、少なくともライデンでは、女性の出来高賃金は男性のそれと変わりなく、労働生産性にも男女で差がなかったことである。だが、それでも紡績による収入は男性のほうが女性よりも多いのが通例だった。これは男性がおもに紡ぐ緯糸《よこいと》のほうが女性の紡ぐ経糸よりも紡ぎ賃がかなり高かったからだ。また、男性はほぼ羊毛と綿だけを紡績し、賃金の低い麻の紡績はしなかったこともある。[★15] 子供は同じ仕事に対して男児と女児でほぼ同じ出来高賃金をもらったが、大人よりも二分の一から三分の一程度少なかった。ただし実際には、子供は時間あたりの賃金で働くことが多かった。既婚女性とその子供の紡績による収入は、織工であれなんであれ、職人の収入の足しにするために必要だった。よくあったように女性が未婚でいたり、早くに夫を亡くしたまま再婚せずにいたりして伴侶がいない場合、紡績で稼ぐ収入はつつましく暮らすかぎり十分だった。これは健康で週に六日働けることが前提だが、高齢になっても貧困層への救済措置で補われる場合があった。働き手にならない小さい子供を抱えた独り身の女性が最悪だったのは、いうまでもない。要するに、糸紡ぎは製織よりも、また建設業で働くよりも収入が少なかったのである。

初めは都市と並行してネーデルラントの東部と南部に興った農村の繊維産業は、のちに都市の仕事を奪うまでになった。農村の賃金が低かったので、十七世紀には商人が注文先を都市から北ブラバント（羊毛）とトゥエンテ（綿）に変えたからである。製造工程の分業は都市とほぼ同じだったが、農村では男女とも糸紡ぎをした。生産の方法と家族関係も都市とよく似ていた。十八世紀には、ブラバントの織工は自分で糸を買い入れて織った布を売る通常の買入制から、問屋制家内工業に切り替えた。自分の妻や子が紡いだ糸であっても取引先（織物商人《ファブリクール》）から支給されたことにして、でき上がった製品の代金とともに妻や子の紡績の賃金も同時に受けとったのだ。

南部と中部の農村で麻繊維業がさかんになったフランドル地方では、工業と農業を兼業したことで土地が明らかに不足する事態が発生した。紡ぎ手と織り手が収入の増加分を小さい畑に投資しようとしたからである。

村の住人は絶えず働いているのがあたりまえになっていた。そして畑の仕事をするのがいちばんよかったから農作業に打ち込むのだが、畑仕事のできないときもあるので、そういう時間は亜麻や羊毛を織ったり紡いだりする仕事に充てる。村人の多くはこの好都合な体制でなかなかの豊かさを手に入れ、日雇い労働者ではなく農民になることを望

んだ。土地はびっくりするほど細かく分割されて保有された。[★16]

ここでヨーロッパのすべての国の農村工業を扱うことはできないが、イギリスを無視するわけにはもちろんいかない。なにしろ、のちに産業革命の舞台になる国なのである（下巻第20章参照）。十七世紀のイングランド南部では、農場使用人の寝床はもはや藁と毛布だけでなく、マットレスと枕とシーツを備えていた。十七世紀末のシュロップシャーでは、ベッド一台につきシーツが平均で三組から五組に増え、ケンブリッジシャーの労働者は最低でも二組はもっていた。ベッドカーテンを使うのが普通になっていき、裕福な人びとのあいだでは窓辺のカーテンまで普及した。ついには庶民も毛織物やリネンの衣類を増やすようになった。そのことは家庭の主婦がリネンで縫ったり仕立て屋が毛織物で仕立てたりした衣類のほかに、既製服が売られるようになったことからわかる。[★17]

羊毛産業、いわゆる「新毛織物」の生産はコッツウォルズ（厚手の白のブロードクロス）、イーストアングリア（薄手で梳毛織物のカージー〔カルゼ〕やウーステッド）、ペニン山脈中部のランカシャーや、ヨークシャーのウェストライディング（ブロードクロスと麻綿混紡のファスチアン）に集中していた。中世以降、この産業は町中心から村中心へと移っていた。[★18] 西ヨーロッパ全般と同じように、イングランドでも賃金労働者の割合が大きくなったが、女性と子供が労働市場と家庭外の労働にますます取り込まれたことのほうがもっと顕著だろう。[★19]

羊毛製品と麻製品の消費が伸びたことで、紡ぎ手や織り手ばかりでなく毛糸衣類の編み手の雇用も大幅に増加した。市場向けのニット製品はもとはロンドンの特産品だったが、ペニンデールズの手工業製品になり、トレントバレーに移ったのち、一七五〇年以降はレスターとコベントリーの農村部が生産地になった。麻繊維業はノーフォークとサフォークの州境に見られた。[★20]

この種の産業はほとんどが（すべてではないが[★21]）地方にあって、小規模農業との結びつきが強く、そのあり方はきわめて多様だった。多くの人がいくつもの仕事をかけもちしていたのである。一六三九年にランカシャーに生まれた司祭のエドワード・バーロウ〔現在時刻を鐘の音で知らせる時計のリピーター機構の発明者〕は、来し方をふり返って次のように記している。「隣人が収穫や干し草づくりなどで手がほしいときに手伝っていっしょに働いたり、炭鉱へ行ったりしなくてはならなかった。この一帯には炭鉱がたくさんあって、石炭が安かったからだ。近所の人の馬を連れて行き、石炭を載せてとってきたものだ」。十二歳で学校をやめざるをえなかったバーロウは、ファスチアンという地元産の布を白くする仕事に就いた。「仕事はきつかった。一日仕事をしたあとは、飼っている動物の世話が待っていた。馬と牛の面倒を見て、ブラシをかけたり飼い葉をやったりした。冬には布の仕事がほとんどなく、そういうときにはごみ集めや垣根づくり、溝掘りなど、田舎の仕事をなんでもしなければならなかった」

だが、苦労の甲斐がまったくなかったわけではない。石炭運びで貯めたお金について、バーローウはこう書いている。「それでもそんな仕事をしたおかげで少しは衣服を買えるようになり、初めて日曜日に教会へ行った。それまではふさわしい身なりを整えることができなかったのだ。父は貧乏で借金があったので、きちんとした服を買ってもらえなかった（それで教会へ行かれなかった）。ボロを着て行くわけにはいかなかった」。さらに女性から見ると、新しい手工業の仕事は「家庭内の仕事や農作業のかわりにするのではなく、それらの上に加わった。糸紡ぎ、編み物、レースづくり、麦わら編みなどはとくに年配の女性と子供の安い労働力を利用でき、十九世紀に入ってもイギリスの農村で広くつづけられた。また、子育てや市場や畑への往復など、ほかの仕事と同時にできるため、やり手も多かった」。最終的には、家族全員が「製造業の仕事を優先したので、食事の支度や食料の栽培、牛、家禽、豚の飼育をする時間が少なくなった」[★22]。

北イタリア、ネーデルラント、またイングランドの一部でも、産業革命のはるか以前から特定の地域の農村部で工業がさかんだったことが確認できる。だが、ヨーロッパの農村地帯には、こうした家内工業が根づかない地域もあった。なぜなのだろうか。季節による労働量の差があまりなかったのか、それとも人びとが勤勉でなかったのか。ヨーロッパの農村部を地域ごとに詳しく調べていくと、生計を立てるための仕事の組み合わせや専門化がそれぞれ違っていることがわかる。ほぼ穀物のみを栽培する農家もあれば、おもに工芸作物を栽培する農家もあった。大規模農家には、生育時季の異なる作物を季節ごとに栽培し、常雇いの労働者を大勢抱えているところもある一方、繁忙期のみによそからの労働力を必要とする単一栽培農家もあった。また農業収入を補わなくてはならない小農は、近くの大農場で働いたり遠方へ出稼ぎに行ったり、さまざまな家内工業を兼業したりして稼いだ。いずれにしても、副収入のない簡素で小規模な自給自足の小農というあり方は消えてしまったのである。

イングランドの南半分を例にとれば、そのパターンがよくわかる。西の地域や隣のウェールズでは、農家は畜産を専門としていて、女性にも牛の世話や乳製品の加工など、多くの機会があった。東の地域では大規模農家の穀物栽培がさかんで、雇用は男性のほうが多かった。そして独立した住居をあたえられて働く既婚の「農場作業員」と未婚で住み込みのいわゆる「農場使用人」(のちには「ボーイ」とも呼ばれた)が多数いることが特徴である。[★23] 普通、少年は十四歳以上、少女は十六歳以上で働きはじめ、二十一歳の誕生日から大人と見なされた。最南東部諸州の農業は非常に多様で、穀物だけでなく果物やホップなどの工芸作物なども栽培した。この地域の農村の人びとはロンドンや外国でも仕事をするようになった。

発展する都市

繊維産業はヨーロッパの大半の都市で最大の経済部門を占めていた。[★24] これは一五〇〇年以前からのことで、近代初期になっても変わらなかった。繊維産業が雇用の面だけでなく、もっと広く労働の発展という面で重要でありつづけたのはすでに見たとおりである。それは地方から移動労働者が絶え間なく流入したおかげであり、それがなければ発展はおろか、経営も成り立たなかった。そしてこのようなエネルギーと能力の集中によって、組織が発達し(とくにギルド制度の発達)、技術知識と一般知識が交換され、知見が広められたのである。[★25] 近代初期のヨーロッパの都市にはとくに注目すべき側面が二つある。人口動態の変化、そして職業の専門化と組織化である。

一五〇〇年から一八〇〇年のあいだに、ヨーロッパは徐々に都市化していったが、それと同時に都市化の中心は北イタリアからネーデルラントを経てイングランドへ移っていった。一五〇〇年当時、ヨーロッパ大陸には人口四万人以上の都市は一七しかなく、その半数以上がイタリアの都市だった。それが一八〇〇年になると、人口七万人以上の都市が三七を数え、イギリスを中心にカディスからストックホルム、グラスゴーからパレルモまで、かつてないほど大陸にバランスよく分布するようになった。これらの都市の人口増加はもっぱら移住によるものだ。実際、この数世紀の都市では、生まれる人よりも死ぬ人のほうが多かったので、人口を維持するためには移住者が不可欠だったのである。[★26]

このように、近代初期のヨーロッパの都市人口は「自然成長」だけを見ればマイナスだった。衛生状態が悪く、感染症のリスクが高まったためである。都市住民は下水道のない住宅に密集して暮らし、下水と飲料水が混ざってしまうと、それにともなうあらゆる危険が発生した。十七世紀前半には、もし移住者で補われなければ、都市は毎年平均して一パーセントの人口を失った。農村部は最大の人口供給源であり、一五〇〇年から一八〇〇年のあいだにヨーロッパ全体で合計約二〇〇〇万人が地方から都市に移り住んだ。[★27]それによって彼らは農作業を離れ、あらゆる種類の手工業の世界へ足を踏み入れることになった。

中世からはじまっていた手工業の専門化がこうして本格化した。一般に、都市が大きいほど、産業活動とサービスが多様になるということができる。まさにこれをあらわしていたのがオランダ黄金時代の画家たちだ。[★28] 彼らはイタリアやスペインやフランスの巨匠のように王族や教会などの支援者から注文を受けて制作するのではなく、総じて市場向けの在庫生産をしていた。これを成功させるには──なにしろ絵画は食べものではない──徹底的に専門化する必要があった。この点ではフランドルやブラバントの画家がすでに先を行っていた。ある者は花や果物の静物画を得意とし、別の者は風景画を専門にして都市や海の風景、村の宿屋の風俗画などを描いた。彼らは手早く仕事をすることができ、それなりの収入を得ようとした。一五九〇年ごろに一〇〇〇人程度だった職業画家は、一六五〇年ごろのオランダ絵画黄金期には七〇〇〇人から八〇〇〇人にまで増えた。

レンブラント、フェルメール、ハルス、ステーンといった有名画家は同時代の人びとから職人として扱われ、また彼ら自身も職人だと自認していた。それゆえに、彼らは職人のギルドに所属することが義務づけられていた。このような組織形態は中世に生まれたが（第15章「集団での利益保護」の節を参照）、数世紀後もまだ衰えてはいなかった。それどころか、十七世紀に最も経済の発展した社会であるネーデルラントの中規模都市と大規模都市では、ギルドの数がかつてないほど多く、人口一人あたりに換算しても過去最多だったのである。[★29]

むろんギルドはこれまでどおりの働きをして、組合員に生活の保障をあたえた。組合員は地方政府の認可を受けた独占的な販売権のおかげで、広く一般大衆にほどほどの値段で作品を売ることができた。たとえばネーデルラントの都市部では、気どらない油絵が平均的な一日分の賃金と同程度の価格で売られていた。またギルドの役割には、必要な専門知識を親方から弟子に伝えることもあった。専門知識の習得については、ギルドの親方をめざす者に「親方資格作品」を制作させる正式な試験があったが、一般的には非公式に技術が伝えられることのほうが多かった。[★30]

労働人口に広く技能が行き渡ることは、経済発展と産業革命が成功するための必須条件だった。少数の頭のよい発明家タイプがいるだけでは十分ではない。要するに、大勢の職人がどんなにわずかでも労力を節約する技術を考え出そうとし、また他者の考えた改良をどんどん取り入れようとする意気込みをもっていなければならないのだ。[★31] それには徒弟制度による正式な訓練が必要で、これにより「暗黙知」、つまり明文化されていない専門の能力と技能が継承される。この点では、一定水準の教育と職業訓練の組織が欠かせない。[★32]

都市生活者の多くが移住者だったことを考えれば、ギルドが人びとを結びつける機関としての働きをもち、社会移動を促したといえる。とくにギルドは全員に参加義務のある行事が多く、その後に宴席があるかどうかは別として、（年次）会合や組合員の葬儀などへの出席が定められていた。ここからネーデルラントでは保険制度が少しずつ発達し、死亡時だけでなく、限定的ではあるが病気や老齢の場合にも給付金が出るようになった。アムステルダムでは、給付金は組合費などを積み立てて支払われるのではなく、保険料を長期固定利付国債で運用して拠出された。こうして十八世紀には、労働者のための本格的な相互保険組織が出現したのである。

手工業ギルドの入会許可の基準はもちろん厳しく、ここには入会の難しさと都市の成長との興味深いつながりがうかがえる。入会の難度は、市民権取得の費用、さらにギルドの組合費、信仰や家族の評判などに関するその他の規定といった条件の厳しさではかられる。ネーデルラント西部の急成長都市はこの条件が最もゆるやかだったようだが、中部と東部の低成長都市はそれほどでなく、ドイツ西部の停滞都市では移住してきた者がギルド組合員になれることはほとんどなかった。この地域がネーデルラントへの移住のプッシュ要因になったのは偶然ではないだろう。職人がネーデルラントのギルドに加盟するには平均して数か月分の賃金が必要だったが、ドイツ西部の場合はなんと数年分といっていいほどだったのだ。しかも「正しい宗教」(いいかえれば権威者の宗教)を信仰していなければならず、家族に死刑執行人や売春婦といった「不名誉な」仕事をしている者がないことを証明しなければならなかった。

だが、こうしたことでギルドから締め出される者が多く、組合員と非組合員では著しい差があったこと、なおかつ内部でも深刻な対立が生じかねなかったことを忘れてはならない。[33] また、ギルドが移住者に開かれていようといまいと、女性は組合員である夫の事業にいくら貢献しても、正組合員にはまずなれなかった(この点でもネーデルラントのギルドには例外もあった)。[34] 徒弟と奉公人が正組合員どころか組合員でさえないのは、古く中世後期からのことだ。また、旅まわりの商人は妨害された。西ヨーロッパでは――ユダヤ人移民を歓迎したオスマン帝国とは対照的に――ユダヤ人はほとんど締め出され、カトリックの都市はプロテスタントを、プロテスタントの都市はカトリックを禁止したが、その点でもネーデルラント西部の都市は例外だった。

ギルドの内部では、羽振りのよい組合員とそうでない「兄弟」とのあいだにたびたび深刻な緊張が生じた。公式規則に反して、大手の親方が仕事の発注者からの元請けのようになり、零細な親方はそこからしか仕事がまわってこない状態になったからである。建前としては機会平等なはずの「兄弟」は、とくに成長する産業においては平等どころの話ではなかった。助手が独立親方になれるのをいつまでも待たなければならない部門では、ときおり抵抗運動が起こった。よく組織されていたのは、帽子職人と剪毛《せんもう》職人〔剪毛は布の表面の無駄な毛羽をカットしてきれいに仕上げる作業〕だ。[★35] 親方のギルドと同様に、彼らは会員から寄付金を定期的に集め、それを会員の扶助のほかストライキの資金としても使った。職人たちがこのように組織力を強められた要因の一つに巡歴制度がある。ヨーロッパの多くの地域において、職人はさまざまな場所へ行って経験を積むことが義務づけられていたのである。[★36] こうした各地を渡り歩く職人を、ドイツではヴァンダーゲゼレ、フランスではコンパニョン、イギリスではトラベリングブラザーズと呼ぶ。彼らはまさに世渡り上手だった。また、仲間どうしでまとまるのもうまかった。ストライキ資金が足りないと見たネーデルラント南部の帽子職人の助手たちが、寄付金を募る全国ネットワークを組織し、さらにフランスの同種の組織と提携したことは、驚くにはあたらない。このような組織や行動はユーラシア大陸のあちこちでさまざまなかたちで生じ、[★37] 将来の組合づくりの演習の場になった（第20章「労働者の反応と行動」の節、および第26章参照）。

一般に「奉公人」と呼ばれる賃金労働者の大集団は、ギルドおよび徒弟制度の埒外にあった。これは、親の世帯を出て自活するだいたい十五歳から二十五歳くらいまでの若者の労働者集団である。徒弟制度に組み入れられるのはおもに男子で、奉公人になるのはおもに女子だった（ただし、とくに農業では男子の奉公人もいた）。奉公人の労働契約は、ほかに類のない特殊なものだった。住み込みの奉公人は世帯員と見なされ、家長の権威が法だったのである。この関係は職人における住み込みの助手や弟子の親方との関係と似ている。ただし、主人や親方がほぼ絶対的な権力をもつこうした擬似親子関係は、中世の一部の都市ではすでに崩壊していた。

ネーデルラントを例にとろう。★38 アイセル地方の町では十四世紀以降、ホラント、フランドル、フローニンゲン、フリースラントでは十五世紀以降、自由労働賃金契約が通則になっていた。これは賃金労働に従事する自由を意味し、契約の履行や解消に関して雇う側と雇われる側の双方が裁判所に訴えることができた。労働市場を規制するのは刑法ではなく民法である。ネーデルラントでは、貧しい人に仕事の引き受けを強制することはなかったし（そのようなことがあるのは十九世紀になってから）、賃金水準が公式に定められることもなかった。奉公人の契約不履行は重大な違反と見なされ、禁足処分や強制労働に処されるおそれがあったが、実際にはそのようなことはなく、あったとしてもごくまれだった。むしろ十七世紀後半からは契約の途中解除が徐々に容易になり、労働関係は概してますます合理的な人間関係を特徴とするようになった。十七世紀のフリースラント出身の法学者ユルリク・ヒューベルが、ネーデルラントにおける奉公人への体罰を「耐えがたいものであり、正義に反する」と考えたのも不思議はない。そんなわけで、ネーデルラントの奉公人は相応の賃金を得ることができ、貯金することもできた。なにしろ未婚の住み込み奉公人は部屋と食事をあたえられていたのだ。だから彼らは結婚市場に参入する資格を満たしていた。十八世紀のアムステルダムの最も裕福な家庭の奉公人は結婚資金を貯められ、その額は彼女の将来の夫――仮に技能の未熟な男性とする――が同じ時間で貯められる資金の三分の一から半分に相当したと推算されている。[39] ただし例外が船員と兵士である。二十世紀初めまで（場合によっては今日にいたるまで）、船長もしくは軍司令官が親がわりだったので、彼らには彼らだけの規則があったのだ。これには体罰をあたえることも含まれていた。

ネーデルラント以外、なかでもイングランドとドイツ諸邦では、家事奉公人の権利が完全に自由な賃金協定の制定にまで発展したのはずっとあとのことだった。[40] 黒死病の流行後に労働力が大きく不足したのを受けて、イングランドの労働者勅令（一三四九年）および労働者規制法（一三五一年）とその強化をはかった「徒弟法（職人法）」（一五六二〜一五六三年）は、賃金依存型の労働者の移動の自由をあらゆる方法で制限した。[41] また、家事奉公人に関する法は、被雇用者が契約不履行を犯した場合は刑法のもとに置かれ、しかも主人には「適度な懲罰」をあたえる権利があると定めていた。当時の政治家で政治理論家のトマス・スミス卿は、エリザベス時代の政治に関する著書のなかで次のようにまとめている。

［奉公人は］ほかの事柄［奉公以外のこと］については一人前の人間として自由であ

る。［しかし労働契約によると］契約中であれば、主人の許可なくして奉公を辞めてはならず、奉公の期間が満了する四分の一か年前に辞める旨を知らせなければならない。さもないともう一年間奉公させられるか、もしくは怠惰な放浪者として棍棒と鞭をもって処罰されるだろう……こうして必要とされる下僕が不足しているために、自由人が下僕としてあらゆる奉仕に使用されるようになったわけだが、上流社会で奴隷と下僕があたりまえに使われていた時代にくらべれば、彼らは自由かつ平等で、より節度をもって扱われている。[★42]

一七四〇年代以降、これらの法規は効力が弱まり、職人の巡歴がいっそうさかんになって、地方間、地域間の接触が大幅に増加した。すると今度は「団結」を禁じる法が強化された。[★43]主人（民法が適用される）と奉公人（刑法が適用される）間の不平等が正式にあらためられるのは、一八七五年の雇用主・労働者法の制定まで待たなければならなかった。[★44]

複数年にわたる一時的な労働移動

ここまで近代初期のヨーロッパにおける労働の世界を特徴づける二つの大きな変化を取り上げてきた。一つは農業から手工業と工業への移行で、これは地方から都市への労働移動と部分的に重なっていた。移動は技術進歩の決定的な原動力でもあった。もう一つは自家用生産から市場向け生産への移行であり、これは勤勉革命と女性および子供の労働進出に象徴される。そしてここで第三の変化も述べておかなければならない。それは短期、中期の労働移動への移行、つまり、すでに扱った季節労働移動だけでなく、数年にわたる労働移動をする人が増えてきたことである。一定年数だけよその場所で働くのを目的とする移動労働者のことで、たとえば軍人、船員、巡歴職人、一部の家事奉公人などがこれにあたる。後者二つは前節で扱ったので、あと二つもここで取り上げることにしたい。

第5部の時代には、軍人と船員は東アジアよりも西ヨーロッパにおいて重要な職業カテゴリーだった。一五〇一年から一五五〇年と一七五一年から一八〇〇年のあいだに、ヨーロッパでは軍人の数が四倍になった一方で、人口は二倍の増加にとどまった。外洋船の船員も同じ期間に二倍に増えている（七四万人から一六〇万人に増加）。[★45] 軍人のこのような大幅な増加は、ユーラシア大陸の国の大きさの違いにあると説明されている。大陸の西はいくつもの国に細かく分かれていたのに対し、大陸の東は大きく分かれていた。つまり国の数が多ければそれだけ国境が多く、紛争勃発の可能性も高くなるということだ。西ヨーロッパでの戦争は、平均を超える数の傭兵がヨーロッパ中に、のちには世界中に移動するという結果をもたらした。[★46] 後年のナポレオン戦争の時代や二度の世界大戦時にはこの仕事に就く者がいっそう多く必要になり、それを満たすには一般人から徴兵するしか手がなかった。それまでの数世紀は、軍隊――しだいに大軍になりつつあった――は職業軍人ばかりで編制されていた。

季節労働者の例で見たのと同じように、ここでも軍人を多く出す地域は決まっていた。スコットランド出身の兵士や、スイスとその隣の南ドイツの出身の職業軍人がヨーロッパ全土でますます多く見られることになった。軍人は全員が男性だが、軍隊にはたくさんの女性と子供が非戦闘員として随行し、隊の人員の食事やその他の世話をした。一六五〇年ごろまでは、非戦闘従軍者はかなりの数にのぼり、軍人二人に対して非戦闘員一人である。その後、彼らの仕事は軍隊内部にできた専門の部門がするようになり、十八世紀には非戦闘従軍者は軍人二〇人に対して一人になった。それでも一〇〇万人以上の女性が従軍したことになる。

　この期間には軍人の仕事ももちろん変わった。銃器の改良と複雑な要塞の建設に重点が置かれるようになり、これによって対戦する陣営間の距離が長くなった。軍隊は大きくなればなるほどそれだけ感染症が流行しやすくなり、とくに兵舎内で病気が蔓延した。多くの職業軍人が戦場で斃《たお》れることもなく、貯めた給料で結婚するつもりで帰国の途につくこともなく、赤痢やペスト、発疹チフス、（十九世紀には）コレラなどのために意識朦朧《もうろう》として呻吟《しんぎん》する仲間に囲まれて、汚れたベッドで生涯を終えることになった。白兵戦から機動戦への移行は、ナポレオン軍の高度な専門化で頂点に達した。敵が通常の一分あたり七五歩で進軍するのに対し、ナポレオンは部下を一二〇歩か一五〇歩のすばやさで動かすことができたのである。★[47]

　軍人の労働生産性を計算するのは難しいかもしれないが、さいわい船員の場合はもう少し簡単だ。大航海時代には船員一人あたり六トン〔載貨重量トン数〕だった生産性が、十七世紀には平均一二トンに、そして一世紀半後には一五～一八トンにまで大幅に向上した。ヨーロッパ人が人口比にして比較的一定の率の船員数で世界の海を航海できたことは、これで説明できる。この点ではネーデルラントが先鞭をつけたが、十八世紀にはイギリスがそれを引き継いだ。★[48]

職業軍人と船員には、ほかの職業集団にくらべて国際的な労働市場がずっと多くあった。これはネーデルラントが最も顕著だろう。全軍人の半分かそれ以上が外国出身者、海軍の水兵とアジア行きの船の乗組員も同様だった。★49 この比率は短距離航路と、むろん沿岸漁業ではずっと小さくなる。短距離航路の船舶はずっと小型であること、またスペースのかぎられている漁船では自国の船乗りが優先されたことを考えれば、驚くにはあたらない。

外国人の忠誠心や責任感に対する疑念を示す証拠はない。外国人も一人前の労働力と見なされ、したがって同じ仕事で同じ報酬をもらっていたようだ。オランダ東インド会社に所属する多くのドイツ人船員は、出世の機会さえオランダ人より著しく悪いということはなかった。読み書き能力と計算能力が高かったことはその要因の一つだろう。彼らは母国で働く同胞ばかりでなく、オランダ人船員よりもはるかに優秀だったのである。

ただし、このような真に国際的で自由な労働市場は、当時のヨーロッパではまだ例外的だった。デンマーク、ドイツのハンザ都市、南ネーデルラントなどの周辺諸国や、フランス、スペイン、そして何よりも主要な競争相手であるイングランドは、外国人船員の採用はせいぜい一割程度で、ときには「強制徴募」で国民を無理やり艦隊で働かせることがあった。バルト海沿岸と地中海沿岸のヨーロッパ辺縁国では、自由労働の船員と非自由労働の船員の両方が使われた。つまり徴集兵、囚人、戦争捕虜、さらには奴隷までもが自国のほか従属国や奴隷売買地域から集められたのである。

イングランド船の外国人乗組員の割合が小さいのには、特別な背景がある。イングランドには外国人を排除する長い伝統があったのだ。たとえば一一八九年から一一九〇年のユダヤ人大虐殺、一三八一年の農民反乱（ワット・タイラーの乱）でのフランドル商人の虐殺、一五一七年のロンドンでの「邪悪な五月祭」の大規模な外国人排斥暴動などが起こっている。一五五八年にカレーがフランスに奪われると、イングランド議会はすべてのフランス人を追放する法律を審議し、否決されたとはいえ決議は僅差だった。一六〇一年の布告では、黒人の国外退去が命じられた。★50 十六世紀にはプロテスタントの難民を受け入れるなど開放的な時期もあったが、とくに一七〇七年のイングランド・スコットランド合同以前は、スコットランド人を含む外国人への猜疑心が払拭されることはなかった。イングランド商船隊の乗組員に対する制限にもそれがあらわれている。一六五一年の航海法によれば、イングランドの貨物船の船員の四分の三はイングランド人でなければならず、しかもこの割合は実際にはもっと大きかったようだ。当局は船長に外国人（合同以前のスコットランド人を含む）の雇い入れを拒否させたが、船長自身も心からそれに同意していただろう。

ネーデルラントの商船は他のヨーロッパ国に対してだけでなく、他大陸に対しても開かれていた。オランダ東インド会社は、ヨーロッパの競争相手国と同じくヨーロッパへの帰路にアジア人を乗船させまいとしたが、現地では軍隊にも船にも、またほかの活動にも当地の人材を採用していた。★51 現地要員がなければやっていかれなかったのも事実だが、彼らを使うのが嫌だったわけでもなかったのだ。ネーデルラントはこのようなやり方を十六世紀にヨーロッパとアジアの混成乗組員で航海したポルトガル人から学び、フランスやイングランドよ

りもはるかに積極的に取り入れた——この点でもネーデルラントは独特だったのである。[★52]

一八〇〇年以降と比較するとますます驚かされるのは、船員も同じ仕事に対して同じ賃金を得られたことだ。ヨーロッパ人もしくはユーラシア人〔ヨーロッパ人とアジア人の混血者〕の船員とアジア人の船員の違いは、オランダ東インド会社があたえる出世の機会だけだった。アジア人は下士官の最高位である甲板長よりも上に昇進することがなかった。雇う側からすれば、人種と宗教への差別があったのは確かだが、それだけではなく語学力の問題も大きかったからである。士官になるには操舵手の試験に合格しなくてはならないが、それにはオランダ語の知識が必要だったのだ。オランダ語が北西ヨーロッパ海域の共通語になっていたとすれば、ドイツ人やスカンディナビア人には難なく乗り越えられる壁でも、アジア人にはそうはいかなかったのである。[★53]

労働の歴史において船員が特筆すべき職業だった理由はもう一つある。船上では働く者どうしが親密な関係になりやすいため、労働条件や労働環境に不服がある場合に集団行動をとるのが早くから慣習になっていたことである。[★54]

働く人びとの経験と世界観

西ヨーロッパではこの数世紀のあいだに労働関係が大きく変化し、それとともに仕事についての考え方も変わった。もちろんその変化は、働く中産階級と貧困層に対するエリート層の考え方と、労働する人びと自身の考え方の両方にあらわれた。世帯のための労働から市場のための労働への移行は中世中期にはじまっていたが、それが新しい局面を見せはじめたのは、地方における労働の専門化（プロト工業化を含む）のみならず、都市化の急激な進展の結果でもあった。それは仕事が世帯内で人知れず進められるものから、しだいに人目につくものになっていったということでもある。こうして仕事の多くの側面が公的に整えられ、意見が述べられ、議論され、社会運動につながっていく可能性が生まれたのである。

まず、厳しい労働の裏返しである自由時間への期待について考えてみよう。イングランドの紡績女工のものとされる十五世紀の「休日」という題名の詩に、次のような一節がある。

今日を心待ちにしていました
紡錘も、ボビンも、糸巻きも、さようなら！
このうえなく幸福なこの休日にお出かけしましょう
このすばらしい休日には
紡錘も、ボビンも、糸巻きも、さようなら！
今日は休日、なんてうれしいの！[★55]

宗教改革とともに、庶民の自由時間を制限する試みが数多くなされるようになったが、休みを減らそうという考え方は以前から芽生えていた。たとえばイングランドでは、すでに一四九五年に最低労働時間を定めることで労働規律を浸透させようとした。[★56] ヨーロッパの大部分がカトリックからプロテスタントへ移行するあいだに、公的な休日は劇的に減少した。それまでは聖書の言葉にしたがって、主の日（日曜日）が聖なる特別な日とされていただけでなく、キリスト教の公式な祭日も日曜日と同じくらいの数があった。復活祭や聖霊降臨祭（ペンテコステ）のようにかならず日曜日である祭日ではなく、クリスマスや十二月二十六日（イギリスではボクシングデー〔郵便配達員などにプレゼント（クリスマスボックス）を贈って謝意をあらわす日〕）、復活祭の翌日の月曜日（イースターマンデー）や聖霊降臨祭の翌日の月曜日、万聖節、万霊節、聖体祭などだ。また、宗教改革に影響されないカトリックの国々では聖地巡礼も行われていた。

一五五二年に、イングランド政府は祝祭日を年に二七日に制限しようとした。これはあまりうまくいかなかったのだろう。十七世紀半ばのピューリタン革命のときに、当局はカトリックの伝統的な祭りをあらためて廃止し、安息日を厳格に守らせようとしたからだ。[★57] ネーデルラント北部では、一五七四年のドルドレヒト教会会議で日曜日のみを休日とすることまで取り決められた。表向きほどきっちりしたものにならなかったが、キリスト教の祭日を公式に祝うことが少なくなるという長年の傾向を強めることにはなった。一五〇〇年ごろは二六〇日から二六五日だった年間の最大労働日数が一六〇〇年以降は三〇〇日を超え、一五パーセント以上増加したのである。[★58] ネーデルラントでは日曜日以外の祝祭日はたった六日しか残らなかった。

だが、この公的な休日の計算では性質のまったく異なる務めが考慮されていないため、事実上の労働日数はここから想像するよりも少なかった。まず、葬儀に出席する時間が少なくなかった。洗礼や結婚式なら日曜日に行われるが、埋葬は遺体を安置しておける時間が短いので平日にしなければならないことが多かったからだ。死亡率の高さを考えると、この務めは親族や隣人の弔いだけでもかなりの時間をとられるものだったが、それにとどまらず、とくに仕事仲間の葬儀は参列すべきものとされていた。最もよく知られているのは、ヨーロッパとイスラム圏の手工業ギルドだろう。しかしどこであれ、同僚の葬儀では礼を欠かさずにその務めを果たさなければならない──怠れば罰金もありうる──ことはよくあることだ。大都市の大きい同業組合では年に何日も葬儀があっただろう。★59

このように休みの時間が重視されるのは、労働時間中は仕事ぶりを監督されているためにわき目もふらずに働いているからだ。このことから、気分をほぐしてくれるような興奮性の嗜好品を求めるという重要な影響が生じた。砂糖、ココア、茶、コーヒーなど、その役割を果たしてくれる植民地の産品の消費がエリート層だけでなく、そういうものを購入できるようになった庶民のあいだでも増え、それは労働集約型発展経路と勤勉革命が収入の増加をもたらしたからこそである。もちろんこうした興奮性の嗜好品は、長くつらい労働をわずかでも楽に感じさせてもくれる。軍隊と船団では、十七世紀の初めから蒸留酒が支給品の一つになっていた。インドの郵便配達人はアヘンを使った。ヨーロッパでは、現代のものよりもずっと強いビールをきつい農作業のあいだに飲むのが普通だった。★60 酒類はエネルギーを補給し、痛みや疲労を軽減してくれるほか、もちろん陽気な気分にしてくれる。船乗りのはやし歌のことが思い出されるが、みなで汗水たらして働きながら話したり歌ったりするのはよくあることだろう。[61]

たんに読み書き能力が向上し、印刷物が出まわるようになった結果だとしても、働くことの価値についての主張がにわかにあちこちで聞かれるようになった。スペインでのように、啓蒙主義者とカトリックの改革者が、女性は「本来の」場所である家庭にいて、手のすいた時間は糸を紡ぎなさいと忠告するものもあった。彼らがこれほど熱心に主張したということは、家庭にとどまらずに労働市場や商品市場で活動する女性がそれだけ増えたことを物語っている。[62] そしていまや労働者自身が大勢の人に向けて意見を表明し、支持者を集め、集団行動さえ起こすことができるようになった。都市の職人のなかから、働くことの喜びを表現したものも生まれた。一七二〇年ごろの作者不明のフランスの詩は、鉋《かんな》とそのもち主である主人の会話を想像したものだ。

小さな道具、きれいな鉋
おまえの体は忠実によく働く
美しい頭で飾られている
大わらわのときもへこたれずにいておくれ
小さな道具、忠実な道具
仕事は目の前で勝手にやってくれる

ご主人様、どうぞ私を使ってください
王様よりも幸せになれますよ
私が唯一無二の存在であることをご存じでしょう
あなたの工房にある道具のなかで
作業台とイーゼルよりも
ものさし、ほぞ穴罫《けび》引き、木槌よりも
私が優秀だとお認めください
私を自慢にし、称えてください★63

市場向けの仕事や公共のために働くことが大切だといわれながら、労働条件も報酬も報われないという大きな矛盾は、新しい理想を抱き、それを実現しようとする行動につながる。中世後期には、有力商人に対する熟練職人の抵抗（チョンピの乱）があり、黒死病の流行後には農民反乱が起こっている。イギリスではジョン・ウィクリフやワット・タイラー、ボヘミアではヤン・フスらが農民らの反乱に思想的な影響をあたえた。彼らは思想の正当性を「創世記」に記された地上の楽園における人間の本来の姿に求めた。十六世紀以降、これをさらに推し進めたのが「ユートピア主義者」である。彼らは聖書を価値判断の基準とせず、労働者を中心とした新しい世界を究極の理想社会として構想した。その名のもとになった一五一六年のトマス・モアによる『ユートピア』に、次のようなくだりがある。

貴族やら金細工師やら高利貸しやら、つまりはまったく働かないか、働いたとしても社会にとって少しも役に立たないことをしている者が贅沢で豪奢《ごうしゃ》な生活をする一方で、労働者や馬丁や農夫が荷を引く牛馬さえ耐えられないくらい働きつづけているなら、いったいそれはどのような正義だというのでしょうか。彼らの仕事はそれなしにはどんな社会も一年ともたないほど不可欠なものであるにもかかわらず、彼らは非常にわずかな収入しか得られず、牛馬のほうがよほどよい暮らしをしていると思えるほど惨めな生活を送っているのです。★64

モアは敬虔な人だったが、ここでは聖書に言及しているのではなく、社会のために労働が必要であること、そして労働の成果が小規模自営業者や賃金労働者に公平に分配されるべきであることなど、一般的な原則を述べている。モアのあとを継いだ多くのユートピア主義者にも同じものが見られる。『ユートピア』（「どこにもない場所」の意）と同様、イタリアのトマーゾ・カンパネッラの『太陽の都』（一六〇二年）も、新しい社会をつくろうとして書かれたものではない。カンパネッラは聖書の「使徒言行録」にある古い考えを取り入れ、社会のあらゆる不平等に対する救済として、善き人びと（カンパネッラは女性も含めている）の共同体という思想を広めた。ネーデルラントのピーテル・コルネリス・プロックホイも同じ考えだったが、彼は一六六三年から一六六四年に北米の植民地であるニューネーデルラント

〔現在のニューヨーク州にあたる〕でこの理想に沿った共同体の実験を行っている。★65

現実にはありえない理想や、平等を実現しようとした試みの失敗——そのいくつかはのちの展開に大きな影響をあたえたが——よりもはるかに重要なのは、近代初期にはイングランドの水平派《レベラーズ》と真正水平派《ディガーズ》のような大規模な集団行動があらわれたことである。これらの運動は、社会における労働の位置づけについて新しい考えを打ち立てたのでなく、農民の土地にかかわる理想を希求した。その指導者であるジェラード・ウィンスタンリーは賃金労働をはっきり否定している。★66 そうではあっても、増加していく賃金労働者がまったく違うことを考えていたという事実はもちろん変わらなかった。十七世紀イングランドの作者不詳の物語詩《バラッド》で、ある農業労働者がこうつぶやいている。

稼いだものはみな大切に家にもち帰る
日々そうして、気がついたことがある
これでつましく暮らすことができる
貪欲な狼を戸口から遠ざけることができるのだ

刈り取り、束ね、耕し、まく
ときには垣根をつくったり、溝を掘ったりもする
働けば悪いことにはならない。だから脱穀し、畑に鋤を入れる

額に汗して、こうしてパンを食べられる
妻も横でせっせと草とりをしてくれる
私たちは二匹の子羊のように暮らし、
おたがいに怒らせるようなことはしない
働き蟻のごとく、飢えないようにがんばるのだ[★67]

原　注

労働史の系譜と研究成果、そして本書のスタンスについて

1. Lourens & Lucassen 1992を参照。
2. Weber 1909, 55–73, 181–2. 簡にして要を得た議論は以下に収められている。Ehmer & Lis 2009, 9–10; Lis 2009, 57 and Lis & Soly 2012. ヴェーバーのこの影響力のある著作については*TSEG*, 11 (2014), 55–174の議論を参照。さらに古代ギリシャ・ローマについては以下を参照のこと。Loomis 1998; Spek 2004; Migeotte 2009, 2–3, 173–8; Reden 2010, 8–11; Feinman & Garraty 2010; W.V. Harris 2011, esp. ch. 12; Andreau & Descat 2011, 91–4; Temin 2012; J.M. Hall 2014; Zuiderhoek 2015; Erdkamp 2015; Launaro 2015; J. Lucassen 2014a, 2014b, 2018a and 2018b.
3. Linden 1989, ch. 8.
4. マルクス以降の発展のすばらしい知的系譜は Linden 1989, 235–60を参照されたい。
5. Chayanov 1966 (Dennison 2011, 12–17も参照). Polanyi 1944, esp. 43–4 (Wagner-Hasel 2003, 148–9も参照).
6. 一部アダム・スミスの批判として、ポランニーで簡潔に述べられている。Polanyi 1944, 43–4. 人類学者と考古学者の議論は以下を参照のこと。Maurer 2006; Feinman & Garraty 2010; Peebles 2010; Haselgrove & Krmnicek 2012.
7. J. Lucassen 2018a. 以下も参照。W.V. Harris 2011, chs 1, 11 and 12; Lipartito 2016.
8. Bavel 2016, 272–3. ファン・バフェルのアプローチは、なかでも影響力のあるWallersteinによるヨーロッパの固有性の主張とは違っている。以下を参照。Feinman & Garraty 2010, 176; J. Lucassen 2018a.
9. Milanovic 2019, 2, 12; De Vito, Schiel & Rossum 2020, 6. Neal & Williamson 2014も参照（「資本主義」を「私的所有権、契約関係、需要と供給に支配される市場の、政府に支援された相互作用」と定義している。Jursa 2014a, 27を参照）。その歴史については Zanden 2015を参照のこと。最初の本格的な市場経済は――頓挫したが――前6世紀にメソポタミア南部に存在した可能性があり、「長期にわたってつづいた初期イスラム時代のイラクの例外的な経済繁栄の基礎を築いた」(Jursa 2014a, 39)。したがって、Bavel 2016の議論につながる。
10. 各時期について: Kocka 2018; Safley & Rosenband 2019; Harari 2014; Beckert 2015 (「戦争資本主義」、1600–1800/1850); Manning 2020; Lazonick 1990; Piketty 2019; Versieren & De Munck 2019. もちろんほとんどの著者はここで記述しているよりも明晰に論じている。Kocka & Linden 2016も参照。この問題を解決するには(Manning 2020, 191の提案にもしたがうが)、たとえばSoly 2021のような歴史研究がさかんになることがいちばんだろう。Soly 2021は、貿易と金融と生産（この場合は当

時西欧世界の経済の中心地だった1490-1565年のアントウェルペン[アントワープ])における具体的な「個人の儲け屋」つまり「働く資本」の影響を扱っている。

11. Vries & Van der Woude 1997.
12. 鋭い批評は Chalcraft 2005を参照。ここでは、中国はどこまで「資本主義」と呼べるのか、あるいは呼ぶべきなのか、という議論がかかわってくる。たとえば以下を参照のこと。Rosefielde & Leightner 2018, esp. 22, 58; Piketty 2019, 606–36; Milanovic 2019, 87–91.
13. Harari 2014 と Manning 2020 はこの問題に向きあっていないといわざるをえない。
14. 引用はD.M. Lewis 2018, 99からのもの。
15. Arendt 1958, 79を参照されたい。
16. 系譜は、J. Lucassen 2006b; Eggebrecht et al. 1980; Castel 1995など。
17. Bücher 1919 (5th edn). ビュッヒャーについては、Wagner-Hasel 2011; Spittler 2010のほか、Backhaus 2000への寄稿論文を参照。ビュッヒャーの功績は、当時入手できた世界の労働史に関する二次文献を広範に読解したことにもとづいており、最近の概説書の多くが(西)ヨーロッパに限定されているがために、いっそう注目に値するものだ。
18. Veblen 1914; Arendt 1958. また、以下も参照のこと。Tilgher 1977, Jahoda 1982 ; Budd 2011.
19. 労働史研究の発展について: Linden & J. Lucassen 1999; Heerma van Voss & Linden 2002; J. Lucassen 2006a and 2018a; Linden 2008; Linden & L. Lucassen 2012; De Vito 2013; Hofmeester & Linden 2018; Bosma & Hofmeester 2018; Eckert & Linden 2018; De Vito, Schiel & Rossum 2020. 包括的な仕事の歴史について書こうとした私の初期の未熟な試みについては、次を参照されたい。J. Lucassen 2000 (ヨーロッパのみ), and 2013. 最近、北アメリカを中心とする多くの新しい考古学的、人類学的証拠が、GraeberとWengrowによってまとめられた(そして根本的に再解釈された)(2021年)が、仕事の歴史(とくに非自由労働の浮沈)と多少の関連性があるものの、本書ペーパーバック版では適切に処理することができない。彼らが論じたヨーロッパ以外の社会についてときどき言及するにとどめる。
20. これまでのところ最も注目に値するのは Lis & Soly 2012 (古代ギリシャ・ローマから扱っている)で、大いに参考にさせてもらった。そのほか以下のとおり。Komlosy 2018 (13世紀から); Simonton & Montenach 2019 (1巻が古典古代、1巻が中世、4巻がそれ以降の時代); Cockshott 2019. Shryock & Smail 2011 は、アフリカ研究のEhret 2016およびSuzman 2017、Suzman 2020と同様に、歴史の早い段階から扱うことについて論じている。世界の経済史についてはRoy & Riello 2019を、世界の歴史についてはBeckert & Sachsenmaier 2018を参照のこと。
21. Netting 1993, 1; Linares 1997. 同様の手法について: M.E. Smith 2012a.
22. Safley 2019を参照。Segalen 1983 と Thomas 2009 がよい例を示している。
23. ただし重要な例外があり、本書では次のとおり、いくつかの概念を手短に取り上げている。「資本主義」と「近代」(前述)、人類学と考古学と歴史学の関連(第1部)、新石器革

命の不平等への影響(第2部)、「近代主義者」と「原初主義者」の論争(第4部)、貨幣化と労働関係の関連(第4部)、産業革命の影響(第6部)、過去数世紀から今日までの非自由労働の拡大(第6部)。

序 章

1. ティリーらは、中世(後期)以降の資本主義の時代に限定している(Charles Tilly 1981, chs 7–9; Linden 2009を参照)。仕事と労働を定義しようとした思慮深い試みの初期の例は以下のとおり。Jevons 1879, 181–227; Jevons 1905, 71–119.
2. Tilly & Tilly 1998, 22–3. この定義はILOの使用する定義と一致している。以下を参照のこと。Linden & Lucassen 1999, 8–9; 定義の問題および仕事と労働の違いについて: Conze 1972; Sahlins 1972, 81; Jahoda 1982, ch. 2; S.L. Kaplan & Koepp 1986; Pahl 1988; Applebaum 1992; Thomas 1999; Kocka & Offe 2000; McCreery 2000, 3–4; Ehmer, Grebing & Gutschner 2002; Weeks 2011; Budd 2011; Graeber 2019.
3. Linden 1997b, 519も参照。
4. Tilly & Tilly 1998, 23–4.「使用価値」の別の意味については以下を参照。Applebaum 1992; Budd 2011. Ulin 2002も参照。
5. Zürcher 2013.
6. Tilly & Tilly 1998での広範な言語使用域を探しても、余暇、休暇/休日、週末、年金といった概念は見つからない。
7. この世界的な状況は、個体(動物と人間)が相互に排他的な活動に割りあてる時間量をあらわす、いわゆる生活時間研究にもとづいている。Anderson 1961, 102–7.
8. Anderson 1961, 39.
9. Anderson 1961, 40.
10. Anderson 1961, 42–9. Thomas 1999, 256–7も参照。
11. 本書で使用する「労働関係」という基本概念は、Hofmeester et al.2015による。これは経営者と組合加入従業員との(団体交渉)関係を重視する、おもに現代の北米の「労使関係」研究よりもはるかに包括的なものである。Budd 2011, 1–2を参照。
12. 「労働サイクル」にしたがった収入プールについては、Lucassen 1987および2000を参照のこと。世帯内不平等については Bras 2014を参照されたい。この研究では「協調的対立」とも呼ばれている(Sen 1989)。世帯内の奴隷について:Culbertson 2011a; Tenney 2011; Muaze 2016; セネガルの同一世帯内での夫婦の別予算について:Moya 2017; 中華系の世帯の価値体系について:Rosefielde & Leightner 2018, ch. 9.
13. 「対処戦略」ともいう。Engelen 2002; Kok 2002.
14. Feinman & Garraty 2010.
15. Netting 1993, esp. 17ff (マルクスとチャヤーノフについて), 64 (二分法の不要について)を参照。
16. これは、IISH-Collab on *Global Labour Relations 1500-2000*でまとめられた定義である。Hofmeester et al. 2015を参照。

17. Tilly & Tilly 1998, 73–5, 87. 同書p. 350–8.も参照のこと。
18. Lourens & Lucassen 1999; Kessler & Lucassen 2013; 同書p.302–4も参照のこと。
19. ちなみに、これはとくに本書第26章「労働組合」の節で説明したように、雇用主と被雇用者間の協力を排除するものではない。
20. Price & Feinman 2012; 三者の関係（国家と市場だけでなく、宗教も）は K. Davids 2013aを参照。
21. Manning 2013; Lucassen & Lucassen 2014.
22. Zwart & Zanden 2018.

第1部　人間と仕事——70万年前から1万2000年前まで

第1章　動物と人間それぞれにとっての仕事

1. Gilbreth 1911, 76. カール・ビュッヒャーも似たような興味深い見解を述べている。それについては、Backhaus 2000, 165を参照。
2. ここでは（Reich 2018と同様に）現生人類という表現を用いているが、人によってはこれをホモ・サピエンス、あるいは「解剖学的現代人」と呼ぶ；以下も参照。Shryock & Smail 2011, ch. 3; Hatfield 2013, 8–10. 現生人類が最初に出現した時期を30万年前や20万年前としている説もあるが（Manning 2020, ch. 2など）、いずれにしても本書での議論にはなんら影響を及ぼさないと考えている。
3. Hrdy 2009, 205–8.
4. Waal 2005; Hrdy 2009; Hatfield & Pittman 2013 (Hatfield 2013を含む)。意外にも、Suzman 2020はこの説を採用していない。Diamond 1992では、300万年前にチンパンジーとボノボが分岐したとされている（同書では、人間以外の霊長類の行動がそれ以降たいして進化していないという疑問の残る考えを比較論の暗黙の前提にしている。それについての論評は、Roebroeks 2010を参照）。
5. Hrdy 2009, 116–8.
6. Hrdy 2009, 164–7. 同書によれば、オスだけでなされる狩りは不首尾に終わる場合が大半だという。
7. Waal 1996. 以下も参照。Pagel 2012; Hatfield & Pittman 2013.
8. Milton 1992, 37; Waal 1996.
9. R.B. Lee & Daly 2004; Suzman 2017 and 2020.
10. Hrdy 2009, 79; Lancy 2015, 123–5.
11. これらの洞察についてはWil Roebroeksに感謝する。本書第6章も参照。
12. Pagel 2012, 6. 以下も参照。Hawke 2000; Coxworth et al. 2015.
13. Hrdy 2009, 85–95. 以下も参照。Kaare & Woodburn 2004; Aiello 2007, 20; Shryock, Trautmann & Gamble 2011, 39.

14. Morgan 2015; Pagel 2012, 278–80. 言語がいつ、どのようにして生まれたかという争点の多い問題に関して：Shryock & Smail 2011; Hatfield & Pittman 2013; Villa & Roebroeks 2014; Manning 2020.
15. Aiello 2007.
16. Aiello 2007, 23；ネアンデルタール人についてはMussi 2007を参照。
17. Kaplan et al. 2007; 見習い期間については、このあと第2章の「実際の狩猟と採集」の節を参照。
18. Nunn 2018.
19. E.A. Smith et al. 2010.
20. ハーディーは母方居住がアロペアレンティングの発達に必須の要素だとも唱えているが（Hrdy 2009, 143–5, 151–2, 171–3, 180–194）、ここでは、この証明のしにくい仮説をわざわざ取り上げる必要はないと考える。以下を参照。Trautmann, Feeley-Harnik & Mitani 2011, 166, 172.
21. 先史時代についての歴史記述：Barnard 2004; Graeme Barker 2006, 4–17; 比較法の発展と人類学の役割について：Kelly 1995, 1–37, 43, 49, 345–8. Adovasio, Soffer & Page 2007も参照。どれだけ誤りがあろうとも、本書のような史的分析にとって比較法はどうしても欠かせない手法である。
22. Waal 1996 and 2009. ドゥ・ヴァールは、ピョートル・クロポトキン（「うすうすこれに感づいた」という1902年の『相互扶助論』や、1892年の『パンの略取』）のほか、とりわけ「互恵（互酬）的利他行動」の理論をジョン・ロールズの理論に関連したアプローチとして最初に唱えたロバート・ラドロー・トリヴァースと同じ立場をとる。「万人の万人に対する闘争」の系譜（ホッブズ、ハクスリー、デュルケーム）と、それに対立するルソーからクロポトキンにいたる系譜との関係については、以下を参照。R.B. Lee & Daly 2004, 1; Kelly 1995, 1; Graeme Barker 2006, 44. ポランニーも「対称性」のある「互酬」について論じている（Polanyi 1944, chs 4–6; Polanyi, Arensberg & Pearson 1957; Dalton 1971）。
23. これについては、Ames 2010に詳しい。同書では、人間は小規模社会においてさえ不平等と平等主義を両立させうると強調する一方で、「威信獲得競争が抑制されれば、もっとよく働き、もっと生き残りやすくなる」（37）可能性があると認めてもいる。
24. Waal 2009, 20–1; Nystrom 2005も参照。
25. 以下を参照。Hatfield 2013, 13–4（人間は遺伝と文化という二重の継承システムから恩恵を得る）；Trautmann, Feeley-Harnik & Mitani 2011（人間の進化的成功の基盤は、近親認識、近親相姦回避、つがいの絆の形成、世代重複という、部分的には他の類人猿の種にも共有されている特徴にある）。
26. Waal 2005, ch. 6; Waal 2009, ch. 7; Mithen 2003, 506も参照。
27. Pagel 2012.

第2章　狩猟採集民の仕事

1. Roebroeks 2007所収の各論文を参照(とくにAnwar et al. 2007, 235–40および Leonard et al. 2007, 35); Roebroeks 2010; Erlandson 2010; Pawley 2010; Shryock & Smail 2011; Langergraber et al. 2012; Hatfield 2013; Villa & Roebroeks 2014. および Reich 2018, p. xxiの但し書きに注目。「この分野の進歩はとてつもなく速い。本書が読者の手に届くころには、ここに記した新しい知見もいくつかはすでに古くなっているか、ことによると否定されているだろう」
2. Pagel 2012, 33–5; Hatfield 2013.
3. M.P. Richards 2007, 231; Binford 2007も参照。
4. Earle, Gamble & Poinar 2011. 以下も参照。Heckenberger & Neves 2009; Bar-Yosef & Wang 2012; Manning 2013 and 2020.
5. R.B. Lee & Daly 2004, 466–7; Mithen 2003, 10も参照。人口密度に関して:Kelly 1995, 221–32. 以下も参照。Hrdy 2009, 26; Waal 2009, 23; Klein Goldewijk 2011; Pagel 2012.
6. Reich 2018, とくに以下のページを参照:88(地図), 156–7, 197, 202.
7. A.B. Smith 2004. 以下も参照。Binford 2007, 196–204; Guthrie 2007, 160; Roebroeks 2010, 31–5. ネアンデルタール人と現生人類との顕著な類似については、Villa & Roebroeks 2014を参照。
8. ほかの能力については、Joordens et al. 2014を参照。初期人類の道具については、Suzman 2020, ch. 3に詳しい。
9. Kelly 1995, ch. 3; Graeme Barker 2006, 60–2.
10. Schrire 2009; Sahlins 1972, 8–9も参照。この種の比較は、現在では、狩猟採集民と近隣の農耕民や園芸民とのあいだに別種の相互依存関係を認める「相互依存モデル(interdependent model)」(Kelly 1995, 24–33)の一部とされている。
11. R.B. Lee & Daly 2004, xiii, 1–3. このように『ケンブリッジ狩猟採集民百科事典』(*The Cambridge Encyclopedia of Hunters and Gatherers*)を出典とする場合には、とくに重要かつ明確なアイデアに関してでないかぎり、寄稿している数十人の著者の個人名で示すのではなく、以降も同様に編者名で示すことにする。Sahlins 1972, 48も参照。
12. R.B. Lee & Daly 2004, 3; Schrire 2009.
13. R.B. Lee & Daly 2004, 175–87, 215–9, 231ff.; Dewar & Richard 2012, 505; Suzman 2017 and 2020も参照。
14. Kelly 1995, 24–33; バランスのとれた概観を見るには、Rival 2004a ; Schrire 2009も参照。
15. R.B. Lee & Daly 2004, 3–4; Graeme Barker 2006, 42–4も参照。
16. Kelly 1995, 162–203. 引用はp.185。Suzman 2017, ch. 3も参照。
17. Sterelny 2013, 315–8.
18. Liebenberg 2006. この狩猟法は1998年と2001年に撮影され、'The Great Dance'とい

うドキュメンタリー作品に収められている。Suzman 2017, 274 and ch. 12も参照。
19. Kehoe 2004, 37–9. 以下も参照。Mithen 2003, 288–91; Graeme Barker 2006, 66–9, 237–8.
20. Shnirelman 2004b, 149. 同様の事例に関して、R.B. Lee & Daly 2004, 158–9も参照。
21. 動物における習得（刺激強調）と人間における習得（より精緻な仕上がりへと時間をかけて発達させる社会的学習）の違いについて: Pagel 2012, 38–45; Hatfield 2013, 13–9も参照。
22. Binford 2007, 198; Lancy 2015も参照。
23. MacDonald 2007a and 2007b.
24. Scherjon et al. 2015; Suzman 2017 and 2020.
25. Reich 2018, 26–7.
26. ここに記述した年代については、多くが現在も論争中である。ここではおもに、Manning 2020, 2023, 2024 で示されている知見を参考にした。これらは非常に広範な学際的研究である（未発表の出版物の使用許可をくださった著者に感謝する）。「大躍進」に関しては、以下を参照。Stiner et al. 2011; Hatfield & Pittman 2013; Manning 2020, とくに 77–8, 88, 104, 125–7（新しい機関としての「工房」）; Suzman 2020; 中国に関しては、Bar-Yosef & Wang 2012を参照。
27. Roebroeks 2014; 以下も参照。Shryock & Smail 2011; Ehret 2016, 47; Pagel 2012, 59–68（同書では、この躍進の原因が、10万年におよぶ「遺伝的浮動」〔集団の遺伝子頻度が偶然に変動する現象〕で小さい集団から情報が失われ、文化的進化のペースが遅くなったあとの人口増加によるものとされている。批判的な見解については以下を参照。Vaesen et al. 2016; Hatfield & Pittman 2013.）
28. Mithen 2003, 31, 518 fn. 7; A.B. Smith 2004; Graeme Barker 2006, 31; Binford 2007, 197–9; Guthrie 2007; Zeder 2012, 172; K. Brown et al. 2012; Germonpré et al. 2014; Ehret 2016, ch. 2; Suzman 2017, ch. 8; Manning 2020.
29. Kelly 1995, 31–2, 117–20; Graeme Barker 2006, 47–9も参照。
30. Mithen 2003, 371–80.
31. Bar-Yosef & Wang 2012, 330.
32. R.B. Lee & Daly 2004, 327, 329; McConvell 2010, 169ff. 柄のついた道具はすでにネアンデルタール人がつくっていたことが知られる。Roebroeks 2010, 31–5を参照。
33. Rival 2004a, 80–1.
34. Shnirelman 2004b, 131. 現在もなお狩猟採集を生活手段としている人びとにしろ、昔からまったく変化していないわけではない。北極域で漁や罠猟を商業的に行っている人びとを考えてみればよい。
35. Gurven & Hill 2009など。
36. Endicott 2004, 412; 以下も参照。Mithen 2003, 131–2; Kelly 1995, 297–301; MacDonald 2007b, 396.
37. Sterelny 2013, 319–23.

38. R.B. Lee & Daly 2004など。
39. Toussaint 2004, 340. 火の使用と食材加工は150万年前にホモ属から始まった(Leonard et al. 2007, 37–8; Roebroeks 2010, 34も参照)。
40. Tonkinson 2004, 344–5.
41. R.B. Lee & Daly 2004, 337, 350, 354.
42. R.B. Lee & Daly 2004, 205–9; Suzman 2017 and 2020も参照。
43. Ichikawa 2004; ムブティ族は「ピグミー」と呼ばれる狩猟採集民の一部だが、「ピグミー」ではなく「バトゥワ(トゥワ)」と呼ぶほうが望ましいという説もある。以下を参照。Ehret 2016, 48.
44. Vidal 2004.
45. この分業は北極域では見られていない: R.B. Lee & Daly 2004,138–9.
46. 順に、Griffin & Griffin 2004; Ehret 2016, 399; Haas et al. 2020.
47. Peterson 2002.
48. Roosevelt 2004, 88; Haas et al. 2020. 魚を捕る男女の最近の類似例について: R.B. Lee & Daly 2004, 299–301.
49. Villotte & Knüsel 2014.

第3章　狩猟採集以外の活動

1. これも年代については論争中である: Hrdy 2009, 276; Shryock & Smail 2011, 73; Pagel 2012, 258–62; Manning 2020, 68. 衣服が人間の体毛の薄さの原因なのか結果なのかは、どちらの可能性もあるため、いまだ不明である。また、アルゼンチンのティエラ・デル・フエゴのヤマナ族がやっていたように、体に脂を塗りつけ、互いに寄り添って眠り、火をおこすのも、寒さに対する有効な戦略となりうる。
2. Hansell 2008.
3. Scherjon et al. 2015.
4. Adovasio, Soffer & Page 2007, 177–91, 212–5; Shryock & Smail 2011, 73も参照。
5. Tonkinson 2004, 344–5.
6. Sahlins 1972, 10–12, 28–32.
7. Sahlins 1972, 19, 38–9; Roebroeks 2014.
8. Clottes 2002, 6; González-Sainz et al. 2013.
9. Powell, Shennan & Thomas 2009; Vaesen et al. 2016. ただし人口学的な見解をあまりにも安易に用いることには懸念もある。
10. Manning 2020, 125–7.
11. Feinman & Garraty 2010.
12. Tonkinson 2004, 344–5.
13. R.B. Lee & Daly 2004, 238.
14. Pandya 2004, 245.
15. R.B. Lee & Daly 2004, 206; Sahlins 1972 (サーリンズに関して: Kelly 1995; Suzman

2017 and 2020). Graeber & Wengrow 2021, 135–140も参照。
16. Hrdy 2009, 22–3, 26.
17. Kelly 1995, 14–23 (Bruce Winterhalderを引用).
18. Kelly 1995, 20, 346–7.
19. Sahlins 1972, 53; Lancy 2015.
20. Hrdy 2009, 299.
21. Hrdy 2009, 268–9, 298.
22. Eaton & Eaton 2004, 450.
23. R.B. Lee & Daly 2004, 95. Suzman 2017 and 2020 では、狩猟採集民の労働時間がこれよりかなり少なく報告されているが、それは男性に重点が置かれていることが一因だろう。
24. Lancy 2015, 30, 66–70.
25. R.B. Lee & Daly 2004, 196.
26. Arcand 2004, 98.
27. Eaton & Eaton 2004, 450, 452.
28. Kelly 1995, 21に優れた概説がある。以下も参照。Sahlins 1972, 14–24; Eaton & Eaton 2004, 450; R.B. Lee & Daly 2004, 95, 196; Suzman 2017 and 2020.
29. Hrdy 2009, 143–52, 171–94を参照。
30. 狩猟採集民の世話行動には限度があった。自力で移動できない者をずっと抱えている余裕はなかったため、狩猟採集民のあいだでは子殺しや老人殺しが頻発した: Sahlins 1972; Hrdy 2009.
31. Yetish et al. 2015. しかし赤ん坊がいる場合、狩猟採集民は一晩中かけて(赤ん坊が眠っていても)その世話をする。以下を参照。Hrdy 2009, 145–7.
32. Sahlins 1972, 19, 23, 35–6.
33. Hrdy 2009, 91.
34. Nystrom 2005, 36; Suzman 2020, 99も参照。
35. この社会的義務と余暇についての興味深い解釈は、Wil Roebroeksにご教示いただいた。
36. Sahlins 1972, 64.
37. これはとくに新奇な考えではない。人類学者のLewis Henry Morganは、ネイティブ・アメリカンの生活様式を「生活上の共産主義」と思弁的に呼んだ。これに影響されて、マルクスが1881年に、そしてエンゲルスが1884年に、「原始共産制」という用語を生みだした: Graeme Barker 2006, 54–5; Kelly 1995, 29–33; Flannery & Marcus 2012も参照。狩猟採集民の社会組織を再解釈しようとする大々的な試みとして、Graeber & Wengrow 2021も参照。
38. Rival 2004a, 81–2; Mithen 2003, 126.
39. Dunbar 2007, 97; Anwar et al. 2007, 246–9.
40. Dunbar 2007, 93, 96; 以下も参照。Manning 2020; Suzman 2020.

41. Kelly 1995, 209–13. ただし「500と25というマジックナンバー」には意外と大きな変動が見られるという; Mithen 2003, 129, 529, endnote 13.
42. Dunbar 2007, 98–9.
43. Dunbar 2007, 102.
44. Kelly 1995, 10–4, 270–92.
45. Hrdy 2009, 271–2, 286–8; Kelly 1995, 270–2 .
46. Knijff 2010, 51–2. この母方居住は全霊長類に固有のものではない: Langergraber et al. 2012.
47. Hrdy 2009, 143–52, 171–94では、狩猟採集民社会の父親と農民社会の父親との対照的な違いについても触れられている; 婚資については、Kelly 1995, 277–89を参照。
48. R.B. Lee & Daly 2004, 5, 27, 32–4; Kelly 1995, 288–92, 302–8; Mithen 2003, 298.
49. Kelly 1995, 277, June Helmを引用。

第2部　農業と分業――紀元前1万年から紀元前5000年まで

1. Hoffman 2009; Manning 2020; Suzman 2020.

第4章　新石器革命

1. Graeme Barker 2006; Whittle & Cummings 2007; Shryock & Smail 2011; Vanhaute 2021; Graeber & Wengrow 2021には、一般的な解釈に対する幅広い批判が示されている。
2. Mithen 2003; Graeme Barker 2006; Stiner et al. 2011; Manning 2020.
3. Stiner et al. 2011, 250–3. 以下も参照。Sterelny 2013, 317.
4. Price and Bar-Yosef 2011; Flannery & Marcus 2012; 言語学の役割に関して:Ehret 2010 and 2016.
5. R.B. Lee & Daly 2004, 466–7; Graeme Barker 2006, 398–401では、これよりずっと控えめな見方が示されている。
6. Graeme Barker 2006, ch. 2.
7. Rival 2004a. Graeber & Wengrow 2021では、この狩猟採集への回帰の可能性が強調されている。
8. McConvell 2010, 178; R.B. Lee & Daly 2004, 39; A.B. Smith 2004, 388.
9. Zeder 2011; Netting 1993, 28–9も参照。
10. これ以降の記述について: Graeme Barker 2006; Price & Bar-Yosef 2011; Zeder 2011 and 2012; Whitehouse & Kirleis 2014; Manning 2020; Suzman 2020; 以下も参照。Whittle & Cummings 2007; Gifford-Gonzales & Hanotte 2011.
11. Heckenberger & Neves 2009, 253 では、これを「動植物の操作」(plant and animal management)と呼んでいる。以前の出版物では「栽培管理」(cultural control)の表現

がよく用いられる。
12. Zeder 2012, 171–81; Gifford-Gonzales & Hanotte 2011も参照。
13. Graeme Barker 2006, 145.
14. Gifford-Gonzales & Hanotte 2011, 3.
15. Price & Bar-Yosef 2011; Zeder 2011 and 2012; H. Xiang et al. 2014; Whitehouse & Kirleis 2014; Shelach-Lavi 2015; Ehret 2016.
16. Zeder 2011.
17. Zeder 2012, 177–8; Diamond 1998, 159, 169.
18. Graeme Barker 2006, 404–5; Anthony 2007, 462–3も参照。
19. Diamond 1998, 97ff.; Ehret 2016 では、ほかの大半の説にくらべ、アフリカでの栽培化や家畜化がずっと早い時期に始まったとされている。
20. Ehret 2016, 35–7, 51–2によれば、ナトゥーフ人はアフリカ系だったとのことである。
21. Roosevelt 2004, 89–90; 以下も参照。Graeme Barker 2006, ch. 7; Mithen 2003, ch. 2; Prestes Carneiro et al. 2019.
22. Gifford-Gonzales 2013.
23. Reich 2018, 100, 150–1; Ehret 2016.
24. Reich 2018, 96: ヨーロッパでは、これが青い目と浅黒い肌と黒い髪をもつ先住の狩猟採集民と、肌は白いが黒い髪と茶色の目をもつ移住農耕民との融合につながった。その結果、北ヨーロッパ人は青い目と白い肌と金色の髪をもつことになった。
25. Mithen 2003, ch. 43; Gifford-Gonzales & Hanotte 2011; Gifford-Gonzales 2013.
26. Roullier et al. 2013.
27. アフリカの場合：Gifford-Gonzales & Hanotte 2011; Gifford-Gonzales 2013; Ehret 2016; Fourshey, Gonzales & Saidi 2018.
28. Heckenberger & Neves 2009; 以下も参照。Anthony 2007; Manning 2020.
29. Klein Goldewijk 2011.

第5章　農民の仕事

1. Amin 2005, 112–24, 290–319 (1870～1880年ごろのインドに関して); Hommel 1969, 41–81 (1900～1920年ごろの中国に関して).
2. Hommel 1969, 42–4.
3. Graeme Barker 2006, 356–7, 368.
4. Thomas 1999, 333 (the *Fleta*より。*Fleta*とは、イングランドのコモン・ローを主題として1290年ごろにラテン語で書かれた著者不明の法学書のこと).
5. Anthony 2007, 72.
6. Amin 2005, 291–3, 297.
7. Amin 2005, 292.
8. Amin 2005, 297.
9. Thomas 1999, 335 (アレグザンダー・ポープ訳、1715～1720年).

10. J. Lucassen 1987, 52–8; Lambrecht 2019.
11. Khazanov 1994, 19.
12. Zeder 2012, 174.
13. Khazanov 1994, 19–25. ここで論じられているのは、完全に定住している農民が収入の全部ないしは大半を家畜に依存する現代の酪農業のことではない。
14. Khazanov 1994, 24; 以下も参照。Mithen 2003, 77–8; Diamond 1998, ch. 9.
15. Cross 2001.

第6章　男女間の分業

1. Adovasio, Soffer & Page 2007, 269.
2. Lancy 2015.
3. Diamond 1998, 105, 98.
4. Eaton & Eaton 2004.
5. Lancy 2015, 101.
6. Lancy 2015, 109.
7. ただし、Anthony 2007, 155には次のような指摘がある: 家族が飢えるのを目の当たりにしながらも、なお家畜を食料にしないことが道徳的、倫理的に責任のある行為だと見なせる者にしか家畜は育てられない。穀物の種と家畜は食い尽くさずに蓄えておくことが肝要で、さもないと翌年の作物と仔牛が得られなくなってしまう。
8. Eaton & Eaton 2004, 450–1. 以下も参照。Sahlins 1972; Roosevelt 2004, 88–9; Shryock & Smail 2011, 72, 74.
9. Lancy 2015, 31, 85–7, 304–25.
10. Hrdy 2009, 274–5; Knijff 2010, 49–50; Gronenborn 2007, 80–4; Bentley 2007; Kok 2010, 218–31ff. も参照。新石器革命時に母方居住が維持されたタイの事例について: Bentley 2007, 129, fn. 2.
11. Lancy 2015, 141–4.
12. Hayden & Villeneuve 2012, 100–3.
13. Sterelny 2013, 313–5; Henrich, Boyd & Richerson 2012; Lancy 2015, 85–7; 以下も参照。Ehret 2010, 138; Knijff 2010, 49–50.
14. Hrdy 2009. 5万年前の革新的変化をジャレド・ダイアモンドが「(前への)大躍進」と呼んだことに対して。
15. Delêtre, McKey & Hodkinson 2011.
16. Bradley 2007; 中国については以下を参照。Shelach-Lavi 2015, 70–86, 97–8.
17. Matthews 2003, 78; 以下も参照。Peterson 2002; Graeme Barker 2006.
18. Adovasio, Soffer & Page 2007, 247–9, 268–9; Peterson 2002も参照。
19. Sahlins 1972, 41ff.; Diamond 1998, 10–106; Mithen 2003, 165–6, 495; Hrdy 2009, 299; Lancy 2015, 268–9; Suzman 2020はこれを主題としている。

第7章　世帯間の分業とそこから生じうる影響

1. Mithen 2003, 58–9, 83–4; K.-C. Chang 1999, 46.
2. これ以降の記述における「世帯」とは一つの単位のことであり、この単位のなかに分業面で差異がある（この直前で見たように）のと同様、力の面での差もある（Costin 2001, 275などを参照）ものとして、この言葉を用いている。
3. Costin 2001, 276. 農業関連のイノベーションの年代と同様、最古の手工業の年代については現在も議論が続いている。たとえば以下を参照。Ehret 2016 and Manning 2020.
4. 第3部を参照。
5. Bellwood 2013, 148; アフリカに関して: Ehret 2016, 60–1.
6. Graeme Barker 2006, ch. 4. この点に関して中国については不明な点が多い。同書のch. 6; Shelach-Lavi 2015, chs 3 and 4を参照。
7. Shelach-Lavi 2015, 71.
8. Shelach-Lavi 2015, 108–9, 122. Manning 2024でも、初期の農民のあいだでは開墾や収穫に共同体の協力が欠かせなかったと指摘されている。
9. Shelach-Lavi 2015, 87; ヨーロッパに関して: Graeme Barker 2006, 357–64; Gronenborn 2007, 77–84; アフリカに関して: Ehret 2016, 57–9.
10. Graeme Barker 2006, 131–2, 159–60.
11. Costin 2001, 286; 以下も参照。McCorriston 1997; Ehret 2016; Manning 2020.
12. Hoffman 2009, 146（ここでは「商業的狩猟」についてまで述べられている）; Schrire 2009も参照。
13. Bentley 2007.
14. Ehret 2010, 382–3.
15. R.B. Lee & Daly 2004, 276, 280.
16. Rival 2004a, 81–2.
17. Hayden & Villeneuve 2012, 95–6, 99; 以下も参照。Flannery & Marcus 2012; Manning 2020.
18. Borgerhoff Mulder 2009; E.A. Smith et al. 2010. ただし家畜は、土地よりはまだこの場面にふさわしい。以下を参照。Shryock & Smail 2011, 257.
19. Kelly 1995, 221–32; Ingold 2004, 400も参照。
20. Waal 2009, 161.
21. Kelly 1995, 203; Graeme Barker 2006, 56–7, 70.
22. Drennan, Peterson & Fox 2010; Feinman 2012. Graeber & Wengrow 2021では、この多様な経緯が重要なテーマの一つになっている。
23. Ehret 2016; Fourshey, Gonzales & Saidi 2018. 同じアフリカ研究者でも、Suzman 2020はこれと異なる見方をとる。
24. Price & Bar-Yosef 2012, 161.

25. Aldenderfer 2012, 78; Hayden & Villeneuve 2012も参照。
26. Aldenderfer 2012, 86.
27. Aldenderfer 2012, 88; Hayden & Villeneuve 2012, 132も参照。
28. Shryock & Smail 2011, 64–5.
29. Mithen 2003, 506.

第3部　新しい労働関係の出現——紀元前5000年から前500年まで

1. Peterson 2002, 125.
2. この用語について: Matthews 2003, ch. 3; Wengrow 2006, 151–3. だが、社会がより複雑になることは、物質的な単純化と密接に関係している。第3部で取り上げた社会に関する多くの新しい解釈はGraeber & Wengrow 2021に見られる。
3. さらにいえば、農民から狩猟採集民への移行もときにはあった。Diamond 1998, 53–7, 63–5.
4. 世界の労働関係の分類は序章で述べたとおり。

第8章　「複合」農業社会における労働——不平等の拡大

1. Wengrow 2006, 23–6.
2. Bellwood 2013, chs 6, 7, 9.
3. 200キロメートルにもおよぶ海峡の横断を必要とした人類の原初的な拡大に関連する初期の航海史については、Manning 2020を参照されたい。
4. Bellwood 2013, 146–8.
5. Reich 2018, 199–204. 以下も参照のこと。Ehret 2016; Manning 2020.
6. Wengrow 2006, 148–50; Gifford-Gonzales 2013.
7. Bellwood 2013, chs 6, 8, 9.
8. Bellwood 2013, 131, 147.
9. Bellwood 2013, 143, 150.
10. ヨーロッパに関して: Grooth 2005; G. Cooney 2007, 558–61. 以下も参照。Bentley 2007, 125 ff.; Gronenborn 2007, 77–9.
11. Killick & Fenn 2012, 562. アフリカでの銅と鉄の使用は平等主義的な環境ではじまった(Ehret 2016)。
12. Killick & Fenn 2012, 563. Anthony 2007も参照。
13. Killick & Fenn 2012, 567 (引用); E.W. Herbert 1984 and 1993.
14. Nash 2005.
15. Anthony 2007, 200–24.
16. Anthony 2007, 127, 174–7, 321–7. エジプトからスーダンについては以下を参照。Wengrow 2006, 17–19, 25; Romer 2012, 8–10.

17. Anthony 2007, 222（引用）. インド・ヨーロッパ語族の起源と分布に関する最新の説についてはReich 2018; Manning 2020を参照のこと。
18. 乳糖耐性に関して：Khazanov 1994, 96; Pagel 2012, 263–4; Knijff 2010.
19. これ以降の記述についてはAnthony 2007, 67, 72, 277–9, 382–405, 425を参照。
20. Khazanov 1994, xxxi–iii, 15ff., 122（「非自給自足経済は多くの場合、反自給自足経済とさえいえる」）。
21. これ以降の記述については Khazanov 1994, 44–59, 65–9, 89–122を参照。
22. Khazanov 1994, 99. 以下も参照。Diamond 1998, 390–1; Mithen 2003, ch. 51.
23. Khazanov 1994, 55. 詩はユリアン・トゥヴィム（1894–1953年）のものである。
24. Wengrow 2006, 59–71.
25. Khazanov 1994, 63–5, 106–11; Wengrow 2006; Ehret 2016.
26. Khazanov 1994, 59–63, 102–6; Atabaki 2013.
27. Khazanov 1994, 123, 152; Atabaki 2013, 165. 牧畜の原始化への批判はWengrow 2006, 63–5を参照。
28. Khazanov 1994, 126–7; 143–4（遊牧民のあいだでは父系血統も有力だが、母系血統が先行しており、トゥアレグ族では現在も存在している）。
29. Khazanov 1994, 130ff.
30. Anthony 2007, 321–2.
31. Shelach-Lavi 2015, 250.
32. I.J.N. Thorpe 2005; Parker Pearson 2005. Pagel 2012, 88–98も参照。
33. これ以降の記述は、Marija Gimbutas に触発されたReich 2018にもとづいている。
34. Reich 2018, 98–114, 234–41.
35. Reich 2018, 237–41. Seaford 2020も参照。
36. Diamond 1998, 277, 286. Hayden & Villeneuve 2012, 129も参照のこと。気候や環境の変化のために争わざるをえない狩猟採集民の集団間の競争についてはKeeley 2014を参照。
37. Keeley 2014, 30.
38. Khazanov 1994, 160–2, 181, 278–82.
39. Hårde 2005参照。以下も参照されたい。Fontijn 2005, 152; Kristiansen 2012; Hrdy 2009, 29–30, 169, 274; Waal 2009, 22–4.

第9章　最初期の都市の労働――職業の分化と再分配

1. Diamond 1998, 141–2.
2. Leick 2002, xvii, 48; Matthews 2003, 109–10; Mithen 2003; K.-C. Chang 1999; R.P. Wright 2010; Beaujard 2019.
3. Leick 2002, 43–8, 77–8; Matthews 2003, 98–9; Wengrow 2006, 36–8, 76–83, 135–7; R.P. Wright 2010, 160–6, 183–7, 222–3.
4. Leick 2002, 22–3, 69.

5. Leick 2002, 52. Mieroop 2007, 55–9も参照。
6. この概念はカール・ポランニー(1886-1964)を介して注目されることになった。Polanyi 1944, chs 4–6; Polanyi, Arensberg & Pearson 1957; Dalton 1971. ポランニーが「中心性」をともなう「再分配」と呼ぶものを、マックス・ヴェーバーは「ライトゥルギー」と呼んだ。Weber 1909, 80–91, 181; Weber 1976, 153, 211, 818.
7. Schmandt-Besserat 1992. Mieroop 2007, 28–35も参照。
8. Schmandt-Besserat 1992, 150–3, 161–3, 189.
9. Schmandt-Besserat 1992, 179–83.
10. Leick 2002, 137.
11. Anthony 2007, 283–4. Mieroop 2007, 202–3, 220–2も参照。
12. R.P. Wright 2010, 205–6;より控えめに述べているのは Kenoyer 2008である。以下も参照。Wade 2017; Seaford 2020, 18.
13. Shelach-Lavi 2015, esp. chs 7 and 8. Underhill 2013も参照。それ以前の国家「夏」についての伝統的な主張(K.-C. Chang 1999など)は、考古学的に立証することができない。
14. Liu, Zhai & Chen 2013.
15. Shelach-Lavi 2015, 131–2, 155–6, 188, 224; He 2013; Xu 2013.
16. Shelach-Lavi 2015, 156; He 2013, 266; Liu, Zhai & Chen 2013, 286. ただし、すべての地域が同じ言語を共有しているわけではない(Bellwood 2013)。

第10章　国家における労働── 多様な労働関係

1. 帝国の定義は Sinopoli 2001, 441–4による。「異種の民族、文化の混成した大きい国家であり ……帝国が他国を取り込むおもな目的、またその結果は、生活手段やその他の資源(人間の労働力を含む)のかたちで富を吸い上げることである」。傍点筆者。
2. Wengrow 2006, chs 2–5; Beaujard 2019も参照。
3. Leick 2002, 52–3, 76–80, 158–60.
4. Mieroop 2007, 78–84.
5. Mieroop 2007, 233–6; Fernández-Armesto & Smail 2011, 144.
6. Kelder 2010; Fischer 2007 (ただしGarlan 1995, 3–35 はこの社会の奴隷制的性格を強調している). Garcia-Ventura 2018も参照。ずっとのちのアフリカの同様の政体については、Monroe 2013を参照のこと。
7. Leick 2002, 145.
8. Leick 2002, ch. 4; Mieroop 2007, 64–73. Matthews 2003, chs 4–5は1000年前のウルクがなぜこの栄誉の候補になるのかを論証する。Spek 2008, 33–9も参照。Mieroop 2007, 45, 51 は、政治的に分裂した都市国家の初期王朝時代(2900〜2350年)について述べている。
9. Mieroop 2007, 143–8, 182–3, 230–3. 以下も参照。Anthony 2007; Shelach-Lavi 2015, 257.

10. Leick 2002, 95. Mieroop 2007, 231も参照。
11. Rotman 2009, 19, 26, 211 ('Servi autem ex eo appellati sunt, quod imperatores captivos vendere iubent ac per hoc servare nec occidere solent').
12. Parker Pearson & Thorpe 2005. T. Taylor 2005, 232 は、先史時代に「強制労働が存在したのは、飲料水などの水を入手しようとするのと同じ」として、問題をひっくり返している。
13. Mieroop 2007, 233. 以下も参照のこと。Gelb 1972; Culbertson 2011a and 2011b; Tenney 2011; Kleber 2018; D.M. Lewis 2018; Beaujard 2019.
14. Leick 2002, 187. Asher-Greve 1997によれば、武装化は男女の違いを強調するという、まったく別の効果ももたらしたかもしれない。
15. Jursa 2010, 2014a and 2014b; Mieroop 2007; Matthews 2003, 182–8; Oka & Kusimba 2008. 交易の発祥はずっと古く、すでに先史時代の早い段階に狩猟採集民の集団が、あまり交流せずに、ときには物理的な接触さえなく、めずらしい品物を交換していたことが考古学の発見から示唆されている（「沈黙交易」については、Wicks 1992, 12を参照されたい）。
16. Barber 1994, ch. 7.
17. Leick 2002, 124–5. レイクの挙げた（強制的な?）銀貨の支払いの最も古い例は、紀元前2250年ごろに起こったものである（同書、99）。Heymans 2018も参照。
18. Adams 2006, 158–67.
19. Mieroop 2007, 93–4, 115.
20. Scheidel 2009, 438–40; Jursa 2014a, 37. 古代エジプトと比較すると、これはかなり有利だ。穀物賃金の最高値（9.6〜14.4リットル）は、メソポタミアの「長い前6世紀」に記録がある（Jursa 2014b, 179も参照のこと）。
21. Leick 2002, 203, 205; Matthews 2003, 120–2; Mieroop 2007, 94–103.
22. Leick 2002, 164（詳しい年代は不明）。
23. Dandamaev 2009; Jursa 2010; Spek 1998 and 2008. Pirngruber 2012, 20–6も参照。
24. Dandamaev 2009; Jursa 2010; Spek et al. 2018. 硬貨なしの貨幣については Heymans 2018を参照。
25. Jursa 2010, 261–3, 680. Jursa 2015, 363, 366, 377–9, 390–1. 以下も参照のこと。Lourens & Lucassen 1999; Kessler & Lucassen 2013; W.P. Campbell 2003, 30–7).
26. Jursa 2010, 662–3.
27. 以下に挙げる文献はおもにRomer 2012と2017にもとづいており、姓の綴りも概ねそれに準じている。Donadoni 1997; Wengrow 2006; Wilkinson 2010を参照。
28. Romer 2012, 70; Brewer 2007. K.M. Cooney 2007, 162も参照。
29. Brewer 2007; Bleiberg 2007; Moreno García 2008. K.M. Cooney 2007は「混合経済」について述べている。
30. Wengrow 2006, とくに 33–40, 263–8を参照。
31. Wengrow 2006, 158–64; Romer 2012, 64–71.

32. Romer 2012, 169; Bleiberg 2007, 182.
33. Romer 2012, ch. 6; p. 114 ではWengrow 2006を批判している。
34. Moreno García 2008.
35. Kelder 2010. 以下も参照。Moreno García 2008; Hayden & Villeneuve 2012.
36. Fernández-Armesto & Smail 2011, 144; Romer 2017, 133–9.
37. al-Nubi 1997; Spalinger 2007; K.M. Cooney 2007, 164; Moreno García 2008, 119, fn. 59.
38. Kelder 2010, 117ff.
39. Romer 2012, xxxv; Romer 2017, 134.
40. Kelder 2010, 63–4, 82–3（使者による貴重な品の交換は、精鋭の軍隊や航海の得意な船乗りが携わることもあった。Leick 2002, 95, 99も参照）。
41. Moreno García 2008, 110, 144.
42. Brewer 2007, 145. Katary 2007も参照のこと。
43. Caminos 1997, 16–7.
44. Ockinga 2007, 253–4.
45. Romer 2012, 325–7.
46. Moreno García 2008, 118. Brewer 2007, 134も参照。女性の労働について：Feucht 1997; Stevens & Eccleston 2007.
47. Romer 2012, 276–85, 309–13, 319–20, 357, 363, 381. 港湾、海事の仕事については Romer 2017, 259–72, 478–80, 379–414を参照。
48. Romer 2012, 192; Romer 2017, 135–6.
49. Exell & Naunton 2007, 94–7; K.M. Cooney 2007, 168–73.
50. K.M. Cooney 2007, 171.
51. K.M. Cooney 2007, 170; Valbelle 1997, 39–40 and 44. これは農家で余った分程度のささやかな量だった。
52. Romer 2017, 497.
53. Loprieno 1997.
54. Moreno García 2008, 123–42. 債務による拘束はp.118, 136。Romer 2017, 492も参照。
55. Reden 2007; Bleiberg 2007, 181–3; Moreno García 2008, 112–4, 146–9; Romer 2017, 136–7; Heymans 2018.
56. Shelach-Lavi 2015, 196–7, 217–20, 242–6. 以下も参照。Yuan 2013; Jing et al. 2013.
57. Shelach-Lavi 2015, 222–3.
58. Shelach-Lavi 2015, 255. p. 224–5も参照。なお、捕虜を奴隷として働かせることは、考慮されなかったようだ。以下も参照のこと。Yuan 2013; Jing et al. 2013.
59. Shelach-Lavi 2015, 226, 269–305.

第4部　市場に向けての仕事――紀元前500年から紀元後1500年まで

1. Kirch 2010; Pagel 2012, 36–7; Roullier et al. 2013; Reich 2018, 199–204.
2. したがって遠距離物々交換がなされていた可能性もあり、さらに推測すると、興味深い貨幣制度をもつヤップ人のように、一部の島では住民がある種の採集生活に戻っていた可能性さえある。Gillilland 1975を参照。
3. Khazanov 1994, 41–4, 111–5.

第11章　貨幣化と労働報酬――ユーラシア

1. J. Lucassen 2007a (Introduction), 2014b, 2018a; Mooring, Leeuwen & Spek 2018; 以下も参照。Maurer 2006; Haselgrove & Krmnicek 2012; J.M Hall 2014, 275–81; Seaford 2020. Kuroda 2020 は貨幣史についての最良の入門書である。
2. Seaford 2020 (引用はp. 61; 傍点は原典ママ); Kuroda 2020, 41, 145, 202–3も参照。
3. Haselgrove & Krmnicek 2012; 以下も参照。Aubet 2001, 138–43; Leick 2002, 99, 125; Kuroda 2020. Heymans 2018 では、埋蔵された「ハックシルバー」(地金や通貨として使用された古代の銀製品の断片)について触れられているが、労賃支払いとの関連については言及されていない。一方、Jursa 2010 では、その関連が確信されている。
4. P. Spufford 2008.
5. H.S. Kim 2001 and 2002.
6. Cohen 1992, xiv, 22 (fn. 92); Garlan 1995, 77; Schaps 2004, 156; J.M Hall 2014, 277 (紀元前5世紀のアテナイの最小額銀貨は、重量0.044グラム、16分の1オボロスで、標準的な1日の「最低賃金」の48分の1に相当); D.M. Lewis 2018, 40, 43. メソポタミアの「長い紀元前6世紀」の軽量銀貨についてはJursa 2010を、この時代の貨幣化についてはJursa 2014a, 33および Jursa 2015, 356-60を参照。その後の時代については、Spek 2014, 205–6, 224を参照。私見では、このバビロンでの本格的な貨幣化とそれに付随する賃金労働の拡大が、その後の数世紀間にギリシャ世界に起こったことの初期段階だったと解釈したい。
7. J. Lucassen 2007a, Introduction (Garlan 1995; Cohen 2002; Burke 1992にもとづく).
8. Loomis 1998, 257; Trevett 2001, 25; Ashton 2001, 92–4.
9. J. Lucassen 2007a, Introduction, 23.
10. Gabrielsen 1994, ch. 5にもとづく。
11. Gabrielsen 1994, 124.
12. Reden 2007 and 2010. 奴隷制はプトレマイオス朝においても、とくに製造部門において二次的な重要性をもっていた (131–6)。ローマ時代に関して: Howgego 1992; Heesch 2007; Verboven 2009.
13. Reden 2007, ch. 2, 303–4.
14. Reden 2007, 60–5 (年間の塩税は男性で1.5ドラクマ [= 9オボロス = 72チャルコイ]、女性で1ドラクマ).

15. Reden 2007, 81（下エジプトと上エジプトのあいだに広がる中エジプト地域の住民の60パーセントは農耕民で、残り40パーセントがパートタイムの農民だった）.
16. Reden 2007, 148.
17. Reden 2007, 138（引用）, 147–8. 長期的に見れば賃金と収入には劇的な低下が起こっており（Scheidel 2010, 453; Brewer 2007, 144も参照）、それについて Reden 2010, ch. 6では、紀元前2世紀に価格変動が激しくなったのに比較して（同上、154）、紀元前3世紀の時点ではまだ価格が安定しており、域内市場もかなり統合されていた点が強調されている。
18. Rowlandson 2001; Harper 2015; Erdkamp 2015.
19. Rathbone 1991; Bagnall 1993も参照。
20. Launaro 2015, 177.
21. Witzel 2006, 460–2.
22. Thapar 2002; Chakrabarti 2006（このころには非自由労働も出現していた）.
23. Bopearachchi 2015, I, 82–92. インドのシグロス銀貨はペルシャのシグロス銀貨にくらべて銀の含有量が少ない（両者はまったく別の種類の銀貨である）。以下を参照。J. Lucassen 2007a, 28–9; Bhandare 2006; Shrimali 2019.
24. Kautilya 1992; 以下も参照。Chakrabarti 2006; Jha 2018.
25. Bhandare 2006, 97.
26. H.P. Ray 2006; Majumdar 2015; インド洋交易について: Seland 2014; Mathew 2015; Boussac, Salles & Yon 2018.
27. 以下を参照。Wang 2004, 9–16; J. Lucassen 2007a, 29–32; Scheidel 2009, 137–43; Haselgrove & Krmnicek 2012, 239–40; Thierry 1997 and 2015; B. Yang 2019.
28. Thierry 2015.
29. 中国でのタカラガイの貨幣機能についてはしばしば誤解がある。そのため研究者もタカラガイが貨幣として使われだした時期をかなり早めに見積もってしまいがちなのだが（Harari 2014, 197–8など）, Yuan 2013, 337 で指摘されているように、殷（商）初期の墓で見つかったタカラガイにはまだ貨幣としての機能はなかったようなのである。以下を参照。Jing et al. 2013; Shelach-Lavi 2015; B. Yang 2019.

第12章　労働市場と通貨と社会
――紀元前500年から紀元後400年の中国、ギリシャ・ローマ、インド

1. Pines et al. 2014, 320 (fn. 8 to ch. 6 by Robin D.S.Yates). 紀元前221年より前には「貧しくて罰金が支払えない者は、1日当たり食料込みなら硬貨6枚、そうでないなら硬貨8枚で政府のために働くことによって支払いに代えることができた」。ということは、賃金の4分の1で1日分の糧食を調達できていた計算になるが、秦の徴用労働者は賃金をもらっていなかったというシャイデルの説（Scheidel 2009, 182）とは矛盾する。
2. Thierry 2015, 442.
3. Pines in Pines et al. 2014, 234.

4. Pines et al. 2014; 以下も参照。Falkenhausen 2006; Shelach-Lavi 2015, ch. 11.
5. 以下を参照。Barbieri-Low 2007, 7–9.
6. Pines et al. 2014, 19–28; Falkenhausen 2006, 417も参照。
7. Shelach-Lavi in Pines et al. 2014, 131.
8. Pines et al. 2014, 27 (Introduction), 223 (chapter by Robin D.S. Yates), 310 fn. 18 (chapter by Gideon Shelach-Lavi); Barbieri-Low 2007, 10, 212ff.
9. マヤ文明の衰退との比較：Shelach-Lavi 2015, 121, 132–3, 308.
10. Shelach-Lavi 2015, 137–8; M.E. Lewis 2015, 286–94.
11. Wang 2007, 67.
12. Scheidel 2009, 11, 199.
13. Scheidel 2009, 4, 19, 76; M.E. Lewis 2015, 286–94.
14. Barbieri-Low 2007, 43 (Burton Watson 訳).
15. Oude Chinese verzen bewerkt door Bep de Jong-Keesing. *De Nieuwe Stem*, 9 (1954), 661.
16. Barbieri-Low 2007, 254, 256.
17. Barbieri-Low 2007, 26–9; 以下も参照。Lis & Soly 2012; Jursa 2015. 中国史上の後代の職人について：Moll-Murata 2018.
18. Barbieri-Low 2007, 27.
19. Barbieri-Low 2007, 18.
20. Banaji 2016, 14 では、ローマ（後期）経済は「前・資本主義的」というよりも「原・近代的」といったほうがふさわしいとの見方をしている。本書における「近代」と「資本主義」という用語の位置づけについては、「労働史の系譜と研究、そして本書のスタンスについて」を参照。
21. Lis & Soly 2012. ここではギリシャ人が仕事を軽蔑していたという従来の説（Arendt 1958, ch. 3など）が引っくり返されている; Budd 2011; Hofmeester 2018; 中国については, Barbieri-Low 2007, 36–66を参照。
22. Lis & Soly 2012, 28.
23. Lis & Soly 2012, 48–51.
24. E.M. Harris 2002, 70–3; Vélissaroupolos-Karakostas 2002, 134–5; Kyrtatas 2002, 144–5; D.M. Lewis 2018.
25. Schaps 2004, 153–74（引用はp. 153); J.M. Hall 2014, 214–21, 262–8では、紀元前500年以前の分益小作人、賃金労働者、債務奴隷は「さまざまな種類の非自由身分」の枠に入れられている (p. 219)。
26. Cohen 1992, 61（アテナイで日払いが好まれたのは「市民が他人の支配下で継続的に働くのを許容しない社会的価値観」と関係していたのかもしれない）, 70–3.
27. Gallant 1991; D.M. Lewis 2018（ほかの研究者、たとえば Garlan 1995; Andreau & Descat 2011などとは見解を大きく異にするところもある); Zurbach 2014.
28. Gallant 1991, 134（厳密にいうと、この引用文は漕ぎ手についてのものだが、後述され

ている傭兵についてもそのまま当てはまる)。

29. Heesch 2007; Verboven 2009; Jongman 2014.
30. おもに、D.M. Lewis 2018にもとづく。以下も参照。Garnsey 1998; Temin 2012; Erdkamp 2015; Launaro 2015.
31. 以下を参照。Hrdy 2009, 275; Ehret 2010, 131–5; Rotman 2009, 57, 198.
32. Kolchin 1987, 53; D.M. Lewis 2018, 281, fn. 45も参照。
33. 以下を参照。W.V. Harris 2011, 38.
34. Andreau & Descat 2011, 88.
35. Andreau & Descat 2011, 82–91, 107–8, 149–56.
36. Verboven 2011; Garnsey 1998, 77–87, 154–62, とくに 86; Launaro 2015, 177; Erdkamp 2015, 31–2; Banaji 2016.
37. Rihll 1996; Andreau & Descat 2011; D.M. Lewis 2018.
38. この年代に関しては、Dommelen 2012を参照。植民地化はすでに数例ながら紀元前10世紀から始まっていた。ほかの研究者と同様に、Rihll 1996 も紀元前8世紀から6世紀が最盛期だったとしている。
39. Rihll 1996, 111; D.M. Lewis 2018.
40. Garlan 1995, 71–3; Rihll 1996; Schaps 2004; Jameson 2002, 171.
41. Garlan 1995, 40, 61.
42. Andreau & Descat 2011, 120–8.
43. Andreau & Descat 2011, 46–65. ローマの奴隷貿易については、W.V. Harris 2011, ch. 3も参照。
44. Schiavone 2013; 以下も参照。Andreau & Descat 2011, 141–9; W.V. Harris 2011, 286. ギリシャ世界での奴隷反乱については、D.M. Lewis 2018を参照。
45. Schiavone 2013, 97–103; ニュッサの聖グレゴリオス(紀元4世紀)は奴隷制の廃止を著作で強く訴えていた古典期の学者だが、その彼でさえ実際の廃止は求めなかった: Andreau & Descat 2011, 136, 169.
46. Schiavone 2013, 41–4, 59–61, 116–7.
47. Schiavone 2013, 27–8, 68–9 (引用はp. 69), 74; Andreau & Descat 2011, 144.
48. Andreau & Descat 2011, 14, 41–52; Harper 2011, 38–60; W.V. Harris 2011, 61も参照。紀元前400年ごろと350〜310年のアテナイに関しては、Garlan 1995, 61–6, 72–3で、この倍の数字が出されているが、期間はずっと短いながら戦争による大量供給があったことから説明できる。アテナイでの自由労働については、Migeotte 2009, 93を参照。
49. Harper 2011, 67–91. これと対照的なのが、W.V. Harris 2011, 62–75, 88–103.
50. Harper 2011, 59–60:「つまりローマ社会の上位1.365パーセントが、ローマ社会の下位5パーセントを所有していた」。奴隷の主要な性的役割については、同書 ch. 6を参照。
51. Harper 2011, 150–1, 157–8, 162–79; 以下も参照。Rotman 2009, 114–6; J. Lucassen 2013, annex 1.
52. Andreau & Descat 2011, 158.

53. 一方、親が自分の子供を労働に貸し出すことは25年間認められていた：Andreau & Descat 2011, 162; キリスト教の緩和効果だとされていることへの批判的な見方として、H. Barker 2019も参照。同書では従来の見方が「キリスト教による改善という物語」と呼ばれている.
54. Sharma 2014.
55. Stillman 1973.
56. 本書では論じないが、インド以外でもカースト社会についての報告はある。たとえばアフリカ（Ehret 2016, 218–26）、ハワイをはじめとした太平洋地域（Flannery & Marcus 2012, 332–48）など。Barbieri-Low 2007, 56–63も参照。紀元前300年から紀元200年までの中国の職人は、カーストで職業を固定されていたわけではない。少なくとも、ある程度までは社会（上昇）移動の可能性があったと見られる。
57. Jha 2018, 2020. とくに断りがないかぎり、本書の記述は同書の解釈にならう。この解釈は、Damodar Dharmanand KosambiとR.S. Sharmaに強く影響を受けたものである。以下も参照。Thapar 2002; H.P. Ray 2003; Boivin 2005; Chakravarti 2006; Parasher-Sen 2006; Witzel 2006; Stein 2010; Olivelle & Davis 2018. Seaford 2020, 213–16 では、カースト制度の成熟した年代をずっと早く見積もっている。インドへの流入活動の最新の推定年代については、Reich 2018, ch. 6を参照。
58. Klass 2020, 21–5.
59. Kautilya 1992, 33–53, 69, 88–9, 446–55; Thapar 2002, 62–8, 122–5, 154も参照。
60. Jha 2018; 以下も参照。Witzel 2006, 482–3; Olivelle & Davis 2018.『マヌ法典』がヒンドゥー教徒の第一の聖典――「シャーストラ」――としてイギリス人に認められたのは、ずっとあとの18世紀末のことである。
61. Fernández-Armesto & Smail 2011, 145.
62. Jha 2018, 160.
63. Jha 2018, 59–60.
64. Jha 2018, 161–2.
65. Witzel 2006も参照。
66. 以下も参照。Thapar 2002, 164–73; H.P. Ray 2003, とくに 245ff.; Falk 2006; Parasher-Sen 2006, 441–4; Witzel 2006.
67. H.P. Ray 2003, 165–87; Kearney 2004, 31–55; Tomber 2008; 同業組合について：Subbarayalu 2015（ローマに関しては、Verboven 2011を参照）。
68. Jain 1995, 136–8; S.R. Goyal 1995; Sharma 2014. 以下も参照。Wicks 1992, ch. 3; Shankar Goyal 1998; Thapar 2002, 460–1. Deyell 1990のおもな主張（これは非常に高い評価を受けていた：Subrahmanyam 1994, 11–5）に対するShrimali 2002の反論には説得力がある。以下も参照。Deyell 2017; Shrimali 2019.
69. 現時点で、遺伝学者が確認している確固たる族内婚の最古の年代は、アーンドラプラデーシュ州のヴァイシャの一族で2000年前から3000年前（Reich 2018, 144）、グジャラート州のパティダールの一族で1000年前から1500年前（Pemberton et al. 2012)。以下

も参照。Chaubey et al. 2006; Bittles 2005. 族内婚がトップダウン方式で社会に広まったと仮定すれば、この結果は、カーストの完成と非貨幣化がある年代に同時に起こったとする本書の見立てとも一致する。

70. この類比への反対については、Stein 2010, 106–8を参照。
71. これにともなって、12世紀までは『実利論』のような政治経済書も消えた。以下を参照。Pollock 2005, 63–4（あわせて Kautilya 1992, 823も参照）. 南部のその後について: H.P. Ray 2006.
72. Jha 2018, 128, 159; H.P. Ray 2003, 224.
73. Jha 2018, 130–1（引用）, 155; Stein 2010, 87–90; Falk 2006, 147–53; Jamison 2006; カウティリヤの時代の女性の労働──賃金払いの紡績や機織、売春（国営娼館での）、住み込み奉公、奴隷──については、Kautilya 1992, 69–70を参照。Shrimali 2019, 186では、この第4部の時代初期における不可触民やシュードラの小間使いの値段が50カルシャパナだったとされている。
74. Jamison 2006, 204–9.
75. Thapar 2002, 462–6; Jha 2018, 130, 153（引用）, 161; Sharma 2014; Habib 2004.

第13章　市場の消滅と再出現──紀元後400年から1000年のヨーロッパとインド

1. J. Lucassen 2005, 430–2; M.E. Lewis 2015; Deng 2015; Guanglin 2015.
2. Deng 2015, 326 (Eric Jonesを引用). ここでは宋と清の末期が比較されている。興味深いことに、ちょうどこの両方の時代には、歴史的に非常にめずらしく数種類の硬貨が製造されていた。したがって短期間ながら、中国に複数の金種をもつ通貨制度が2回あらわれたことになる。
3. Deng 2015, 326; M.E. Lewis 2015, 302も参照。
4. 西暦650年ごろ以降のエチオピアでの非貨幣化については、Ehret 2016, 201–7, 283を参照。
5. Banaji 2016; Rio 2020.
6. Rotman 2009, 176, 179（引用）.
7. Rotman 2009, 32, 41, 121; 以下も参照。Rio 2020, 136–41, 225–30; H. Barker 2019.
8. Rotman 2009, 173–6.
9. T. Taylor 2005によれば、これらの奴隷のなかには多数の性奴隷がいて、輸送中にも、その後に売られたあとにも性的搾取を受けたという。アラブの年代記作者（920年代にバグダードからボルガ川沿岸のカザニまで旅したことで知られるイブン・ファドラーンなど）が奴隷の少女と少年を指して用いた単語──jariyeh, ghulam──には、明らかに性的な意味合いが含まれている。H. Barker 2019も参照。
10. Rotman 2009, 159.
11. Rotman 2009, 57–81; 以下も参照。Ott 2015; T. Taylor 2005, 229–30.
12. Zürcher 2013; Chatterjee & Eaton 2006; H. Barker 2019.
13. J. Lucassen 2007a, 38–9. 同書の記述はLaiou 2002, および所収のC. Morrison

2002; C. Morrison & Cheynet 2002にもとづく。Rotman 2009, 95–107, 198–200も参照。

14. Rotman 2009, 33–4, 36, 44.
15. Heidemann 2010, 53–4.
16. Shatzmiller 1994, 38–40; Shatzmiller 2007, 150; 以下も参照。Heidemann 2015;個々の詳細について:Heidemann 1998, 2006, 2007, 2009a, 2009b, 2010, 2011.
17. Kennedy 2015, 401; Bavel 2016, 84–5.
18. Gordon 2011, 73–4; Toledano 2011も参照。ちなみに白は喪の色である。
19. Shatzmiller 2007, 98–9, 159–60.
20. Kennedy 2015, 391–7; Hofmeester 2018も参照。
21. Heidemann 2006.
22. Nasr 1985; Udovitch 1961; J. Lucassen 2013.
23. 以下を参照。Kennedy 2015, 390ff.
24. Sebeta 1997, 535; ギリシャに関して: Barber 1994, 273–83; イスラム世界(のユダヤ人)に関して: Hofmeester 2011, 146; H. Barker 2019.
25. Shatzmiller 1994 and 2007 (引用はp. 101).
26. Shatzmiller 2007, 129.
27. Hofmeester 2011, 151.
28. Russell 1972; Verhulst 1999; Buringh 2011, 71–5, 78, 290. ローマ帝国に関して: Scheidel 2009, 11.
29. J. Lucassen 2007a, 40. 同書の記述は、Bloch 1954, 11–33およびP. Spufford 1988から多大な影響を受けている。
30. Epstein 1991, 28–38.
31. Hodges & Cherry 1983, 141.
32. この回帰の特徴については、Hingh 2000を参照。
33. Buringh 2011, 432; Rio 2020.
34. Slicher van Bath 1963a; Rio 2020, 135では、世帯ぐるみの隷属から「自由を剝奪する強硬な慣習が生まれた可能性が高い」ことが例証されている.
35. Slicher van Bath 1963a, 49; Slicher van Bath 1963b and 1963c.
36. Buringh 2011, 77–94.
37. Buringh 2011, 81.
38. Buringh 2011, 347.
39. 以下を参照。Wyatt 2011 and Rio 2020. これらによれば、古代ギリシャ・ローマ時代のあとも奴隷(とくに女性の奴隷)はヨーロッパから消滅せず、もちろん奴隷制が廃止されることもなく、戦争捕虜の奴隷化がなくなることもなかった。本書第13章「市場がなかった時代の西ヨーロッパと北インド」の節も参照。
40. McKitterick 2008, 104; Harper 2011, 497–509も参照。
41. Rio 2020, 33.

42. Arnoux 2012; Toledano 2011; H. Barker 2019.
43. J. Lucassen 2014b; Deyell (1990) では、500年から1000年ごろの時代には銀貨の消滅によって生じた空白を小額硬貨が埋めていたとされるが、この見解は説得力に乏しい。以下を参照。Shrimali 2002 and 2019. ベンガル地方においてタカラガイが小銭として普及した年代を特定するのは難しいが、その出現が14世紀以降であることは史料から確実で (B. Yang 2019)、オリッサ州とビハール州では19世紀まで使われていた。
44. Thapar 2002, 344–5; H.P. Ray 1986, 82–9; Fletcher 2012. インドでの写本製作について:Buringh 2011, 104–5, 150–1, 156–7.
45. Thapar 2002, chs 9–10.
46. Wicks 1992; Coe 2003; Lieberman 2003; Scheidel 2015a; 1300年から貝貨として使われていたタカラガイについて:B. Yang 2019.

第14章　労働市場をもたない異例の国家の成立──アメリカ大陸

1. Scheidel 2015a; Monson & Scheidel 2015; より微細なアプローチとして: Barbieri-Low 2007, 254–6.
2. 万華鏡的な総覧としては、Mann 2006を参照。先コロンブス期の社会についての(古代エジプトなどとの比較も含めた)広範な議論は、Graeber & Wengrow 2021を参照。
3. Feinman & Garraty 2010を参照。あわせて、Maurer 2006 (ポランニーの研究を「エキゾチックな風物の総目録と、『われわれ』が失ってしまった世界についての道徳物語が一体になったもの」と評している)と、Peebles 2010も参照。
4. Feinman & Garraty 2010, 175. マヤについては、Pines et al. 2014, とくに p. 308 (notes)を参照。Diamond 1998, 53–63も参照。
5. Scheidel 2015a, 2. 仕事と労働関係の歴史に関しては、アメリカよりもさらに初期情報が少ないのがアフリカである。以下を参照。Kusimba 2008; Monroe 2013; Ehret 2016.
6. M.E. Smith 2012b, 31; Joyce 2010, 51–3, 66–83; Kolata 2013, 123.
7. Lau 2013.
8. Joyce 2010.
9. Joyce 2010, 111.
10. Joyce 2010, 116, 142.
11. Joyce 2010, 147–8.
12. 本節のおもな参考文献は以下。D'Altroy 2002 and 2015; Kolata 2013; 以下も参照。La Lone 1982 and 2000; Morris 2008. 先行文明に関して: Kolata 1993; Lau 2013.
13. D'Altroy 2015, 31; D'Altroy 2002, ch. 9.
14. Kolata 2013, 139–45.
15. D'Altroy 2002, ch. 9, とくにP.207: 「降伏した者には寛大に、が一般原則だった」。インカ以前の乱戦期の政体のいくつかでとられていた別のやり方については、Lau 2013, ch. 4を参照。

16. Kolata 2013, 101–2での引用から。
17. D'Altroy 2002 and 2015; Kolata 1993, 205–42によれば、アンデスのティワナク文明(500〜1000年ごろ)も社会的な農業生産管理の面でインカと多くの特徴を共有しているという。
18. D'Altroy 2002, chs 8–9; D'Altroy 2015, 49, 54; Morris 2008, 310–2; Gil Montero 2011; Kolata 2013, 92–6, 110.
19. Earle & Smith 2012, 277–8.
20. Morris 2008, 309–10; D'Altroy 2002, ch. 7; Kolata 2013, ch. 5.
21. D'Altroy 2002, 176, および286も参照。
22. マヤ文明の古典期は250〜800/1000年、中心都市はティカルだった。その後、800/850〜1100/1200年にはチチェンイツァ、1100/1200〜1441年にはマヤパンが中心都市となる。
23. Demarest 2004; M.E. Smith 2012a, 14–5; Canuto et al. 2018.
24. Andrews 1993, 54; Canuto et al. 2018. Demarest 2004は、こうした結論を導くことには非常に消極的である。
25. Fletcher 2012; Pyburn 2008(これに多大な影響を与えているのが、Netting 1993と、Stone, Netting & Stone 1990).
26. Andrews 1993, 49–52.
27. Andrews 1993, 48–9; Canuto et al. 2018では、700/800年ごろのマヤ低地中部の総人口は約1000万人、すなわち、1平方キロメートルあたり約100人と推定されている; Demarest 2004も参照。
28. Andrews 1993, 59 (W. L. Rathjeを引用).
29. M.E. Smith 2012b と 2015; これ以前の時代との連続性については、Hirth 2008を参照。
30. 以下を参照。M.E. Smith 2012b, 69; Earle & Smith 2012.
31. M.E. Smith 2012b, 77.
32. Earle & Smith 2012, 240–1では、国費を主とした消費財財政(staple finance)戦略をとり、商業化をほとんど発達させなかった連邦国家的なインカと、威信財財政(wealth finance)戦略をとり、商業化を強力に進めた覇権国家的なアステカとの比較対照がなされている; 覇権の別の意味については、Kolata 2013を参照。
33. Sinopoli 2001, 456; Joyce 2010, 50 によれば、これが「女性の労働の需要と価値を高め、ますます吊り上がる貢納要求に対する抵抗の最前線に女性を立たせた」; Beckert 2015, 15.
34. M.E. Smith 2012b, 81.
35. M.E. Smith 2012b, 94–107(贅沢品をつくる職人はすべて、実用品をつくる職人も多くは──かつ一部はある種の組合を組織して──都市に住んでいた)。
36. Earle & Smith 2012, 264.
37. M.E. Smith 2012b, 111, 116–9, 125, 170; Giraldez 2012, 152.
38. Giraldez 2012, 154.

39. M.E. Smith 2012b, 126.
40. M.E. Smith 2012b, 134.
41. M.E. Smith 2012b, 52, 61, 130–4, 142–3, 154, 161–3, 321; M.E. Smith 2015, 73, 102–4.
42. Kessler 2012; 本書第5部も参照。
43. ただし、Giraldez, 2012, 154(および私との個人的やりとり)でも疑問が呈されているように、1518年に荷物運搬人などの現地労働者がスペイン人にカカオ豆での労賃の支払いを求めているのはなぜなのか、この慣習を前もって知っていなければ、そのような願い出はしないのではないかという問題がある。
44. M.E. Smith 2012b, 134, 136, 145–6.
45. M.E. Smith 2012b, 112, 116, 125, 141–2, 161, 212, 214, 225; D'Altroy 2002, 172 (これらの犠牲者の数は、インカ帝国で人身御供にされた人数よりはるかに多い。インカでの犠牲者はおもにインカ人の子供だった); Berdan 2014,190–1.
46. M.E. Smith 2012b, 154, 161, 210, 222–5; Joyce 2010, 50, 62も参照。
47. Wade 2017.

第15章　労働市場の復活――1000年から1500年のヨーロッパとインド

1. Guanglin 2015.
2. Slicher van Bath 1963a, 1963b and 1963c; Arnoux 2012.
3. Bloch 1967, 176–82. 引用はp. 182; Arnoux 2012. Bloch においては十分の一税の再分配効果も強調されている。この税は聖職者に収入を得させただけでなく、村の貧者や障害者の生存を支える役も果たしていた; Beck, Bernardi & Feller 2014.
4. Scammell 1981, 40–7.
5. Kuroda 2020, ch. 6.
6. Hoffmann 2001.
7. Lis & Soly 1979, 1–8, 14–6; Arnoux 2012も参照。
8. Buringh 2011, 74, 290–1. この数字は書物の製作数の増加からも裏づけられる。当然このころには、書物は修道院の枠を超え、商業的に製作されるようになっていた; 同書 348–58, 427–40.
9. Guha 2001; Lardinois 2002; Krishnan 2014.
10. Chandra 2014; Grewal 2014; Hussain 2003.
11. Moosvi 2011.
12. Kolff 1990, 10, 18–9 (引用はp. 18), 58. ジョラハ(機織り)はカーストの最下層とされており、シャイフは共同体における学者や宗教的権威を意味していた。非自由労働に関して: Levi 2002; Hussain 2014, 114–6.
13. J. Lucassen 2014b, 30 (Deyell 1990にもとづく); 以下も参照。Kulke & Rothermund 1990, 168–81; Subrahmanyam 1994; Habib 1994 (女性についての引用はp. 103); J.F. Richards 1994.

14. Hussain 2003, とくにch. 8; 以下も参照。Wicks 1992, ch. 3; 綿について:Beckert 2015.
15. Hussain 2003, 260.
16. Wicks 1992, 104; 貝貨のタカラガイについて:B. Yang 2019.
17. K. Hall 1994; Thapar 2002, ch. 11, とくに賃金労働についてはp. 378; Ramaswamy 2004, 2011.
18. Sinopoli & Morrison 1995; Sinopoli 2001; K.D. Morrison & Sinopoli 2006; Appadurai 1974も参照。
19. Sinopoli & Morrison 1995, 91.
20. Sinopoli & Morrison 1995; Kulke & Rothermund 1990, 193–6の記述は、ヴィジャヤナガルを「軍事封土制」の一例とするのに批判的な Burton Stein の見方と一致する。
21. Chandra 2014; K. Davids & Lucassen 1995; Shatzmiller 1994, 55–68; Bavel 2016.
22. これらの水準を測定、比較する試みについては以下を参照。De Matos & Lucassen 2019; Zwart & Lucassen 2020.
23. Zanden 2008; Spek, Leeuwen & Zanden 2015.
24. Lis & Soly 1979, ch. 2; Cohn 2007; Nederveen Meerkerk 2008; Riello & Roy 2009; Beckert 2015; Bavel 2016.
25. Lis & Soly 1994; Harvey 1975, 38–9.
26. Prak & Wallis 2020.
27. Prak 2013; 以下も参照。K. Davids 2013b; Harvey 1975; Erlande-Brandenburg 1995, 80–5; Ramaswamy 2004.
28. Harvey 1975, 8–18 (引用はp. 8 and 9); Victor 2019.
29. Harvey 1975, ch. 3 (引用はp. 48); Victor 2019.
30. Zürcher 2013.
31. Scammell 1981, 132; Ágoston 2005; J. Lucassen 2012a and 2012b.
32. Harvey 1975, 71; Erlande-Brandenburg 1995.
33. Zanden 2008, 337, 351.
34. Zanden 2008, 337, 349.
35. Zanden, Moor & Carmichael 2019; ただし、Segalen 1983では西ヨーロッパもインドなどとそれほど大きな差はなかったとされている。
36. Zanden, Moor & Carmichael 2019, 24, 27, 39, 42, 46, 53, 56, 233–43.
37. Zanden 2008 (引用はp. 348); Zanden, Moor & Carmichael 2019.
38. Buringh 2011; もっとあとの時代については、M. Spufford 1995を参照。
39. Jackson 1989, とくに627–8; K. Davids 1994も参照。
40. Blockmans 1980, 845–6; Beck, Bernardi & Feller 2014も参照。
41. Lis & Soly 1979, 48–52; Harvey 1975, 39–40; Cohn 2007; Humphries & Weisdorf 2019. これは、都市(それまでずっと経済・労働政策を一任されていた政体)ではなく国家がこの問題に関与するようになったヨーロッパでの最初の例の一つでもある。以下

も参照。Brady 1991, 137; Prak 2018.
42. Cohn 2007; Dumolyn 2017.
43. Slicher van Bath 1963a, 189–94; Lis & Soly 1979, 52では、ラングドック(フランス南部)、ラインラント、スペイン、ボヘミア、スカンディナビアについても言及されている。
44. Slicher van Bath 1963a, 192; Arnoux 2012, chs 6–7も参照。
45. 第17章、第22章、第26章も参照。秦朝中国に関して: Pines et al. 2014; もっと古い時代に関して: Verboven 2011; Subbarayalu 2015.
46. J. Lucassen, Moor & Zanden 2008.
47. Harvey 1975, 24; Lis, Lucassen & Soly 1994.
48. Sonenscher 1989; Lis & Soly 1994; Knotter 2018, ch. 1.
49. Hussain 2003, 264–5; Mazumdar 1969.
50. ここに熱帯アフリカの小規模な母系政体を加えることもできる(ただし500/1000年以降は、ここでもしだいに父系が増え、不平等も拡大していく。本書第7章「世帯間の社会関係」の節も参照。サヘル地域も1000年以降はサハラ砂漠を越えての接触の影響で変化した。Ehret 2016 と Green 2019を参照)。また、地方の局所的なレベルでは、インドのジャジマーニー制を加えてもいいかもしれない。

第5部　労働関係のグローバル化――1500年から1800年まで

1. Abu-Lughod 1989 ; Vogel 2013; Deng 2011; Dyke 2005; Kirch 2010; Roullier et al. 2013; Zwart & Zanden 2018; Manning 2020.
2. Kuroda 2020.
3. Vries 1994, 2008, 2013. 最近の、あまり印象に残らない批評は以下を参照のこと。Safley 2019.
4. K. Davids & Lucassen 1995; Bavel 2016.

第16章　労働集約型発展経路――近代初期のアジア

1. Sugihara 2013. 私見では、Vries 2013, 80 は西欧とアジアの違いを誇張しすぎているように思う。
2. Sugihara 2013, 20–1.
3. Sugihara 2013, 59. Vanhaute 2021, ch. 4も参照のこと。
4. Sugihara 2013, 25. そのため再利用するしかなかった。L. Lucassen, Saito & Shimada 2014, 372–4を参照されたい。1600年から1750年までで、耕地の総面積は40パーセント増加した。そのほとんどは1690年以前に、河川敷、湾、海岸、沼地を水田に転換したもので、占城稲(せんじょうとう)(大唐米または赤米。ほとんどの日本人には口に合わなかったが中国から伝わった)は渇水状態に非常によく耐えた。
5. Sugihara 2013, 27, 202; Matsuura 2016.

6. Sugihara 2013, 26（ちなみに、1反＝4分の1エーカー）. Beckert 2015も参照のこと。
7. Nagata 2005, 6.
8. L. Lucassen, Saito & Shimada 2014, 385–7.
9. Nagata 2005. イエについては Fauve-Chamoux & Ochiai 1998を参照されたい。
10. Nagata 2005, 141.
11. Izawa 2013, 19. Shimada 2006, 45–56, 94–101, 143–9, Nagase-Reimer 2013 と、Nagase-Reimer 2016へのさまざまな寄稿論文も参照。この労働者数には問題があるようなので注意されたい。Imai 2016,12-4は、1713年の別子鉱山（当時は全国生産の4分の1を占めていた）の労働者は2825人（炭焼き人600人を含む）を超えないと書いているが、2か所については何人が働いていたかわからないと付け加えている（p. 13, fn. 2）。
12. Mathias 2013, 303.
13. Kuroda 2020, 34.
14. Pomeranz 2013. 以下も参照。Kuroda 2020; Huang 1990.
15. Li Bozhong 2003, 142–7.
16. Li Bozhong 2003, 173.
17. Kuroda 2020, 32–4.
18. Glahn 2003; Li Bozhong 2003; Deng 2011 and 2015; Guanglin 2015.
19. Huang 1990, chs 3 and 8.
20. Moll-Murata 2018, chs 7–8; Moll-Murata 2008a, ch. 3.3; K. Davids 2013a, ch. 2; Zanden 2013.
21. Moll-Murata 2018, 250–3; K. Davids 2013a, 70–1. Zanden 2013 and O'Brien 2021はこれに同意しない。
22. これは科挙で選抜された知的ピラミッドの頂点集団だけよりもはるかに大きい割合である。科挙とは原則的に、職を得て、公務員としてのキャリアを築きたいすべての人に開かれた実力主義の試験制度である（Moll-Murata 2018, 256-9）。
23. K. Davids 2013a, 120; 詳細はK. Davids 2013bも参照。
24. K. Davids, 2013a, 138–42.
25. Moll-Murata 2018, 222–4, 277–8.
26. Shiuh-Feng 2016.
27. このことは、Shiuh-Feng 2016, 115–7 と Lin 2015, 163–4, 169–70の表を足すことでわかる。
28. Vogel 2013, ch. 3.
29. Y. Yang 2013.
30. Shiuh-Feng 2016, 89–94. Kuroda 2020も参照。
31. Giersch 2001 には、漢人とほかの民族との接触が詳細に描かれている。
32. Dieball & Rosner 2013; Lan 2013; Shiuh-Feng 2016. この銅の一部は、雲南の造幣局に納められていた。

33. 海洋の帆船と比較すると簡素なものだった。J. Lucassen & Unger 2011.
34. N. Kim 2013, 182.
35. Wang et al. 2005 and Moll-Murata, Jianze & Vogel 2005, esp. Vogel 2005.
36. Wang et al. 2005, 5.
37. Vogel 2005; Burger 2005; Lin 2015; Jin & Vogel 2015.
38. Moll-Murata 2008b, 2013; Pomeranz 2013.
39. Pomeranz 2013, 118–9; Moll-Murata 2018, 271–2. Birge 2003, 240によると、女性の地位が低くなったのは元からで、「明以降は、娘が婚資の一部として土地をもらうことがほとんどなくなり……未亡人の貞操が家族や共同体の美徳の試金石になった」。
40. Pomeranz 2013, 119.
41. したがって、さまざまな都市の大商人がギルドとは別に、家族のつながりをもとに形成して相互の接触を維持した組織に似ている。Gelderblom 2013.
42. Moll-Murata 2013, 257.
43. Y. Yang 2013, 99ff.
44. Vogel 2005.
45. Vogel 2005, 411.
46. Moll-Murata 2015, 276.
47. Vanina 2004; Moosvi 2011; Mukherjee 2013; Beckert 2015. 賃金について: Zwart & Lucassen 2020; De Matos & Lucassen 2019; Lucassen & Seshan 2022.
48. Parthasarathi 2001 and 2011; Riello & Roy 2009; I. Ray 2011. また、Sukumar Bhattacharya 1969, 172ffも参照のこと。
49. Mukherjee 2013, ch. 3; Pearson 1994, 51ff. 中国については K. Davids 2013a, 125ffを参照。
50. R. Datta 2000. 18世紀後半から19世紀については以下を参照のこと。Schendel 1992, 3–8; Buchanan 1986a and 1986b; Amin 2005, 211–9, 289–346, 332–6.
51. 硝石については以下を参照。Jacobs 2000, 96–100; Buchanan 1986a, 549–55; Colebrooke 1884, 110–5; Sukumar Bhattacharya 1969, 141–5. インディゴについては以下を参照。Santen 2001; Schendel 2012.
52. Roy 2013, 113. 工場労働者として雇われるのは貧しい農民か遠方から来る出稼ぎの農業労働者だけだった。彼らは時間があったのだろう。いずれにせよ、インドの男性の平均労働日数は1940年代でもわずか182日だった。Pomeranz 2000, 212–5, 146–8も参照。
53. Caland 1929, 74. Santen 2001も参照。カーストを超えての社会的移動がありえたことは、以下の著者が強調している。Colebrooke 1884, 104–7; Vanina 2004, ch. 4 (esp. 125); Parthasarathi 2011, 59–60. 私の印象では、これらは同業内結婚と規範を裏づけるための例外に違いない。Manzar 2021, 355–7, 364–74も参照されたい。
54. 古オランダ語から翻訳してくれたEd van der Vlistに感謝する。
55. R.K. Gupta 1984, 150–60; Sukumar Bhattacharya 1969, 173–84. 南インドの綿産業

の労働者については Parthasarathi 2001 and 2011を参照のこと。

56. R. Datta 2000, 185–213 and 294–304を参照。
57. Manzar 2021, 71ff. 南インドについては、Parthasarathi 2001, 13 が、小家族の綿織物職人が前金の一部で労働者(「クーリー」)を雇い、市場で糸を買って用意することがまだできたことを示唆している。Wendt 2009も参照のこと。
58. R.K. Gupta 1984, 212, fn. 50. 以下も参照。Parthasarathi 2001, 11–4, 29–32, 119–20; Subramanian 2009; and Ramaswamy 2014.
59. R. Datta 2000. 以下も参照。Parthasarathi 2011; Beckert 2015.
60. Wendt 2009, 211 (引用), 212. インド西部でカースト間の活動の区分がもっと厳密だったことについて、Subramanian 2009, 257–60を参照。
61. Amin 2005, 360: Fable XI, 1873年にヒンディー語で出版された。17世紀の詩「グジャールまたは牛飼いの妻」(Raghavan 2017, 98)との類似点にも注目したい。フランス版は少なくとも 1240 年と古い(Arnoux 2012, 286–7. 同書では、サンスクリットのパンチャタントラを原典とする可能性が指摘されている)。女性についてはMoosvi 2011も参照。
62. Das Gupta 1998. 同書の実証的な証拠は現代にはあてはまらず、インドには家族構成のバリエーションがあったが(Parthasarathi 2011, 73-5)、それでもここでは同書の観察を使ってよいと私は考える。
63. Das Gupta 1998, 446–7.
64. Das Gupta 1998, 451–3.
65. Das Gupta 1998. 引用は同書 p.450–9。
66. Denault 2009.
67. Roy 2013.
68. Rossum 2014. 織物職人の集団内の閉じた移動については、Ramaswamy 2014 を参照。
69. J. Lucassen 2012a and 2012b. 会社と工場の規模について:Pollard 1965; Huberman 1996.
70. Bellenoit 2017. Sugihara 2013, 29–30も参照のこと。「東アジアの中核地域が南アジアのそれよりも大衆の識字能力を重視していた可能性もある」。Studer 2015, 33も参照。
71. Zanden 2013, 326–8, 339–40. ちなみにアラビア語圏の写本生産のピークは800年から1200年で、それ以前にも多くの写本が生産されている。そこでもっと古い時代も見るには、Buringh 2011を参照してほしい。

第17章　労働集約型発展経路から資本集約型発展経路へ ── 近代初期の西ヨーロッパ

1. Slicher van Bath 1963b and 1963c. イングランドについては、Muldrew 2011を参照のこと。
2. Bieleman 1992. 以下も参照。Vries 1974; J. Lucassen 1987.
3. Vries 1974, 136–7.

4. Muldrew 2011, 19.
5. J. Lucassen 1987. 1500年以降の季節的移動に関する最近の概観については、Lucassen & Lucassen 2014を参照のこと。
6. J. Lucassen 1987, 117（引用元は1812年から1813年の12月と1月に関する記述）. Lambrecht 2019も参照。
7. J. Lucassen 1987, 118.
8. Kessler & Lucassen 2013.
9. J. Lucassen 1987, 96.
10. Ebeling & Mager 1997.
11. Vries 1994, 2008 and 2013. この概念についてのすばらしい議論は以下を参照。Muldrew 2011, 14–7.
12. Ogilvie & Cerman 1996; Ebeling & Mager 1997; Beckert 2015.
13. Fontana, Panciera & Riello 2010, 277–85. Belfanti 1996も参照。
14. Nederveen Meerkerk 2007. Nederveen Meerkerk 2006, 2008 and 2010も参照のこと。
15. Nederveen Meerkerk 2007, 289–90.
16. Vandenbroeke 1996, 104–5.
17. M. Spufford 1984, 110–34 and 2000. Muldrew 2011のとくに ch. 4、Thomas 2009, ch. 4も参照のこと。Humphries & Weisdorf 2019 はイングランドの所得効果を示している。
18. Holderness 1976, 86–92; Hudson 1996.
19. Lancy 2015, 17（育児についての記述が多い）にもとづく。Moor & Zanden 2006, ch. 5; Zanden, Moor & Carmichael 2019. 家父長制世帯の内部的、対外的戦略は以下を参照。Cashmere 1996; Bourke 1994.
20. Holderness 1976, 86–92; Hudson 1996; M. Spufford 1984 and 2000.
21. Snell 1985, ch. 6. 以下も参照。Nederveen Meerkerk 2007; Lis & Soly 1997.
22. Hudson 1996, 64-5 とKing 1997（ヨークシャーの西海岸地域に関する研究）からの引用は、家族が非常に親密で、このプロセスのあいだもそうだったことを指摘している。女性は平均22歳と若く結婚し、夫はせいぜい1、2歳年上だった。したがって親はほとんどの場合存命で、必要なときに手助けをしていた（母親は早くから子供を乳離れさせたが、そのことから生産的な仕事が優先されていたのがわかる）。つまり、プロト工業化の村落共同体の密な関係が浮かび上がっているのだ。
23. Snell 1985 83–4. 以下も参照。Muldrew 2011, 18–28; J. Lucassen 1987, 264–7.
24. ヨーロッパ以外のギルドについては、Prak 2018, ch. 11を参照。
25. Prak 2018; Prak & Wallis 2020.
26. K. Davids & Lucassen 1995, Introduction; Lucassen & Lucassen 2010, 19–32. 以下も参照。Vries 1984; Prak 2018.
27. Lucassen & Lucassen 2010, 32. ここでは、おもに地方で頻発した戦争の悲惨さなど

のプッシュ要因は無視している。
28. Prak 2008; Bok 1994; Vries & Van der Woude 1997, 342–3.
29. Reininghaus 2000; Linden & Price 2000; Prak, Lis, Lucassen & Soly 2006; J. Lucassen, Moor & Zanden 2008; Epstein & Prak 2008; Teulings 2019; Prak & Wallis 2020.
30. Epstein & Prak 2008; K. Davids 2013b.
31. Mokyr 2015.
32. Prak & Wallis 2020. K. Davids 2013a, 138も参照のこと。「文字や印刷物による技術情報の流通で中国に追いついたあと、ヨーロッパは明や清の帝国とはくらべものにならないほど大きく変貌した」。
33. Ogilvie (2007) は、ギルドの負の側面に対してとくに鋭い目を向けている。Sarasúa 1997 も参照。最近では、Prak & Wallis 2020で批判的に論じられている。
34. Schmidt 2009; Nederveen Meerkerk 2006 and 2010.
35. Knotter 2018, ch. 1.
36. Dobson 1980; Barret & Gurgand 1980; Truant 1994; Reith 2008.
37. Moor, Lucassen & Zanden 2008; Prak 2018, ch. 11.
38. J. Lucassen 1995, 382–3. Carlson 1994, 94–5も参照。
39. Boter 2016.
40. Hay & Craven 2004; Pesante 2009; Deakin & Wilkinson 2005.
41. Steinfeld 1991; Humphries & Weisdorf 2019. スコットランドにおける労働者の非自由については、Whatley 1995a and 1995b. を参照のこと。
42. Steinfeld 1991, 98. 以下も参照。Pesante 2009; G.R. Rubin 2000.
43. J. Lucassen 1995, 398.
44. Hay & Craven 2004, 116. 1918年以前のドイツにおける農業労働者の劣位については、Biernacki 1995, 309を参照のこと。
45. Lucassen & Lucassen 2010. 残念ながら南アジアと東南アジアの推計値はない。
46. Lucassen & Lucassen 2014, Introduction, 44–5.
47. しかもスピードを重視したため、物資補給を廃止した。以下を参照。Rieksen 2020; Zürcher 2013.
48. J. Lucassen & Unger 2011.
49. Lottum, Lucassen & Heerma van Voss 2011; Rossum 2014.
50. Lottum, Lucassen & Heerma van Voss 2011, 332–3.
51. Rossum 2014, 79–80, 95–7.
52. Rossum 2014, 80–8.
53. Rossum 2014, 281–7.
54. Rediker 1987, 2014; Rossum 2014; Jaffer 2015.
55. Thomas 1999, 256–7(中期英語からの翻訳はBrian Stoneによる)。
56. Cross 2001, 502; Humphries & Weisdorf 2019. 中世の繊維産業ですでに行われてい

た労働時間調整の試みについて: Stabel 2014; その他の部門について: Victor 2019, 134, 145; Versieren & De Munck 2019, 80–1.

57. Cross 2001, 502.
58. Vries & Van der Woude 1997, 615–7; Noordegraaf 1985, 58–9.
59. Prak 2018; Teulings 2019.
60. Muldrew 2011. 近代初期ヨーロッパの嗜好品については、以下も参照のこと。Roessingh 1976, 73–98.
61. C.A. Davids 1980; Rieksen 2020; Manzar 2021, 262–3, 377, n. 51.
62. Sarasúa 1997.
63. Barret & Gurgand 1980, 196; Amelang 2009. 道具への敬愛については、Manzar 2021, 360–1を参照。
64. More 1995, 243.
65. Looijesteijn 2009 and 2011.
66. Thompson 1968, 24–6; Skipp 1978, 105–7; Thomas 1999, 535.
67. Thomas 1999, 145–6.

著訳者紹介

[著者]

ヤン・ルカセン（Jan Lucassen）

1947年生まれ。労働史を専門とする歴史学者。アムステルダム自由大学名誉教授。オランダの国際社会史研究所（IISH）の研究部長を長く務めたのち、現在は同研究所の名誉研究員。

[訳者]

塩原通緒（しおばら みちお）

翻訳家。訳書にリサ・ランドール『ワープする宇宙』『宇宙の扉をノックする』『ダークマターと恐竜絶滅』（いずれもNHK出版）、スティーブン・ピンカー『暴力の人類史』（青土社）共訳、フランク・M・スノーデン『疫病の世界史 上・下』（明石書店）共訳、モーテン・H・クリスチャンセン、ニック・チェイター『言語はこうして生まれる』（新潮社）、ダロン・アセモグル、サイモン・ジョンソン『技術革新と不平等の1000年史』（早川書房）共訳など。

桃井緑美子（ももい るみこ）

翻訳家。訳書にフィリップ・E・テトロック『専門家の政治予測』（みすず書房）共訳、フランク・M・スノーデン『疫病の世界史 上・下』（明石書店）共訳、ダン・ノット『ライフライン』（河出書房新社）、トム・ヴァンダービルト『ハマりたがる脳』、フィリップ・ボール『枝分かれ』（いずれも早川書房）、ジョナサン・バルコム『魚たちの愛すべき知的生活』（白揚社）、ジョン・フランクリン『子犬に脳を盗まれた！』（青土社）、ティモシー・フェリス『スターゲイザー』（みすず書房）など。

編集協力：木下順
校　正：酒井清一
組　版：アップライン株式会社
編　集：猪狩暢子、塩田知子

仕事と人間
70万年のグローバル労働史［上］

2024年3月25日　第1刷発行

著　者　ヤン・ルカセン
訳　者　塩原通緒
　　　　桃井緑美子
発行者　松本浩司
発行所　NHK出版
〒150-0042　東京都渋谷区宇田川町10－3
電話　0570-009-321（問い合わせ）
　　　0570-000-321（注文）
ホームページ　https://www.nhk-book.co.jp
印　刷　亨有堂印刷所／大熊整美堂
製　本　二葉製本

ISBN978-4-14-081959-3　C0020